Codice della Navigazione

Regio Decreto 30 marzo 1942 , n. 327

Edizione 2023

Legislazione Italiana

© 2023

ISBN: 9798375220642

La consultazione della Gazzetta Ufficiale è sempre essenziale

Indice Dettagliato

CODICE DELLA NAVIGAZIONE

REGIO DECRETO 30 marzo 1942 , n. 327
Approvazione del testo definitivo del Codice della navigazione. (042U0327)

Vigente al : 12-1-2023

VITTORIO EMANUELE III
PER GRAZIA DI DIO E PER VOLONTÀ DELLA NAZIONE
RE D'ITALIA E DI ALBANIA
IMPERATORE D'ETIOPIA

Visto il R. decreto 27 gennaio 1941-XIX, n. 9, che approva il testo del Codice della navigazione;
Ritenuto che il nuovo testo del Codice civile, approvato con R. decreto 16 marzo 1942-XX, n. 262, ha reso necessario di modificare, a scopo di coordinamento, il Codice della navigazione e di pubblicare il testo definitivo del Codice medesimo;
Udito il Consiglio dei Ministri;
Sulla proposta del Nostro Guardasigilli, Ministro Segretario di Stato per la grazia e giustizia; Abbiamo decretato e decretiamo:

Art. 1.
È approvato il testo definitivo del Codice della navigazione, il quale avrà esecuzione a cominciare dal 21 aprile 1942-XX, sostituendo da questa data il testo emanato col R. decreto 17 gennaio 1941-XIX, n. 9.

Art. 2.
Un esemplare del testo del Codice della navigazione, firmato da Noi e contrassegnato dal Nostro Ministro Segretario di Stato per la grazia e giustizia, servirà di originale e sarà depositato e custodito nello Archivio del Regno.
Ordiniamo che il presente decreto, munito del sigillo dello Stato, sia inserto nella Raccolta ufficiale delle leggi e dei decreti del Regno d'Italia, mandando a chiunque spetti di osservarlo e di farlo osservare.
Dato a Roma, addì 30 marzo 1942-XX

VITTORIO EMANUELE
Mussolini - Grandi
Visto, il Guardasigilli: Grandi
Registrato alla Corte dei conti, addì 17 aprile 1942-XX Atti del Governo, registro 444, foglio 50. - Mancini

DISPOSIZIONI PRELIMINARI

CODICE DELLA NAVIGAZIONE

Art. 1. (Fonti del diritto della navigazione).

In materia di navigazione, marittima, interna ed aerea, si applicano il presente codice, le leggi, i regolamenti, le norme corporative e gli usi ad essa relativi.

Ove manchino disposizioni del diritto della navigazione e non ve ne siano di applicabili per analogia, si applica il diritto civile.

Art. 2. *((Mare territoriale.))*

((Sono soggetti alla sovranità dello Stato i golfi, i seni e le baie, le cui coste fanno parte del territorio della Repubblica, quando la distanza fra i punti estremi dell'apertura del golfo, del seno o della baia non supera le ventiquattro miglia marine. Se tale distanza è superiore a ventiquattro miglia marine, è soggetta alla sovranità dello Stato la porzione del golfo, del seno o della baia compresa entro la linea retta tirata tra i due punti più foranei distanti tra loro ventiquattro miglia marine.

È soggetta altresì alla sovranità dello Stato la zona di mare dell'estensione di dodici miglia marine lungo le coste continentali ed insulari della Repubblica e lungo le linee rette congiungenti i punti estremi indicati nel comma precedente. Tale estensione si misura dalla linea costiera segnata dalla bassa marea.

Sono salve le diverse disposizioni che siano stabilite per determinati effetti da leggi o regolamenti ovvero da convenzioni internazionali)).

Art. 3. (Spazio aereo soggetto alla sovranità dello Stato).

È soggetto alla sovranità dello Stato lo spazio aereo che sovrasta il territorio del Regno ed il relativo mare territoriale.

Art. 4.

(Navi e aeromobili italiani in località non soggette alla sovranità di alcuno stato).

Le navi italiane in alto mare e gli aeromobili italiani in luogo o spazio non soggetto alla sovranità di alcuno Stato sono considerati come territorio italiano.

((43))

AGGIORNAMENTO (43)

Il D.P.R. 21 febbraio 1990, n. 66 ha disposto (con l'art. 8, comma 1, lettera a)) che durante il periodo di temporanea abilitazione alla navigazione ed all'uso della bandiera italiana la nave è considerata italiana ai fini di cui al presente articolo.

Ha inoltre disposto (con l'art. 14, comma 1, lettera a)) che durante il periodo di sospensione temporanea dell'abilitazione alla navigazione ed all'uso della bandiera la nave non è considerata italiana ai fini di cui al presente articolo.

Art. 5. (Legge regolatrice degli atti compiuti a bordo di navi e di aeromobili in navigazione).

Gli atti ed i fatti compiuti a bordo di una nave o di un aeromobile nel corso della navigazione in luogo o spazio soggetto alla sovranità di uno Stato estero sono regolati dalla legge nazionale della nave o dell'aeromobile in tutti i casi nei quali, secondo le disposizioni sull'applicazione delle leggi in generale, dovrebbe applicarsi la legge del luogo dove l'atto è compiuto o il fatto è avvenuto.

La disposizione del comma precedente si applica agli atti ed ai fatti compiuti a bordo di una nave o di un aeromobile di nazionalità estera nel corso della navigazione in luogo o spazio soggetto alla sovranità dello Stato italiano, sotto condizione di reciprocità da parte dello Stato al quale la nave o l'aeromobile appartiene. *((43))*

AGGIORNAMENTO (43)

Il D.P.R. 21 febbraio 1990, n. 66 ha disposto (con l'art. 8, comma 1, lettera b)) che durante il periodo di temporanea abilitazione alla navigazione ed all'uso della bandiera italiana si intende per "legge nazionale della nave" quella italiana ai fini di cui al presente articolo.

Ha inoltre disposto (con l'art. 14, comma 1, lettera b)) che durante il periodo di sospensione temporanea dell'abilitazione alla navigazione ed all'uso della bandiera fatte salve le disposizioni di cui all'art. 29, commi 2 e 3, della legge 14 giugno 1989, n. 234, in materia di lavoro marittimo, ai fini di cui al presente articolo, si intende per "legge nazionale della nave" quella dello Stato straniero nei cui appositi registri la nave è iscritta.

Art. 6. (Legge regolatrice dei diritti reali e di garanzia su navi ed aeromobili).

La proprietà, gli altri diritti reali e i diritti di garanzia sulle navi e sugli aeromobili, nonchè le forme di pubblicità degli atti di costituzione, trasmissione ed estinzione di tali diritti, sono regolati dalla legge nazionale della nave o dell'aeromobile. *((43))*

AGGIORNAMENTO (43)

Il D.P.R. 21 febbraio 1990, n. 66 ha disposto (con l'art. 8, comma 1, lettera c)) che durante il periodo di temporanea abilitazione alla navigazione ed all'uso della bandiera italiana si intende per "legge nazionale della nave" quella dello Stato responsabile del registro sottostante ai fini di cui al presente articolo.

Ha inoltre disposto (con l'art. 14, comma 1, lettera c)) che durante il periodo di sospensione temporanea dell'abilitazione alla navigazione ed all'uso della bandiera si intende per "legge nazionale della nave" quella italiana ai fini di cui al presente articolo.

Art. 7. (Legge regolatrice della responsabilità dell'armatore e dell'esercente).

La responsabilità dell'armatore della nave o dello esercente dell'aeromobile per atti o fatti dell'equipaggio è regolata dalla legge nazionale della nave o dell'aeromobile.

La stessa legge regola i limiti legali del debito complessivo o della responsabilità dell'armatore o dell'esercente anche per le obbligazioni da loro personalmente assunte. *((43))*

AGGIORNAMENTO (43)

Il D.P.R. 21 febbraio 1990, n. 66 ha disposto (con l'art. 8, comma 1, lettera b)) che durante il periodo di temporanea abilitazione alla navigazione ed all'uso della bandiera italiana si intende per "legge nazionale della nave" quella italiana ai fini di cui al presente articolo.

Ha inoltre disposto (con l'art. 14, comma 1, lettera b)) che durante il periodo di sospensione temporanea dell'abilitazione alla navigazione ed all'uso della bandiera fatte salve le disposizioni di cui all'art. 29, commi 2 e 3, della legge 14 giugno 1989, n. 234, in materia di lavoro marittimo, ai fini di cui al presente articolo, si intende per "legge nazionale della nave" quella dello Stato straniero nei cui appositi registri la nave è iscritta.

Art. 8 (Legge regolatrice dei poteri e dei doveri del comandante

I poteri, i doveri e le attribuzioni del comandante della nave o dell'aeromobile sono regolati dalla legge nazionale della nave o dell'aeromobile.

((43))

AGGIORNAMENTO (43)

Il _D.P.R. 21 febbraio 1990, n. 66_ ha disposto (con l'art. 8, comma 1, lettera b)) che durante il periodo di temporanea abilitazione alla navigazione ed all'uso della bandiera italiana si intende per "legge nazionale della nave" quella italiana ai fini di cui al presente articolo.

Ha inoltre disposto (con l'art. 14, comma 1, lettera b)) che durante il periodo di sospensione temporanea dell'abilitazione alla navigazione ed all'uso della bandiera fatte salve le disposizioni di cui all'_art. 29, commi 2 e 3, della legge 14 giugno 1989, n. 234_, in materia di lavoro marittimo, ai fini di cui al presente articolo, si intende per "legge nazionale della nave" quella dello Stato straniero nei cui appositi registri la nave è iscritta.

Art. 9. (Legge regolatrice del contratto di lavoro

I contratti di lavoro della gente del mare, del personale navigante della navigazione interna e del personale di volo sono regolati dalla legge nazionale della nave o dell'aeromobile, salva, se la nave o l'aeromobile è di nazionalità straniera, la diversa volontà delle parti.

((43))

AGGIORNAMENTO (43)

Il _D.P.R. 21 febbraio 1990, n. 66_ ha disposto (con l'art. 8, comma 1, lettera b)) che durante il periodo di temporanea abilitazione alla navigazione ed all'uso della bandiera italiana si intende per "legge nazionale della nave" quella italiana ai fini di cui al presente articolo.

Ha inoltre disposto (con l'art. 14, comma 1, lettera b)) che durante il periodo di sospensione temporanea dell'abilitazione alla navigazione ed all'uso della bandiera fatte salve le disposizioni di cui all'_art. 29, commi 2 e 3, della legge 14 giugno 1989, n. 234_, in materia di lavoro marittimo, ai fini di cui al presente articolo, si intende per "legge nazionale della nave" quella dello Stato straniero nei cui appositi registri la nave è iscritta.

Art. 10. (Legge regolatrice dei contratti di utilizzazione di navi e aeromobili

I contratti di locazione, di noleggio, di trasporto sono regolati dalla legge nazionale della nave o dell'aeromobile, salva la diversa volontà delle parti.

((43))

AGGIORNAMENTO (43)

Il _D.P.R. 21 febbraio 1990, n. 66_ ha disposto (con l'art. 8, comma 1, lettera b)) che durante il periodo di temporanea abilitazione alla navigazione ed all'uso della bandiera italiana si intende per "legge nazionale della nave" quella italiana ai fini di cui al presente articolo.

Ha inoltre disposto (con l'art. 14, comma 1, lettera b)) che durante il periodo di sospensione temporanea dell'abilitazione alla navigazione ed all'uso della bandiera fatte salve le disposizioni di cui all'_art. 29, commi 2 e 3, della legge 14 giugno 1989, n. 234_, in materia di lavoro marittimo, ai fini di cui al presente articolo, si intende per "legge nazionale della nave" quella dello Stato straniero nei cui appositi registri la nave è iscritta.

Art. 11. (Legge regolatrice della contribuzione alle avarie comuni

La contribuzione alle avarie comuni è regolata dalla legge nazionale della nave o dell'aeromobile.

((43))

AGGIORNAMENTO (43)

Il _D.P.R. 21 febbraio 1990, n. 66_ ha disposto (con l'art. 8, comma 1, lettera b)) che durante il periodo di temporanea abilitazione alla navigazione ed all'uso della bandiera italiana si intende per "legge nazionale della nave" quella italiana ai fini di cui al presente articolo.

Ha inoltre disposto (con l'art. 14, comma 1, lettera b)) che durante il periodo di sospensione temporanea dell'abilitazione alla navigazione ed all'uso della bandiera fatte salve le disposizioni di cui all'_art. 29, commi 2 e 3, della legge 14 giugno 1989, n. 234_, in materia di lavoro marittimo, ai fini di cui al presente articolo, si intende per "legge nazionale della nave" quella dello Stato straniero nei cui appositi registri la nave è iscritta.

Art. 12.

(Legge regolatrice delle obbligazioni derivanti da urto di navi o aeromobili

Le obbligazioni derivanti da urto di navi o di aeromobili in alto mare o in altro luogo o spazio non soggetto alla sovranità di alcuno Stato sono regolate dalla legge nazionale delle navi o degli aeromobili, se è comune; altrimenti dalla legge italiana. *((43))*

AGGIORNAMENTO (43)

Il D.P.R. 21 febbraio 1990, n. 66 ha disposto (con l'art. 8, comma 1, lettera b)) che durante il periodo di temporanea abilitazione alla navigazione ed all'uso della bandiera italiana si intende per "legge nazionale della nave" quella italiana ai fini di cui al presente articolo.

Ha inoltre disposto (con l'art. 14, comma 1, lettera b)) che durante il periodo di sospensione temporanea dell'abilitazione alla navigazione ed all'uso della bandiera fatte salve le disposizioni di cui all'art. 29, commi 2 e 3, della legge 14 giugno 1989, n. 234, in materia di lavoro marittimo, ai fini di cui al presente articolo, si intende per "legge nazionale della nave" quella dello Stato straniero nei cui appositi registri la nave è iscritta.

Art. 13. (Legge regolatrice delle obbligazioni derivanti da assistenza, salvataggio e ricupero).

Le obbligazioni derivanti da assistenza, salvataggio e ricupero compiuti in alto mare sono regolate dalla legge nazionale della nave o dell'aeromobile che ha prestato il soccorso o compiuto il ricupero.

La stessa legge regola la ripartizione del compenso per assistenza, salvataggio e ricupero fra l'armatore a l'esercente e l'equipaggio. *((43))*

AGGIORNAMENTO (43)

Il <u>D.P.R. 21 febbraio 1990, n. 66</u> ha disposto (con l'art. 8, comma 1, lettera b)) che durante il periodo di temporanea abilitazione alla navigazione ed all'uso della bandiera italiana si intende per "legge nazionale della nave" quella italiana ai fini di cui al presente articolo.

Ha inoltre disposto (con l'art. 14, comma 1, lettera b)) che durante il periodo di sospensione temporanea dell'abilitazione alla navigazione ed all'uso della bandiera fatte salve le disposizioni di cui all'<u>art. 29, commi 2 e 3, della legge 14 giugno 1989, n. 234</u>, in materia di lavoro marittimo, ai fini di cui al presente articolo, si intende per "legge nazionale della nave" quella dello Stato straniero nei cui appositi registri la nave è iscritta.

Art. 14. (Competenza giurisdizionale).

Oltre che nei casi previsti dall'<u>articolo 4 del codice di procedura</u> civile, le domande riguardanti urto di navi o di aeromobili ovvero assistenza, salvataggio o ricupero in alto mare o in altro luogo o spazio non soggetto alla sovranità di alcuno Stato possono proporsi avanti i giudici del Regno, se la nave o l'aeromobile che ha cagionato l'urto o che è stato assistito o salvato, ovvero le persone salvate o le cose salvate o ricuperate si trovano nel Regno.

PARTE PRIMA - DELLA NAVIGAZIONE MARITTIMA E INTERNA

LIBRO PRIMO - DELL'ORDINAMENTO AMMINISTRATIVO DELLA NAVIGAZIONE

TITOLO PRIMO - DEGLI ORGANI AMMINISTRATIVI DELLA NAVIGAZIONE

CAPO I - - Dell'amministrazione della navigazione marittima

Art. 15. (Ministro competente).

L'amministrazione della marina mercantile è retta dal ministro per le comunicazioni.

Art. 16. (Circoscrizioni del litorale del Regno)
Il litorale del Regno è diviso in zone marittime; le zone sono suddivise in compartimenti e questi in circondari.

Alla zona e preposto un direttore marittimo, al compartimento un capo del compartimento, al circondario un capo del circondario. Nell'ambito del compartimento in cui ha sede l'ufficio della direzione marittima, il direttore marittimo è anche capo del compartimento. Nell'ambito del circondario in cui ha sede l'ufficio del compartimento, il capo del compartimento è anche capo del circondario.

Negli approdi di maggiore importanza in cui non hanno sede nè l'ufficio del compartimento nè l'ufficio del circondario sono istituiti uffici locali di porto o delegazioni di spiaggia, dipendenti dall'ufficio circondariale.

Il capo del compartimento, il capo del circondario e i capi degli altri uffici marittimi dipendenti sono comandanti del porto o dell'approdo in cui hanno sede.

Art. 17. (Attribuzioni degli uffici locali)
Il direttore marittimo esercita le attribuzioni conferitegli dal presente codice, dalle altre leggi e dai regolamenti.

Il capo del compartimento, il capo del circondario e i capi degli altri uffici marittimi dipendenti, oltre le attribuzioni conferite a ciascuno di essi dal presente codice, dalle altre leggi e dai regolamenti, esercitano, nell'ambito delle rispettive circoscrizioni, tutte le attribuzioni amministrative relative alla navigazione e al traffico marittimo, che non siano specificamente conferite a determinate autorità.

Art. 18. (Personale dell'amministrazione marittima)
Le funzioni amministrative attinenti alla navigazione e al traffico marittimo sono esercitate dal corpo delle capitanerie di porto.
Ove se ne riconosca l'opportunità, l'esercizio di tali funzioni può essere affidato, nei porti e approdi di minore importanza a persone estranee a detto corpo.

Art. 19. (Enti portuali)
Nei porti di maggiore importanza taluni servizi portuali inerenti alla navigazione possono essere affidati ad appositi enti costituiti con legge.

Art. 20 (Vigilanza sulla navigazione e sul traffico all'estero)
La vigilanza sulla navigazione e sul traffico marittimo nazionale all'estero è esercitata dalle autorità consolari.

CAPO II - Dell'amministrazione della navigazione interna

Art. 21. (Ministro competente)
L' amministrazione della navigazione su laghi, fiumi, canali e altre acque interne è retta dal ministro per le comunicazioni.

Art. 22. (Ispettorati compartimentali)

Agli effetti dell'ordinamento amministrativo della navigazione interna il territorio del Regno è diviso in zone.

A ciascuna zona è preposto un ispettorato compartimentale della motorizzazione civile e dei trasporti in concessione.

Art. 23. (Uffici di porto)
Nei porti e nelle altre località di maggiore importanza per la navigazione interna sono istituiti ispettorati di porto e delegazioni di approdo da questi dipendenti.

L'ispettorato di porto esercita sulle vie navigabili comprese nella sua circoscrizione le attribuzioni conferitegli dal presente codice, dalle altre leggi e dai regolamenti.

Il capo dell'ispettorato ed il capo della delegazione di approdo sono comandanti del porto ove hanno sede.

Nei casi previsti dal regolamento possono essere istituite, fuori della circoscrizione degli ispettorati di porto, delegazioni di approdo direttamente dipendenti dall'ispettorato compartimentale. In tal caso il capo della delegazione esercita anche le attribuzioni del capo dell'ispettorato di porto, conferitegli dal ministro per le comunicazioni.

Art. 24. (Navigazione promiscua)
Le navi addette alla navigazione interna, quando entrano in acque marittime, devono osservare le norme di polizia marittima e sono sottoposte alla vigilanza degli organi competenti per la navigazione marittima.

Parimenti le navi addette alla navigazione marittima, quando entrano in acque interne, devono osservare le norme di polizia in vigore per tali acque e sono sottoposte alla vigilanza degli organi competenti per la navigazione interna.

Art. 25. (Attribuzioni dell'autorità comunale)
Nelle località ove non hanno sede uffici di porto l'esercizio di attribuzioni amministrative relative alla navigazione interna può essere conferito a norma del regolamento dal ministro per le comunicazioni all'autorità comunale.

Art. 26. (Navi e galleggianti addetti al servizio urbano)
Nei porti comunicanti con canali ed altre acque interne, il comandante del porto esercita la vigilanza sulle navi e sui galleggianti addetti al servizio urbano che entrano nelle acque marittime.

I conflitti di competenza fra l'autorità marittima e quella comunale relativi al servizio di tali navi e galleggianti sono risolti dal prefetto del luogo ed in via definitiva dal ministro per le comunicazioni.
Art. 27. (Vigilanza sulla navigazione e sul traffico all'estero
La vigilanza sulla navigazione e sul traffico nazionale all'estero è esercitata dalle autorità consolari.

TITOLO SECONDO - DEI BENI PUBBLICI DESTINATI ALLA NAVIGAZIONE

CAPO I - Del demanio marittimo

Art. 28. (Beni del demanio marittimo).

Fanno parte del demanio marittimo:

a) il lido, la spiaggia, i porti, le rade;

b) le lagune, le foci dei fiumi che sboccano in mare, i bacini di acqua salsa o salmastra che almeno durante una parte dell'anno

comunicano liberamente col mare;

c) i canali utilizzabili ad uso pubblico marittimo.

Art. 29. (Pertinenze del demanio marittimo).

Le costruzioni e le altre opere appartenenti allo Stato, che esistono entro i limiti del demanio marittimo e del mare territoriale, sono considerate come pertinenze del demanio stesso.

Art. 30. (Uso del demanio marittimo

L'amministrazione della marina mercantile regola l'uso del demanio marittimo e vi esercita la polizia.

Art. 31. (Limiti del demanio marittimo).

Nei luoghi, nei quali il mare comunica con canali o fiumi o altri corsi di acqua, i limiti del demanio marittimo sono fissati dal ministro per le comunicazioni di concerto con quelli per le finanze e per i lavori pubblici, nonchè con gli altri ministri interessati.

Art. 32. (Delimitazione di zone del demanio marittimo)

Il capo del compartimento, quando sia necessario o se comunque ritenga opportuno promuovere la delimitazione di determinate zone del demanio marittimo, invita, nei modi stabiliti dal regolamento, le pubbliche amministrazioni e i privati che possono avervi interesse a presentare le loro deduzioni e ad assistere alle relative operazioni.

((Le contestazioni che sorgono nel corso della delimitazione sono risolte in via amministrativa dal direttore marittimo, di concerto con l'intendente di finanza, con provvedimento definitivo.

In caso di accordo di tutte le parti interessate il provvedimento del direttore marittimo dà atto nel relativo processo verbale dell'accordo intervenuto.

Negli altri casi il provvedimento deve essere comunicato, con i relativi documenti, al Ministro per la marina mercantile, il quale entro sessanta giorni dalla ricezione può annullarlo con suo decreto, da notificarsi, entro i dieci giorni successivi, agli interessati per tramite del direttore marittimo.

In caso di annullamento, la risoluzione in via amministrativa della contestazione spetta al Ministro per la marina mercantile, di concerto con quello per le finanze.

Nelle controversie innanzi alle autorità giurisdizionali, la tutela dei beni demaniali spetta esclusivamente al Ministro per le finanze)).

Art. 33. (Ampliamento del demanio marittimo).

Quando per necessità dei pubblici usi del mare occorra comprendere nel demanio marittimo zone di proprietà privata di limitata estensione e di lieve valore ad esso adiacenti, ovvero i depositi e gli stabilimenti menzionati nell'articolo 52, la dichiarazione di pubblico interesse per l'espropriazione è fatta con decreto del ministro per le comunicazioni, di concerto con il ministro per le finanze.

Il decreto costituisce titolo per l'immediata occupazione del bene da espropriare.

Art. 34. (Destinazione di zone demaniali marittime ad altri usi pubblici).

Con provvedimento del ministro per le comunicazioni, su richiesta ((*dell'amministrazione statale, regionale o dell'ente locale competente*)), determinate parti del demanio marittimo possono essere destinate ad altri usi pubblici, cessati i quali riprendono la loro destinazione normale

Art. 35. (Esclusione di zone dal demanio marittimo).

Le zone demaniali che dal capo del compartimento non siano ritenute utilizzabili per pubblici usi del mare sono escluse dal demanio marittimo con decreto del ministro per le comunicazioni di concerto con quello per le finanze.

Art. 36. (Concessione di beni demaniali).

L'amministrazione marittima, compatibilmente con le esigenze del pubblico uso, può concedere l'occupazione e l'uso, anche esclusivo, di beni demaniali e di zone di mare territoriale per un determinato periodo di tempo.

((Le concessioni di durata superiore a quindici anni sono di competenza del Ministro per la marina mercantile. Le concessioni di durata superiore a quattro, ma non a quindici anni, e quelle di durata non superiore al quadriennio che importino impianti di difficile sgombero sono di competenza del direttore marittimo. Le concessioni di durata non superiore al quadriennio, quando non importino impianti di difficile sgombero, sono di competenza del capo di compartimento marittimo)). ((7))

AGGIORNAMENTO (7)

Il D.P.R. 13 luglio 1954, n. 747 ha disposto (con l'art. 3, comma 5) che la presente modifica ha effetto anche ai fini delle concessioni previste dall'art. 54 del regolamento di esecuzione del Codice della navigazione, approvato con D.P.R. 15 febbraio 1952, n. 328.

Art. 37. (Concorso di più domande di concessione).

Nel caso di più domande di concessione, è preferito il richiedente che offra maggiori garanzie di proficua utilizzazione della concessione e si proponga di avvalersi di questa per un uso che, a giudizio dell'amministrazione, risponda ad un più rilevante interesse pubblico.

Al fine della tutela dell'ambiente costiero, per il rilascio di nuove concessioni demaniali marittime per attività turistico-ricreative è data preferenza alle richieste che importino attrezzature non fisse e completamente amovibili. ((*PERIODO SOPPRESSO DAL D.L. 30 DICEMBRE 2009, N. 194, CONVERTITO CON MODIFICAZIONI DALLA L. 26 FEBBRAIO 2010, N. 25)).*

Qualora non ricorrano le ragioni di preferenza di cui ai precedenti commi, si procede a licitazione privata.

Art. 38. (Anticipata occupazione di zone demaniali).

Qualora ne riconosca l'urgenza, l'autorità marittima può, su richiesta dell'interessato, consentire, previa cauzione, l'immediata occupazione e l'uso di beni del demanio marittimo, nonché l'esecuzione dei lavori all'uopo necessari, a rischio del richiedente, purchè questo si obblighi ad osservare le condizioni che saranno stabilite nell'atto di concessione.

Se la concessione è negata, il richiedente deve demolire le opere eseguite e rimettere i beni nel pristino stato.

Art. 39. (Misura del canone).

La misura del canone è determinata dall'atto di concessione.

Nelle concessioni a enti pubblici o privati, per fini di beneficenza o per altri fini di pubblico interesse, sono fissati canoni di mero riconoscimento del carattere demaniale dei beni.

Art. 40. (Riduzione del canone).

Qualora l'utilizzazione di beni del demanio marittimo da parte del concessionario venga ad essere ristretta per effetto di preesistenti diritti di terzi, al concessionario non è dovuto alcun indennizzo, ma si fa luogo a un'adeguata riduzione del canone, salva la facoltà prevista nel primo comma dell'articolo 44.

Art. 41 (Costituzione d'ipoteca).

Il concessionario può, previa autorizzazione dell'autorità concedente, costituire ipoteca sulle opere da lui costruite sui beni demaniali.

Art. 42. (Revoca delle concessioni).

Le concessioni di durata non superiore al *((quadriennio))* e che non importino impianti di difficile sgombero sono revocabili in tutto o in parte a giudizio discrezionale dell'amministrazione marittima.

Le concessioni di durata superiore al *((quadriennio))* o che comunque importino impianti di difficile sgombero sono revocabili per specifici motivi inerenti al pubblico uso del mare o per altre ragioni di pubblico interesse, a giudizio discrezionale dell'amministrazione marittima.

La revoca non dà diritto a indennizzo. Nel caso di revoca parziale si fa luogo ad un'adeguata riduzione del canone, salva la facoltà prevista dal primo comma dell'articolo 44.

Nelle concessioni che hanno dato luogo a costruzione di opere stabili l'amministrazione marittima, salvo che non sia diversamente stabilito, è tenuta a corrispondere un indennizzo pari al rimborso di tante quote parti del costo delle opere quanti sono gli anni mancanti al termine di scadenza fissato.

In ogni caso l'indennizzo non può essere superiore al valore delle opere al momento della revoca, detratto l'ammontare degli effettuati ammortamenti.

Art. 43. (Domande incompatibili).

Qualora una domanda di concessione di beni del demanio marittimo risulti incompatibile con una concessione precedentemente fatta per uso di meno rilevante interesse pubblico, la concessione precedente può essere revocata con decreto reale, previo parere del consiglio di Stato, fermo il disposto degli ultimi due comma dell'articolo precedente.

Art. 44. (Modifica o estinzione della concessione per fatto dell'amministrazione).

In caso di revoca parziale, il concessionario ha facoltà di rinunziare alla concessione dandone comunicazione all'autorità concedente nel termine di trenta giorni dalla notifica del provvedimento di revoca.

La stessa facoltà spetta al concessionario anche quando l'utilizzazione della concessione sia resa impossibile in parte, in conseguenza di opere costruite per fini di pubblico interesse dallo Stato o da altri enti pubblici.

Se l'utilizzazione è resa totalmente impossibile la concessione si estingue.

Art. 45. (Modifica o estinzione della concessione per cause naturali).

Quando, per cause naturali, i beni del demanio marittimo concessi subiscono modificazioni tali da restringere l'utilizzazione della concessione, il concessionario ha diritto ad una adeguata riduzione del canone.

Qualora le cause predette cagionino modificazioni tali della consistenza dei beni da rendere impossibile l'ulteriore utilizzazione della concessione, questa si estingue.

Art. 45-bis.

(Affidamento ad altri soggetti delle attività oggetto della concessione).

Il concessionario *((...))* previa autorizzazione dell'autorità competente, può affidare ad altri soggetti la gestione delle attività oggetto della concessione. Previa autorizzazione dell'autorità competente, può essere altresì affidata ad altri soggetti la gestione di attività secondarie nell'ambito della concessione.

Art. 46. (Subingresso nella concessione).

*((**Fermi i divieti ed i limiti di cui all'**article 18, comma 7, della legge 28 gennaio 1994, n. 84, quando il concessionario intende sostituire altri nel godimento della concessione deve chiedere l'autorizzazione dell'autorità concedente.))*

In caso di vendita o di esecuzione forzata, l'acquirente o l'aggiudicatario di opere o impianti costruiti dal concessionario su beni demaniali non può subentrare nella concessione senza l'autorizzazione dell'autorità concedente.

In caso di morte del concessionario gli eredi subentrano nel godimento della concessione, ma devono chiederne la conferma entro sei mesi, sotto pena di decadenza. Se, per ragioni attinenti all'idoneità tecnica od economica degli eredi, l'amministrazione non ritiene opportuno confermare la concessione, si applicano le norme relative alla revoca.

Art. 47. (Decadenza dalla concessione).

L'amministrazione può dichiarare la decadenza del concessionario:

a)   per mancata esecuzione delle opere prescritte nell'atto di concessione, o per mancato inizio della gestione, nei termini
assegnati;

b)   per non uso continuato durante il periodo fissato a questo
effetto nell'atto di concessione, o per cattivo uso;

c)   per mutamento sostanziale non autorizzato dello scopo per il
quale è stata fatta la concessione;

d)   per omesso pagamento del canone per il numero di rate fissato a
questo effetto dall'atto di concessione;

e)   per abusiva sostituzione di altri nel godimento della
concessione;

f)   per inadempienza degli obblighi derivanti dalla concessione, o imposti da norme di leggi o di regolamenti.

Nel caso di cui alle lettere a) e b) l'amministrazione può accordare una proroga al concessionario.

Prima di dichiarare la decadenza, l'amministrazione fissa un termine entro il quale l'interessato può presentare le sue deduzioni.

Al concessionario decaduto non spetta alcun rimborso per opere eseguite nè per spese sostenute.

Art. 48. (Autorità competente a dichiarare la revoca e la decadenza).
La revoca e la decadenza della concessione sono dichiarate, con le formalità stabilite dal regolamento, dall'autorità che ha fatto la concessione.

Art. 49. (Devoluzione delle opere non amovibili).
Salvo che sia diversamente stabilito nell'atto di concessione, quando venga a cessare la concessione, le opere non amovibili, costruite sulla zona demaniale, te stano acquisite allo Stato, senza alcun compenso o rimborso, salva la facoltà dell'autorità concedente di ordinarne la demolizione con la restituzione del bene demaniale nel pristino stato.

In quest'ultimo caso, l'amministrazione, ove il concessionario non esegua l'ordine di demolizione, può provvedervi d'ufficio a termini dell'articolo 54.

Art. 50. (Disciplina dell'uso di beni demaniali).
Salve le disposizioni relative a speciali gestioni di apparecchi meccanici di carico e scarico e di magazzini di proprietà dello Stato, nelle località dove sia riconosciuto opportuno, il capo di compartimento regola la destinazione e l'uso di aree e di pertinenze demaniali per il carico, lo scarico e la temporanea sosta di merci o materiali per un periodo di tempo eccedente quello necessario alle ordinarie operazioni portuali, e ne determina i canoni relativi.

Le autorizzazioni sono rilasciate dal comandante del porto che ne fissa la durata.

Art. 51. (Estrazione e raccolta di arena e altri materiali).
Nell'ambito del demanio marittimo e del mare territoriale, l'estrazione e la raccolta di arena, alghe, ghiaia o altri materiali è sottoposta alla concessione del capo del compartimento.

Art. 52. (Impianto ed esercizio di depositi e stabilimenti).
Le concessioni per l'impianto e l'esercizio di depositi e stabilimenti, i quali siano situati anche soltanto in parte entro i confini del demanio marittimo o del mare territoriale, ovvero siano comunque collegati al mare, a corsi d'acqua o canali marittimi, sono fatte a norma delle disposizioni del presente titolo.

Per l'impianto e l'esercizio di stabilimenti o di depositi costieri di sostanze infiammabili o esplosive è richiesta inoltre l'autorizzazione del ministro per le comunicazioni.

L'impianto e l'esercizio dei depositi e stabilimenti predetti sono sottoposti alle disposizioni di polizia stabilite dall'autorità marittima. L'impianto e l'esercizio dei depositi e stabilimenti di cui al secondo comma sono sottoposti inoltre alle speciali disposizioni in materia.

Art. 53. (Registro dei diritti gravanti sul demanio marittimo).
Presso ogni ufficio di compartimento è tenuto, nelle forme stabilite dal regolamento, un registro dei diritti sulle zone di demanio marittimo comprese nell'ambito della circoscrizione.

Art. 54. (Occupazioni e innovazioni abusive).
Qualora siano abusivamente occupate zone del demanio marittimo o vi siano eseguite innovazioni non autorizzate, il capo del compartimento ingiunge al contravventore di rimettere le cose in pristino entro il termine a tal fine stabilito e, in caso di mancata esecuzione dell'ordine, provvede d'ufficio, a spese dell'interessato.

Art. 55. (Nuove opere in prossimità del demanio marittimo).
L'esecuzione di nuove opere entro una zona di trenta metri dal demanio marittimo o dal ciglio dei terreni elevati sul mare è sottoposta all'autorizzazione del capo del compartimento.

Per ragioni speciali, in determinate località la estensione della zona entro la quale l'esecuzione di nuove opere è sottoposta alla predetta autorizzazione può essere determinata in misura superiore ai trenta metri, con decreto reale, previo parere del Consiglio di
Stato.

L'autorizzazione si intende negata se entro novanta giorni l'amministrazione non ha accolta la domanda dell'interessato.

L'autorizzazione non è richiesta quando le costruzioni sui terreni prossimi al mare sono previste in piani regolatori o di ampliamento già approvati dall'autorità marittima.

Quando siano abusivamente eseguite nuove opere entro la zona indicata dai primi due comma del presente articolo, l'autorità marittima provvede ai sensi dell'articolo precedente.

CAPO II - Delle zone portuali della navigazione interna

Art. 56. (Competenza dell'amministrazione della navigazione interna).
Nelle zone dei porti e approdi muniti di opere stabili, adibiti al pubblico servizio della navigazione interna su laghi, fiumi e canali, l'amministrazione della navigazione interna esercita la polizia e regola l'uso delle opere, degli impianti e delle altre pertinenze ivi esistenti.

I limiti delle predette zone portuali sono fissati con decreto del ministro per le comunicazioni, di concerto con i ministri per le finanze e per i lavori pubblici e, quando si tratti di opere costruite dalle amministrazioni comunali e provinciali, col ministro per l'interno.
Art. 57. (Norme applicabili).
Alle zone portuali della navigazione interna si applicano le disposizioni stabilite per il demanio marittimo dagli articoli 33 a
35; 50, 51, 54.

Per la dichiarazione di pubblico interesse prevista dall'articolo 33 e per l'esclusione di zone demaniali a norma dell'articolo 35 si ha riguardo alle necessità del pubblico servizio del porto o dell'approdo.

Art. 58. (Concessioni).
Sono parimenti applicabili alle zone portuali della navigazione interna le disposizioni stabilite per le concessioni di beni del demanio marittimo dagli articoli 36 a 49; 53, limitatamente alle concessioni attinenti al servizio della navigazione.

Per le concessioni e per l'utilizzazione in genere di beni compresi nelle zone portuali da parte di altre amministrazioni dello Stato per fini non attinenti al servizio della navigazione, è richiesto il consenso dell'amministrazione della navigazione interna.
Art. 59. (Impianto ed esercizio di depositi e stabilimenti).
Le concessioni per l'impianto e per l'esercizio di depositi e stabilimenti, situati anche soltanto in parte entro i confini delle zone portuali ovvero collegati alle vie navigabili di cui all'articolo 56, sono fatte dall'amministrazione della navigazione interna con le norme di cui all'articolo precedente.

L'impianto e l'esercizio dei depositi e stabilimenti predetti sono sottoposti alle disposizioni di polizia stabilite dall'autorità preposta all'esercizio della navigazione interna.

L'impianto e l'esercizio di stabilimenti o di depositi di sostanze infiammabili o esplosive sono sottoposti alle speciali disposizioni ad essi relative, oltre che a quelle dei due comma precedenti. Per tale impianto ed esercizio è richiesta l'autorizzazione del ministro per le comunicazioni.

Art. 60. (Autorità competenti).

I poteri conferiti dalle disposizioni del capo precedente al direttore marittimo e al capo del compartimento per il demanio marittimo spettano, per la navigazione interna, rispettivamente al direttore dell'ispettorato compartimentale e al capo dell'ispettorato di porto.

Art. 61. (Esecuzione e manutenzione di opere portuali).

L'esecuzione e la manutenzione delle opere portuali e delle altre opere idrauliche sulle sponde dei laghi, fiumi e canali e sulle zone retrostanti, nonchè la vigilanza sulle opere stesse sono di competenza del ministero dei lavori pubblici.

TITOLO TERZO - DELL'ATTIVITÀ AMMINISTRATIVA, DELLA POLIZIA E DEI SERVIZI NEI PORTI

CAPO I - - Dell'attività amministrativa e di polizia nei porti

Art. 62. (Movimento delle navi nel porto).

Il comandante del porto regola e vigila, secondo le disposizioni del regolamento, l'entrata e l'uscita, il movimento, gli ancoraggi e gli ormeggi delle navi, l'ammaramento, lo stazionamento e il movimento degli idrovolanti nelle acque del porto.

Art. 63. (Manovre disposte d'ufficio).

Il comandante del porto può ordinare l'ormeggio, il disormeggio e ogni altra manovra delle navi nel porto.

L'autorità medesima può disporre, in caso di necessità, l'esecuzione di ufficio delle manovre ordinate, a spese delle navi stesse; e, in caso di estrema urgenza, il taglio degli ormeggi.

Art. 64. (Deposito di cose su aree portuali).

Decorso il termine fissato per la sosta temporanea di merci e di materiali di cui all'articolo 50, ovvero in caso di deposito abusivo, il comandante del porto può ordinare la immediata rimozione delle merci e dei materiali.

Qualora gravi esigenze lo richiedano, la rimozione può essere ordinata anche fuori dei casi previsti dal comma precedente.

In caso di mancata esecuzione dell'ordine, l'autorità predetta può disporre la rimozione d'ufficio a spese dell'interessato.

Art. 65. (Imbarco e sbarco).

Il comandante del porto regola e vigila, secondo le disposizioni del regolamento, il carico, lo scarico e il deposito delle merci, l'imbarco e lo sbarco dei passeggeri.

Le operazioni di carico, scarico e deposito di armi, munizioni e merci pericolose sono disciplinate da leggi e regolamenti speciali.

Art. 66. (Navi e galleggianti addetti al servizio dei porti).

Il comandante del porto regola e vigila, secondo le disposizioni del regolamento, l'impiego delle navi, dei galleggianti e delle altre costruzioni galleggianti addette al servizio del porto.

Art. 67. (Limitazione del numero delle navi addette al servizio dei porti).

Il capo del compartimento può limitare, in relazione alle esigenze del traffico, il numero delle navi e dei galleggianti addetti al servizio dei porti.

Art. 68. (Vigilanza sull'esercizio di attività nei porti).

Coloro che esercitano un'attività nell'interno dei porti ed in genere nell'ambito del demanio marittimo sono soggetti, nell'esplicazione di tale attività, alla vigilanza del comandante del porto.

Il capo del compartimento, sentite le associazioni sindacali interessate, può sottoporre all'iscrizione in appositi registri, eventualmente a numero chiuso, e ad altre speciali limitazioni coloro che esercitano le attività predette.

Art. 69. (Soccorso a navi in pericolo e a naufraghi).

L'autorità marittima, che abbia notizia di una nave in pericolo ovvero di un naufragio o di altro sinistro, deve immediatamente provvedere al soccorso, e, quando non abbia a disposizione nè possa procurarsi i mezzi necessari, deve darne avviso alle altre autorità che possano utilmente intervenire.

Quando l'autorità marittima non può tempestivamente intervenire, i primi provvedimenti necessari sono presi dall'autorità comunale.

Art. 70. (Impiego di navi per il soccorso).

Ai fini dell'articolo precedente, l'autorità marittima o, in mancanza, quella comunale possono ordinare che le navi che si trovano nel porto o nelle vicinanze siano messe a loro disposizione con i relativi equipaggi.

Le indennità e il compenso per l'opera prestata dalle navi sono determinati e ripartiti ai sensi degli articoli 491 e seguenti.

Art. 71. (Divieto di getto di materiali).

Nei porti è vietato gettare materiali di qualsiasi specie.

Il capo del compartimento determina le altre zone alle quali è esteso tale divieto per esigenze del transito e della sosta delle navi, o per altre necessità del traffico e della pesca.

Art. 72. (Rimozione di materiali sommersi).

Nel caso di sommersione di merci o di altri materiali nei porti, rade, canali, gli interessati devono provvedere all'immediata rimozione.

Qualora gli interessati non adempiano a tale obbligo e a giudizio dell'autorità marittima possa derivare dal fatto un pericolo o un intralcio alla navigazione, il capo del compartimento può provvedere d'ufficio alla rimozione e, ove sia il caso, alla vendita dei materiali predetti per conto dello Stato.

L'interessato è tenuto a corrispondere allo Stato le spese sostenute, o la differenza tra queste e il ricavato dalla vendita.

Art. 73. (Rimozione di navi e di aeromobili sommersi).

Nel caso di sommersione di navi o di aeromobili nei porti, rade, canali, ovvero in località del mare territoriale nelle quali a giudizio dell'autorità marittima possa derivarne un pericolo o un intralcio per la navigazione, il capo del compartimento ordina al proprietario, nei modi stabiliti dal regolamento, di provvedere a proprie spese alla rimozione del relitto, fissando il termine per l'esecuzione.

Se il proprietario non esegue l'ordine nel termine fissato, l'autorità provvede d'ufficio alla rimozione e alla vendita dei relitti per conto dello Stato. Per le navi di stazza lorda superiore a trecento tonnellate, se il ricavato dalla vendita non è sufficiente a coprire le spese, il proprietario è tenuto a corrispondere allo Stato la differenza.

Se il ricavato della vendita dei relitti supera le spese sostenute dallo Stato, sulla differenza concorrono i creditori privilegiati o ipotecari sulla nave.

Nei casi d'urgenza l'autorità può senz'altro provvedere d'ufficio, per conto e a spese del proprietario. Tuttavia per le navi di stazza lorda non superiore alle trecento tonnellate, il proprietario è tenuto al pagamento delle spese di rimozione soltanto entro i limiti del valore dei relitti ricuperati.

Art. 74. (Guardiani di navi in disarmo).

Per le navi in disarmo, il comandante del porto stabilisce il numero minimo dei marittimi di guardia a bordo, precisandone, ove occorra, la qualifica.

Art. 75. (Danni alle opere e agli impianti portuali).

In caso di danni cagionati a opere portuali o a impianti attinenti ai servizi della navigazione, il capo del compartimento provvede che ne sia accertata l'entità a mezzo dell'ufficio del genio civile ed intima al responsabile di eseguire, entro un termine determinato, le riparazioni necessarie. In caso di urgenza o in caso di inesecuzione da parte del responsabile, l'autorità provvede d'ufficio alle riparazioni a spese del medesimo.

Quando i danni predetti sono cagionati da una nave il comandante del porto può richiedere il versamento di una cauzione a garanzia del pagamento delle spese per le riparazioni.

Art. 76. (Interrimento dei fondali e intorbidamento delle acque).

Se l'esercizio di impianti industriali o di depositi stabiliti sui margini di banchine o di moli, ovvero di canali navigabili, determina interrimento delle acque adiacenti, gli esercenti sono tenuti a provvedere alla conservazione del buon regime dei fondali, in conformità delle disposizioni impartite dal capo del compartimento.

Del pari gli esercenti sono tenuti a provvedere, secondo le disposizioni impartite dalla predetta autorità, per ovviare all'intorbidamento delle acque prodotto dagli impianti o dai depositi.

In caso di mancato adempimento da parte degli esercenti, l'autorità predetta provvede di ufficio a spese dell'interessato.

Art. 77. (Obblighi dei frontisti di canali o di altri corsi di acqua).

Lungo le sponde dei canali e degli altri corsi di acqua sboccanti in un porto, i proprietari frontisti devono costruire e mantenere in buono stato i muri di sponda e gli argini occorrenti, nonchè prendere tutte le misure necessarie ad evitare l'interrimento dei fondali.

Il capo del compartimento, sentito l'ufficio del genio civile, e, se del caso, l'ufficio tecnico comunale, emana le disposizioni alle quali devono attenersi i proprietari frontisti nella costruzione e manutenzione delle opere predette.

In caso di mancato adempimento da parte dei proprietari frontisti, l'autorità predetta provvede di ufficio, a spese dell'interessato.

Art. 78. (Lavori di escavazione lungo le sponde dei canali sboccanti nei porti).

L'apertura di cave di pietra e l'esecuzione di ogni altro lavoro di escavazione lungo le sponde di canali o di altri corsi d'acqua sboccanti in un porto sono sottoposte all'autorizzazione del capo del compartimento.

Art. 79. (Pesca nei porti).

Nei porti e nelle altre località di sosta o di transito delle navi, l'esercizio della pesca è sottoposto all'autorizzazione del comandante del porto.

Art. 80. (Uso di armi ed accensione di fuochi nei porti).

Nei porti e nelle località di sosta o di transito delle navi, sono sottoposti all'autorizzazione del comandante del porto l'uso di armi, la deflagrazione di sostanze esplosive, nonchè l'accensione di luci o di fuochi che possa turbare il servizio di segnalamento.

Art. 81. (Altre attribuzioni di polizia).

Il comandante del porto provvede per tutto quanto concerne in generale la sicurezza e la polizia del porto o dell'approdo e delle relative adiacenze.

Art. 82. (Disordini nei porti e sulle navi).

Qualora si verifichino avvenimenti che possano turbare l'ordine pubblico nei porti o nelle altre zone del demanio marittimo ovvero sulle navi che si trovano in porto o in corso di navigazione nel mare territoriale, l'autorità di pubblica sicurezza che interviene ne informa immediatamente quella marittima.

Se l'autorità di pubblica sicurezza non può tempestivamente intervenire, l'autorità marittima del luogo provvede nei casi di urgenza a ristabilire l'ordine, richiedendo ove sia necessario l'intervento della forza pubblica o, in mancanza, delle forze armate, e dandone immediato avviso all'autorità di pubblica sicurezza, nonchè, quando si tratti di nave straniera, all'autorità consolare dello Stato di cui la nave batte la bandiera.

Art. 83. ((*(Divieto di transito e di sosta).*))

 ((*Il Ministro dei trasporti e della navigazione può limitare o vietare il transito e la sosta di navi mercantili nel mare territoriale, per motivi di ordine pubblico, di sicurezza della navigazione e, di concerto con il Ministro dell'ambiente, per motivi di protezione dell'ambiente marino, determinando le zone alle quali il divieto si estende))*.

Art. 84. (Ingiunzione per rimborso di spese).

Per il rimborso di spese anticipate, o comunque sostenute per conto di privati, l'autorità marittima emette ingiunzione, resa esecutoria con decreto del pretore competente.

Decorsi venti giorni dalla notificazione dell'ingiunzione al debitore, senza che questi abbia eseguito il pagamento, l'autorità marittima può procedere agli atti esecutivi.

Entro il termine predetto il debitore può fare opposizione al decreto per motivi inerenti all'esistenza del credito o al suo ammontare, previo versamento della somma indicata nell'atto di ingiunzione. *((17))*
L'opposizione è proposta dinanzi al giudice competente per valore.

AGGIORNAMENTO (17) La Corte Costituzionale, con sentenza 26 giugno - 8 luglio 1967, n. 96 (in G.U. 1a s.s. 17/7/1967, n. 177), ha dichiarato l'illegittimità costituzionale della disposizione del presente articolo, espressa con le parole: "previo versamento della somma indicata nell'atto di ingiunzione".

Art. 85. (Attività amministrativa nei porti interni).

Le disposizioni del presente capo si applicano anche all'attività amministrativa e alla polizia nei porti della navigazione interna. Le attribuzioni del capo del compartimento e del comandante di porto marittimo sono esercitate rispettivamente dal capo dell'ispettorato di porto e dal comandante di porto della navigazione interna.

Alla vigilanza del comandante del porto sono sottoposti, a norma dell'articolo 68, coloro i quali esercitano un'attività nell'ambito delle zone portuali della navigazione interna.

Le disposizioni degli articoli 72 e 73 si applicano anche in caso di sommersione di navi o materiali in località dei laghi, dei fiumi e di altre acque interne nelle quali, a giudizio dell'autorità preposta all'esercizio della navigazione interna, possa derivarne intralcio alla navigazione.

La determinazione del numero minimo dei guardiani delle navi in disarmo è fatta dal comandante del porto, a norma dell'articolo 74, quando occorra per esigenze di sicurezza.

L'autorità di pubblica sicurezza informa quella preposta all'esercizio della navigazione interna qualora si verifichino avvenimenti che possano turbare l'ordine pubblico nei porti o nell'ambito delle zone portuali ovvero sulle navi che si trovano in porto o in corso di navigazione su vie navigabili interne.

Il divieto di transito o di sosta può essere stabilito dal ministro per le comunicazioni anche per le zone delle acque interne nelle quali sia necessario per esigenze di ordine pubblico.

CAPO II - Del pilotaggio

Sezione I - Del pilotaggio marittimo

Art. 86. (Istituzione del servizio di pilotaggio).
Nei porti e negli altri luoghi di approdo o di transito delle navi, dove è riconosciuta la necessità del servizio di pilotaggio, è istituita, mediante decreto reale, una corporazione di piloti.

La corporazione ha personalità giuridica, ed è diretta e rappresentata dal capo pilota.
Art. 87. (Pilotaggio obbligatorio).
Nei luoghi dove ne è riconosciuta l'opportunità, il pilotaggio può essere reso obbligatorio con decreto reale.

Nei luoghi dove il pilotaggio è facoltativo, il direttore marittimo può, per particolari esigenze, renderlo temporaneamente obbligatorio.

Il decreto reale o il provvedimento del direttore marittimo fissano i limiti della zona entro la quale il pilotaggio è obbligatorio.
Art. 88. (Vigilanza sulla corporazione dei piloti).
La corporazione dei piloti è sottoposta alla vigilanza dell'autorità competente a norma del regolamento.

Il comandante del porto, in particolare, deve periodicamente accertare se la corporazione è provvista dei mezzi tecnici necessari all'espletamento del servizio, e, in caso di insufficienza, deve darne avviso al ministro per le comunicazioni, prendendo, in caso di urgenza, gli opportuni provvedimenti.
Art. 89. ((*ARTICOLO ABROGATO DALLA L. 1 DICEMBRE 2016, N. 230*))

Art. 90. (Licenze e registro dei piloti).
I piloti sono provvisti di una licenza rilasciata dal capo del compartimento e sono iscritti in uno speciale registro.

Art. 91. (Tariffe di pilotaggio).

Le tariffe di pilotaggio sono approvate dal ministro per le comunicazioni, sentite le associazioni sindacali interessate.

Art. 92. (Attribuzioni e obblighi del pilota).

Il pilota suggerisce la rotta e assiste il comandante nella determinazione delle manovre necessarie per seguirla.

Nelle località dove il pilotaggio è obbligatorio, il pilota deve prestare la sua opera fino a quando la nave sia giunta fuori della zona di cui all'articolo 87, o sia ormeggiata nel luogo ad essa assegnato.

Nelle località dove il pilotaggio non è obbligatorio il pilota deve prestare la sua opera fino a quando ne sia richiesto dal comandante della nave.

Art. 93. ((*(Responsabilità del pilota).*))

((Il pilota è responsabile per i danni cagionati da atti da esso compiuti o fatti da esso determinati durante il pilotaggio quando venga provato che l'evento dannoso occorso alla nave, a persone o a cose deriva da inesattezza delle informazioni o delle indicazioni fornite dal pilota medesimo per la determinazione della rotta.

La responsabilità del pilota è comunque limitata all'importo complessivo di euro un milione per ciascun evento, indipendentemente dal numero dei soggetti danneggiati e dai tipi di sinistro occorsi, ferma restando la responsabilità dell'armatore secondo i principi dell'ordinamento.

Il limite previsto dal secondo comma non si applica nel caso in cui sia accertata la responsabilità del pilota per dolo o colpa grave)).

Art. 94. ((*(Assicurazione obbligatoria del pilota).*))

((Ciascun pilota stipula con un'idonea impresa di assicurazione un contratto di assicurazione per la responsabilità civile derivante dai danni cagionati nell'esercizio dell'attività di pilotaggio, secondo la disciplina prevista nell'articolo 93 e con massimale pari al limite di responsabilità stabilito al secondo comma del medesimo articolo 93.

Una copia del contratto di assicurazione di cui al primo comma è depositata dal pilota nella sede della corporazione dei piloti presso la quale presta servizio. L'autorità marittima, nell'esercizio dei poteri di vigilanza di cui all'articolo 88, accerta la validità e l'idoneità del contratto medesimo.

La mancanza, l'invalidità o l'insufficienza della copertura assicurativa ai sensi del primo comma preclude l'esercizio o la prosecuzione dell'attività di pilotaggio)).

Art. 95. (Regolamenti di pilotaggio).

La disciplina del servizio di pilotaggio, l'ordinamento della corporazione, le norme per la gestione della corporazione stessa e per il reclutamento dei piloti, nonchè il regime disciplinare sono stabiliti dal regolamento.

Le norme per l'esercizio del pilotaggio in ciascun porto sono stabilite, sentite le associazioni sindacali interessate, dai regolamenti locali, approvati dal ministro per le comunicazioni.

Art. 96. (Marittimi abilitati al pilotaggio).

Nelle località di approdo o di transito ove non sia costituita una corporazione di piloti, il comandante del porto può autorizzare altri marittimi a esercitare il pilotaggio.

Il servizio dei marittimi abilitati al pilotaggio è regolato dalle norme di questo capo, in quanto applicabili. Le tariffe relative a tale servizio sono approvate dal direttore marittimo.

Sezione II - Del pilotaggio nella navigazione interna

Art. 97. (Personale abilitato al pilotaggio).

Nelle località di approdo o di transito della navigazione interna il pilotaggio è esercitato da piloti autorizzati dall'ispettorato di porto.

Art. 98. (Pilotaggio obbligatorio).

Nei luoghi dove particolari esigenze lo richiedano, il direttore dell'ispettorato compartimentale può rendere temporaneamente obbligatorio il pilotaggio.

Art. 99. (Norme applicabili).

Il servizio dei piloti autorizzati è regolato dagli articoli 91 a 93.

Art. 100. (Regolamenti locali).

Le norme per l'esercizio del pilotaggio in ciascuna località sono stabilite, sentite le associazioni sindacali interessate, da regolamenti locali, approvati dal ministro per le comunicazioni.

CAPO III Del rimorchio

Art. 101. (Istituzione del servizio di rimorchio marittimo).

Il servizio di rimorchio nei porti e negli altri luoghi di approdo o di transito delle navi addette alla navigazione marittima non può essere esercitato senza concessione, fatta dal capo del compartimento, secondo le norme del regolamento.

L'autorità predetta determina nell'atto di concessione il numero e le caratteristiche dei mezzi tecnici da adibire al servizio.

Le tariffe relative al servizio sono stabilite dal capo del compartimento, sentite le associazioni sindacali interessate.

Art. 102. (Regolamenti locali).

Le norme sulla disciplina del servizio di rimorchio in ciascun porto marittimo sono stabilite da regolamenti locali, approvati dal ministro per le comunicazioni.

Art. 103. (Obblighi derivanti dal contratto di rimorchio).

Quando all'armatore del rimorchiatore non è fatta consegna degli elementi da rimorchiare, gli obblighi e le responsabilità derivanti dal contratto di rimorchio si riferiscono esclusivamente alla trazione degli elementi medesimi.

Se le parti non dispongono diversamente, la direzione della rotta e della navigazione s'intende affidata al comandante del rimorchiatore.

Art. 104. (Responsabilità durante il rimorchio).

L'armatore del rimorchiatore e gli armatori degli elementi rimorchiati sono responsabili rispettivamente dei danni sofferti dagli elementi rimorchiati e dei danni sofferti dal rimorchiatore, a meno che provino che tali danni non sono derivati da cause loro imputabili.

Dei danni sofferti dai terzi durante il rimorchio sono solidalmente responsabili gli armatori degli elementi rimorchiati e l'armatore del rimorchiatore, che non provino che tali danni non sono derivati da cause loro imputabili.

Quando la direzione della navigazione del convoglio è affidata al comandante del rimorchiatore, gli armatori degli elementi rimorchiati, per quanto concerne i danni causati dalle manovre, devono provare esclusivamente, agli effetti dei comma precedenti, che i danni non sono derivati da mancata o cattiva esecuzione degli ordini impartiti dal comandante del rimorchiatore. Analoga prova deve fornire l'armatore del rimorchiatore, quando la direzione della navigazione è affidata al comandante di un elemento rimorchiato.

Art. 105. (Obblighi e responsabilità in caso di consegna al rimorchiatore).

Fermo il disposto dell'articolo precedente, quando è fatta consegna degli elementi rimorchiati all'armatore del rimorchiatore, gli obblighi e le responsabilità di quest'ultimo e dei suoi dipendenti e preposti sono regolati dalle disposizioni sul contratto di trasporto.

Art. 106. (Soccorso prestato alla nave rimorchiata).

Il rimorchiatore che, al fine di assistere o salvare la nave rimorchiata, presta un'opera eccedente quella normale di rimorchio, ha diritto alle indennità ed al compenso previsti nell'articolo 491.

Art. 107. (Servizi per l'ordine e la sicurezza del porto).

Oltre che nei casi previsti nell'articolo 70, i rimorchiatori devono esser messi a disposizione delle autorità portuali che lo richiedano per qualsiasi servizio necessario all'ordine e alla sicurezza del porto.

CAPO IV Del lavoro portuale

Art. 108. *((ARTICOLO ABROGATO DALLA L. 28 GENNAIO 1994, N. 84, COME MODIFICATA DAL D.L. 21 OTTOBRE 1996, N. 535, CONVERTITO CON MODIFICAZIONI DALLA L. 23 DICEMBRE 1996, N. 647)) ((51))*

AGGIORNAMENTO (51)

La L. 28 gennaio 1994, n. 84, come modificata dal D.L. 21 ottobre 1996, n. 535, convertito con modificazioni dalla L. 23 dicembre 1996, n. 647, ha disposto (con l'art. 20, comma 4) che "Fino all'entrata in vigore delle norme attuative della presente legge, continuano ad applicarsi le disposizioni previgenti in materia".

Art. 109.
((ARTICOLO ABROGATO DALLA L. 28 GENNAIO 1994, N. 84, COME MODIFICATA DAL D.L. 21 OTTOBRE 1996, N. 535, CONVERTITO CON MODIFICAZIONI DALLA L. 23 DICEMBRE 1996, N. 647))

Art. 110. (Compagnie e gruppi portuali).

((COMMA ABROGATO DALLA L. 28 GENNAIO 1994, N. 84, COME MODIFICATA DAL D.L. 21 OTTOBRE 1996, N. 535, CONVERTITO CON MODIFICAZIONI DALLA L. 23 DICEMBRE 1996, N. 647)) ((51))

((COMMA ABROGATO DALLA L. 28 GENNAIO 1994, N. 84, COME MODIFICATA DAL D.L. 21 OTTOBRE 1996, N. 535, CONVERTITO CON MODIFICAZIONI DALLA L. 23 DICEMBRE 1996, N. 647)) ((51))

((COMMA ABROGATO DALLA L. 28 GENNAIO 1994, N. 84, COME MODIFICATA DAL D.L. 21 OTTOBRE 1996, N. 535, CONVERTITO CON MODIFICAZIONI DALLA L. 23 DICEMBRE 1996, N. 647)) ((51))

((COMMA ABROGATO DALLA L. 28 GENNAIO 1994, N. 84, COME MODIFICATA DAL D.L. 21 OTTOBRE 1996, N. 535, CONVERTITO CON MODIFICAZIONI DALLA L. 23 DICEMBRE 1996, N. 647)) ((51))

(COMMA ABROGATO DALLA L. 28 GENNAIO 1994, N. 84).

AGGIORNAMENTO (51)

La *L. 28 gennaio 1994, n. 84*, come modificata dal *D.L. 21 ottobre 1996, n. 535*, convertito con modificazioni dalla *L. 23 dicembre 1996, n. 647*, ha disposto (con l'art. 20, comma 4) che "Fino all'entrata in vigore delle norme attuative della presente legge, continuano ad applicarsi le disposizioni previgenti in materia".

Art. 111. (Imprese per operazioni portuali).

((COMMA ABROGATO DALLA L. 28 GENNAIO 1994, N. 84, COME MODIFICATA DAL D.L. 21 OTTOBRE 1996, N. 535, CONVERTITO CON MODIFICAZIONI DALLA L. 23 DICEMBRE 1996, N. 647)) ((51))

((COMMA ABROGATO DALLA L. 28 GENNAIO 1994, N. 84, COME MODIFICATA DAL D.L. 21 OTTOBRE 1996, N. 535, CONVERTITO CON MODIFICAZIONI DALLA L. 23 DICEMBRE 1996, N. 647)) ((51))

((COMMA ABROGATO DALLA L. 28 GENNAIO 1994, N. 84, COME MODIFICATA DAL D.L. 21 OTTOBRE 1996, N. 535, CONVERTITO CON MODIFICAZIONI DALLA L. 23 DICEMBRE 1996, N. 647)) ((51))

(COMMA ABROGATO DALLA L. 28 GENNAIO 1994, N. 84).

Art. 112. *((ARTICOLO ABROGATO DALLA L. 28 GENNAIO 1994, N. 84, COME MODIFICATA DAL D.L. 21 OTTOBRE 1996, N. 535, CONVERTITO CON MODIFICAZIONI DALLA L. 23 DICEMBRE 1996, N. 647)) ((51))*

TITOLO QUARTO - DEL PERSONALE DELLA NAVIGAZIONE

CAPO I - - Del personale marittimo

Art. 113. (Organizzazione e disciplina del personale marittimo).
All'organizzazione amministrativa e alla disciplina del personale marittimo provvede l'amministrazione della marina mercantile.

Art. 114. (Distinzione del personale marittimo).
Il personale marittimo comprende:
a)   la gente di mare;
b)   il personale addetto ai servizi dei porti;

c)   il personale tecnico delle costruzioni navali.

Art. 115. (Categorie della gente di mare).

La gente di mare si divide in tre categorie:

1° personale di stato maggiore e di bassa forza addetto ai servizi di coperta, di macchina e in genere ai servizi tecnici di bordo; 2° personale addetto ai servizi complementari di bordo; 3° personale addetto al traffico locale e alla pesca costiera.

((51))

AGGIORNAMENTO (51)

Il D.L. 21 ottobre 1996, n. 535, convertito con modificazioni dalla L. 23 dicembre 1996, n. 647, ha disposto (con l'art. 10, comma 1) che "Ad integrazione di quanto stabilito negli articoli 115, 123, 130 e 134 del codice della navigazione, approvato con regio decreto 30 marzo 1942, n. 327, sono istituiti, rispettivamente, il titolo professionale marittimo di conduttore per le imbarcazioni da diporto adibite al noleggio e il titolo professionale di conduttore per le imbarcazioni da diporto adibite al noleggio nelle acque interne".

Art. 116. (Personale addetto ai servizi portuali).

Il personale addetto ai servizi dei porti comprende:

1)   i piloti;

2)   **_((NUMERO ABROGATO DALLA L. 28 GENNAIO 1994, N. 84, COME MODIFICATA DAL D.L. 21 OTTOBRE 1996, N. 535, CONVERTITO CON MODIFICAZIONI DALLA L. 23 DICEMBRE 1996, N. 647)) ((51))_**

3)   i palombari in servizio locale;

4)   gli ormeggiatori;

5)   i barcaioli.

Il ministro per le comunicazioni, in relazione alle caratteristiche ed alle esigenze del traffico, può determinare altre categorie di personale addetto ai servizi dei porti, disciplinandone, ove accorra, l'impiego.

AGGIORNAMENTO (51)

La L. 28 gennaio 1994, n. 84, come modificata dal D.L. 21 ottobre 1996, n. 535, convertito con modificazioni dalla L. 23 dicembre 1996, n. 647, ha disposto (con l'art. 20, comma 4) che "Fino all'entrata in vigore delle norme attuative della presente legge, continuano ad applicarsi le disposizioni previgenti in materia".

Art. 117. (Personale tecnico delle costruzioni navali).

Il personale tecnico delle costruzioni navali comprende:

1)   gli ingegneri navali;

2)   i costruttori navali; 3) i maestri d'ascia e i calafati.

Art. 118. (Matricole e registri del personale marittimo).

La gente di mare è iscritta in matricole. Il personale addetto ai servizi portuali e il personale tecnico delle costruzioni navali sono iscritti in registri.

Le matricole e i registri sono tenuti dagli uffici indicati dal regolamento.

Art. 119. (Requisiti per l'iscrizione nelle matricole e nei registri).

Possono conseguire l'iscrizione nelle matricole della gente di mare i cittadini italiani o comunitari di età non inferiore ai *((sedici anni))* che abbiano i requisiti per ciascuna categoria stabiliti dal regolamento.

Possono essere iscritti nelle matricole della gente di mare gli allievi degli Istituti tecnici nautici e degli Istituti professionali ad indirizzo marittimo.

Il Ministro dei trasporti e della navigazione può consentire che nelle matricole della gente di mare siano iscritti anche italiani non appartenenti alla Repubblica.

Il ministro per le comunicazioni, sentite le organizzazioni sindacali competenti, può disporre, quando le condizioni del lavoro marittimo lo richiedano, la sospensione temporanea dell'iscrizione nelle matricole della gente di mare.

Per l'iscrizione di minori degli anni diciotto è necessario il consenso di chi esercita la patria potestà o la tutela.

I requisiti per l'iscrizione nei registri del personale addetto ai servizi portuali e del personale tecnico delle costruzioni sono stabiliti dal regolamento, o, nel caso indicato dal secondo comma dell'art. 116, dal ministro per le comunicazioni.

Per l'esercizio della pesca costiera e del traffico locale, possono conseguire l'iscrizione nella matricola della gente di mare della terza categoria anche coloro che abbiano superato il venticinquesimo anno di età e che abbiano i requisiti stabiliti dal regolamento per tale categoria.

A coloro che conseguono l'iscrizione nelle matricole della gente di mare, ai sensi del precedente comma e interdetto il passaggio ad altra categoria superiore.

Art. 120. (Cancellazione dalle matricole e dai registri).
Alla cancellazione degli iscritti nelle matricole della gente di mare, oltre che nei casi previsti dagli articoli 1251, 1253, si procede per i seguenti motivi:
a)   morte dell'iscritto;
b)   dichiarazione dell'iscritto di voler abbandonare l'attività
marittima;
c)   perdita della cittadinanza italiana;
d)   perdita permanente dell'idoneità fisica alla navigazione,
accertata a termini delle leggi speciali;
e)   condanna, con sentenza passata in giudicato, per alcuno dei reati che a norma del regolamento impediscono l'iscrizione nelle
matricole;
f)   cessazione dall'esercizio della navigazione.

La cancellazione nel caso di cui alla lettera f) si effettua, per gli iscritti che siano in possesso dei titoli professionali di cui all'articolo 123, dopo dieci anni consecutivi di interruzione della navigazione; per gli altri iscritti, dopo cinque anni consecutivi.

La cancellazione degli iscritti nei registri del personale addetto ai servizi portuali e del personale tecnico delle costruzioni è disciplinata dal regolamento.

Art. 121. (Reiscrizione nelle matricole e nei registri).

Gli iscritti nelle matricole della gente del mare, cancellati dalle matricole stesse a norma delle lettere c ed e dell'articolo precedente, possono chiedere la reiscrizione, quando cessino le cause che hanno determinato la cancellazione, anche se abbiano superato il limite di età stabilito nell'articolo 119. Gli iscritti cancellati a norma delle lettere b ed f possono chiedere la reiscrizione, anche se abbiano superato il limite di età, entro un periodo di tempo, dal giorno della cancellazione, pari al periodo di navigazione effettivamente compiuta.

La reiscrizione dei marittimi nei registri del personale addetto ai servizi portuali e del personale tecnico delle costruzioni è disciplinata dal regolamento.

Art. 122. (Documenti di lavoro del personale marittimo).

La gente di mare è munita di un libretto di navigazione. Il personale addetto ai servizi portuali e il personale tecnico delle costruzioni navali sono muniti rispettivamente di un libretto di ricognizione e di un certificato d'iscrizione.

Le forme e gli effetti di tali documenti di lavoro sono stabiliti dal regolamento.

Art. 123. (Titoli professionali del personale marittimo).

((Il Ministro dei trasporti e della navigazione con proprio decreto stabilisce i requisiti e i limiti delle abilitazioni della gente di mare e ne disciplina la necessaria attività di certificazione)).

Per gli altri servizi di bordo i titoli professionali sono:

a)   medico di bordo;

b)   marconista.

I requisiti per il conseguimento dei titoli e i limiti dell'abilitazione professionale propria a ciascun titolo sono stabiliti per i titoli di cui al primo e secondo comma dal regolamento, e per i titoli di cui al terzo comma da leggi e regolamenti speciali.

Il regolamento determina le altre qualifiche relative all'esercizio della professione marittima e prescrive altresì i requisiti per la specializzazione del personale di coperta nei servizi inerenti all'esercizio della pesca.

I limiti delle abilitazioni professionali per il personale addetto ai servizi portuali e per il personale tecnico delle costruzioni navali sono stabiliti dal regolamento. (51)

AGGIORNAMENTO (51)

Il D.L. 21 ottobre 1996, n. 535, convertito con modificazioni dalla

L. 23 dicembre 1996, n. 647, ha disposto (con l'art. 10, comma 1) che

"Ad integrazione di quanto stabilito negli articoli 115, 123, 130 e 134 del codice della navigazione, approvato con regio decreto 30 marzo 1942, n. 327, sono istituiti, rispettivamente, il titolo professionale marittimo di conduttore per le imbarcazioni da diporto adibite al noleggio e il titolo professionale di conduttore per le imbarcazioni da diporto adibite al noleggio nelle acque interne".

Art. 124. (Rilascio dei documenti di abilitazione).

Il rilascio delle patenti per i titoli professionali marittimi indicati alle lettere a e b del primo e del secondo comma dell'articolo precedente è di competenza del direttore marittimo.

Il rilascio dei documenti di abilitazione per gli altri titoli professionali è di competenza del capo del compartimento e dei capi degli altri uffici indicati dal regolamento.

Art. 125. *((ARTICOLO ABROGATO DAL D.P.R. 18 APRILE 2006, N. 231))*

Art. 126. *((ARTICOLO ABROGATO DAL D.P.R. 18 APRILE 2006, N. 231))*

Art. 127. (Assunzione all'estero).
All'assunzione di personale per la formazione o per il completamento degli equipaggi delle navi nazionali all'estero sovraintende l'autorità consolare.

CAPO II - Del personale della navigazione interna

Art. 128. (Organizzazione e disciplina del personale).
All'organizzazione amministrativa e alla disciplina del personale della navigazione interna provvedono le autorità preposte all'esercizio della navigazione interna.

Art. 129. (Distinzione del personale).
Il personale della navigazione interna comprende:

a)   il personale navigante;

b)   il personale addetto ai servizi dei porti.

Art. 130.

(Categorie del personale navigante).

Il personale navigante si divide in tre categorie:

1° personale di comando e di bassa forza addetto ai servizi di coperta, di macchina e in genere ai servizi tecnici di bordo; 2° personale addetto ai servizi complementari di bordo; 3° personale addetto alla piccola navigazione.

((51))

AGGIORNAMENTO (51)
Il D.L. 21 ottobre 1996, n. 535, convertito con modificazioni dalla
L. 23 dicembre 1996, n. 647, ha disposto (con l'art. 10, comma 1) che
"Ad integrazione di quanto stabilito negli articoli 115, 123, 130 e 134 del codice della navigazione, approvato con regio decreto 30 marzo 1942, n. 327, sono istituiti, rispettivamente, il titolo professionale marittimo di conduttore per le imbarcazioni da diporto adibite al noleggio e il titolo professionale di conduttore per le imbarcazioni da diporto adibite al noleggio nelle acque interne".

Art. 131. (Personale addetto ai servizi dei porti).
Il personale addetto ai servizi dei porti comprende:

1) i lavoratori portuali; 2) i barcaioli.

Il ministro per le comunicazioni, in relazione alle caratteristiche e alle esigenze del traffico, può determinare altre categorie di personale dei porti, disciplinandone, ove occorra, l'impiego.

Art. 132. (Matricole, registri e documenti di lavoro del personale).
Il personale navigante è iscritto in matricole, ed è munito di un libretto di navigazione.

Il personale addetto ai servizi dei porti è iscritto in registri ed è munito di un libretto di ricognizione. Le matricole e i registri sono tenuti dagli uffici di porto.

Le forme e gli effetti dei documenti di lavoro indicati nel primo e secondo comma sono stabiliti dal regolamento.

Art. 133. (Requisiti per l'iscrizione nelle matricole e nei registri).
Possono conseguire l'iscrizione nelle matricole del personale navigante i cittadini italiani di età non inferiore ai quattordici anni, che abbiano i requisiti stabiliti dal regolamento.

I minori di anni quattordici, ma non minori dei dieci, possono essere iscritti quando imbarchino alle dipendenze di parenti o affini fino al terzo grado.

Per l'iscrizione di minori degli anni diciotto è necessario il consenso di chi esercita la potestà o la tutela.

Il ministro per le comunicazioni può consentire che nelle matricole siano iscritti anche italiani non regnicoli.

I requisiti per l'iscrizione nei registri del personale addetto ai servizi portuali sono stabiliti dal regolamento, o, nel caso indicato dal secondo comma dell'articolo 131, dal ministro per le comunicazioni.

Parimenti sono disciplinate dal regolamento la cancellazione dalle matricole e dai registri, nonchè la re iscrizione nei medesimi.

Art. 134. (Titoli professionali del personale).
Per i servizi di coperta i titoli professionali sono:
a) capitano;
b) capo timoniere;
c) capo barca;
d) conduttore di motoscafi;
e) barcaiolo abilitato.
Per i servizi di macchina i titoli professionali sono:
a) macchinista;
b) motorista.

Coloro che sono in possesso dei titoli di cui alle lettere a), b), d) del primo comma e a), b) del secondo comma possono essere autorizzati con apposita annotazione sul documento di abilitazione a prestare servizio su navi addette a servizi pubblici di linea o di rimorchio o a servizi di trasporto di personale per conto di terzi.

I requisiti per il conseguimento dei titoli, i limiti dell'abilitazione professionale propria a ciascun titolo e le modalità del rilascio sono stabiliti dal regolamento.

Il ministro per le comunicazioni, in relazione alle caratteristiche e alle esigenze dei trasporti, può determinare altre qualifiche relative all'esercizio della navigazione interna, stabilendo le condizioni e le modalità per il conseguimento dei relativi titoli professionali.

I limiti per le abilitazioni professionali del personale addetto ai servizi portuali sono stabiliti da leggi o regolamenti speciali. *((51))*

Art. 135. (Assunzione all'estero).

All'assunzione di personale navigante della navigazione interna per la formazione e per il completamento degli equipaggi delle navi nazionali all'estero sovraintende l'autorità consolare.

TITOLO QUINTO - DEL REGIME AMMINISTRATIVO DELLE NAVI

CAPO I - - *Dell'ammissione della nave alla navigazione*

Sezione I - Dell'individuazione della nave

Art. 136. (Navi e galleggianti).

Per nave si intende qualsiasi costruzione destinata al trasporto per acqua, anche a scopo di rimorchio, di pesca, di diporto, o ad altro scopo.

Le navi si distinguono in maggiori e minori. Sono maggiori le navi alturiere; sono minori le navi costiere, quelle del servizio marittimo dei porti e le navi addette alla navigazione interna.

Le disposizioni che riguardano le navi si applicano, in quanto non sia diversamente disposto, anche ai galleggianti mobili adibiti a qualsiasi servizio attinente alla navigazione o al traffico in acque marittime o interne.

Art. 137. (Ammissione delle navi alla navigazione).

Sono ammesse alla navigazione le navi iscritte nelle matricole o nei registri tenuti dagli uffici competenti, ed abilitate nelle forme previste dal presente codice.

Sono iscritte nelle matricole e nei registri predetti le navi che rispondono ai prescritti requisiti di individuazione e di nazionalità.

Agli effetti dell'iscrizione e a tutti gli altri effetti di legge le navi e i galleggianti sono individuati dalla stazza, dal nome o dal numero, e dal luogo ove ha sede l'ufficio di iscrizione.

Art. 138. (Stazzatura nel Regno).

Salve le eccezioni stabilite da leggi e regolamenti speciali, la stazzatura delle navi marittime è eseguita nel Regno dal Registro italiano navale, quale delegato del ministero per le comunicazioni, a mezzo di ingegneri navali, o di altri periti stazzatori abilitati a norma del regolamento.

Per la navigazione interna il Registro italiano navale provvede alla stazzatura delle navi per le quali è obbligatoria la classificazione. Negli altri casi provvedono l'ispettorato compartimentale o gli altri organi stabiliti da leggi e da regolamenti speciali.

La stazzatura è eseguita secondo le norme stabilite da leggi e regolamenti speciali.

Eseguita la stazzatura, il certificato di stazza è depositato presso l'ufficio del porto d'iscrizione della nave.

Art. 139. (Stazzatura all'estero).

Il ministro per le comunicazioni può autorizzare la stazzatura all'estero delle navi costruite o trasformate in cantieri esteri ovvero provenienti da bandiera estera, quando tali navi debbano compiere uno o più viaggi fra porti stranieri prima di approdare nel

Regno.

La stazzatura all'estero può, previa autorizzazione del ministro per le comunicazioni, essere eseguita secondo il metodo locale. In tal caso la stazzatura deve essere nuovamente eseguita in via definitiva in un porto del Regno, entro il termine stabilito dal regolamento.

Art. 140. (Nome delle navi maggiori).

Le navi maggiori sono contraddistinte da un nome.

Il nome deve essere diverso e dissimile da ogni altro già registrato in qualsiasi matricola del Regno.

L'imposizione e il cambiamento del nome sono sottoposti all'approvazione del ministro per le comunicazioni.

Le norme, alle quali deve attenersi il proprietario nell'imposizione e nel cambiamento del nome, sono stabilite dal regolamento.

Art. 141. (Numero e nome delle navi minori e dei galleggianti).

Le navi minori e i galleggianti sono contraddistinti da un numero.

Le navi minori marittime di stazza lorda superiore alle dieci tonnellate se a propulsione meccanica, o alle venticinque in ogni altro caso, e le navi della navigazione interna in servizio pubblico di linea possono essere contraddistinte, oltre che dal numero, anche da un nome.

Il nome delle navi predette deve essere diverso e dissimile da ogni altro già registrato nella stessa circoscrizione. Le norme, alle quali deve attenersi il proprietario nell'imposizione e nel cambiamento del nome, sono stabilite dal regolamento.

Art. 142. (Indicazione dei segni di individuazione sullo scafo).

Il nome o il numero della nave o del galleggiante e l'indicazione del luogo dell'ufficio d'iscrizione devono essere segnati sullo scafo nei modi stabiliti dal regolamento.

Sezione II - Dei requisiti di nazionalità

Art. 143. *(((Requisiti di nazionalità dei proprietari di navi italiane).))*

((1. Rispondono ai requisiti di nazionalità per l'iscrizione nelle matricole o nei registri di cui all'articolo 146:

a) *le navi che appartengono per una quota superiore a dodici carati a persone fisiche, giuridiche o enti italiani o di altri Paesi dell'Unione europea;*

b) *le navi di nuova costruzione o provenienti da un registro straniero non comunitario, appartenenti a persone fisiche, giuridiche o enti stranieri non comunitari i quali assumano direttamente l'esercizio della nave attraverso una stabile organizzazione sul territorio nazionale con gestione demandata a persona fisica o giuridica di nazionalità italiana o di altri Paesi dell'Unione europea, domiciliata nel luogo di iscrizione della nave, che assuma ogni responsabilità per il suo esercizio nei confronti delle autorità amministrative e dei terzi, con dichiarazione da rendersi presso l'ufficio di iscrizione della nave, secondo le norme previste per la dichiarazione di armatore.))*

Art. 144.

((ARTICOLO ABROGATO DAL D.L. 30 DICEMBRE 1997, N. 457, CONVERTITO CON MODIFICAZIONI DALLA L. 27 FEBBRAIO 1998, N. 30))
Art. 145. *(((Navi iscritte in registri stranieri).))*

((1. Non possono ottenere l'iscrizione nelle matricole o nei registri nazionali le navi che risultino già iscritte in registro straniero.

2.   Agli effetti degli articoli 149 e 155 del codice della navigazione possono ottenere l'iscrizione in speciali registri nazionali, le navi che risultino già iscritte in un registro straniero ed in regime di sospensione a seguito di locazione a scafo nudo.

3.   Per l'istituzione dei registri speciali di cui al comma 2, per l'attuazione e il completamento delle disposizioni in esso contenute, nel rispetto della riserva di cui all'articolo 224 del codice della navigazione, si provvede con decreto del Ministro della marina mercantile)).

Sezione III - Dell'iscrizione della nave e dell'abilitazione alla navigazione

Art. 146. (Iscrizione delle navi e dei galleggianti).
Le navi maggiori sono iscritte nelle matricole tenute dagli uffici di compartimento marittimo, sedi di direzione marittima. Le matricole tenute dai compartimenti marittimi che non siano sede di direzione marittima e dagli altri uffici sono accentrate presso le direzioni marittime sovraordinate *((ad eccezione dei compartimenti marittimi di Mazara del Vallo e Salerno, per i quali le matricole dei- pescherecci sono tenute presso i medesimi compartimenti marittimi))*. (43)

Le navi minori e i galleggianti sono iscritti nei registri tenuti dagli uffici di compartimento e di circondario o dagli altri uffici indicati dal regolamento.

Per le navi e i galleggianti addetti alla navigazione interna i registri sono tenuti dagli ispettorati di porto e dagli altri uffici indicati da leggi e regolamenti.

Art. 147. (Designazione di rappresentante).
Il proprietario di nave maggiore non domiciliato nel luogo in cui è l'ufficio di iscrizione della nave, deve designare un rappresentante ivi residente, presso il quale, nei confronti dell'autorità marittima, si intende domiciliato.

Nello stesso caso, l'autorità marittima e quella preposta all'esercizio della navigazione interna possono disporre la designazione di un rappresentante da parte del proprietario di nave minore o di galleggiante.
Art. 148.

((ARTICOLO ABROGATO DAL D.L. 30 DICEMBRE 1997, N. 457, CONVERTITO CON MODIFICAZIONI DALLA L. 27 FEBBRAIO 1998, N. 30))
Art. 149. (Abilitazione delle navi alla navigazione).
Le navi iscritte nelle matricole e le navi e i galleggianti iscritti nei registri sono abilitati alla navigazione rispettivamente dall'atto di nazionalità e dalla licenza.

A tale effetto l'atto di nazionalità può essere temporaneamente sostituito da un passavanti provvisorio, e la licenza da una licenza provvisoria.

Art. 150. (Atto di nazionalità).

L'atto di nazionalità è rilasciato in nome del Re Imperatore dal direttore marittimo nella cui zona la nave maggiore è immatricolata, e, nel caso di cui all'articolo 148, dal console che ne ha ricevuto la iscrizione.

L'atto di nazionalità enuncia il nome, il tipo e le caratteristiche principali, la stazza lorda e netta della nave, il nome del proprietario, l'ufficio di immatricolazione.

Art. 151. (Rinnovazione dell'atto di nazionalità).

L'atto di nazionalità deve essere rinnovato qualora vengano mutati il nome o la stazza, ovvero il tipo o le caratteristiche principali della nave.

Art. 152. (Rilascio del passavanti provvisorio).

Il passavanti provvisorio è rilasciato in caso di urgenza alle navi di nuova costruzione o provenienti da registro straniero che siano immatricolate nella Repubblica. Il passavanti provvisorio per le navi provenienti da registro straniero può essere rilasciato anche prima della loro immatricolazione nella Repubblica in presenza di espressa dichiarazione dell'autorità marittima o consolare straniera che il venditore ha avanzato la richiesta di cancellazione della nave dai registri secondo le procedure ivi vigenti e che l'atto di nazionalità, o documento equipollente, è stato preso in consegna. Il passavanti è anche rilasciato alle navi il cui atto di nazionalità o altro documento equivalente sia andato smarrito o distrutto. *((Qualora non sia possibile acquisire espressa dichiarazione da parte dell'autorità marittima o consolare straniera dell'avvenuta presa in consegna da parte di quest'ultima dell'atto di nazionalità, o altro documento equipollente, la durata del passavanti provvisorio non potrà essere superiore a sessanta giorni e dovrà riportare i motivi della mancata acquisizione della dichiarazione di cui sopra. Il passavanti provvisorio sarà rinnovabile secondo quanto previsto ai periodi dal primo al terzo previo ottenimento del rilascio del relativo certificato di cancellazione dalle matricole dell'autorità marittima straniera ai fini dell'immatricolazione nei registri nazionali.)) ((87))*

Il passavanti è rilasciato nel Regno dagli uffici marittimi presso i quali sono tenute le matricole, e all'estero dagli uffici consolari.

Le autorità predette fissano la durata della validità del passavanti, in rapporto al tempo necessario per il rilascio dell'atto di nazionalità. In ogni caso la durata non può essere superiore ad un anno.

AGGIORNAMENTO (87)

Il D.Lgs. 29 ottobre 2016, n. 221 ha disposto (con l'art. 9, comma 2) che "L'efficacia del presente decreto, limitatamente alle disposizioni che prevedono agevolazioni alle imprese, è subordinata alla previa autorizzazione da parte della Commissione europea, ai sensi dell'articolo 108, paragrafo 3, del Trattato sul funzionamento dell'Unione europea, in materia di aiuti di Stato".

Art. 153. (Licenza delle navi minori e dei galleggianti).

La licenza è rilasciata dall'autorità che tiene il registro di iscrizione della nave minore o del galleggiante.

La licenza deve indicare il numero, il tipo, le caratteristiche principali, la stazza lorda e netta della nave minore o del galleggiante, il nome del proprietario e l'ufficio d'iscrizione, nonchè, nel caso previsto nell'articolo 141, il nome.

Nei casi previsti nel primo comma dell'articolo precedente alle navi minori è rilasciata una licenza provvisoria secondo le norme stabilite dal regolamento.

Art. 154. (Rinnovazione della licenza).

In caso di mutamento del proprietario, nonchè di cambiamento del numero, della stazza, del tipo o delle caratteristiche principali della nave o del galleggiante, la licenza deve essere rinnovata. Del pari la licenza deve essere rinnovata in caso di mutamento del nome previsto nell'articolo 141.

Art. 155. (Uso della bandiera).

Le navi abilitate alla navigazione a norma dell'articolo 149 inalberano la bandiera italiana.

Sezione IV - Della dismissione di bandiera e della cancellazione dai registri

Art. 156. ((*(Dismissione della bandiera e sospensione temporanea dell'abilitazione alla navigazione).*))

((1. Il proprietario che intende alienare la nave o che, mantendendone la proprietà, intende cancellarla dalle matricole o dai registri nazionali per l'iscrizione in un registro non comunitario deve farne dichiarazione all'ufficio di iscrizione della nave.

2.   L'ufficio che riceve la dichiarazione procede alla pubblicazione della dichiarazione medesima mediante affissione nell'ufficio del porto ed inserzione nel foglio degli annunci legali, invitando gli interessati a far valere entro sessanta giorni i loro diritti.

3.   La pubblicazione è ripetuta con le stesse modalità qualora il procedimento di cancellazione della nave non si concluda entro sei mesi dal termine di scadenza della precedente pubblicazione.

4.   Se entro il termine di cui al comma 2 sono promosse presso l'ufficio di iscrizione formali opposizioni con l'indicazione e quantificazione dei crediti vantati o se risulta l'esistenza di diritti reali o di garanzia sulla nave, la cancellazione della nave dal registro di iscrizione può essere effettuata solo dopo che l'opposizione sia stata respinta con sentenza passata in giudicato, o i creditori siano stati soddisfatti o i diritti estinti, ovvero, in mancanza, il proprietario abbia eseguito le provvidenze disposte dall'autorità marittima o da quella preposta alla navigazione interna per i salari dell'equipaggio e per le somme dovute all'amministrazione, e dall'autorità giudiziaria, su domanda della parte più diligente per la salvaguardia degli interessi dei creditori.

5.   In caso di urgenza, su richesta del proprietario, la nave può essere cancellata prima della scadenza del termine di cui al comma 2, subordinatamente all'assenza o all'avvenuto soddisfacimento od estinzione dei crediti o diritti reali o di garanzia risultanti dalla matricola o dai registri, e al deposito di fideiussione bancaria a garanzia di eventuali diritti non trascritti, pari al valore della nave accertato dai competenti organi tecnici dell'Amministrazione dei trasporti e della navigazione. La fideiussione è vincolata al pagamento dei crediti privilegiati nell'ordine indicato dagli articoli 552 e 556, nonchè degli altri diritti fatti valere nel termine previsto dal comma 4 del presente articolo. Con decreto del Ministro dei trasporti e della navigazione sono stabilite le modalità di presentazione della fideiussione.

6.   La cancellazione della nave dal registro di iscrizione può essere effettuata solo se si verifichino le condizioni previste dall'articolo 15 della legge 26 luglio 1984, n. 413.

7.   L'ufficio di iscrizione della nave procede alla cancellazione della nave dal registro di iscrizione, previo ritiro dei documenti di bordo e dismissione della bandiera.

8.   *Nei casi di locazione della nave a scafo nudo a straniero, qualora la nave venga iscritta nel registro di uno Stato che consente la temporanea iscrizione di nave straniera limitatamente al periodo di locazione, la sospensione dell'abilitazione alla navigazione di cui all'articolo 149 è consentita previa autorizzazione, data dal Ministro dei trasporti e della navigazione, a seguito dell'espletamento delle procedure di cui ai commi precedenti e secondo le disposizioni dell'articolo 145 e della lettera d) del primo comma dell'articolo 163 del presente codice, nonchè dell'articolo 29 della legge 14 giugno 1989, n. 234, e delle relative norme applicative.*

9.   *Il proprietario che intende alienare la nave o che, mantenendone la proprietà, intende cancellarla dalle matricole o dai registri nazionali per l'iscrizione in un registro di un altro Paese dell'Unione europea deve farne dichiarazione all'ufficio di iscrizione della nave che, subordinatamente all'assenza o all'avvenuto soddisfacimento o estinzione dei crediti o diritti reali o di garanzia risultanti dalle matricole o dai registri, procede alla cancellazione della nave previo ritiro dei documenti di bordo e dismissione della bandiera. Della avvenuta cancellazione deve essere data immediata comunicazione all'Istituto nazionale della previdenza sociale, nonchè pubblicità mediante affissione negli uffici del porto ed inserzione nel foglio degli annunci legali.*

10.   *I privilegi sulle navi di cui al comma 9 si estinguono nel termine di un anno a decorrere dalla data di cancellazione dell'unità)).*
Art. 157
(((*Dismissione della bandiera a seguito di aggiudicazione a soggetto che intenda trasferire la nave in altro registro*). *))*

((1. Nel caso di aggiudicazione della nave a straniero non comunitario a seguito di provvedimento della pubblica autorità, italiana o straniera, l'aggiudicatario deve farne denuncia all'ufficio di iscrizione della nave, entro sessanta giorni dalla data di aggiudicazione.

2.   *L'ufficio che riceve la denuncia, o, in mancanza di denuncia, viene a conoscenza del fatto di cui al comma 1, dopo aver informato di tale circostanza i titolari di diritti reali o di garanzia trascritti, nonchè l'Istituto nazionale della previdenza sociale, procede alla cancellazione, previo ritiro dei documenti di bordo e dismissione della bandiera.*

3.   *Quando la nave perviene a soggetto straniero non comunitario a causa di morte o quando il proprietario della nave perde la cittadinanza italiana o di altro Paese dell'Unione europea, i soggetti interessati devono farne denuncia all'ufficio di iscrizione della nave entro il termine di cui al comma 1, decorrente, rispettivamente, dalla data di accettazione dell'eredità o dell'acquisto del legato o dalla data di perdita della cittadinanza.*

4.   *L'ufficio, che riceve la denuncia o, in mancanza, viene a conoscenza dei fatti di cui al comma 3, procede alla dismissione della bandiera secondo le procedure indicate nell'articolo 156. Quando non si verificano le condizioni prescritte per dar corso alla dismissione della bandiera, l'ufficio promuove la vendita giudiziale della nave)).*
Art. 158. *((Proprietà di stranieri per quote dai dodici ai diciotto carati.))*

((Quando la partecipazione alla proprietà della nave da parte di persone fisiche o giuridiche, o di società, che non si trovano nelle condizioni prescritte nell'articolo 143, raggiunga i dodici carati, ma non superi i diciotto, devono essere ceduti a persone, fisiche o giuridiche, o a società, che si

trovino nelle condizioni prescritte, tanti carati quanti sono quelli che, per trasferimento di proprietà o per perdita dei requisiti da parte dei titolari, hanno determinato tale eccedenza.

La cessione deve aver luogo entro sei mesi dal giorno in cui la eccedenza si è verificata.

Trascorso il detto termine senza che la cessione abbia avuto luogo, l'ufficio d'iscrizione della nave promuove la vendita giudiziale dei carati che hanno prodotto l'eccedenza, fino a concorrenza del numero necessario a ristabilire i requisiti di nazionalità prescritti dalla legge, a cominciare dalle quote che per ultime hanno concorso all'eccedenza)).

Art. 159. *(((Proprietà di stranieri per quote superiori ai diciotto carati).*
))

((1. Quando la partecipazione alla proprietà della nave da parte di persone fisiche, giuridiche o enti che non si trovano nelle condizioni previste dall'articolo 143, comma 1, lettera a), superi i diciotto carati, l'ufficio di iscrizione della nave procede alla dismissione della bandiera e alla cancellazione della nave secondo le procedure previste dall'articolo 156; se le condizioni prescritte dallo stesso articolo 156 per dare corso alla dismissione di bandiera non si verificano, l'ufficio di iscrizione della nave promuove la vendita giudiziale della nave quando la partecipazione di stranieri ha raggiunto la totalità dei carati o, diversamente, la vendita giudiziale dei carati che hanno prodotto l'eccedenza, a norma dell'articolo 158, terzo comma)).

Art. 160. (Demolizione volontaria della nave).
Il proprietario che intende procedere alla demolizione della nave deve farne dichiarazione all'ufficio di iscrizione, se la nave si trova nel Regno, o all'autorità consolare, se si trova all'estero, consegnando i documenti di bordo. L'autorità provvede alla pubblicazione della dichiarazione nelle forme previste nell'articolo
156.

Se, entro sessanta giorni da tale pubblicazione, sono promosse opposizioni dai creditori, ovvero se risulta l'esistenza di diritti reali, o di garanzia sulla nave, l'autorizzazione può essere data solamente dopo che l'opposizione sia stata respinta con sentenza passata in giudicato, o i creditori siano stati soddisfatti, o i diritti estinti, ovvero, in mancanza, il proprietario stesso abbia eseguito le provvidenze disposte dall'autorità marittima o da quella preposta alla navigazione interna per i salari dell'equipaggio e per le somme dovute all'amministrazione, e dall'autorità giudiziaria, su domanda della parte più diligente, per la salvaguardia degli interessi dei creditori.

((Tuttavia la demolizione può essere senz'altro autorizzata quando sia necessaria per ragioni di urgenza, accertate in Italia dal Registro italiano navale o dall'Ispettorato compartimentale e all'estero dall'autorità consolare, ovvero quando sia stata depositata fidejussione bancaria e siano state adempiute le altre condizioni e modalità previste nel quarto e quinto comma dell'articolo 156)).
Le disposizioni dei comma precedenti non si applicano alle navi minori e ai galleggianti di stazza lorda non superiore alle dieci tonnellate, se a propulsione meccanica, o alle venticinque in ogni altro caso.
Art. 161. (Riparazione o demolizione per ordine dell'autorità o d'ufficio).
Quando, a giudizio del Registro italiano navale o dell'ispettorato compartimentale ovvero, per le navi e i galleggianti del servizio dei porti, della commissione prevista dal regolamento, la nave non sia più adatta all'uso cui è destinata, l'ufficio d'iscrizione della nave fissa al proprietario un termine per l'esecuzione dei lavori occorrenti alla riparazione o per la destinazione della nave stessa ad altro uso previsto dalla legge.

Quando non sia possibile la riparazione della nave o la destinazione ad altro uso, ovvero quando, in caso di mancata esecuzione dei lavori nel termine stabilito, ciò sia ritenuto opportuno, l'autorità ordina la demolizione fissando un termine per eseguirla.

Qualora il proprietario non provveda tempestivamente, l'autorità predetta fa eseguire la demolizione d'ufficio a spese del proprietario stesso.

Art. 162. (Perdita presunta).

Trascorsi quattro mesi dal giorno dell'ultima notizia se si tratta di nave a propulsione meccanica, ovvero otto mesi negli altri casi, la nave si presume perita nel giorno successivo a quello cui risale l'ultima notizia.

Art. 163. (Cancellazione della nave dal registro di iscrizione).

La nave è cancellata dal registro d'iscrizione quando:

a)   è perita o si presume perita;

b)   è stata demolita;

c)   ha perduto i prescritti requisiti di nazionalità;

((d) è stata iscritta in un registro straniero, salvo il caso che risulti in regime di sospensione a seguito di locazione a scafo nudo)).

La nave maggiore è cancellata dalla matricola anche quando ne è stata effettuata l'iscrizione nei registri delle navi minori e dei galleggianti. La nave minore è cancellata dal registro, quando è stata iscritta nella matricola delle navi maggiori. Le navi marittime e quelle della navigazione interna sono inoltre cancellate dai relativi registri quando siano state iscritte, rispettivamente, nei registri delle navi della navigazione interna e in quelli delle navi marittime.

All'atto della cancellazione l'autorità ritira i documenti di bordo, quando non vi abbia già provveduto a norma degli articoli precedenti.

CAPO II - Della navigabilità della nave

Art. 164. (Condizioni di navigabilità).

La nave che imprende la navigazione deve essere in stato di navigabilità, convenientemente armata ed equipaggiata, atta all'impiego al quale è destinata.

Con leggi e regolamenti sono stabiliti i requisiti ai quali devono rispondere le navi, secondo la loro categoria e secondo la specie di navigazione cui sono adibite, per quanto riguarda:

a)   struttura degli scafi e sistemazione interna;

b)   galleggiabilità, stabilità e linea di massimo carico;

c)   organi di propulsione e di governo;

d)   condizioni di abitabilità e di igiene degli alloggi degli equipaggi.

Le stesse disposizioni prescrivono inoltre le dotazioni di apparecchi, attrezzi, arredi, strumenti ed installazioni di bordo, nonchè quelle dei mezzi di segnalazione, di salvataggio, di prevenzione e di estinzione degli incendi.

Con leggi e regolamenti sono stabiliti del pari i requisiti ai quali devono rispondere e le prescrizioni alle quali devono attenersi le navi adibite al trasporto di passeggeri nonchè quelle addette al trasporto di speciali categorie di merci; sono altresì disciplinati i servizi di bordo.

L'esistenza dei requisiti e delle dotazioni è fatta constare con i documenti previsti dalle norme predette.

Art. 165. (Visite ed ispezioni).

Sull'osservanza delle prescrizioni indicate nell'articolo precedente vigilano nel Regno le autorità marittime e quelle preposte all'esercizio della navigazione interna, e all'estero le autorità consolari. Dette autorità provvedono che siano eseguite, a spese dell'armatore, le ispezioni e le visite ordinarie prescritte, nonchè ispezioni e visite straordinarie quando lo ritengano opportuno o quando si siano verificate avarie, le quali possano menomare la navigabilità della nave o il funzionamento dei suoi organi.

Le autorità marittime e quelle consolari devono inoltre disporre ispezioni e visite straordinarie quando ne vengano richieste dalle associazioni sindacali interessate. Possono altresì disporre ispezioni e visite straordinarie quando ne siano richieste da almeno un terzo dell'equipaggio. In entrambi i casi, ove le richieste risultino ingiustificate, le spese relative sono a carico dei richiedenti.

Art. 166. (Attribuzioni del Registro e dell'ispettorato compartimentale per l'accertamento della navigabilità).

Alle visite ed ispezioni per l'accertamento e il controllo delle condizioni di navigabilità, di cui alle lettere a, b, c dell'articolo 164, nonchè all'assegnazione della linea di massimo carico, provvede il Registro italiano navale, nei casi e con le modalità stabilite da leggi e da regolamenti.

L'ispettorato compartimentale provvede alle visite ed ispezioni delle navi della navigazione interna per le quali non sia obbligatoria la classificazione.

Art. 167. (Classificazione delle navi).

Alla classificazione delle navi provvede il Registro italiano navale, secondo le modalità stabilite da leggi e da regolamenti.

Tali leggi e regolamenti determinano altresì le categorie di navi per le quali la classificazione è obbligatoria.

Art. 168. (Efficacia probatoria dei certificati tecnici).

I certificati ed ogni altra attestazione tecnica rilasciata dal Registro o dall'ispettorato compartimentale fanno fede fino a prova contraria.

CAPO III Dei documenti di bordo

Art. 169. (Carte, libri e altri documenti).

Le carte di bordo sono, per le navi maggiori, l'atto di nazionalità e il ruolo di equipaggio, per le navi minori e i galleggianti, la licenza.

Oltre i documenti predetti, le navi maggiori devono avere a bordo:

a) il certificato di stazza; il certificato di classe o quello di navigabilità; i certificati di bordo libero e di galleggiabilità; i

certificati di visita;

b)   i documenti doganali e sanitari;

c)   il giornale nautico;

d)   gli altri libri e documenti prescritti da leggi e regolamenti.

Oltre la licenza, le navi minori o i galleggianti devono avere a bordo gli altri documenti prescritti dal presente codice, da leggi e da regolamenti.

((Per i pescherecci d'altura il libro giornale nautico, parte I, inventario di bordo, parte II, generale di contabilità, parte III, di navigazione, giornale di macchina sono unificati in un unico libro. I pescherecci che effettuano la pesca mediterranea e costiera possono dotarsi del giornale di pesca)).

Art. 170. (Contenuto del ruolo di equipaggio).

Il ruolo di equipaggio deve contenere:

1)   il nome della nave;

2)   il nome dell'armatore;

3)   l'indicazione del rappresentante dell'armatore nominato a sensi dell'articolo 267;

4)   l'indicazione della data di armamento e di quella di disarmamento;

5)   l'elenco delle persone dell'equipaggio, con l'indicazione del contratto individuale di arruolamento, nonchè del titolo professionale, della qualifica, delle mansioni da esplicare a bordo e della retribuzione fissata nel contratto stesso; 6) la descrizione delle armi e delle munizioni in dotazione della nave.

Art. 171. (Annotazioni e iscrizioni sul ruolo di equipaggio).

Sul ruolo di equipaggio si annotano:

1)   i contratti di assicurazione della nave;

2)   le visite del Registro navale italiano per l'accertamento della navigabilità;

3)   il pagamento delle tasse e dei diritti marittimi;

((4) i dati relativi all'arrivo e alla partenza della nave)); 5) i testamenti ricevuti dal comandante durante il viaggio; 6) le altre indicazioni prescritte da leggi e regolamenti.

Sul ruolo inoltre si iscrivono gli atti redatti dal comandante nell'esercizio delle funzioni di ufficiale dello stato civile.

Art. 172. (Annotazioni sulla licenza).

Per le navi marittime minori e per i galleggianti le indicazioni di cui ai nn. 2, 3, 4, 5 dell'articolo 170 sono, a tutti gli effetti previsti dal presente codice, dalle leggi e dai regolamenti speciali, inserite nella licenza.

Nella licenza delle navi marittime minori, di stazza lorda superiore alle dieci tonnellate, se a propulsione meccanica, o alle venticinque, in ogni altro caso, sono inserite altresì le annotazioni di cui all'articolo 171. Le annotazioni di cui ai nn. 1 e 2 del predetto articolo sono inserite anche nella licenza dei galleggianti di stazza lorda superiore alle venticinque tonnellate.

Per le navi e i galleggianti addetti alla navigazione interna le indicazioni e le annotazioni da iscrivere nella licenza sono stabilite dal regolamento.

Art. 172-bis.

(((Esenzione dall'annotazione di imbarco e sbarco).))

((1. Per i marittimi, arruolati con il patto di cui al secondo comma dell'articolo 327, su navi e galleggianti dello stesso tipo, appartenenti al medesimo armatore e adibiti al servizio nell'ambito dei porti e delle rade, o a servizi pubblici di linea o privati di carattere locale, l'autorità marittima può autorizzare che, in caso di trasbordo, non si faccia luogo alla annotazione di imbarco e sbarco sul ruolo di equipaggio o sulla licenza, qualora, per la particolare organizzazione del lavoro a bordo, vi sia necessità di far ruotare il personale tra le navi e i galleggianti medesimi.

2. *L'armatore deve comunque comunicare giornalmente all'autorità marittima, con apposita nota, la composizione effettiva dell'equipaggio di ciascuna nave o galleggiante e le successive variazioni.*

3. *L'autorizzazione di cui al comma 1 può essere concessa anche:*
a) per i marittimi arruolati, a norma di contratto nazionale o con contratto cosiddetto alla parte e con il patto di cui al secondo comma dell'articolo 327, su navi o galleggianti appartenenti al medesimo armatore e adibiti alla pesca costiera locale o ravvicinata
o agli impianti di acquacoltura;
b) per i proprietari armatori imbarcati su navi e galleggianti adibiti alla pesca costiera locale o ravvicinata o agli impianti di acquacoltura.

4. *Nei casi previsti dal comma 3 la comunicazione di cui al comma 2 deve essere effettuata settimanalmente con apposita nota riepilogativa, previa comunicazione giornaliera scritta, anche tramite telefax, all'autorità marittima, dell'effettiva composizione dell'equipaggio di ciascuna nave o galleggiante.*

5. *L'armatore può essere autorizzato dall'istituto assicuratore a tenere un'unica posizione contributiva per tutte le navi ovvero più posizioni contributive per gruppi di navi interessate alla procedura di cui al presente articolo.))*

Art. 173. (Giornale nautico).

Il giornale nautico è diviso nei libri seguenti:

a) inventario di bordo;
b) giornale generale e di contabilità;
c) giornale di navigazione;
d) giornale di carico o giornale di pesca, secondo la destinazione della nave.

Art. 174. (Contenuto del giornale nautico).

Nell'inventario di bordo sono descritti gli attrezzi e gli altri oggetti di corredo e di armamento della nave.

Sul giornale generale e di contabilità sono annotate le entrate e le spese riguardanti la nave e l'equipaggio, gli adempimenti prescritti dalle leggi e dai regolamenti per la sicurezza della navigazione, i prestiti contratti, i reati commessi a bordo e le misure disciplinari adottate, i testamenti ricevuti nonchè gli atti e processi verbali compilati dal comandante nell'esercizio delle funzioni di ufficiale di stato civile, le deliberazioni prese per la salvezza della nave ed in genere gli avvenimenti straordinari verificatisi durante il viaggio, le altre indicazioni previste dal regolamento.

Sul giornale di navigazione sono annotati la rotta seguita e il cammino percorso, le osservazioni meteorologiche, le rilevazioni e le manovre relative, ed in genere tutti i fatti inerenti alla navigazione.

Sul giornale di carico sono annotati gli imbarchi e gli sbarchi delle merci, con l'indicazione della natura, qualità e quantità delle merci stesse, del numero e delle marche dei colli, della rispettiva collocazione nelle stive, della data e del luogo di carico e del luogo di destinazione, del nome del caricatore e di quello del destinatario, della data e del luogo di riconsegna.

Sul giornale di pesca sono annotati la profondità delle acque dove si effettua la pesca, la quantità complessiva del pesce pescato, le specie di questo e la prevalenza tra le medesime, e in genere ogni altra indicazione relativa alla pesca.

Art. 175. (Giornale di macchina e giornale radiotelegrafico).

Le navi maggiori a propulsione meccanica devono essere provviste del giornale di macchina.

Le navi munite di impianto radiotelegrafico devono essere provviste del giornale radiotelegrafico.

Art. 176. (Libri di bordo delle navi minori).

Le navi minori e i galleggianti marittimi di stazza lorda superiore alle dieci tonnellate, se a propulsione meccanica, o alle venticinque, in ogni altro caso, devono essere provvisti dell'inventario di bordo *((ad eccezione delle unità da pesca))*.

Le navi e i galleggianti della navigazione interna, indicati a tal fine dal regolamento, devono essere provvisti dell'inventario; le navi, quando siano adibite a servizio pubblico, devono inoltre essere provviste del giornale di bordo, formato con le modalità stabilite dal regolamento.

Art. 177. (Norme per la tenuta dei libri di bordo).

Le norme per la vidimazione e la tenuta di libri di bordo e per le relative annotazioni sono stabilite dal regolamento.

Art. 178. (Efficacia probatoria delle annotazioni sui documenti della nave).

Ferme per le rimanenti annotazioni sui documenti della nave le disposizioni degli articoli 2700, 2702 del codice civile, le annotazioni sul giornale nautico relative all'esercizio della nave fanno prova anche a favore dell'armatore, quando sono regolarmente effettuate; fanno prova in ogni caso contro l'armatore, ma chi vuol trarne vantaggio non può scinderne il contenuto.

TITOLO SESTO - DELLA POLIZIA DELLA NAVIGAZIONE

CAPO I - - Della partenza e dell'arrivo delle navi

Art. 179. ((*(Nota di informazioni all'autorità marittima).*))

((All'arrivo della nave in porto e prima della partenza, il comandante della nave o il raccomandatario marittimo o altro funzionario o persona autorizzata dal comandante fanno pervenire, anche in formato elettronico, all'autorità marittima i formulari in appresso indicati, di cui alla Convenzione FAL dell'IMO adottata il 9 aprile 1965, come recepita nell'ambito dell'Unione europea: formulario FAL n. 1 dichiarazione generale; formulario FAL n. 2 dichiarazione di carico;
formulario FAL n. 3 dichiarazione delle provviste di bordo; formulario FAL n. 4 dichiarazione degli effetti personali
dell'equipaggio;
formulario FAL n. 5 ruolo dell'equipaggio; formulario FAL n. 6 elenco dei
passeggeri;
formulario FAL n. 7 dichiarazione merci pericolose a bordo; dichiarazione sanitaria marittima.

Il formulario FAL n. 6, elenco dei passeggeri, reca, per i passeggeri che non siano cittadini di Stati membri dell'Unione europea, gli estremi dei documenti di identità validi per l'ingresso nel territorio dello Stato.

La comunicazione delle informazioni di cui al primo comma avviene con un anticipo di almeno ventiquattro ore o al momento in cui la nave lascia il porto precedente, qualora la navigazione sia di durata inferiore alle ventiquattro ore. Qualora, alla partenza della nave, non è noto il porto di scalo o esso cambi nel corso del viaggio, il comandante della nave invia le informazioni di cui al primo comma senza ritardo, non appena sia noto il porto di destinazione.

All'arrivo in porto, il comandante della nave comunica all'Autorità marittima eventuali ulteriori dati richiesti in base alla normativa vigente in ambito UE ed ogni altra informazione da rendersi in ottemperanza ad altre disposizioni legislative o regolamentari di carattere speciale.

Prima della partenza, il comandante della nave inoltra all'autorità marittima una dichiarazione integrativa relativa all'avvenuto adempimento di ogni obbligo di sicurezza, di polizia, sanitario, fiscale, contrattuale e statistico.

Il comandante di una nave diretta in un porto estero, inoltra le informazioni di cui al primo comma all'autorità consolare. In caso di inesistenza di uffici consolari presso il porto di destinazione, le informazioni vengono rese presso l'autorità consolare più prossima al porto di arrivo.

Il Ministro delle infrastrutture e dei trasporti, con proprio decreto, adotta le modifiche tecniche ai formulari FAL recepiti dall'Unione europea e regola gli adempimenti cui sono tenute le navi addette ai servizi locali, alla pesca, alla navigazione da diporto o di uso privato, nonchè per altre categorie di navi adibite a servizi particolari.))

Art. 180. (Verifiche ed ispezioni).

((Il comandante del porto, o l'autorità consolare, può in ogni momento verificare il contenuto delle informazioni presentate o fatte pervenire per via radio dal comandante della nave e chiedere di prendere visione delle carte, dei libri e degli altri documenti di bordo.))

Le predette autorità possono inoltre disporre ispezioni alla nave; i relativi risultati dovranno essere annotati sui libri di bordo unitamente alle eventuali prescrizioni impartite.

Art. 181. (Rilascio delle spedizioni).

La nave non può partire se non ha ricevuto le spedizioni da parte del comandante del porto o dell'autorità consolare.

Il rilascio delle spedizioni si effettua mediante apposizione del visto - con indicazione dell'ora e della data - sulla dichiarazione integrativa di partenza che viene consegnata in copia, o trasmessa con mezzi elettronici, al comandante della nave, il quale è tenuto a conservarla tra i documenti di bordo fino al successivo approdo.

Le spedizioni non possono essere rilasciate qualora risulti che l'armatore o il comandante della nave non ha adempiuto agli obblighi imposti dalle norme di polizia, da quelle per la sicurezza della navigazione, nonchè agli obblighi relativi alle visite ed alle prescrizioni impartite dalle competenti autorità. Del pari le spedizioni non possono essere rilasciate qualora risulti che l'armatore o il comandante della nave non ha compiuto gli adempimenti sanitari, fiscali e doganali ovvero non ha provveduto al pagamento dei diritti portuali *((...))*, al versamento delle cauzioni eventualmente richieste a norma delle vigenti disposizioni di legge o regolamentari, nonchè in tutti gli altri casi previsti da disposizioni di legge.

Art. 182. (Denunzia di avvenimenti straordinari).

Se nel corso del viaggio si sono verificati eventi straordinari relativi alla nave, alle persone che erano a bordo, o al carico, il comandante della nave all'arrivo in porto deve farne denunzia al comandante del porto o all'autorità consolare, allegando un estratto del giornale nautico con le relative annotazioni.

Se la nave non è provvista di giornale o se sul giornale non è stata fatta annotazione, l'autorità marittima o consolare riceve la dichiarazione giurata del comandante e ne redige processo verbale.

Le autorità predette procedono, ove sia il caso, ad investigazioni sommarie sui fatti denunziati e sulle loro cause, trasmettendo senza indugio gli atti relativi alla autorità giudiziaria competente, a norma degli articoli 315, 584, a eseguire la verifica della relazione di eventi straordinari.

Art. 183. (Informazioni eventuali circa il viaggio).

Il comandante della nave è tenuto a fornire all'autorità marittima o consolare le informazioni che gli siano richieste circa il viaggio.

È inoltre tenuto, su richiesta, a far presentare alle predette autorità, per gli accertamenti che queste credano opportuni, componenti dell'equipaggio e passeggeri.

Art. 184.

((Dell'arrivo e della partenza delle navi della navigazione interna.))

((Il comandante della nave, all'arrivo in località ove sia una autorità portuale o consolare, deve denunciare all'autorità stessa la provenienza e la destinazione della nave, la qualità e la quantità del carico, il numero delle persone dell'equipaggio e la durata della sosta.

L'autorità portuale o consolare può in ogni tempo verificare il contenuto della denuncia fatta dal comandante della nave e chiedere di prendere visione delle carte, dei libri e degli altri documenti di bordo.

Le suddette autorità sono tenute a formulare pronta annotazione delle eventuali osservazioni effettuate durante le predette ispezioni. Quando dopo la partenza dall'ultima località in cui abbia sede una autorità portuale o consolare si siano verificati eventi straordinari relativi alla nave, alle persone imbarcate o al carico, il comandante deve farne denuncia alla autorità portuale o consolare; l'autorità predetta provvede a norma dell'articolo 132, secondo comma.

Il comandante della nave è tenuto a fornire all'autorità preposta alla navigazione interna o all'autorità consolare le informazioni che gli siano richieste circa il viaggio, e a far presentare componenti dell'equipaggio e passeggeri per accertamenti di cui all'articolo 183.

Le disposizioni dei commi precedenti non si applicano alle navi della navigazione interna in servizio pubblico di linea o di rimorchio o adibite ai servizi autorizzati per il trasporto di persone in conto terzi)).

Art. 185. *((Navi straniere.)) ((Se accordi internazionali non dispongono diversamente, le disposizioni del presente capo si* *applicano anche alle navi straniere, che approdano nei porti italiani))*.

CAPO II Della polizia di bordo

Art. 186. (Autorità del comandante).

Tutte le persone che si trovano a bordo sono soggette all'autorità del comandante della nave.

Art. 187. (Disciplina di bordo).

I componenti dell'equipaggio devono prestare obbedienza ai superiori e uniformarsi alle loro istruzioni per il servizio e la disciplina di bordo.

Contro i provvedimenti del comandante della nave che concernono l'esercizio della loro attività, i componenti dell'equipaggio possono presentare reclamo al comandante del porto o all'autorità consolare; il comandante della nave non può impedire che chi intende proporre reclamo si presenti alle predette autorità, salvo che urgenti esigenze del servizio richiedano la presenza del componente dell'equipaggio a bordo.

Per il reclamo dei componenti dell'equipaggio di navi addette ai servizi pubblici di linea o di rimorchio in navigazione interna, si applicano le disposizioni stabilite da leggi e regolamenti speciali.

Art. 188. (Autorizzazione per scendere a terra).

I componenti dell'equipaggio non possono scendere a terra senza autorizzazione del comandante o di chi ne fa le veci.

Art. 189. (Deficienza delle razioni di viveri).

Il comandante del porto e l'autorità consolare, quando ne vengano richiesti dalle associazioni sindacali interessate o da almeno un quinto dell'equipaggio, devono provvedere ad accertare la qualità e la quantità delle razioni di viveri corrisposte all'equipaggio.

Se sono riscontrate deficienze, le autorità predette ordinano al comandante di prendere immediatamente le misure opportune; e in caso di mancata esecuzione provvedono d'ufficio, procurando la somma necessaria con prestito garantito da ipoteca sulla nave, ovvero con la vendita o il pegno di attrezzi o arredi non indispensabili per la sicura navigazione o di cose caricate, dato preventivo avviso rispettivamente all'armatore e, quando sia possibile, agli aventi diritto alle cose predette.

Analoghi provvedimenti devono prendere il comandante del porto o l'autorità consolare in caso di reclamo di passeggeri per deficienze delle razioni di viveri ad essi corrisposte.

Quando sono vendute pertinenze di proprietà aliena o merci l'armatore è tenuto a indennizzare gli aventi diritto a norma dell'articolo 308.

Art. 190. (Obblighi dell'equipaggio in caso di pericolo).

I componenti dell'equipaggio devono cooperare alla salvezza della nave, delle persone imbarcate e del carico fino a quando il comandante abbia dato l'ordine di abbandonare la nave.

Art. 191. (Obbligo dei componenti dell'equipaggio di cooperare al ricupero).

In caso di naufragio della nave, coloro che ne componevano l'equipaggio, ove ne siano richiesti immediatamente dopo il sinistro dal comandante ovvero dall'autorità preposta alla navigazione marittima o interna, sono tenuti a prestare la loro opera per il recupero dei relitti.

Art. 192. (Imbarco di passeggeri infermi).

L'imbarco di passeggeri manifestamente affetti da malattie gravi o comunque pericolose per la sicurezza della navigazione o per l'incolumità delle persone a bordo è sottoposto ad autorizzazione data nei modi stabiliti da regolamenti speciali.

A norma dei regolamenti stessi può essere vietato per ragioni sanitarie, dalla competente autorità,l'imbarco di altre persone oltre quelle indicate nel comma precedente.

Art. 193. (Carico di armi e munizioni da guerra o di gas tossici).

Il carico di armi e munizioni da guerra o di gas tossici nonchè di merci pericolose in genere è disciplinato da leggi e regolamenti speciali, e non può essere effettuato senza l'autorizzazione data dal comandante del porto o dall'autorità consolare secondo le norme del regolamento.

L'imbarco di armi e munizioni per uso della nave è sottoposto all'autorizzazione del comandante del porto o dell'autorità consolare.

Art. 194. (Imbarco di merci vietate e pericolose).

Quando sono imbarcate cose di cui il trasporto è vietato da norme di polizia, il comandante della nave deve, secondo i casi, disporre che esse siano sbarcate ovvero rese inoffensive o distrutte, se non sia possibile custodirle convenientemente fino all'arrivo nel primo porto di approdo.

Gli stessi provvedimenti il comandante deve prendere quando siano imbarcate cose di cui il trasporto, pur non essendo vietato da norme di polizia, sia o divenga in corso di navigazione pericoloso o nocivo per la nave, per le persone o per il carico, se non sia possibile custodire le cose stesse fino all'arrivo nel porto di destinazione.

Tali merci, quando siano custodite fino al porto di primo approdo, devono essere dal comandante della nave consegnate al comandante del porto o all'autorità consolare.

Art. 195. (Custodia di oggetti appartenenti a persone morte o scomparse in viaggio).

In caso di morte o scomparizione avvenuta durante il viaggio, gli oggetti appartenenti alle persone morte o scomparse sono custoditi dal comandante della nave fino al porto di primo approdo ed ivi consegnati al comandante del porto o all'autorità consolare.

Le predette autorità provvedono a che sia dato avviso del fatto nei modi stabiliti dal regolamento. Decorso l'anno da tale avviso, o anche prima se la deperibilità delle cose lo richieda, le medesime autorità provvedono alla vendita delle cose e al deposito del ricavato per conto di chi spetta.

Decorsi cinque anni dall'avviso, senza che gli interessati abbiano fatto valere i propri diritti, la somma è devoluta alla Cassa nazionale per la previdenza marinara o alle casse di soccorso del personale della navigazione interna.

Le modalità per la vendita e per il deposito sono stabilite dal regolamento.

Art. 196. (Componenti dell'equipaggio soggetti a obblighi di leva).

I componenti dell'equipaggio soggetti a obblighi di leva o richiamati alle armi non possono essere sbarcati in paese estero senza autorizzazione della competente autorità, a meno che non vengano assunti su altra nave nazionale diretta nel Regno.

Art. 197. (Rimpatrio di cittadini italiani).

Nelle località estere ove non risieda un'autorità consolare il comandante della nave deve dare ricovero a bordo e rimpatriare i marittimi italiani che si trovassero abbandonati.

Deve inoltre accogliere a bordo ogni altro cittadino o suddito italiano che per qualsiasi motivo l'autorità consolare ritenga opportuno di fare rimpatriare.

Il regolamento stabilisce i limiti e le modalità relative al ricovero ed al rimpatrio, anche per quanto concerne il rimborso delle spese di mantenimento e di trasporto.

Art. 198. (Divieto di asilo).

Il comandante della nave non può in paese estero concedere asilo a bordo a persone, anche se cittadini o sudditi italiani, ricercate dalla competente autorità per aver commesso un reato comune.

Art. 199. (Perdita di carte e documenti di bordo).

In caso di perdita di carte o altri documenti di bordo, il comandante della nave deve nel primo porto di approdo farne denuncia al comandante del porto, o all'autorità consolare.

Le autorità predette rilasciano al comandante, nelle forme stabilite dal regolamento, carte provvisorie per proseguire la navigazione.

CAPO III - Della polizia sulle navi in corso di navigazione marittima

Art. 200. (Polizia esercitata dalle navi da guerra).

In alto mare, nel mare territoriale, e nei porti esteri dove non sia un'autorità consolare, la polizia sulle navi mercantili nazionali è esercitata dalle navi da guerra italiane.

A tal fine, i comandanti delle navi da guerra possono richiedere alle navi mercantili informazioni di qualsiasi genere, nonchè procedere a visita delle medesime e ad ispezione delle carte e dei documenti di bordo; in caso di gravi irregolarità possono condurre le navi predette per gli opportuni provvedimenti in un porto dello Stato, o nel porto estero più vicino in cui risieda un'autorità consolare.

Nei porti ove risiede un'autorità consolare le navi da guerra italiane esercitano la polizia, a norma dei comma precedenti, su richiesta dell'autorità medesima.

Art. 201. (Inchiesta di bandiera).

Le navi mercantili nazionali devono obbedire all'intimazione di fermata delle navi da guerra di potenze amiche, giustificando, se richieste, la propria nazionalità.

Art. 202. (Nave sospetta di tratta di schiavi).

La nave da guerra italiana, che incontri in alto mare o anche in mare territoriale estero una nave nazionale sospetta di attendere alla tratta di schiavi, può catturarla e condurla in un porto dello Stato o nel porto estero più vicino, in cui risieda un'autorità consolare.

TITOLO SETTIMO - DEGLI ATTI DI STATO CIVILE IN CORSO DI NAVIGAZIONE MARITTIMA

Art. 203. (Funzioni di ufficiale dello stato civile).

Durante la navigazione, il comandante della nave marittima esercita le funzioni di ufficiale dello stato civile, secondo le disposizioni sull'ordinamento dello stato civile.

Le stesse funzioni il comandante esercita anche quando la nave trovasi ancorata in un porto, se sia impossibile promuovere l'intervento della competente autorità nel Regno, o di quella consolare all'estero.

Art. 204. (Matrimonio *((e unione civile))* in imminente pericolo di vita).

Il comandante della nave marittima può procedere alla celebrazione del matrimonio nel caso e con le forme di cui all'articolo 101 del codice civile*((e alla costituzione dell'unione civile nel caso di cui all'articolo 65 del decreto del Presidente della Repubblica 3 novembre 2000, n. 396, e con le forme dell'articolo 70-decies del medesimo decreto.))*.

Art. 205. (Atti di stato civile compilati a bordo).

Gli atti di stato civile compilati a bordo delle navi devono essere iscritti sul ruolo di equipaggio.

Delle circostanze che hanno dato luogo alla compilazione degli atti, nonchè dell'avvenuta iscrizione dei medesimi sul ruolo di equipaggio, deve essere fatta menzione nel giornale generale e di contabilità.

Art. 206. (Scomparizione in mare).

Quando di una persona scomparsa da bordo non sia possibile ricuperare il cadavere, il comandante della nave fa constare con processo verbale le circostanze della scomparizione e le ricerche effettuate. Il processo verbale deve essere iscritto sul ruolo di equipaggio.

Dei fatti che hanno dato luogo alla compilazione del processo verbale, nonchè dell'eseguita iscrizione di questo sul ruolo di equipaggio, deve essere fatta menzione nel giornale generale.

Art. 207. (Consegna degli atti all'autorità marittima o consolare).

Copia degli atti di stato civile e dei processi verbali di scomparizione compilati a bordo deve essere dal comandante della nave consegnata in duplice esemplare nel primo porto di approdo al comandante del porto o all'autorità consolare unitamente ad un estratto, del pari in duplice esemplare, delle relative annotazioni nel giornale generale.

Art. 208. (Attribuzioni delle autorità marittime e consolari).

Quando si tratti di nave non provvista del ruolo di equipaggio e del giornale generale, dei fatti che danno luogo alla compilazione degli atti di stato civile e dei processi verbali di scomparizione, il comandante deve fare dichiarazione nel primo porto di approdo al comandante del porto o all'autorità consolare.

Le autorità predette raccolgono con processo verbale la dichiarazione del comandante e quella dei testimoni, inserendo nel verbale medesimo le enunciazioni prescritte per la compilazione degli atti di stato civile ovvero indicando le circostanze della scomparizione a norma dell'articolo 206.

Analogamente procedono le autorità marittime e consolari quando all'approdo di una nave rilevino l'omessa compilazione degli atti predetti, facendo constare in tal caso nel processo verbale i motivi della omissione.

Art. 209. (Processi verbali di scomparizione in caso di naufragio).

In caso di naufragio, alla compilazione dei processi verbali di scomparizione provvedono le autorità marittime o consolari.

I processi verbali anzidetti sono compilati, se il sinistro è avvenuto in acque territoriali, dal capo del circondario nella circoscrizione del quale è accaduto il sinistro medesimo, o diversamente dal comandante del porto nel quale approda la maggior parte dei naufraghi. Se nessun naufrago approda, ovvero si tratta di perdita presunta, gli atti sono compilati dal comandante del porto di iscrizione della nave.

Nei processi verbali, le autorità predette fanno constare le dichiarazioni dei naufraghi, e, in caso di perdita presunta, l'accertamento degli estremi previsti nell'articolo 162; dichiarano inoltre se a loro giudizio le persone scomparse debbano, in base alle circostanze, ritenersi perite.

Art. 210. (Trasmissione degli atti alle autorità competenti).

Le autorità marittime o consolari trasmettono alle autorità, competenti a norma delle disposizioni sull'ordinamento dello stato civile, un esemplare delle copie degli atti di stato civile e dei relativi estratti del giornale generale, consegnati dai comandanti delle navi; al procuratore del Re Imperatore un esemplare delle copie dei processi verbali di scomparizione e dei relativi estratti del giornale generale.

Analogamente trasmettono alle predette autorità copia dei processi verbali compilati a norma degli articoli precedenti.

Art. 211. (Conseguenze della scomparizione in mare).

Nei casi di scomparizione da bordo per la caduta in mare, nei quali, ricorrano gli estremi di morte senza rinvenimento del cadavere previsti nell'articolo 145 dell'ordinamento dello stato civile, e nei casi di scomparizione per naufragio, nei quali a giudizio dell'autorità marittima o consolare le persone scomparse debbano ritenersi perite, il procuratore del Re Imperatore, ottenuta l'autorizzazione del tribunale, provvede a far trascrivere il processo verbale nel registro delle morti.

Negli altri casi di scomparizione da bordo o per naufragio, il procuratore del Re Imperatore, ottenuta l'autorizzazione del tribunale, trasmette il processo verbale alla competente autorità per l'annotazione nel registro delle nascite. In tali casi le conseguenze della scomparizione sono regolate dalle disposizioni del libro I, titolo IV, capo II, codice civile, e, decorsi due anni dall'avvenimento, viene dichiarata la morte presunta a norma dell'articolo 60, n. 3, dello stesso codice, su istanza del pubblico ministero o di alcuna delle persone a ciò legittimate.

Art. 212. (Autorizzazione del tribunale).

Le autorizzazioni di cui all'articolo precedente sono date dal tribunale con decreto, assunte, ove sia ritenuto necessario, le informazioni del caso.

TITOLO OTTAVO - DISPOSIZIONI SPECIALI

CAPO I - - Della navigazione da diporto

Art. 213.

((ARTICOLO ABROGATO DAL D.LGS. 18 LUGLIO 2005, N. 171))
Art. 214.

((ARTICOLO ABROGATO DAL D.LGS. 18 LUGLIO 2005, N. 171))
Art. 215.

((ARTICOLO ABROGATO DAL D.LGS. 18 LUGLIO 2005, N. 171))
Art. 216.

((ARTICOLO ABROGATO DAL D.LGS. 18 LUGLIO 2005, N. 171))
Art. 217.

((ARTICOLO ABROGATO DALLA L. 26 APRILE 1986, N. 193))

Art. 218.

((ARTICOLO ABROGATO DAL D.LGS. 18 LUGLIO 2005, N. 171))

CAPO II Della pesca marittima

Art. 219. (Pesca marittima).

È considerata pesca marittima, oltre quella che si esercita nel mare, la pesca nell'ambito del demanio marittimo.

Art. 220. (Categorie della pesca).

La pesca si distingue, secondo i criteri stabiliti dal regolamento, in pesca costiera, pesca mediterranea, pesca oltre gli stretti.

Art. 221. (Riserva della pesca ai cittadini).

La pesca nel mare territoriale è riservata ai cittadini italiani e alle navi da pesca nazionali, salvo speciali convenzioni internazionali.

Tuttavia con decreto reale possono essere autorizzati cittadini e navi di Stati, con i quali non esistano tali convenzioni, ad esercitare la pesca nelle acque predette.

Art. 222. (Concessioni di tonnare e di altri impianti fissi da pesca).

Le disposizioni riguardanti le concessioni di beni del demanio marittimo si applicano anche allo stabilimento di tonnare e di altri impianti da pesca fissi, o di opere per l'allevamento dei pesci, dei crostacei e dei molluschi, allo sfruttamento dei banchi di corallo o di spugne, e in genere ad ogni occupazione del demanio marittimo e del mare territoriale occorrente per fini di pesca.

Art. 223. (Autorità competente per la vigilanza sulla pesca).

All'applicazione delle disposizioni di questo codice e delle altre leggi e dei regolamenti sulla pesca marittima provvede l'amministrazione della marina mercantile, salve le particolari attribuzioni conferite ad altre amministrazioni.

Le autorità marittime locali vigilano sull'esercizio della pesca, anche in rapporto alle esigenze della navigazione.

CAPO III - Del cabotaggio e del servizio marittimo

Art. 224.

(((Riserva della prestazione dei servizi di cabotaggio e del servizio marittimo)))

((1. Il servizio di cabotaggio fra i porti della Repubblica è riservato, nei termini di cui al regolamento (CEE) n. 3577/92 del Consiglio, del 7 dicembre 1992, agli armatori comunitari che impiegano navi registrate in uno Stato membro dell'Unione europea e che battono bandiera del medesimo Stato membro, sempre che tali navi soddisfino tutti i requisiti necessari per l'ammissione al cabotaggio in detto Stato membro.

2. Le disposizioni di cui al comma 1 si applicano alle navi che effettuano servizio marittimo dei porti, delle rade e delle spiagge.))

AGGIORNAMENTO (43)
Il D.P.R. 21 febbraio 1990, n. 66 ha disposto (con l'art. 6, comma 1) che ai fini dell'applicazione del presente articolo le navi iscritte nei registri speciali non sono considerate navi nazionali.

CAPO IV - Dell'esercizio della navigazione interna

Art. 225. (Concessione di servizi).
I servizi pubblici di linea per trasporto di persone o di cose sono esercitati per concessione.

È parimenti necessaria la concessione per l'esercizio dei servizi pubblici di rimorchio e di quelli di traino con mezzi meccanici.

I diritti e gli obblighi del concessionario, i mezzi tecnici di cui questi deve essere fornito, le tariffe e le altre condizioni del servizio, e l'eventuale prestazione di una cauzione sono stabiliti nella relativa convenzione.

Le norme relative alle concessioni previste nel presente articolo sono stabilite dal regolamento.

Art. 226. (Autorizzazione di servizi).
I servizi di trasporto, di rimorchio e di traino, non compresi fra i servizi di cui all'articolo precedente, sono sottoposti all'autorizzazione dell'autorità preposta all'esercizio della navigazione interna.

Le forme e i limiti dell'autorizzazione sono determinati dal regolamento.
Art. 227. (Autorizzazione mediante annotazione sulla licenza).
Nei casi ed entro i limiti stabiliti dal regolamento, le navi e i galleggianti sono autorizzati al trasporto e al rimorchio mediante annotazione apposta dall'ufficio d'iscrizione sulla licenza.
Art. 228. (Annotazione nei registri di iscrizione).
L'atto di concessione e quelli di autorizzazione di cui agli articoli precedenti devono essere annotati nei registri d'iscrizione della nave o del galleggiante.
Art. 229. (Tariffe).
Il ministro per le comunicazioni stabilisce le modalità dei servizi di cui all'articolo 226, e fissa i massimi e i minimi delle tariffe. In caso di contravvenzione l'autorizzazione può essere revocata.

Art. 230. (Caratteristiche delle navi).
Le caratteristiche tecniche delle navi ammesse alla navigazione interna sono stabilite dal ministro per le comunicazioni.
Art. 231. (Regolamenti comunali).
La navigazione nei corsi e negli specchi d'acqua, che attraversano centri abitati o sono nelle vicinanze dei medesimi, è sottoposta anche alla osservanza delle norme stabilite da regolamenti comunali, approvati dal ministro per le comunicazioni, di concerto con quello per gli interni.

LIBRO SECONDO - DELLA PROPRIETÀ E DELL'ARMAMENTO DELLA NAVE

TITOLO PRIMO DELLA COSTRUZIONE DELLA NAVE

Art. 232. (Cantieri e stabilimenti di costruzione).

La costruzione delle navi e dei galleggianti deve essere eseguita in cantieri e in stabilimenti i cui direttori siano muniti della prescritta abilitazione.

La costruzione delle navi e dei galleggianti della navigazione interna può essere eseguita in cantieri e in stabilimenti di imprese autorizzate dall'ispettorato compartimentale, mediante inclusione in apposito elenco tenuto a norma del regolamento.

Art. 233. (Dichiarazione di costruzione).

Chi imprende la costruzione di una nave o di un galleggiante deve farne preventiva dichiarazione all'ufficio competente del luogo dove è intrapresa la costruzione dello scafo, indicando il cantiere e lo stabilimento, nei quali saranno costruiti lo scafo e le macchine motrici, e il nome dei direttori delle costruzioni.

L'ufficio prende nota della dichiarazione nel registro delle navi in costruzione.

Parimenti devono essere notificati all'ufficio ed annotati nel registro i sopravvenuti mutamenti nella persona dei direttori delle costruzioni.

Art. 234. (Uffici competenti a tenere il registro delle navi in costruzione).

Il registro delle navi e dei galleggianti marittimi in costruzione è tenuto dagli uffici di compartimento, da quelli di circondario e dagli altri uffici delegati dal capo del compartimento.

Il registro delle navi e dei galleggianti in costruzione destinati alla navigazione interna è tenuto dagli ispettorati di porto e dagli altri uffici delegati dal ministro per le comunicazioni.

Art. 235. (Controllo tecnico sulle costruzioni).

Il controllo tecnico sulle costruzioni marittime è esercitato dal Registro italiano navale nei limiti e con le modalità stabilite da leggi e regolamenti.

Il controllo tecnico sulle costruzioni delle navi della navigazione interna è esercitato dall'ispettorato compartimentale, salve le attribuzioni conferite da leggi e regolamenti speciali al Registro italiano navale, e ferme in ogni caso le disposizioni dell'articolo seguente.

Art. 236. (Sospensione della costruzione per ordine dell'autorità).

L'ufficio competente a ricevere la dichiarazione di costruzione può in ogni tempo ordinare la sospensione della costruzione, per la quale non sia stata fatta dichiarazione o che risulti diretta da persona non munita della prescritta abilitazione ovvero, nel caso di cui all'articolo 232, secondo comma, sia effettuata da impresa non autorizzata.

Con provvedimento del ministro per le comunicazioni può altresì venire ordinata la sospensione della costruzione che, a giudizio del Registro italiano navale o dell'ispettorato compartimentale, non risulti condotta secondo le regole della buona tecnica o per la quale non siano osservate le prescrizioni dei regolamenti.

Art. 237. (Forma del contratto di costruzione).

Il contratto di costruzione della nave, le successive modifiche e la revoca devono essere fatti per iscritto a pena di nullità.

La disposizione del comma precedente non si applica alle navi ed ai galleggianti di stazza lorda non superiore alle dieci tonnellate, se a propulsione meccanica, o alle venticinque, in ogni altro caso.

Art. 238. (Pubblicità del contratto di costruzione).

Il contratto di costruzione della nave deve essere reso pubblico mediante trascrizione nel registro delle navi in costruzione. In mancanza, la nave si considera fino a prova contraria costruita per conto dello stesso costruttore.

Eseguita la trascrizione del contratto, le modifiche e la revoca del medesimo non hanno effetto verso i terzi, che a qualsiasi titolo abbiano acquistato e conservato diritti sulla nave in costruzione, se non sono trascritte nel registro predetto.

Art. 239. (Forma del titolo, documenti da consegnare ed esecuzione della trascrizione).

Per quanto riguarda la forma del titolo da trascrivere, si applica il disposto dell'articolo 252, primo comma. Tuttavia se si tratta delle navi o dei galleggianti indicati nel secondo comma dell'articolo 237, la trascrizione può compiersi in forza di una dichiarazione del costruttore con sottoscrizione autenticata.

Per quanto riguarda i documenti da consegnare all'ufficio e l'esecuzione della trascrizione nel registro delle navi in costruzione si applicano gli articoli 253, 256.

Art. 240. (Responsabilità del costruttore).

L'azione di responsabilità contro il costruttore per le difformità ed i vizi occulti si prescrive col decorso di due anni dalla consegna dell'opera.

Il committente che sia convenuto per il pagamento può sempre far valere la garanzia, purchè abbia entro il predetto termine denunziata la difformità o il vizio.

Art. 241. (Norme applicabili al contratto di costruzione).

Per quanto non è disposto dal presente capo, al contratto di costruzione si applicano le norme che regolano il contratto di appalto.

Art. 242.

(Forma e pubblicità degli atti relativi alla proprietà di navi in costruzione).

Gli atti costitutivi, traslativi o estintivi di proprietà o di altri diritti reali su navi in costruzione o loro carati devono essere fatti nelle forme richieste dall'articolo 249.

Per gli effetti previsti dal codice civile, gli atti medesimi devono essere resi pubblici mediante trascrizione nel registro ove la nave in costruzione è iscritta. Nella stessa forma devono essere resi pubblici gli atti e le domande per i quali il codice civile richiede la trascrizione.

La trascrizione si effettua nelle forme e con le modalità previste negli articoli da 252 a 254; 256.

Art. 243. (Varo della nave).

Il costruttore non può varare la nave senza il consenso del committente o della maggioranza dei committenti.

Il giorno e l'ora del varo, fissati in seguito a tale consenso, devono essere preventivamente comunicati all'ufficio ove la nave in costruzione è iscritta.

In caso di ritardo ingiustificato nella prestazione del consenso, l'ufficio predetto può, su richiesta dell'interessato, autorizzare il varo.

Art. 244. (Iscrizione della nave dopo il varo).

L'autorità alla quale, compiuto il varo, è richiesta l'iscrizione della nave o del galleggiante nei registri, previsti negli articoli 146, 148 provvede a riprodurre nei registri medesimi e ad annotare sull'atto di nazionalità, se trattasi di nave maggiore, le trascrizioni fatte nel registro delle navi in costruzione a norma degli articoli 242, 567, secondo comma.

TITOLO SECONDO - DELLA PROPRIETÀ DELLA NAVE

CAPO I - Della proprietà

Art. 245. (Norme applicabili alle navi).

In quanto non sia diversamente stabilito, le navi sono soggette alle norme sui beni mobili.

Art. 246. (Pertinenze della nave).

Sono pertinenze della nave le imbarcazioni, gli attrezzi e gli strumenti, gli arredi ed in genere tutte le cose destinate in modo durevole a servizio o ad ornamento della nave.

La destinazione può essere effettuata anche da chi non sia proprietario della nave o non abbia su questa un diritto reale.

Art. 247. (Regime delle pertinenze di proprietà aliena).

Ai terzi di buona fede, che hanno acquistato diritti sulla nave, la proprietà aliena della pertinenza può essere opposta solo quando risulta da scrittura avente data certa anteriore ovvero dall'inventario di bordo.

La cessazione della qualità di pertinenza di una cosa, la cui proprietà aliena non risultava da scrittura avente data certa anteriore o dall'inventario di bordo, non è opponibile ai terzi i quali abbiano anteriormente acquistato diritti sulla nave.

Art. 248. (Diritti dei terzi sulle pertinenze).

La destinazione di una cosa al servizio o all'ornamento della nave non pregiudica i diritti preesistenti sulla cosa medesima a favore di terzi. Tuttavia tali diritti non possono essere opposti ai terzi di buona fede se non risultano da scrittura avente data certa anteriore o dall'inventario di bordo.

Art. 249. (Forma degli atti relativi alla proprietà delle navi).

Gli atti costitutivi, traslativi o estintivi di proprietà o di altri diritti reali su navi o loro carati devono essere fatti per iscritto a pena di nullità. Tali atti, all'estero, devono essere ricevuti dall'autorità consolare.

Le disposizioni del comma precedente non si applicano alle navi ed ai galleggianti di stazza lorda non superiore alle dieci tonnellate, se a propulsione meccanica, o alle venticinque, in ogni altro caso.

Art. 250. (Pubblicità degli atti relativi alla proprietà delle navi).

Per gli effetti previsti dal codice civile, gli atti costitutivi, traslativi o estintivi di proprietà o di altri diritti reali su navi sono resi pubblici, quando concernono navi maggiori o loro carati, mediante trascrizione nella matricola ed annotazioni sull'atto di nazionalità; quando concernono navi minori o galleggianti, o loro carati, mediante trascrizione nei rispettivi registri di iscrizione.

Nelle stesse forme devono essere resi pubblici gli altri atti e le domande per i quali il codice civile richiede la trascrizione.

Art. 251. (Ufficio competente ad eseguire la pubblicità).

La pubblicità deve essere richiesta all'ufficio d'iscrizione della nave o del galleggiante.

Tuttavia, se trattasi di nave maggiore, la pubblicità può essere richiesta all'ufficio marittimo o consolare del porto nel quale la nave si trova. A spese del richiedente, l'ufficio trasmette immediatamente all'ufficio di iscrizione della nave, per la trascrizione nella matricola, i documenti presentati.

Art. 252. (Forma dei titoli per la pubblicità).

La trascrizione e l'annotazione non possono compiersi se non in forza di uno dei titoli richiesti dall'articolo 2657 del codice civile.

Tuttavia, quando si tratta delle navi o dei galleggianti indicati nel secondo comma dell'articolo 249, è sufficiente una dichiarazione dell'alienante, con sottoscrizione autenticata.

Art. 253. (Documenti per la pubblicità di atti tra vivi).

Chi domanda la pubblicità di atti tra vivi deve consegnare all'ufficio competente i documenti richiesti dagli articoli 2658, 2659 del codice civile; ma nel caso previsto nel secondo comma dell'articolo 249 del presente codice, in luogo dei documenti richiesti nell'articolo 2658 del codice civile, è sufficiente la dichiarazione di vendita di cui all'articolo precedente. La nota di trascrizione deve contenere:

1)   il nome, la paternità, la nazionalità, il domicilio o la
residenza delle parti;

2)   l'indicazione del titolo del quale si chiede la pubblicità e la
data del medesimo;

3)   il nome del pubblico ufficiale che ha ricevuto l'atto o che ha autenticato le firme, ovvero la indicazione dell'autorità
giudiziaria che ha pronunciato la sentenza;

4)   gli elementi di individuazione della nave o del galleggiante;

5)   l'indicazione di cui all'ultimo comma dell'articolo 2659 del codice civile.

Art. 254. (Documenti per la pubblicità di acquisti a causa di morte).

Chi domanda la pubblicità di un acquisto a causa di morte deve consegnare all'ufficio competente i documenti rispettivamente richiesti dagli articoli 2660, 2661, 2662 del codice civile, per i casi in ciascuno di detti articoli indicati.

La nota di trascrizione deve contenere le indicazioni di cui all'articolo precedente, completate con quelle richieste dall'articolo 2660 del codice civile.

Art. 255. (Esibizione dell'atto di nazionalità).

Se la richiesta di pubblicità si riferisce ad una nave maggiore, il richiedente, oltre a consegnare i documenti di cui agli articoli 253, 254, deve esibire all'ufficio, al quale richiede la pubblicità, l'atto di nazionalità, per la prescritta annotazione.

Tuttavia, quando la pubblicità è richiesta all'ufficio d'iscrizione, se, trovandosi la nave fuori del porto di iscrizione, non è possibile esibire all'ufficio stesso l'atto di nazionalità, l'ufficio esegue la trascrizione sulla matricola e ne dà comunicazione telegrafica, a spese del richiedente, all'ufficio marittimo o consolare del porto nel quale la nave si trova o verso il quale è diretta, perchè sia ivi eseguita l'annotazione sull'atto di nazionalità.

Art. 256. (Esecuzione della pubblicità).

L'ufficio di iscrizione prende nota della domanda di pubblicità in un repertorio e trascrive il contenuto della nota nel registro di iscrizione della nave o del galleggiante, facendovi menzione del giorno e dell'ora in cui è stata ad esso presentata la domanda o questa, nel caso previsto dal secondo comma dell'articolo 251, gli è pervenuta.

Se si tratta di nave maggiore, gli estremi della nota di trascrizione sono annotati sull'atto di nazionalità a cura dell'autorità predetta ovvero, nei casi ivi previsti, a cura dell'autorità indicata nel secondo comma dell'articolo 251 o del secondo comma dell'articolo 255.

Uno degli esemplari della nota, corredato dai documenti presentati, deve essere conservato negli archivi dell'ufficio nei modi stabiliti dal regolamento.

Dell'adempimento delle formalità suddette l'ufficio fa menzione sull'altro esemplare della nota, che restituisce al richiedente.

Art. 257. (Ordine di precedenza e prevalenza delle trascrizioni).

Nel concorso di più atti resi pubblici a norma degli articoli precedenti, la precedenza, agli effetti stabiliti dal codice civile, è determinata dalla data di trascrizione nella matricola o nel registro di iscrizione.

In caso di discordanza tra le trascrizioni nella matricola e le annotazioni sull'atto di nazionalità, prevalgono le risultanze della matricola.

CAPO II Della comproprietà

Art. 258. (Quote di comproprietà).

Le quote di partecipazione nella proprietà della nave sono espresse in carati. I carati sono ventiquattro e sono divisibili in frazioni.

Art. 259. (Deliberazioni della maggioranza).

Le deliberazioni prese dalla maggioranza, previa convocazione di tutti i caratisti, vincolano la minoranza per tutto quanto concerne l'interesse comune dei comproprietari della nave, salvo il disposto degli articoli seguenti.

La maggioranza è formata dal voto dei comproprietari che hanno complessivamente più di dodici carati della nave.

Quando la maggioranza è detenuta da un solo caratista, le determinazioni di questo vincolano la minoranza per quanto concerne l'ordinaria amministrazione, anche se prese senza convocazione degli altri caratisti, purchè siano a questi ultimi comunicate entro otto giorni con lettera raccomandata.

Art. 260. (Deliberazioni per innovazioni o per riparazioni straordinarie).

Per le innovazioni o riparazioni che importino spese eccedenti la metà del valore della nave, accertato dal Registro italiano navale o dall'ispettorato compartimentale ovvero in altro modo convenuto da tutti i comproprietari, la deliberazione deve essere presa con la maggioranza di almeno sedici carati.

I comproprietari dissenzienti possono chiedere lo scioglimento della comunione, ma questo non ha luogo se gli altri comproprietari dichiarano di acquistare, a giusto prezzo, le quote dei dissenzienti.

Art. 261. (Difetto di maggioranza).

Quando una deliberazione non può essere presa per mancata formazione della maggioranza richiesta dagli articoli precedenti, il tribunale nella circoscrizione del quale è l'ufficio d'iscrizione, su domanda di uno o più caratisti, assunte le necessarie informazioni e sentiti gli altri comproprietari, provvede con decreto secondo l'interesse comune.

Art. 262. (Ipoteca della nave).

La deliberazione di ipotecare la nave deve essere presa con la maggioranza di sedici carati. Se la maggioranza non raggiunge i sedici carati, l'ipoteca non può essere costituita senza l'autorizzazione data dal tribunale con decreto, sentiti i dissenzienti.

Art. 263. (Ipoteca dei carati).

Il comproprietario della nave non può ipotecare i suoi carati senza il consenso della maggioranza.

Art. 264. (Vendita della nave).

La deliberazione di vendita della nave deve essere presa all'unanimità.

Tuttavia, su domanda di tanti comproprietari che rappresentino almeno la metà dei carati, il tribunale, sentiti i dissenzienti, può autorizzare con decreto la vendita della nave all'incanto.

Ove ricorrano gravi e urgenti motivi, l'autorizzazione del tribunale può essere data anche su domanda di tanti comproprietari che rappresentino almeno un quarto dei carati, sentiti in contraddittorio i comproprietari dissenzienti.

TITOLO TERZO - DELL'IMPRESA DI NAVIGAZIONE

CAPO I - Dell'armatore

Art. 265. (Dichiarazione di armatore).

Chi assume l'esercizio di una nave deve preventivamente fare dichiarazione di armatore all'ufficio di iscrizione della nave o del galleggiante.

Quando l'esercizio non è assunto dal proprietario, se l'armatore non vi provvede, la dichiarazione può essere fatta dal proprietario.

Quando l'esercizio è assunto dai comproprietari mediante costituzione di società di armamento, le formalità, di cui agli articoli 279, 282, secondo comma, tengono luogo della dichiarazione di armatore.

Art. 266. (Dichiarazione di armatore per le navi addette alla navigazione interna).

Per l'esercizio delle navi addette alla navigazione interna, l'annotazione dell'atto di concessione o di autorizzazione per il servizio di trasporto o di rimorchio, nei registri d'iscrizione della nave, tiene luogo della dichiarazione di armatore.

Art. 267. (Designazione di rappresentante).

Nel fare la dichiarazione ovvero nel compiere le formalità di cui agli articoli 265, terzo comma,266, l'armatore, se non è domiciliato nel luogo dove è l'ufficio di iscrizione della nave o del galleggiante, deve designare un rappresentante ivi residente, presso il quale, nei confronti dell'autorità preposta alla navigazione marittima o interna, si intende domiciliato.

Art. 268. (Forma della dichiarazione).

La dichiarazione di armatore è fatta per atto scritto con sottoscrizione autenticata, ovvero verbalmente; in quest'ultimo caso la dichiarazione è raccolta dall'autorità competente con processo verbale, nelle forme stabilite dal regolamento.

Art. 269. (Documenti da consegnare).

Quando l'esercizio non è assunto dal proprietario, all'atto della dichiarazione si deve consegnare copia autentica del titolo che attribuisce l'uso della nave.

Nel caso previsto dal secondo comma dell'articolo 377, se il contratto non è stato fatto per iscritto, la dichiarazione deve essere fatta per atto scritto con sottoscrizione autenticata del proprietario e dell'armatore, ovvero resa verbalmente con l'intervento di entrambi.

Art. 270. (Contenuto della dichiarazione di armatore).

La dichiarazione di armatore deve contenere:

a) il nome, la paternità, la nazionalità, il domicilio o la
residenza dell'armatore;

b) gli elementi di individuazione della nave. Quando l'esercizio è assunto da persona diversa dal proprietario, la dichiarazione deve altresì contenere:

c) il nome, la paternità, la nazionalità, il domicilio o la
residenza del proprietario;

d) l'indicazione del titolo che attribuisce l'uso della nave.

Art. 271. (Pubblicità della dichiarazione).

La dichiarazione di armatore deve essere trascritta nel registro di iscrizione della nave o del galleggiante, e, per le navi maggiori, annotata sull'atto di nazionalità.

Per l'annotazione sull'atto di nazionalità, se la nave trovasi fuori del porto di iscrizione, si applica il disposto del secondo comma dell'articolo 255.

Nel caso di discordanza tra le trascrizioni nella matricola e le annotazioni sull'atto di nazionalità, prevalgono le risultanze della matricola.

Art. 272 (Presunzione di armatore).

In mancanza della dichiarazione di armatore debitamente resa pubblica, armatore si presume il proprietario fino a prova contraria.

Art. 273. (Nomina di comandante della nave).

L'armatore nomina il comandante della nave e può in ogni momento dispensarlo dal comando.

Art. 274. (Responsabilità dell'armatore).

L'armatore è responsabile dei fatti dell'equipaggio e delle obbligazioni contratte dal comandante della nave, per quanto riguarda la nave e la spedizione.

Tuttavia l'armatore non risponde dell'adempimento da parte del comandante degli obblighi di assistenza e salvataggio previsti dagli articoli 489, 490, nè degli altri obblighi che la legge impone al comandante quale capo della spedizione.

Art. 275. (Limitazione del debito dell'armatore).

Per le obbligazioni contratte in occasione e per i bisogni di un viaggio, e per le obbligazioni sorte da fatti o atti compiuti durante lo stesso viaggio, ad eccezione di quelle derivanti da proprio dolo o colpa grave, l'armatore *((di una nave di stazza lorda inferiore alle 300 tonnellate))* può limitare il debito complessivo ad una somma pari al valore della nave e all'ammontare del nolo e di ogni altro provento del viaggio.

Sulla somma alla quale è limitato il debito dell'armatore concorrono i creditori soggetti alla limitazione secondo l'ordine delle rispettive cause di prelazione e ad esclusione di ogni altro creditore.

Art. 276. (Valutazione della nave).

Agli effetti della determinazione della somma limite si assume il valore della nave al momento in cui è richiesta la limitazione e non oltre la fine del viaggio, sempre che tale valore non sia nè inferiore al quinto nè superiore ai due quinti del valore della nave all'inizio del viaggio.

Se il valore della nave al momento in cui è richiesta la limitazione è inferiore al minimo previsto dal comma precedente si assume la quinta parte del valore della nave all'inizio del viaggio. Se il valore della nave è superiore al massimo, si assumono i due quinti del valore all'inizio del viaggio.

Art. 277. (Valutazione del nolo e degli altri proventi).
Agli effetti della determinazione della somma limite, per il nolo e per gli altri proventi del viaggio viene computato l'ammontare lordo.

CAPO II - Della società di armamento fra comproprietari

Art. 278. (Costituzione della società).
I comproprietari possono costituirsi in società di armamento mediante scrittura privata con sottoscrizione autenticata di tutti i caratisti, ovvero mediante deliberazione della maggioranza con sottoscrizione autenticata dei consenzienti.

Ove non sia diversamente stabilito nella scrittura di costituzione ovvero con deliberazione presa ad unanimità, ciascun caratista partecipa alla società in ragione della sua quota di interesse nella nave.
Art. 279. (Pubblicità dell'atto di costituzione).
L'atto di costituzione deve essere reso pubblico mediante trascrizione nel registro di iscrizione della nave o del galleggiante, nonchè, per le navi maggiori, mediante annotazione sull'atto di nazionalità. Analogamente devono essere pubblicate le successive variazioni e lo scioglimento della società.

La pubblicità deve essere richiesta all'ufficio di iscrizione della nave o del galleggiante. Per l'annotazione sull'atto di nazionalità, se la nave trovasi fuori del porto d'iscrizione, si applica il disposto del secondo comma dell'articolo 255.

Nel caso di discordanza tra le trascrizioni nella matricola e le annotazioni sull'atto di nazionalità prevalgono le risultanze della matricola.
Art. 280. (Documenti per la pubblicità dell'atto di costituzione).
Chi domanda la pubblicità deve consegnare all'ufficio competente copia in forma autentica della scrittura o della deliberazione di costituzione, insieme con una nota in duplice esemplare.
La nota deve contenere:
a)   il nome, la paternità, la nazionalità, il domicilio o la
residenza dei comproprietari;
b)   gli elementi di individuazione della nave;
c)   la data e le clausole principali dell'atto costitutivo;
d)   il nome e la paternità del gerente e l'indicazione dei suoi poteri.

Nel caso di deliberazione presa a maggioranza, la nota deve altresì indicare i nomi e le quote dei caratisti dissenzienti.
Art. 281. (Esecuzione della pubblicità dell'atto di costituzione).
L'ufficio, al quale è richiesta la pubblicità della costituzione della società di armamento, provvede alla esecuzione delle formalità indicate nell'articolo 256.
Art. 282. (Pubblicità a cura del gerente).

Quando la nomina del gerente non sia stata resa pubblica a norma degli articoli precedenti, il gerente medesimo deve consegnare all'ufficio di iscrizione della nave o del galleggiante copia in forma autentica dell'atto di nomina, perchè gli estremi di questo, con l'indicazione dei poteri conferitigli, siano trascritti nel registro di iscrizione e, se trattasi di nave maggiore, annotati sull'atto di nazionalità.

In pari tempo il gerente deve richiedere la pubblicità dell'atto di costituzione, se questa non è stata richiesta a norma dell'articolo 279.

Art. 283. (Responsabilità dei comproprietari).

Delle obbligazioni assunte per la gestione comune i comproprietari sono responsabili verso i terzi in proporzione delle rispettive quote sociali; ma la responsabilità dei comproprietari che non hanno consentito alla costituzione della società non può superare l'ammontare delle rispettive quote di partecipazione nella nave.

Il debito complessivo della società di armamento può essere limitato a norma degli articoli 275 e seguenti.

Art. 284. (Effetti della mancanza di pubblicità).

In mancanza della pubblicità prescritta per la costituzione i comproprietari consenzienti rispondono solidalmente.

Le successive variazioni e lo scioglimento della società, fino a che non siano pubblicate non possono essere opposte ai terzi, a meno che si provi che questi ne erano a conoscenza.

In mancanza della pubblicità prescritta nell'articolo 282, il gerente è personalmente responsabile verso i terzi delle obbligazioni assunte per la gestione sociale.

Art. 285. (Ripartizione degli utili e delle perdite).

Quando non sia diversamente stabilito nella scrittura di costituzione o nella deliberazione prevista nel secondo comma dell'articolo 278, gli utili e le perdite della società di armamento si ripartiscono fra tutti i comproprietari in proporzione delle rispettive quote sociali.

Tuttavia i comproprietari che non hanno consentito alla costituzione della società possono liberarsi dalla partecipazione alle perdite, abbandonando la loro quota di proprietà della nave.

Art. 286. (Recesso di comproprietari componenti dell'equipaggio).

I comproprietari che siano componenti dell'equipaggio della nave comune, possono, in caso di congedo, recedere dalla società ed ottenere il rimborso delle loro quote.

CAPO III Del raccomandatario

Art. 287. (Norme applicabili al contratto di raccomandazione).

Salvo i casi previsti nell'articolo 290, al contratto di raccomandazione si applicano le norme del codice civile sul mandato con rappresentanza.

Art. 288. (Rappresentanza processuale del raccomandatario).

Entro i limiti nei quali gli è conferita la rappresentanza dell'armatore o del vettore, il raccomandatario può promuovere azioni ed essere convenuto in giudizio in loro nome.

Art. 289. (Pubblicità della procura).

La procura conferita al raccomandatario, con sottoscrizione autenticata del preponente, le successive modifiche e la revoca devono essere depositate presso l'ufficio del porto, ove il raccomandatario risiede, per la pubblicazione nel registro a tale fine tenuto secondo le norme del regolamento.

Il comandante del porto deve dare comunicazione dell'avvenuta pubblicazione al consiglio provinciale delle corporazioni.

Qualora non sia adempiuta la pubblicità predetta, la rappresentanza del raccomandatario si reputa generale, e non sono opponibili ai terzi le limitazioni, le modifiche, o la revoca, a meno che il mandante provi che i terzi ne erano a conoscenza al momento in cui fu concluso l'affare.

Art. 290. (Altre specie di raccomandazione).

Quando il raccomandatario è preposto all'esercizio di una sede dell'impresa di navigazione o di quella di trasporto, si applicano le norme relative agli institori.

Quando il raccomandatario assume stabilmente l'incarico di promuovere la conclusione di contratti in una zona determinata per conto dell'armatore o del vettore, si applicano le norme sul contratto di agenzia.

Quando il raccomandatario assume l'obbligo di trattare e di concludere in nome proprio affari per conto dell'armatore o del vettore, si applicano le norme sul mandato senza rappresentanza.

Art. 291. (Pubblicità del contratto di raccomandazione institoria).

Quando il raccomandatario è preposto all'esercizio di una sede dell'impresa di navigazione, la pubblicità richiesta nell'articolo 289 tiene luogo di quella prevista dal codice civile per l'institore.

CAPO IV - Del comandante della nave

Art. 292. (Comando della nave).

Il comando della nave può essere affidato soltanto a persone munite della prescritta abilitazione.

Art. 292-bis.

(((Requisiti per l'esercizio delle funzioni di comandante e di primo ufficiale di coperta).))

((A bordo delle navi battenti bandiera italiana, il comandante e il primo ufficiale di coperta, se svolge le funzioni del comandante, devono essere cittadini di uno Stato membro dell'Unione europea o di un altro Stato facente parte dell'accordo sullo Spazio economico europeo, reso esecutivo dalla legge 28 luglio 1993, n. 300. L'accesso a tali funzioni è subordinato al possesso di una qualificazione professionale e ad una conoscenza della lingua e della legislazione italiana che consenta la tenuta dei documenti di bordo e l'esercizio delle funzioni pubbliche delle quali il comandante è investito.

Con decreto del Ministro delle infrastrutture e dei trasporti sono determinati i programmi di qualificazione professionale, nonchè l'organismo competente allo svolgimento delle procedure di verifica dei requisiti di cui al primo comma.))

Art. 293. (Sostituzione del comandante in corso di navigazione).

In caso di morte, assenza o impedimento del comandante, il comando della nave spetta agli ufficiali di coperta, nell'ordine gerarchico, e successivamente al nostromo, fino al momento in cui giungano disposizioni dell'armatore o, in mancanza di queste, fino al porto di primo approdo, ove l'autorità preposta alla navigazione marittima o interna ovvero l'autorità consolare nomina il comandante per il tempo necessario.

Per le navi addette a servizi pubblici di linea in navigazione interna si applicano le norme stabilite da leggi e regolamenti speciali.

Art. 294. (Assunzione di comandante straniero all'estero).

Nei porti esteri, previa autorizzazione dell'autorità consolare, il comando della nave può essere affidato, fino al porto ove sia possibile la sostituzione con un cittadino italiano, a uno straniero in possesso di abilitazione corrispondente a quella del comandante da sostituire.

Art. 295. (Direzione nautica, rappresentanza e poteri legali).

Al comandante della nave, in modo esclusivo, spetta la direzione della manovra e della navigazione.

Il comandante rappresenta l'armatore. Nei confronti di tutti gli interessati nella nave e nel carico egli esercita i poteri che gli sono attribuiti dalla legge.

Art. 296. (Atti di stato civile e testamenti).

Il comandante della nave marittima esercita le funzioni di ufficiale di stato civile previste dal presente codice e riceve i testamenti indicati nell'articolo 611 del codice civile.

Art. 297. (Doveri del comandante prima della partenza).

Prima della partenza il comandante, oltre a promuovere la visita nei modi previsti dal presente codice, deve di persona accertarsi che la nave sia idonea al viaggio da intraprendere, bene armata ed equipaggiata. Deve altresì accertarsi che la nave sia convenientemente caricata e stivata.

Art. 298. (Comando della nave in navigazione).

Il comandante, anche quando sia obbligato ad avvalersi del pilota, deve dirigere personalmente la manovra della nave all'entrata e all'uscita dei porti, dei canali, dei fiumi e in ogni circostanza in cui la navigazione presenti particolari difficoltà.

Art. 299. (Documenti di bordo e tenuta dei libri).

Il comandante deve curare che durante il viaggio siano a bordo i prescritti documenti relativi alla nave, all'equipaggio, ai passeggeri ed al carico. Deve curare altresì che i libri di bordo siano regolarmente tenuti.

Art. 300. (Mancanza di provviste o di arredi durante la navigazione).

Se in corso di navigazione vengono a mancare le provviste di bordo o altra cosa indispensabile alla regolare e sicura navigazione, il comandante deve curarne il rifornimento con ogni possibile mezzo.

A tale fine, ove sia necessario, deve farne richiesta alle navi che incontri, o altrimenti approdare nel più vicino luogo, anche se all'uopo occorra deviare la rotta. In caso di estrema necessità, il comandante può impiegare per le esigenze della nave le merci esistenti a bordo.

Art. 301. (Riduzione delle razioni di viveri).

Se alla deficienza delle provviste alimentari di bordo non è possibile sopperire a norma dell'articolo precedente, il comandante deve ridurre in misura adeguata le razioni di viveri dovute all'equipaggio e ai passeggeri, in rapporto alle normali previsioni di un possibile rifornimento.

Art. 302. (Provvedimenti per la salvezza della spedizione).

Se nel corso del viaggio si verificano eventi che mettono in pericolo la spedizione, il comandante deve cercare di assicurarne la salvezza con tutti i mezzi che sono a sua immediata disposizione o che egli può procurarsi riparando in un porto ovvero richiedendo l'assistenza di altre navi.

Se a tal fine è necessario procurarsi denaro, il comandante deve provvedere ai sensi dell'articolo 307.

Se è necessario sacrificare o danneggiare parti della nave o del carico, egli deve, per quanto è possibile, procedere cominciando dalle cose di minor valore e da quelle per cui più utile si appalesa il sacrificio e meno indispensabile la conservazione.

Art. 303. (Abbandono della nave in pericolo).

Il comandante non può ordinare l'abbandono della nave in pericolo se non dopo esperimento senza risultato dei mezzi suggeriti dall'arte nautica per salvarla, sentito il parere degli ufficiali di coperta o, in mancanza, di due almeno fra i più provetti componenti dell'equipaggio.

Il comandante deve abbandonare la nave per ultimo, provvedendo in quanto possibile a salvare le carte e i libri di bordo, e gli oggetti di valore affidati alla sua custodia.

Art. 304. (Relazione di eventi straordinari).

Se nel corso del viaggio si sono verificati eventi straordinari relativi alla nave, al carico o alle persone che erano a bordo, il comandante deve farne, entro ventiquattro ore dall'arrivo, relazione scritta alla competente autorità del luogo.

Art. 305. (Scaricazione prima della verifica della relazione).

Anteriormente alla verifica, a norma dell'articolo 584, della relazione di cui all'articolo precedente, il comandante non può iniziare la scaricazione della nave, tranne che in caso di urgenza.

Art. 306. (Limiti della rappresentanza del comandante).

Il comandante può in ogni caso provvedere agli approvvigionamenti giornalieri, alle forniture di lieve entità e alle piccole riparazioni necessarie per la manutenzione ordinaria della nave.

Fuori dei luoghi nei quali sono presenti l'armatore o un suo rappresentante munito dei necessari poteri, il comandante può compiere gli atti occorrenti per i bisogni della nave e della spedizione; può parimenti assumere o congedare componenti dell'equipaggio.

La presenza dell'armatore, ovvero quella di un suo rappresentante munito dei necessari poteri, è opponibile ai terzi solo quando questi ne erano a conoscenza; tuttavia la presenza dell'armatore nel luogo del suo domicilio e la presenza del rappresentante nel luogo relativamente al quale gli sono stati conferiti i poteri debitamente pubblicati si presumono note all'interessato fino a prova contraria.

Art. 307. (Necessità di denaro in corso di viaggio).

Se nel corso del viaggio sorge necessità di denaro per rifornimento di provviste, per riparazioni o per altra urgente esigenza della nave ovvero per la continuazione del viaggio, che non rientri negli estremi previsti nel primo comma dell'articolo precedente, il comandante deve darne immediato avviso all'armatore.

Quando ciò non sia possibile, ovvero se l'armatore debitamente avvertito non abbia fornito i mezzi nè dato le opportune istruzioni, il comandante, dopo aver accertato la necessità di provvedere, può farsi autorizzare, dalla competente autorità del luogo, a prendere a prestito la somma necessaria o a contrarre obbligazione verso coloro che somministrano provviste, materiali, attrezzi o mano d'opera, ovvero a dare in pegno o a vendere provviste, attrezzi o arredi della nave non indispensabili alla sicura navigazione.

Negli stessi casi il comandante, accertata la necessità di provvedere, e dato possibilmente tempestivo avviso ai caricatori ed ai destinatari interessati, può farsi autorizzare dalla suddetta autorità a dare in pegno o a vendere le cose caricate; ma gli aventi diritti al carico si possono opporre alla vendita o al pegno delle loro cose, scaricandole a proprie spese e pagando il nolo relativo, in proporzione del tratto utilmente percorso se si valgono tutti della facoltà predetta, o diversamente per intero.

Quando la necessità di procedere al pegno o alla vendita del carico sia determinata dalle esigenze previste dal primo comma dell'articolo precedente, il comandante è tenuto a dare gli avvisi e a richiedere l'autorizzazione soltanto ove debba ricorrere al pegno o alla vendita del carico.

Art. 308. (Indennizzo degli aventi diritto al carico o dei proprietari delle pertinenze).

Quando le merci esistenti a bordo sono impiegate o vendute dal comandante per le esigenze della nave, l'armatore è tenuto a rimborsare agli aventi diritto il valore che le merci medesime avrebbero avuto al momento dell'arrivo nel luogo di destinazione. Tuttavia, se anteriormente all'arrivo nel luogo di prevista destinazione delle merci impiegate o vendute la nave è perduta per causa non imputabile all'armatore, questi è tenuto a corrispondere agli aventi diritto soltanto il valore che le merci avevano al momento dell'impiego ovvero il prezzo ricavato dalla vendita.

Quando per le stesse esigenze sono vendute pertinenze di proprietà aliena, l'armatore è tenuto a corrispondere ai proprietari il prezzo ricavato dalla vendita o, sempre che la nave non sia andata perduta per causa non imputabile all'armatore, il maggior valore che le pertinenze avevano al momento della vendita.

Quando le pertinenze predette o le merci sono date in pegno dal comandante, l'armatore è tenuto a rimborsare agli aventi diritto la somma necessaria per procedere allo svincolo e al trasporto a destinazione; se tuttavia non è possibile procedere allo svincolo per causa non imputabile agli aventi diritto, l'armatore è tenuto a corrispondere il valore delle pertinenze al momento della costituzione del pegno o il valore che le merci avrebbero avuto al momento dell'arrivo nel luogo di destinazione. Nel caso di perdita della nave, prevista nei comma precedenti, l'armatore è tenuto a corrispondere soltanto una somma pari a quella in garanzia della quale le pertinenze o le merci sono state date in pegno.

Art. 309. (Poteri processuali del comandante).

Fuori dei luoghi nei quali sono presenti l'armatore o un suo rappresentante munito dei necessari poteri, il comandante può, in caso di urgenza, notificare atti ed istituire o proseguire giudizi in nome e nell'interesse dell'armatore, per quanto riguarda la nave e la spedizione.

Possono parimenti i terzi, fuori dei luoghi dove sono presenti l'armatore o un suo rappresentante munito dei necessari poteri, fare eseguire notificazioni al comandante personalmente, o contro di questo promuovere o proseguire giudizi, per quanto concerne i fatti dell'equipaggio relativi alla nave e alla spedizione, ovvero le obbligazioni contratte dal comandante durante la spedizione. La presenza dell'armatore o di un suo rappresentante può essere opposta ai terzi solo nei casi previsti nel terzo comma dell'articolo 306.

L'armatore può riassumere le domande proposte dal comandante o contro di lui, e può inoltre impugnare le sentenze emesse in contraddittorio del comandante.

Art. 310.

(Facoltà di procurarsi denaro in caso di rifiuto dei comproprietari).

Se alcuno dei comproprietari che hanno consentito alla costituzione della società di armamento rifiuta di contribuire alle spese necessarie per la spedizione, il comandante, ventiquattro ore dopo la intimazione al comproprietario, può, previa autorizzazione della competente autorità del luogo, prendere a prestito per conto del comproprietario medesimo la somma da questo dovuta, con garanzia sulla di lui quota di partecipazione nella proprietà della nave.

Art. 311. (Vendita della nave in caso di innavigabilità).

Il comandante non può vendere la nave senza mandato speciale del proprietario. Tuttavia, ove durante il viaggio si verifichi un caso di estrema urgenza, la competente autorità del luogo, accertata l'assoluta innavigabilità della nave, può autorizzare il comandante a venderla, prescrivendo le modalità della vendita.

Art. 312. (Gestione di interessi degli aventi diritto al carico).

Il comandante deve, quando ciò si renda necessario e compatibilmente con le esigenze della spedizione, provvedere alla tutela degli interessi degli aventi diritto al carico.

Se per evitare o diminuire un danno occorrono speciali misure, il comandante deve possibilmente informare gli interessati nel carico, o gli eventuali rappresentanti sul luogo, che siano a lui noti, ed attenersi alle loro istruzioni; in mancanza, deve agire a suo criterio nel modo migliore.

Art. 313. (Responsabilità del comandante in caso di pilotaggio).

In caso di pilotaggio, il comandante è responsabile dei danni causati alla nave da errata manovra, se non provi che l'errore è derivato da inesatte indicazioni o informazioni fornite dal pilota.

Art. 314. (Processo verbale).

Le cause e la portata dei provvedimenti presi dal comandante ai sensi degli articoli 300 a 302, nonchè la necessità di provvedere a norma del secondo, terzo e quarto comma dell'articolo 307, devono essere fatte constare, appena possibile, con processo verbale sottoscritto dagli ufficiali di coperta o, in mancanza, dai principali membri dell'equipaggio. In caso di rifiuto di alcuno di costoro a sottoscriverlo, il processo verbale deve indicare le ragioni del rifiuto medesimo.

Copia del processo verbale, sottoscritto dal comandante, deve essere allegata alla relazione di eventi straordinari all'atto della prestazione di questa alla competente autorità.

Art. 315. (Autorità competente).

L'autorità competente a concedere le autorizzazioni previste in questo capo e a ricevere la relazione di cui all'articolo 304 è, nel Regno, il presidente del tribunale e, fuori del comune ove ha sede il tribunale, il pretore; all'estero, il console o chi ne fa le veci.

CAPO V Dell'equipaggio

Art. 316. (Formazione dell'equipaggio).

L'equipaggio della nave marittima è costituito dal comandante, dagli ufficiali e da tutte le altre persone arruolate per il servizio della nave. L'equipaggio della nave della navigazione interna è costituito dal comandante, dagli ufficiali e da tutti gli altri iscritti nei registri del personale navigante imbarcati per il servizio della nave.

Fa inoltre parte dell'equipaggio il pilota durante il periodo in cui presta servizio a bordo.

Art. 317. (Composizione e forza minima dell'equipaggio).

Il comandante del porto provvede all'applicazione delle disposizioni di legge e delle norme corporative riguardanti la determinazione del numero minimo degli ufficiali di coperta e di macchina, e dei relativi gradi, nonchè la composizione e la forza minima dell'intero equipaggio.

((Il Ministro per la marina mercantile, in caso di accertata indisponibilità di marittimi in possesso dei titoli professionali richiesti dalle norme in vigore, su parere favorevole del comandante del porto, può consentire, ai fini della composizione dell'equipaggio delle navi da carico e da pesca, l'imbarco, per un periodo di tempo non superiore a tre mesi, di marittimi muniti dei titolo immediatamente inferiore a quello prescritto)).

Le norme relative alla composizione e alla forza minima degli equipaggi delle navi della navigazione interna sono stabilite dal ministro per le comunicazioni.

Art. 318. (Nazionalità dei componenti dell'equipaggio).

1. L'equipaggio delle navi nazionali armate nei porti della Repubblica deve essere interamente composto da cittadini italiani o
di altri Paesi appartenenti all'Unione europea. (63)

2. Alle disposizioni di cui al comma 1 può derogarsi attraverso accordi collettivi nazionali stipulati dalle organizzazioni sindacali dei datori di lavoro e dei lavoratori comparativamente più rappresentative a livello nazionale. Per i marittimi di nazionalità diversa da quella italiana o comunitaria, imbarcati in conformità a quanto previsto dal presente comma, non sono richiesti visto di ingresso nel territorio dello Stato, permesso di soggiorno e autorizzazione al lavoro anche quando la nave navighi nelle acque territoriali o sosti in un porto nazionale.

2-bis. I certificati dei primi ufficiali di coperta non italiani, imbarcati in virtù degli accordi collettivi nazionali di cui al comma 2, sono soggetti a riconoscimento da parte dell'amministrazione competente, ai sensi dell'articolo 3 del regolamento di cui al decreto del Presidente della Repubblica 9 maggio 2001, n. 324.

((3. Per le navi adibite alla pesca marittima, l'autorità marittima periferica, delegata dal Ministro delle infrastrutture e dei trasporti, autorizza, previa richiesta dell'armatore, che il personale di bordo sia composto anche da cittadini extracomunitari, tranne che per la qualifica di comandante.))

AGGIORNAMENTO (63)

Il D.L. 30 dicembre 1997, n. 457, convertito con modificazioni dalla L. 27 febbraio 1998, n. 30, come modificato dalla L. 16 marzo 2001, n. 88, ha disposto (con l'art. 2, comma 1-bis) che "In deroga al comma 1 dell'articolo 318 del codice della navigazione, nonchè alle disposizioni di cui al comma 1 del presente articolo, la composizione degli equipaggi delle navi di cui all'articolo 1 può essere altresì determinata in conformità ad accordi sindacali nazionali stipulati dalle organizzazioni sindacali dei datori di lavoro e dei lavoratori del settore comparativamente più rappresentative a livello nazionale".

Art. 319. (Assunzione di personale straniero all'estero).

Nei porti esteri della navigazione marittima o interna *((e nei porti nazionali))* ove non siano disponibili rispettivamente marittimi o personale navigante di nazionalità italiana, possono essere assunti anche stranieri in misura non superiore ad un quarto dell'intero equipaggio e per il solo tempo necessario al viaggio da compiere.

In caso di speciali esigenze, l'autorità consolare *((o la capitaneria di porto))* può autorizzare l'assunzione di stranieri in misura superiore a quella indicata nel comma precedente.

Art. 320. (Servizio di macchina).

I minori degli anni diciotto non possono essere adibiti al servizio di macchina.

Art. 321. (Gerarchia di bordo delle navi marittime).

La gerarchia dei componenti dell'equipaggio marittimo è la seguente:

1) comandante;

2) direttore di macchina, comandante in seconda, capo commissario,
e medico di bordo direttore del servizio sanitario;

3) primo ufficiale di coperta, primo ufficiale di macchina,
cappellano, primo medico aggiunto,primo commissario;

4) secondo ufficiale di coperta, secondo ufficiale di macchina, secondo medico aggiunto, secondo
commissario, primo
radiotelegrafista;

5) gli altri ufficiali;

6) nostromo, maestro di macchina;

7) gli altri sottufficiali; 8) i comuni.

Il pilota durante il periodo in cui presta servizio a bordo è equiparato al primo ufficiale.

Art. 322. (Gerarchia di bordo sulle navi della navigazione interna).
La gerarchia dei componenti dell'equipaggio delle navi addette alla navigazione interna è la seguente:

1) comandante;

2) macchinista, motorista;

3) capo timoniere;

4) i sottufficiali; 5) i comuni.

Il pilota durante il periodo in cui presta servizio a bordo è equiparato al capo timoniere.

TITOLO QUARTO - DEL CONTRATTO DI ARRUOLAMENTO
CAPO I - - Della formazione del contratto

Art. 323. (Visita medica).
L'arruolamento degli iscritti nelle matricole della gente di mare, destinati a far parte dell'equipaggio,
deve, nei casi e con le modalità prescritte da leggi e regolamenti, essere preceduto da visita medica
diretta ad accertare l'idoneità della persona da arruolare in rapporto al servizio cui deve essere adibita.

Art. 324. (Capacità dei minori di anni diciotto).
Il minore di anni diciotto, iscritto nelle matricole della gente di mare può, con il consenso di chi esercita
la patria potestà o la tutela, prestare il proprio lavoro, stipulare i relativi contratti ed esercitare i diritti e
le azioni che ne derivano.

La revoca del consenso alla iscrizione nelle matricole, da parte dell'esercente la patria potestà o la
tutela, fa cessare la capacità del minore alla stipulazione di contratti di arruolamento, ma non lo priva
della capacità di esercitare i diritti e le azioni che derivano da contratti precedentemente stipulati, nè
della capacità di prestare, fino al compimento del viaggio in corso, il proprio lavoro in esecuzione del
contratto.

Art. 325. (Vari tipi di contratto di arruolamento).
Il contratto di arruolamento può essere stipulato:

a) per un dato viaggio o per più viaggi;

b) a tempo determinato;

c) a tempo indeterminato.

La retribuzione spettante all'arruolato può essere stabilita:

a) in una somma fissa per l'intera durata del viaggio;

b) in una somma fissa a mese o ad altro periodo di tempo;

c) in forma di partecipazione al nolo o agli altri proventi o prodotti del viaggio, con la fissazione di un minimo garantito;

d) parte in forma di somma fissa periodica e parte in forma di partecipazione al nolo o agli altri proventi o prodotti.

Agli effetti del contratto di arruolamento, per viaggio si intende il complesso delle traversate fra porto di caricazione e porto di ultima destinazione, oltre all'eventuale traversata in zavorra per raggiungere il porto di caricazione.

((La misura e le componenti della retribuzione sono determinate e regolate dalle norme dei contratti collettivi di lavoro)).

Art. 326. (Durata del contratto a tempo determinato e di quello per più viaggi).

Il contratto a tempo determinato e quello per più viaggi non possono essere stipulati per una durata superiore ad un anno; se sono stipulati per una durata superiore, si considerano a tempo indeterminato.

Se, in forza di più contratti a viaggio, o di più contratti a tempo determinato, ovvero di più contratti dell'uno e dell'altro tipo, l'arruolato presta ininterrottamente servizio alle dipendenze dello stesso armatore per un tempo superiore ad un anno, il rapporto di arruolamento è regolato dalle norme concernenti il contratto a tempo indeterminato.

Agli effetti del comma precedente, la prestazione del servizio è considerata ininterrotta quando fra la cessazione di un contratto e la stipulazione del contratto successivo intercorre un periodo non superiore ai sessanta giorni.

Art. 327. (Arruolamento per nave determinata o per più navi dello stesso armatore).

Il contratto di arruolamento ha per oggetto la prestazione di servizio su nave determinata.

Tuttavia l'arruolato può, con patto espresso contenuto nel contratto di arruolamento, obbligarsi a prestare servizio su una nave non determinata fra quelle appartenenti all'armatore o su più di esse successivamente.

Art. 328. (Forma del contratto).

Salvo quanto è disposto nei successivi articoli, il contratto di arruolamento deve, a pena di nullità, essere fatto per atto pubblico ricevuto, nel Regno, dall'autorità marittima, e, all'estero, dall'autorità consolare.

Il contratto deve, parimenti a pena di nullità, essere dalle autorità predette annotato sul ruolo di equipaggio o sulla licenza.

Prima della sottoscrizione, il contratto deve essere letto e spiegato al marittimo; l'adempimento di tale formalità si deve far constare nel contratto stesso.

Art. 329. (Stipulazione del contratto in località estera dove non sia autorità consolare).

Se l'arruolamento ha luogo all'estero, in località che non è sede di autorità consolare, il contratto deve, a pena di nullità, essere stipulato per iscritto, alla presenza di due testimoni, i quali vi appongono la propria sottoscrizione. Il contratto è conservato fra i documenti di bordo.

Art. 330. (Deroga alle disposizioni precedenti).

Il contratto di arruolamento per le navi minori di stazza lorda non superiore alle cinque tonnellate può essere fatto verbalmente.

Le norme per l'annotazione sulla licenza dei contratti predetti sono stabilite dal regolamento.

Art. 331. (Arruolamento del comandante in luogo ove non si trova l'armatore).

L'armatore può procedere all'arruolamento del comandante anche mediante dichiarazione, resa al comandante del porto o all'autorità consolare del luogo dove egli si trova, e contenente gli estremi indicati nell'articolo seguente.

La detta autorità trasmette telegraficamente, a spese dell'armatore, gli estremi della dichiarazione all'autorità marittima o consolare del porto dove si trova la nave sulla quale il comandante deve prendere imbarco.

Con la dichiarazione di accettazione da parte del comandante, resa all'autorità del porto d'imbarco, si perfeziona il contratto di arruolamento.

Art. 332. (Contenuto del contratto).

Il contratto di arruolamento deve enunciare:

1) il nome o il numero della nave sulla quale l'arruolato deve prestare servizio o la clausola prevista nel secondo comma dell'articolo 327;

2) il nome, la paternità dell'arruolato, l'anno di nascita, il domicilio, l'ufficio di iscrizione e il numero di matricola;

3) la qualifica e le mansioni dell'arruolato;

4) il viaggio o i viaggi da compiere e il giorno in cui l'arruolato deve assumere servizio, se l'arruolamento è a viaggio; la decorrenza e la durata del contratto, se l'arruolamento è a tempo determinato; la decorrenza del contratto, se l'arruolamento è a tempo indeterminato;

5) la forma e la misura della retribuzione;

6) il luogo e la data della conclusione del contratto; 7) l'indicazione del contratto collettivo, qualora esista.

Se dal contratto ovvero dall'annotazione sul ruolo di equipaggio o sulla licenza l'arruolamento non risulta stipulato a viaggio o a tempo determinato, esso è regolato dalle norme concernenti il contratto a tempo indeterminato.

CAPO II - Degli effetti del contratto

Art. 333.

(Albo a bordo per l'affissione delle disposizioni concernenti il contratto di arruolamento).

Su ogni nave nazionale deve essere tenuto, in luogo accessibile all'equipaggio, un albo, nel quale sono affisse le norme di legge e di regolamento relative all'arruolamento, i contratti collettivi di arruolamento, i regolamenti di servizio e ogni altra disposizione di cui venga prescritta l'affissione dall'autorità.

Art. 334. (Servizio a bordo).

I componenti dell'equipaggio non sono tenuti a prestare un servizio diverso da quello per il quale sono stati arruolati.

Tuttavia il comandante, nell'interesse della navigazione, ha facoltà di adibire temporaneamente i componenti dell'equipaggio a un servizio diverso da quello per il quale sono stati arruolati, purchè non sia inadeguato al loro titolo professionale e al loro grado. In caso di necessità per la sicurezza della spedizione, gli arruolati possono essere adibiti a qualsiasi servizio.

I componenti dell'equipaggio, che esercitano mansioni diverse da quelle per le quali sono stati arruolati, hanno diritto alla maggiore retribuzione dovuta per tali mansioni.

Art. 335. (Caricazione abusiva di merci).

Il comandante e gli altri componenti dell'equipaggio non possono caricare sulla nave merci per proprio conto, senza il consenso scritto dell'armatore o di un suo rappresentante.

L'arruolato, che contravviene al divieto del comma precedente, è tenuto a pagare il nolo in misura doppia di quella corrente nel luogo e alla data della caricazione per il medesimo viaggio e per merce della stessa specie di quella indebitamente imbarcata, senza pregiudizio del risarcimento del danno.

Art. 336. (Trattamento dell'arruolato malato o ferito).

L'arruolato che, a bordo, si ammala o riporta lesioni continua a percepire la retribuzione ed ha diritto all'assistenza sanitaria a spese della nave.

Se l'arruolato si è intenzionalmente procurato la malattia o la lesione, ovvero ha contratto la malattia o riportato la lesione per sua grave colpa mentre si trovava a terra senza autorizzazione, l'armatore è egualmente tenuto a provvedere all'assistenza sanitaria, ma ha diritto di ripeterne le spese dall'arruolato.

Nel caso previsto nel comma precedente, il componente dell'equipaggio non ha diritto alla retribuzione per tutto il tempo durante il quale è inabile al servizio.

Se l'arruolato deve essere sbarcato a causa delle sue condizioni di salute o se, per altra ragione, è sbarcato prima che si sia verificata la guarigione, si applica il disposto degli articoli 356, 365.

Art. 337. (Partecipazione dell'arruolato alle indennità dovute all'armatore).

Se la retribuzione è determinata in forma di partecipazione al nolo o agli altri proventi o prodotti del viaggio, in caso di perdita del nolo o di detti proventi o prodotti, per la quale sia corrisposta all'armatore una somma a titolo di indennità di assicurazione o di risarcimento di danni, l'arruolato ha diritto ad una parte di detta somma, nella proporzione stabilita dal contratto.

Art. 338. (Aumento di retribuzione in caso di prolungamento del viaggio).

Se la retribuzione è determinata a viaggio, essa è proporzionalmente aumentata qualora il viaggio venga protratto oltre la durata massima prevedibile al momento della stipulazione del contratto; ma se l'ulteriore durata è dovuta a causa non imputabile all'armatore, l'aumento proporzionale è ridotto a un terzo.

La retribuzione non è soggetta a diminuzione se la nave compie un viaggio più breve di quello previsto nel contratto.

Art. 339. (Indennità per riduzione delle razioni dei viveri).

Se la riduzione delle razioni dei viveri, prevista nell'articolo 301, è dovuta a causa non imputabile all'armatore, questi deve corrispondere ai componenti dell'equipaggio l'equivalente in danaro. Se la riduzione è determinata da causa a lui imputabile, l'armatore è tenuto anche al risarcimento dei danni.

CAPO III - Della cessazione e della risoluzione del contratto

Art. 340. (Cessazione del contratto a viaggio per compimento del viaggio).

Il contratto di arruolamento stipulato per uno o più viaggi cessa di diritto con il compimento del viaggio o dell'ultimo dei viaggi previsti nel contratto.

Art. 341.

(Cessazione del contratto a tempo determinato per scadenza del termine).

Il contratto di arruolamento a tempo determinato cessa di diritto con la scadenza del termine stabilito nel contratto stesso.

Tuttavia, se il termine scade in corso di viaggio, il contratto si intende prorogato fino al porto di ultima destinazione.

Se il porto di ultima destinazione è fuori del Regno, e la nave deve intraprendere un altro viaggio direttamente per un porto del Regno, l'arruolato è tenuto a continuare a prestare la sua opera sulla nave, ma, decorso il periodo determinato dalle norme corporative o, in mancanza, dagli usi, ha diritto ad un aumento di retribuzione nella misura stabilita dalle norme predette, o in mancanza dagli usi, fino a che sia sbarcato nel porto di arruolamento.

Se la nave intraprende un altro viaggio per un porto fuori del Regno o non direttamente per un porto del Regno e l'arruolato consente a restare a bordo, l'arruolamento continua alle condizioni stabilite nel contratto, ma l'arruolato ha diritto ad un aumento della retribuzione nella misura fissata secondo il disposto del comma precedente.

Art. 342.

(Cessazione del contratto a tempo indeterminato per volontà di una delle parti).

Il contratto di arruolamento a tempo indeterminato cessa per volontà dell'armatore o dell'arruolato, purchè ne sia dato preavviso nei termini stabiliti dalle norme corporative o, in mancanza, dagli usi.

Art. 343. (Casi di risoluzione di diritto del contratto).

Il contratto di arruolamento si risolve di diritto:

1) in caso di perdita totale ovvero di innavigabilità assoluta della nave ovvero di innavigabilità per un periodo di tempo superiore ai sessanta giorni, determinate da naufragio o da altro sinistro della navigazione, nonchè in caso di preda; 2) in caso di perdita della nazionalità della nave;

3)   in caso di vendita giudiziale della nave;

4)   in caso di morte dell'arruolato;

5)   quando l'arruolato, per malattia o per lesioni, deve essere sbarcato o non può riassumere il suo posto a bordo alla partenza

della nave da un porto di approdo;

6)   quando l'arruolato è fatto prigioniero a bordo o mentre partecipa ad una spedizione in mare o in terra, per il servizio della

nave;

7)   in caso di cancellazione dalle matricole, di sospensione o interdizione dai titoli professionali o dalla professione marittima

dell'arruolato;

8)	in caso di revoca da parte dell'esercente la potestà o la tutela, del consenso alla iscrizione nelle matricole del minore di anni diciotto;

9)	quando l'arruolato deve essere sbarcato per ordine dell'autorità;

10)	quando l'arruolato fuori dei casi previsti nei numeri precedenti, non assume il proprio posto a bordo, nel termine stabilito, prima della partenza della nave dal porto di arruolamento o da un porto di approdo.

Art. 344. (Presunzione di perdita della nave).

Quando, per mancanza di notizie, si presume che la nave sia perita, il contratto di arruolamento si considera risolto nei confronti degli eredi presunti dell'arruolato e degli altri aventi diritto.

Art. 345. (Facoltà di risoluzione del contratto da parte dell'armatore).

L'armatore ha facoltà, in qualsiasi tempo e luogo, di risolvere il contratto di arruolamento, salvi i diritti spettanti all'arruolato. *((44))*

AGGIORNAMENTO (44)

La Corte Costituzionale con sentenza 17-31 gennaio 1991, n. 41 (in G.U. 1a s.s. 6/2/1991, n. 6) ha dichiarato, in applicazione dell'art. 27 della legge 11 marzo 1953, n. 87, l'illegittimità costituzionale del presente articolo.

Art. 346. (Sbarco dell'arruolato per cattivo trattamento).

L'autorità marittima o quella consolare su domanda dell'arruolato, può ordinare lo sbarco immediato, se il comandante ha commesso contro di lui abusi di potere o ha tollerato che tali abusi fossero commessi da altre persone, ovvero non gli ha fornito, senza giustificato motivo, i viveri nella misura dovuta o l'assistenza sanitaria alla quale egli ha diritto.

In questo caso, il contratto si considera risolto per colpa dell'armatore.

Art. 347. (Cambiamento dell'armatore).

Salvo il caso previsto nell'articolo 343, n. 2, in caso di cambiamento dell'armatore della nave, il nuovo armatore succede al precedente in tutti i diritti ed obblighi derivanti dai contratti di arruolamento dei componenti dell'equipaggio, ma questi possono chiedere la risoluzione del contratto all'arrivo della nave in un porto nazionale.

Art. 347-bis

(((Mantenimento dei diritti del personale marittimo in caso di trasferimento d'azienda).))

((Ferme restando le norme del presente codice e delle leggi speciali, le disposizioni in materia di trasferimento di azienda di cui all'articolo 2112, primo, secondo, terzo, quarto e quinto comma, del codice civile si applicano anche in caso di trasferimento di una nave marittima quale parte del trasferimento di un'impresa, di uno stabilimento o di parte di un'impresa o di uno stabilimento ai sensi dell'articolo 2112, quinto comma, del codice civile, a condizione che il cessionario si trovi ovvero che l'impresa, lo stabilimento o la parte di impresa o di stabilimento trasferiti rimangano nell'ambito di applicazione territoriale del Trattato sul funzionamento dell'Unione europea. Le disposizioni in materia di trasferimento di azienda non si applicano qualora l'oggetto del trasferimento consista esclusivamente in una o più navi marittime.))

Art. 348. (Decorrenza della cessazione o della risoluzione del contratto).

Nei casi previsti negli articoli 340 a 343, n. 8; 345, 347, il contratto di arruolamento cessa o si risolve dopo che siano compiute le operazioni di ormeggio e di scarico della nave nel porto nel quale l'arruolato deve essere sbarcato.

Nel caso previsto nell'articolo 343, n. 3, il contratto di arruolamento si risolve dalla data dell'ordinanza con la quale, a norma dell'articolo 655, è disposta la vendita all'incanto; ovvero in casi di esecuzione all'estero dalla data del provvedimento con il quale è disposta la vendita della nave.

Nel caso previsto nell'articolo 344, il contratto si considera risolto nel giorno in cui la nave si presume perita.

Art. 349.   (Retribuzioni spettanti all'arruolato in caso di risoluzione del contratto). In ogni caso di risoluzione del contratto:

1)   se la retribuzione è stabilita a tempo, questa è dovuta all'arruolato fino al giorno della risoluzione;

2)   se la retribuzione è stabilita a viaggio o in forma di partecipazione al profitto o al nolo, è dovuta all'arruolato la parte della somma convenuta o la parte della quota o del minimo garantito spettanti, commisurata alla durata del servizio prestato, in rapporto alla durata massima del viaggio, prevedibile al momento della stipulazione del contratto.

Se la retribuzione è stabilita in forma di partecipazione al profitto o al nolo, in caso di risoluzione del contratto per una delle cause previste nell'articolo 343, n.n. 2, 3, 4, 5 e 6, nonchè negli articoli 345, 346, è dovuta l'intera quota spettante all'arruolato in base al contratto.

Art. 350.

(Mantenimento a bordo dopo la cessazione o la risoluzione del contratto).

I componenti dell'equipaggio hanno diritto ad essere mantenuti a bordo anche dopo la cessazione o la risoluzione del contratto di arruolamento, finchè siano interamente soddisfatti delle somme loro dovute in dipendenza del contratto stesso.

In questo caso deve inoltre essere corrisposta agli arruolati, per tutto il tempo durante il quale restano a bordo, la retribuzione stabilita dal contratto.

Il comandante può ottenere dall'autorità marittima o consolare l'autorizzazione allo sbarco dell'arruolato, pagando a questo la somma non contestata ed eseguendo, per la parte rimanente, un deposito cauzionale presso l'autorità stessa, nella misura e con le modalità da questa determinate.

CAPO IV - Dei diritti derivanti dalla cessazione e dalla risoluzione del contratto

Art. 351.

(Indennità in caso di cessazione del contratto a tempo indeterminato per volontà dell'armatore).

In caso di cessazione del contratto di arruolamento a tempo indeterminato per volontà dell'armatore, è dovuta all'arruolato una indennità pari al numero di giornate di retribuzione determinato dalle norme corporative o in mancanza, dagli usi, per ogni anno o frazione di anno di servizio prestato.

Ai fini dell'applicazione del comma precedente devono essere computati i periodi di infermità per i quali l'arruolato abbia avuto diritto al trattamento previsto nell'articolo 356. ((*31*))

AGGIORNAMENTO (31)

La L. 29 maggio 1982, n. 297 ha disposto (con l'art. 4, comma 1) che "Le indennità di cui agli articoli 351, 352, 919 e 920 del codice della navigazione, approvato con regio decreto 30 marzo 1942, n. 327, sono sostituite dal trattamento di fine rapporto disciplinato dall'articolo 2120 del codice civile."

Art. 352. (Indennità in caso di risoluzione del contratto a tempo indeterminato).

In caso di risoluzione del contratto di arruolamento a tempo indeterminato, è dovuta all'arruolato un'indennità nella misura stabilita dall'articolo precedente, salvo che la risoluzione avvenga per fatto imputabile all'arruolato stesso.

(31) *((37))*

AGGIORNAMENTO (31)

La L. 29 maggio 1982, n. 297 ha disposto (con l'art. 4, comma 1) che "Le indennità di cui agli articoli 351, 352, 919 e 920 del codice della navigazione, approvato con regio decreto 30 marzo 1942, n. 327, sono sostituite dal trattamento di fine rapporto disciplinato dall'articolo 2120 del codice civile."

AGGIORNAMENTO (37)

La Corte Costituzionale, con sentenza 25 febbraio - 2 marzo 1987, n. 63 (in G.U. 1a s.s. 11/3/1987, n. 11), ha dichiarato l'illegittimità costituzionale del presente articolo nella parte in cui esclude la corresponsione dell'indennità di anzianità nel caso in cui la risoluzione del contratto di arruolamento a tempo indeterminato avvenga per fatto imputabile all'arruolato.

Art. 353.

(Indennità in caso di risoluzione del contratto per la perdita o la innavigabilità assoluta della nave).

Nel caso di risoluzione del contratto previsto nel n. 1 dell'articolo 343, gli arruolati che, in base al contratto, erano retribuiti a tempo o a viaggio, hanno diritto per il periodo durante il quale restano disoccupati per causa loro non imputabile, ad una indennità giornaliera in misura pari alla retribuzione entro i limiti di tempo stabiliti da leggi speciali o da norme corporative.

In caso di perdita di indumenti o di attrezzi di proprietà degli arruolati in seguito al naufragio, al sinistro o alla preda, spetta agli arruolati stessi un'indennità corrispondente al valore degli indumenti o degli attrezzi perduti.

Art. 354. (Indennità nel caso di perdita presunta).

Se il contratto di arruolamento è considerato risolto ai sensi dell'articolo 344, è dovuta:

1)   nel caso di retribuzione a tempo, un'indennità pari alla metà della retribuzione per la presumibile durata residua del viaggio dal giorno successivo a quello cui risalgono le ultime notizie, e in ogni

caso a non meno di due mensilità;

2)   nel caso di retribuzione a viaggio, un'indennità pari alla differenza fra la parte di retribuzione maturata alla data di risoluzione del contratto e la metà dell'intera retribuzione, se la nave si presume perita nell'andata, e l'intera retribuzione, se la nave si presume perita nel ritorno.

L'indennità è attribuita alle persone che hanno diritto alle prestazioni in caso di morte dell'assicurato, in base alle disposizioni sulle assicurazioni contro gli infortuni sul lavoro.

In mancanza di aventi diritto ai sensi del comma precedente, l'indennità è devoluta alla cassa nazionale per la previdenza marinara.

Art. 355. (Indennità in caso di morte dell'arruolato).

In caso di risoluzione del contratto per morte dell'arruolato, se l'arruolato è morto per la salvezza della nave, è dovuta in ogni caso, indipendentemente dall'indennità prevista nell'articolo 352, una indennità pari all'intera retribuzione per la presumibile durata residua del viaggio, alla data della morte.

Si applicano, per l'attribuzione dell'indennità, il secondo e il terzo comma dell'articolo precedente.

Art. 356. (Trattamento spettante dopo la risoluzione del contratto all'arruolato ammalato o ferito).
Fuori dei casi nei quali le leggi speciali rendono obbligatoria l'assicurazione dell'equipaggio contro le malattie, quando il contratto è risolto, perchè l'arruolato, a causa di malattia o di lesioni, ha dovuto essere sbarcato o non ha potuto riprendere il proprio posto a bordo dopo lo sbarco in un porto di approdo, l'armatore, sempre che non ricorra uno dei casi previsti nel secondo comma dell'articolo 336, è tenuto a provvedere a proprie spese alla cura dell'arruolato, e a corrispondergli una indennità giornaliera in misura pari alla retribuzione, per tutto il tempo della cura, ma non oltre quattro mesi dalla data della risoluzione del contratto.

Se la malattia o le lesioni dipendono da causa di servizio, il limite di tempo stabilito nel comma precedente è elevato a sei mesi.

Le disposizioni dei due comma precedenti si applicano anche alle malattie, che si manifestano nei ventotto giorni successivi alla cessazione o alla risoluzione del contratto, quando dipendono da causa di servizio.

Art. 357. (Indennità in caso di cattura dell'arruolato).
In caso di risoluzione del contratto per effetto di cattura dell'arruolato, indipendentemente dall'indennità prevista nell'articolo 352, è dovuta in ogni caso una indennità pari all'intera retribuzione per la presumibile durata residua del viaggio, successivamente alla data della cattura.

Art. 358. (Indennità in caso di risoluzione del contratto per volontà dell'armatore).
Se l'armatore esercita la facoltà di risoluzione del contratto a tempo indeterminato, senza preavviso, ai sensi dell'articolo 345, è dovuta all'arruolato, oltre alla indennità prevista nell'articolo 352, un'altra indennità pari a tante giornate di retribuzione, quanti avrebbero dovuto essere i giorni di preavviso, a norma dell'articolo 342.

Nel caso previsto dal comma precedente, se il preavviso è dato in misura inferiore a quella determinata ai sensi dell'articolo 342, è dovuta un'indennità pari a tante giornate di retribuzione quanti sono i giorni di preavviso mancanti.

Se l'armatore esercita la facoltà di risoluzione del contratto a viaggio, prima del compimento del viaggio, o del contratto a tempo determinato, prima della scadenza, ai sensi dell'articolo 345, l'arruolato ha diritto:
1)   se la risoluzione del contratto avviene nel porto di arruolamento, prima della partenza, ad una indennità pari a quarantacinque giorni di retribuzione, ovvero pari alla intera retribuzione, se la presumibile durata del viaggio o il tempo per il quale il contratto è stato stipulato è inferiore a quarantacinque
giorni;
2)   se la risoluzione del contratto avviene dopo la partenza, ad una indennità pari alla retribuzione che gli sarebbe spettata per la presumibile durata del viaggio o per la durata del contratto.

Art. 359. (Casi di esclusione del diritto a indennità).
Le indennità stabilite dall'articolo precedente non sono dovute, se la risoluzione del contratto avviene:
1)   per colpa dell'arruolato;

2) per effetto di interdizione del commercio con il luogo di destinazione della nave, arresto della nave, o altra causa non imputabile all'armatore che renda impossibile l'inizio o la prosecuzione del viaggio;

3) a causa di disarmo per mancanza di traffico, per un periodo non inferiore a quindici giorni, o di disarmo per riclassifica della nave o per grandi riparazioni di durata non inferiore a trenta giorni.

Qualora per l'interdizione del commercio con il luogo di destinazione o per l'arresto della nave sia attribuita una indennità all'armatore, gli arruolati hanno diritto alle indennità previste nell'articolo precedente, ma l'ammontare delle indennità corrisposte all'intero equipaggio non può superare il terzo dell'indennità conseguita dall'armatore.

Art. 360.

(Indennità in caso di perdita della nazionalità della nave o di sbarco dell'arruolato per cattivo trattamento).

Nei casi previsti negli articoli 343, n. 2, e 346, oltre all'indennità stabilita nell'articolo 352, l'arruolato ha diritto anche alla indennità stabilita nell'articolo 358, salvo, quando si tratta dell'applicazione dell'articolo 346, il risarcimento dei danni derivati all'arruolato dal fatto del comandante o dalla risoluzione del contratto.

Art. 361. (Determinazione delle indennità previste dagli articoli precedenti).

((Quando a norma delle disposizioni di questo capo, una indennità è commisurata alla retribuzione stabilita nel contratto, si intendono comprese nella retribuzione la paga base, la panatica e le indennità accessorie di carattere fisso e continuativo, a tale fine indicate dalle norme dei contratti collettivi di lavoro.

Se la retribuzione è convenuta a viaggio o a partecipazione al profitto o al nolo, l'indennità è determinata sulla base della somma fissata nel contratto, o della quota che sarebbe spettata all'arruolato in relazione alla durata del viaggio prevedibile alla data della stipulazione del contratto stesso.

A partire dal 1° febbraio 1977 non possono computarsi ai fini del calcolo delle indennità di cui agli articoli 351 e 352 gli ulteriori aumenti dell'indennità di contingenza o di emolumenti aventi analoga natura scattati posteriormente al 31 gennaio 1977)).

Art. 362. (Decorrenza delle indennità previste negli articoli precedenti).

Quando le disposizioni di questo capo attribuiscono all'arruolato il diritto ad una indennità giornaliera per un determinato periodo successivo alla cessazione o alla risoluzione del contratto, detto periodo, nel caso che l'arruolato abbia diritto al rimpatrio, decorre dal giorno successivo a quello in cui il rimpatrio stesso è stato effettuato.

Quando la risoluzione del contratto è determinata da una delle cause indicate nell'articolo 343 n. 1, e dal fatto sono derivate malattie o lesioni per le quali il trattamento spettante all'arruolato è regolato dall'articolo 356, l'indennità di cui all'articolo 353 decorre dal giorno in cui cessa il trattamento predetto.

CAPO V - Del rimpatrio dell'arruolato

Art. 363. (Obbligo del rimpatrio dell'arruolato).

Quando il contratto cessa o si risolve in luogo diverso dal porto di arruolamento, l'armatore è tenuto a provvedere al rimpatrio dell'arruolato.

Se la risoluzione del contratto è avvenuta per colpa dell'arruolato, ovvero per malattia o lesioni, nei casi previsti nel secondo comma dell'articolo 336, l'armatore ha diritto ad essere rimborsato dall'arruolato delle spese sostenute per il suo rimpatrio.

Qualora l'armatore non provveda, il rimpatrio è eseguito a cura dell'autorità marittima o consolare. L'autorità marittima emette ingiunzione a carico dell'armatore per il rimborso delle spese sostenute dallo Stato.

Art. 364. (Contenuto dell'obbligo del rimpatrio).

L'obbligo di provvedere al rimpatrio dell'arruolato comprende le spese necessarie per il viaggio, l'alloggio e il mantenimento, fino all'arrivo a destinazione, nonchè, durante l'eventuale ricovero della nave in stazione sanitaria, fino all'ammissione a libera pratica.

Fuori dei casi previsti nel secondo comma dell'articolo precedente, l'armatore è tenuto a corrispondere all'arruolato, durante il rimpatrio, una indennità giornaliera pari alla retribuzione determinata ai sensi dell'articolo 361.

In caso di naufragio, l'armatore è altresì tenuto a fornire ai componenti dell'equipaggio gli indumenti necessari.

Art. 365. (Rimpatrio dell'arruolato ammalato o ferito).

Se l'arruolato è sbarcato per malattia o lesioni, nei casi in cui non è diversamente disposto da leggi speciali, il comandante deve depositare presso l'autorità marittima o consolare l'indennità spettante all'arruolato ai sensi del secondo comma dell'articolo precedente, nonchè la somma necessaria per la cura e il rimpatrio.

All'estero, dove non sia autorità consolare, il comandante deve provvedere al ricovero dell'arruolato in luogo di cura, depositando presso l'ente o la persona incaricata della cura le somme indicate nel comma precedente.

Se il rimpatrio deve avvenire prima che l'arruolato sia completamente guarito, vi si provvede seguendo le prescrizioni del medico che ha avuto in cura l'arruolato medesimo; quando il viaggio deve compiersi per mare, esso è effettuato, qualora le prescrizioni mediche lo esigano, su nave provvista del servizio sanitario.

Art. 366. (Luogo di rimpatrio).

Il rimpatrio dell'arruolato si compie con il suo ritorno al porto di arruolamento.

Tuttavia, se l'arruolato ne fa richiesta e non vi è aumento di spesa, il rimpatrio deve essere effettuato provvedendo al ritorno in altra località da lui indicata.

Art. 367. (Rimpatrio a mezzo di imbarco su altra nave).

L'obbligo di provvedere al rimpatrio dell'arruolato può essere soddisfatto, procurando alla persona sbarcata una conveniente occupazione retribuita su altra nave, che si rechi nel luogo di rimpatrio o in località vicina. In quest'ultimo caso sono a carico dell'armatore le spese per la prosecuzione del viaggio fino al luogo di rimpatrio.

Se la retribuzione percepita dall'arruolato a bordo della nave, sulla quale è imbarcato, è inferiore alla indennità spettantegli ai sensi del secondo comma dell'articolo 364, l'armatore è tenuto a corrispondergli la differenza.

Art. 368. (*(Rimpatrio di stranieri arruolati su navi italiane).))*

75

((Le disposizioni di questo capo si applicano agli stranieri arruolati su navi nazionali)).

CAPO VI Disposizioni varie

Art. 369. (Cedibilità, sequestrabilità e pignorabilità dei crediti dell'arruolato verso l'armatore).
Le retribuzioni degli arruolati possono essere cedute, sequestrate o pignorate fino ad un quinto del loro ammontare ed esclusivamente per alimenti dovuti per legge o per debiti certi, liquidi ed esigibili verso l'armatore, dipendenti dal servizio della nave. *((50))*

La quota della retribuzione corrispondente al vitto e le somme dovute dall'armatore per il rimpatrio dell'arruolato, o per spese di cura, nonchè quelle dovute dall'istituto assicuratore a norma delle leggi speciali, non possono essere cedute, sequestrate nè pignorate, neppure entro il limite stabilito dal comma precedente.

L'arruolato può chiedere all'armatore, all'atto dell'imbarco, che una parte della retribuzione sia versata a persona della sua famiglia.

Se l'armatore o il comandante si oppone alla richiesta prevista dal comma precedente, la vertenza è risolta, con provvedimento non soggetto ad alcuna impugnazione, dall'autorità marittima o consolare del luogo dove si trova la nave.

AGGIORNAMENTO (50)
La Corte Costituzionale con sentenza 7-15 marzo 1996, n. 72 (in G.U. 1a s.s. 20/3/1996, n. 12) ha dichiarato l'illegittimità costituzionale del primo comma del presente articolo.

Art. 370. (Impignorabilità e insequestrabilità di indumenti e strumenti).
Oltre le cose che, a norma del <u>codice di procedura civile</u> e delle leggi speciali, non sono soggette a sequestro nè a pignoramento, non possono essere sequestrati nè pignorati per alcun titolo:
1)   gli indumenti della gente di mare navigante necessari per i
servizi di bordo;
2)   gli strumenti e gli altri oggetti appartenenti alla gente di mare navigante destinati all'esercizio della
professione.

Art. 371.
(Esercizio dei diritti spettanti agli eredi e agli altri aventi diritto in caso di perdita presunta della nave).
I diritti spettanti agli eredi presunti dell'arruolato e agli altri aventi diritto nel caso in cui la nave, per mancanza di notizie, sia considerata perita possono essere fatti valere soltanto dopo la cancellazione della nave dal registro d'iscrizione.

Art. 372. (Effetti della chiamata o del richiamo alle armi).
Gli effetti della chiamata o del richiamo alle armi dell'arruolato sul contratto e il trattamento spettante in questi casi all'arruolato sono determinati da leggi speciali, dalle norme corporative, o, in mancanza, dagli usi.

Art. 373. (Prescrizione).
I diritti derivanti dal contratto di arruolamento si prescrivono col decorso di due anni dal giorno dello sbarco nel porto di arruolamento successivamente alla cessazione o alla risoluzione del contratto. In caso di più contratti a tempo determinato o a viaggio, che a sensi dell'articolo 326 siano regolati dalle

norme sul contratto a tempo indeterminato, il termine decorre dal giorno dello sbarco nel porto di arruolamento successivamente alla cessazione o alla risoluzione dell'ultimo contratto.

La prescrizione dei diritti spettanti agli eredi dell'arruolato ed agli altri aventi diritto in caso di perdita della nave decorre dalla data di cancellazione di questa dal registro d'iscrizione.

Art. 374. (Derogabilità delle norme).

Le disposizioni degli articoli 323, 324; 328 a 334; 336 primo e secondo comma; 346, 347; 363 a 371 non possono essere derogate nè dalle norme corporative, nè dal contratto individuale di arruolamento.

Le disposizioni degli articoli 326; 336, terzo comma; 337 a 345; 348 a 362 possono essere derogate dalle norme corporative; non possono essere derogate dal contratto individuale se non a favore dell'arruolato.

Tuttavia, neppure con le norme corporative si può aumentare il termine previsto dal primo e dal secondo comma dell'articolo 326, nè si può diminuire il termine previsto dal terzo comma dello stesso articolo.

Art. 375. (Contratto di lavoro del personale navigante della navigazione interna).

Al contratto di lavoro del personale navigante addetto alla navigazione interna non si applicano le disposizioni degli articoli
323, 328, 330, 331, 333, 343 n. 5, 369 terzo comma.

La prestazione del servizio, agli effetti del terzo comma dell'articolo 326, è considerata ininterrotta quando fra la cessazione di un contratto e la stipulazione del contratto successivo intercorre un periodo non superiore ai trenta giorni.

Il contratto deve, a pena di nullità, esser fatto per iscritto, fatta eccezione per le navi di stazza lorda non superiore alle venticinque tonnellate. Il contratto è conservato fra i documenti di bordo.

La risoluzione del contratto in caso di cambiamento dell'armatore, a norma dell'articolo 347, può esser chiesta all'arrivo nel porto di assunzione, o comunque al termine di trenta giorni.

La retribuzione, gli altri diritti e le indennità previste negli articoli 336 a 339; 349 a 368 sono regolate dalle norme corporative o, in mancanza, dagli usi.

Le norme dei comma precedenti si applicano anche al contratto di lavoro del personale dei servizi pubblici di linea o di rimorchio, in quanto non sia diversamente stabilito da leggi e regolamenti speciali.

LIBRO TERZO - DELLE OBBLIGAZIONI RELATIVE ALL'ESERCIZIO DELLA NAVIGAZIONE

TITOLO PRIMO - DEI CONTRATTI DI UTILIZZAZIONE DELLA NAVE

CAPO I - - Della locazione

Art. 376. (Locazione di nave).

Si ha locazione di nave quando una delle parti si obbliga a far godere all'altra per un dato tempo la nave verso un determinato corrispettivo.

Art. 377. (Forma del contratto).

Il contratto di locazione deve essere provato per iscritto.

Tuttavia la prova scritta non è richiesta per la locazione di navi minori e di galleggianti di stazza lorda non superiore alle dieci tonnellate, se a propulsione meccanica, o alle venticinque, in ogni altro caso.

Art. 378. (Sublocazione e cessione del contratto).

Il conduttore non può sublocare la nave nè cedere i diritti derivanti dal contratto, se tali facoltà non gli sono state consentite dal locatore.

La forma del contratto di sublocazione e di quello di cessione è regolata dal disposto dell'articolo precedente.

Art. 379. (Obblighi del locatore).

Il locatore è tenuto a consegnare la nave, con le relative pertinenze, in stato di navigabilità e munita dei documenti necessari per la navigazione, nonchè a provvedere a tutte le riparazioni dovute a forza maggiore o a logorio per l'uso normale della nave secondo l'impiego convenuto.

Art. 380. (Responsabilità del locatore).

Il locatore è responsabile dei danni derivati da difetto di navigabilità, a meno che provi che si tratta di vizio occulto non accertabile con la normale diligenza.

Art. 381. (Obblighi del conduttore).

Il conduttore è tenuto ad usare della nave secondo le caratteristiche tecniche, risultanti dal certificato di navigabilità, e in conformità dell'impiego convenuto.

Art. 382. (Scadenza del contratto).

Salvo espresso consenso del locatore, il contratto non s'intende rinnovato, ancorchè, spirato il termine stabilito, il conduttore conservi la detenzione della nave.

Nel caso di ritardo nella riconsegna per fatto del conduttore, per un periodo non eccedente la decima parte della durata del contratto, non si fa luogo a liquidazione di danni, ma al locatore, per il periodo di tempo eccedente la durata del contratto, è dovuto un corrispettivo in misura doppia di quella stabilita nel contratto stesso.

Art. 383. (Prescrizione).

I diritti derivanti dal contratto di locazione si prescrivono con il decorso di un anno dalla scadenza del contratto o, nel caso previsto dall'articolo precedente, dalla data di riconsegna della nave. Nel caso di perdita presunta della nave, il termine decorre dalla data di cancellazione di questa dal registro d'iscrizione.

CAPO II Del noleggio

Art. 384. (Noleggio).

Il noleggio è il contratto per il quale l'armatore, in corrispettivo del nolo pattuito, si obbliga a compiere con una nave determinata uno o più viaggi prestabiliti, ovvero, entro il periodo di tempo convenuto, i viaggi ordinati dal noleggiatore alle condizioni stabilite dal contratto o dagli usi.

Art. 385. (Forma del contratto).

Il contratto di noleggio deve essere provato per iscritto. La scrittura deve enunciare:

1) gli elementi di individuazione, la nazionalità, la portata della nave;
2) il nome del noleggiante e del noleggiatore;
3) il nome del comandante;
4) l'ammontare del nolo; 5) la durata del contratto o l'indicazione dei viaggi da compiere.

Non è richiesta la prova scritta quando il noleggio concerne navi minori di stazza lorda non superiore alle venticinque tonnellate, se a vela, o alle dieci, se a propulsione meccanica.

Art. 386. (Obblighi del noleggiante).

Il noleggiante è obbligato, prima della partenza, a mettere la nave in stato di navigabilità per il compimento del viaggio, ad armarla ed equipaggiarla convenientemente, e a provvederla dei prescritti documenti.

Il noleggiante è responsabile dei danni derivanti da difetto di navigabilità, a meno che provi che si tratta di vizio occulto non accertabile con la normale diligenza.

Art. 387. (Obblighi del noleggiatore).

Nel noleggio a tempo sono a carico del noleggiatore la provvista di combustibile, acqua e lubrificanti necessari per il funzionamento dell'apparato motore e degli impianti ausiliari di bordo, nonchè le spese inerenti all'impiego commerciale della nave, comprese quelle di ancoraggio, di canale e simili.

Art. 388. (Esecuzione dei viaggi nel noleggio a tempo).

Il noleggiante a tempo non è obbligato a intraprendere un viaggio che esponga la nave o le persone ad un pericolo non prevedibile al momento della conclusione del contratto.

Del pari egli non è obbligato a intraprendere un viaggio la cui durata prevedibile oltrepassi considerevolmente, in rapporto alla durata del contratto, la scadenza del contratto stesso.

Art. 389. (Eccesso di durata del viaggio).

Se per fatto del noleggiatore a tempo la durata dell'ultimo viaggio eccede la scadenza del contratto, non si fa luogo a liquidazione di danni, ma al noleggiante, per il periodo di tempo eccedente la durata del contratto, è dovuto un corrispettivo in misura doppia di quella stabilita nel contratto stesso.

Art. 390. (Pagamento del nolo a tempo).

Il nolo a tempo, in mancanza di patto o uso diverso, è dovuto in rate mensili anticipate.

Tuttavia, salvo patto contrario, il nolo anticipato non si intende acquisito ad ogni evento.

Art. 391. (Impedimento temporaneo).

Il nolo a tempo non è dovuto per il periodo durante il quale non si è potuto utilizzare la nave per causa non imputabile al noleggiatore.

Tuttavia, in caso di rilascio per fortuna di mare o per accidente subito dal carico, ovvero per provvedimento di autorità nazionale o straniera, durante il tempo dell'impedimento, ad eccezione di quello in cui la nave è sottoposta a riparazione, è dovuto il nolo al netto delle spese risparmiate dal noleggiante per l'inutilizzazione della nave.

Art. 392. (Perdita della nave).

Nel caso di perdita della nave, il nolo a tempo è dovuto fino a tutto il giorno in cui è avvenuta la perdita.

Art. 393. (Responsabilità per le operazioni commerciali).

Il comandante deve seguire, nei limiti stabiliti dal contratto di noleggio, le istruzioni del noleggiatore sull'impiego commerciale della nave e rilasciare le polizze di carico alle condizioni da lui indicate.

Il noleggiante non è responsabile verso il noleggiatore per le obbligazioni assunte dal comandante in dipendenza delle predette operazioni, e per le colpe commerciali del comandante e degli altri componenti dell'equipaggio in dipendenza delle operazioni medesime.

Art. 394. (Subnoleggio e cessione del contratto).
In caso di subnoleggio o di cessione totale o parziale dei diritti derivanti dal contratto, il noleggiatore rimane responsabile verso il noleggiante delle obbligazioni assunte con il contratto di noleggio.
Art. 395. (Prescrizione).
I diritti derivanti dal contratto di noleggio si prescrivono col decorso di un anno. Il termine decorre, se il noleggio è a tempo dalla scadenza del contratto o dalla fine dell'ultimo viaggio se il viaggio è prorogato a norma dell'articolo 389; se il noleggio è a viaggio dalla fine del viaggio.

Nei casi in cui il viaggio non sia iniziato o compiuto, il termine decorre dal giorno in cui si è verificato l'avvenimento che ha reso impossibile l'esecuzione del contratto o la continuazione del viaggio. In caso di perdita presunta della nave il termine decorre dalla data della cancellazione di questa dai registri d'iscrizione.

CAPO III - Del trasporto

Sezione I Del trasporto di persone

Art. 396. (Forma del contratto).
Il contratto di trasporto di persone deve essere provato per iscritto, tranne che si tratti di trasporto su navi minori di stazza lorda non superiore alle dieci tonnellate, se a propulsione meccanica, o alle venticinque in ogni altro caso.

Tuttavia il biglietto di passaggio rilasciato dal vettore fa prova della conclusione del contratto per il viaggio indicato nel biglietto stesso.
Art. 397. (Indicazioni del biglietto di passaggio).
Il biglietto di passaggio deve indicare il luogo e la durata di emissione, il luogo di partenza e quello di destinazione, la classe e il prezzo del passaggio, il nome e il domicilio del vettore.
Art. 398. (Cessione del diritto al trasporto).
Il diritto al trasporto non può essere ceduto senza espresso consenso del vettore, se il biglietto indica il nome del passeggero o se, mancando questa indicazione, il passeggero ha iniziato il viaggio.
Art. 399. (Imbarco senza biglietto).
Chi si imbarca senza biglietto deve darne immediato avviso al comandante o al commissario di bordo. In difetto, è tenuto a pagare il doppio del prezzo di passaggio sino al porto verso cui è diretto o in cui è sbarcato, salvo in ogni caso il risarcimento dei danni.
Art. 400. (Impedimento del passeggero).
Se, prima della partenza, si verifica la morte del passeggero, ovvero un suo impedimento a viaggiare per causa a lui non imputabile, il contratto è risolto, ed è dovuto il quarto del prezzo di passaggio, computato al netto del vitto, se questo fu compreso nel prezzo.

Se l'evento riguarda uno dei congiunti o degli addetti alla famiglia, che dovevano viaggiare insieme, può ciascuno dei passeggeri chiedere la risoluzione del contratto alle stesse condizioni.

Nei casi previsti dai comma precedenti al vettore deve essere data notizia dell'impedimento prima della partenza; in mancanza è dovuto l'intero prezzo di passaggio netto.

Art. 401. (Mancata partenza del passeggero).

Il passeggero, se non si presenta a bordo nel tempo stabilito, deve il prezzo di passaggio computato al netto del vitto.

Tuttavia il prezzo non è dovuto se, con il consenso del vettore, il diritto al trasporto è ceduto ad altri in seguito a domanda del passeggero, ma in tal caso spetta al vettore una provvigione sul prezzo, in misura non superiore al dieci per cento.

Art. 402. (Impedimento della nave).

Se la partenza della nave è impedita per causa non imputabile al vettore, il contratto è risolto ed il vettore deve restituire il prezzo versatogli.

Art. 403. (Soppressione della partenza o mutamento d'itinerario).

Se il vettore sopprime la partenza della nave, e il viaggio non può essere effettuato con altra nave dello stesso vettore, la quale parta successivamente, il contratto è risolto.

Quando vi siano partenze successive di altre navi dello stesso vettore, il passeggero ha facoltà di compiere il viaggio su una di dette navi, ove ciò sia possibile, ovvero di risolvere il contratto. Parimenti il passeggero può chiedere la risoluzione del contratto, se il vettore muta l'itinerario in modo da arrecare pregiudizio ai di lui interessi.

Nei casi indicati dai due comma precedenti il passeggero ha diritto al risarcimento dei danni. Tuttavia se la soppressione o il mutamento ha luogo per un giustificato motivo, il risarcimento non può eccedere il doppio del prezzo netto di passaggio.

Art. 404. (Ritardo della partenza).

Se la partenza è ritardata, il passeggero ha diritto, durante il periodo del ritardo, all'alloggio e al vitto, quando questo sia stato compreso nel prezzo di passaggio.

Se trattasi di viaggi di durata inferiore alle ventiquattro ore, dopo dodici ore di ritardo il passeggero può chiedere la risoluzione del contratto. Se trattasi di viaggi superiori alle ventiquattro ore, il passeggero può chiedere la risoluzione del contratto dopo ventiquattro ore di ritardo nei viaggi tra porti del Mediterraneo o dopo quarantotto ore nei viaggi che abbiano inizio o termine fuori d'Europa o dei paesi bagnati dal Mediterraneo. Se non si avvale di tale facoltà, il passeggero, dallo scadere dei termini suindicati, non ha diritto a ricevere l'alloggio e il vitto a spese del vettore.

Se il ritardo nella partenza è dovuto a causa imputabile al vettore il passeggero ha inoltre diritto al risarcimento dei danni.

Art. 405. (Interruzione del viaggio della nave).

Se il viaggio della nave è interrotto per causa di forza maggiore il prezzo di passaggio è dovuto in proporzione del tratto utilmente percorso.

Tuttavia il vettore ha diritto all'intero prezzo, se, in tempo ragionevole, procura a sue spese al passeggero la prosecuzione del viaggio su nave di analoghe caratteristiche, fornendogli nell'intervallo l'alloggio e il vitto, se questo fu compreso nel prezzo di passaggio.

Art. 406. (Interruzione del viaggio del passeggero).

Se il passeggero è costretto a interrompere il viaggio per causa a lui non imputabile, il prezzo di passaggio è dovuto in proporzione del tratto utilmente percorso.

Se il viaggio è interrotto per fatto del passeggero, questi deve altresì, per la residua durata del viaggio, il prezzo di passaggio netto.

Art. 407. (Operazioni di imbarco e di sbarco).

Negli approdi ove difetta il servizio di imbarco o di sbarco, le relative operazioni sono eseguite dal vettore a spese del passeggero, se il loro ammontare non è compreso nel prezzo di passaggio.

Art. 408. (Responsabilità del vettore per inesecuzione del trasporto o per ritardo).

Il vettore è responsabile dei danni derivati al passeggero da ritardo o da mancata esecuzione del trasporto, se non prova che l'evento è derivato da causa a lui non imputabile.

Art. 409. (Responsabilità del vettore per danni alle persone).

Il vettore è responsabile per i sinistri che colpiscono la persona del passeggero, dipendenti da fatti verificatisi dall'inizio dell'imbarco sino al compimento dello sbarco, se non prova che l'evento è derivato da causa a lui non imputabile.

Art. 410. (Trasporto del bagaglio non registrato).

Nel prezzo di passaggio è compreso il corrispettivo del trasporto del bagaglio del passeggero, nei limiti di peso e di volume prestabiliti dal vettore od osservati per uso.

Il bagaglio deve contenere esclusivamente oggetti personali del passeggero. Se si includono nel bagaglio oggetti di altra natura, il passeggero deve il doppio del prezzo di tariffa per il trasporto delle cose stesse, oltre al risarcimento dei danni.

Art. 411. (Trasporto del bagaglio registrato).

Per il bagaglio eccedente i limiti previsti dall'articolo precedente il vettore, su richiesta del passeggero, è tenuto a compilare, in duplice esemplare, un bollettino con l'indicazione del luogo e della data di emissione, del luogo di partenza e di quello di destinazione, del proprio nome e domicilio, del numero e del peso dei colli, dell'eventuale valore dichiarato e del prezzo di trasporto.

Un esemplare del bollettino firmato dal vettore è consegnato al passeggero.

Art. 412. (((*Responsabilità del vettore pel bagaglio*).))

((Il vettore è responsabile, entro il limite massimo di lire dodicimila per chilogramma o della maggiore cifra risultante dalla dichiarazione di valore, della perdita e delle avarie del bagaglio, che gli è stato consegnato chiuso, se non prova che la perdita o le avarie sono derivate da causa a lui non imputabile.

La perdita o le avarie devono essere fatte constatare, a pena di decadenza, al momento della riconsegna, se trattasi di perdita o di avarie apparenti, ovvero entro tre giorni, se trattasi di perdita o di avarie non apparenti.

Per i bagagli e gli oggetti non consegnati al vettore, questi non è responsabile della perdita o delle avarie, se non quando il passeggero provi che le stesse sono state determinate da causa imputabile al vettore)).

Art. 413. (Responsabilità del vettore nel trasporto gratuito).

Le disposizioni degli articoli precedenti che regolano la responsabilità del vettore e i limiti del risarcimento da questo dovuto si applicano anche al contratto di trasporto gratuito.

Art. 414. (Responsabilità del vettore nel trasporto amichevole).

Chi assume il trasporto di persone o di bagagli a titolo amichevole è responsabile solo quando il danneggiato provi che il danno dipende da dolo o colpa grave del vettore o dei suoi dipendenti e preposti.

Art. 415. (Derogabilità delle norme).

Non sono derogabili a favore del vettore gli articoli 409; 412 a 414.

Art. 416. (Pegno legale sul bagaglio).

Il vettore ha diritto di pegno legale sul bagaglio per i crediti verso il passeggero nascenti dal contratto di trasporto. Quando il passeggero adempie ai propri obblighi, il vettore è tenuto a riconsegnare il bagaglio nel luogo stabilito dal contratto.

Art. 417. (Bagaglio non ritirato).

Il vettore può depositare in luogo idoneo il bagaglio non ritirato, dandone avviso al passeggero.

Art. 418. (Prescrizione).

I diritti derivanti dal contratto di trasporto di persone e di bagagli non registrati si prescrivono col decorso di sei mesi dall'arrivo a destinazione del passeggero o, in caso di mancato arrivo, dal giorno in cui il passeggero avrebbe dovuto arrivare.

I diritti derivanti dal contratto di trasporto di bagagli registrati si prescrivono col decorso di un anno dalla riconsegna dei bagagli o, in caso di perdita, dal giorno in cui questi avrebbero dovuto essere riconsegnati.

Nei trasporti che hanno inizio o termine fuori di Europa o dei paesi bagnati dal Mediterraneo, la prescrizione dei diritti indicati nei comma precedenti si compie col decorso di un anno.

Sezione II - Del trasporto di cose in generale

Art. 419. (Trasporti di cose).

Il trasporto di cose può avere per oggetto un carico totale o parziale ovvero cose singole, e può effettuarsi su nave determinata ovvero su nave indeterminata.

Art. 420. (Forma del contratto).

Il contratto di trasporto di cose deve essere provato per iscritto, tranne che il trasporto debba effettuarsi su navi minori, di stazza lorda non superiore alle dieci tonnellate, se a propulsione meccanica, o alle venticinque, in ogni altro caso.

Art. 421. (Obblighi del vettore all'inizio del viaggio).

Il vettore, prima dell'inizio del viaggio, oltre ad usare la normale diligenza perchè la nave sia apprestata in stato di navigabilità e convenientemente armata ed equipaggiata, deve curare che le stive, le camere refrigeranti, quelle frigorifere e le altre parti della nave destinate alla caricazione siano in buono stato per il ricevimento, la conservazione e il trasporto delle merci.

Art. 422. (Responsabilità del vettore).

Il vettore è responsabile della perdita o delle avarie delle cose consegnategli per il trasporto, dal momento in cui le riceve al momento in cui le riconsegna, nonchè dei danni per il ritardo, a meno che provi che la causa della perdita, delle avarie o del ritardo non è stata, nè in tutto nè in parte, determinata da colpa sua o da colpa commerciale dei suoi dipendenti e preposti.

Deve invece l'avente diritto alla riconsegna provare che la causa della perdita, delle avarie o del ritardo è stata determinata da colpa del vettore o da colpa commerciale dei di lui dipendenti e preposti, quando il danno è stato prodotto da vizio occulto, o da innavigabilità della nave non derivante da inadempimento agli obblighi di cui all'articolo precedente, da colpa nautica dei dipendenti o preposti del vettore, da fortuna o pericoli di mare, incendio non determinato da colpa del vettore, pirateria, fatti di guerra, sommosse e rivolgimenti civili, provvedimenti di autorità di diritto o di fatto, anche a scopo sanitario, sequestri giudiziari, scioperi o serrate, impedimenti al lavoro generali o parziali, atti o tentativi di assistenza o salvataggio ovvero deviazione del viaggio fatta a tale scopo, cattivo stivaggio, vizio proprio della merce, calo di volume o di peso, insufficienza degli imballaggi, insufficienza o imperfezione delle marche, atti od omissioni in genere del caricatore o dei suoi dipendenti o preposti.

Art. 423. (Limiti del risarcimento).

Il risarcimento dovuto dal vettore non può, per ciascuna unità di carico, essere superiore a lire duecentomila o alla maggior cifra corrispondente al valore dichiarato dal caricatore anteriormente all'imbarco. *((75))*

Il valore dichiarato dal caricatore anteriormente all'imbarco si presume come valore effettivo delle cose trasportate fino a prova contraria; ma il vettore, ove provi che la dichiarazione è inesatta, non è responsabile per la perdita o per le avarie delle cose trasportate ovvero per il ritardo, a meno che venga provato che l'inesattezza non fu scientemente commessa.

AGGIORNAMENTO (75)

La Corte Costituzionale, con sentenza 23 - 26 maggio 2005, n. 199 (in G.U. 1a s.s. 1/6/2005, n. 22), ha dichiarato "l'illegittimità costituzionale dell'art. 423, comma primo, del codice della navigazione (regio decreto 30 marzo 1942, n. 327), nella parte in cui non esclude il limite del risarcimento dovuto dal vettore marittimo in caso di responsabilità determinata da dolo o colpa grave sua o dei suoi dipendenti o preposti".

Art. 424. (Derogabilità delle norme sulla responsabilità).

Le norme degli articoli 422, 423 sono sempre derogabili a favore del caricatore. Sono derogabili anche a favore del vettore per quanto concerne il periodo di tempo anteriore alla caricazione e quello posteriore alla scaricazione; e, anche per il periodo che intercorre tra caricazione e scaricazione, relativamente ai trasporti di merci caricate sopra coperta e di animali vivi,relativamente ai trasporti nazionali di merci di qualsiasi genere, nonchè per quanto concerne i danni da ritardo. Nei confronti dei terzi l'efficacia delle clausole derogatrici è subordinata alla loro inserzione nella polizza ricevuto per l'imbarco o nella polizza di carico.

Le norme anzidette sono infine derogabili, anche fuori delle ipotesi e dei limiti previsti nel precedente comma, qualora non venga emessa polizza di carico, nè altro documento negoziabile.

Art. 425. (Imballaggi e marche di contrassegno).

Sulle merci consegnate al vettore, o sui loro imballaggi, devono a cura del caricatore, essere apposte marche di contrassegno, in maniera che normalmente rimangano visibili fino al termine del viaggio.

Il caricatore è responsabile verso il vettore per i danni a lui derivanti da imperfetta apposizione delle marche.

Art. 426. (Consegna delle bollette doganali).

All'atto dell'imbarco delle merci, e in ogni caso prima della partenza della nave, il caricatore è tenuto a consegnare al vettore le bollette doganali.

Il caricatore è responsabile verso il vettore per i danni a lui derivati dall'omessa consegna.

Il vettore non è tenuto a verificare la completezza dei documenti e l'esattezza delle indicazioni in questi contenute.

Art. 427. (Impedimento prima della partenza).

Se la partenza della nave è impedita per causa di forza maggiore, il contratto è risolto. Se per la stessa causa la partenza della nave è soverchiamente ritardata, il contratto può essere risolto.

Se la risoluzione avviene dopo l'imbarco, il caricatore è tenuto a sopportare le spese di scaricazione.

Art. 428. (Impedimento temporaneo).

Se la partenza della nave o la prosecuzione del viaggio è temporaneamente impedita per causa non imputabile al vettore, il contratto resta in vigore.

Il caricatore può, mentre dura l'impedimento, far scaricare le merci a proprie spese, con l'obbligo di ricaricarle ovvero di risarcire i danni. Se l'impedimento si verifica in corso di viaggio, il caricatore è tenuto a prestare idonea cauzione per l'adempimento degli obblighi predetti.

Art. 429. (Interruzione del viaggio).

Se, dopo la partenza, il comandante è costretto a fare riparazioni per causa di forza maggiore, il contratto rimane in vigore ed il caricatore non ha diritto a riduzione di nolo.

Se la nave non può essere riparata od è necessario un tempo soverchio, ovvero se il viaggio è interrotto o soverchiamente ritardato per altra causa di forza maggiore, il nolo è dovuto in proporzione del tratto utilmente percorso, purchè il comandante abbia fatto il possibile per provvedere, per conto del caricatore, all'inoltro delle merci al luogo di destinazione con altra nave.

Art. 430. (Impedimento all'arrivo).

Se l'approdo è impedito o soverchiamente ritardato per causa di forza maggiore, il comandante, se non ha ricevuto ordini o se gli ordini ricevuti sono ineseguibili, deve provvedere nel modo migliore per l'interesse della nave e del carico, approdando in altro porto vicino o ritornando al porto di partenza.

Art. 431. (Merci non dichiarate o falsamente indicate).

Il comandante può fare scaricare nel luogo d'imbarco le cose non dichiarate o falsamente indicate dal caricatore, ovvero può esigere il nolo al tasso massimo corrente nel luogo di caricazione per cose di simile natura, oltre il risarcimento del danno.

Art. 432. (Recesso del caricatore prima della partenza).

Prima della partenza della nave il caricatore può recedere dal contratto, pagando la metà del nolo convenuto, nonchè le spese sostenute per la caricazione e la scaricazione, se tali spese non sono comprese nel nolo, e le controstallie decorse.

Tuttavia il caricatore può liberarsi in tutto o in parte da tale obbligo, provando che il vettore non ha subìto alcun danno o ha subìto un danno minore.

Art. 433. (Recesso del caricatore durante il viaggio).

Il caricatore può, durante il viaggio, ritirare le cose caricate, pagando il nolo intero e rimborsando al vettore le spese straordinarie occorse per la scaricazione.

Il comandante non è tenuto alla scaricazione, quando questa importi ritardo eccessivo o modificazione dell'itinerario ovvero scalo in un porto intermedio non contemplato dal contratto o dagli usi.

Se le merci sono ritirate per causa imputabile al vettore, questi è responsabile delle spese e dei danni.

Art. 434. (Caricazione incompleta).

Se il caricatore consegna una quantità di merci minore di quella convenuta, deve pagare il nolo intero, detratte le spese che il vettore abbia risparmiato per la mancata caricazione, se queste sono comprese nel nolo.

Il comandante può imbarcare altre merci, purchè, se il contratto ha per oggetto un carico totale, vi sia il consenso del caricatore. In ogni caso il caricatore profitta del nolo relativo alle cose che completano il carico, fino a concorrenza del nolo da lui dovuto.

Le stesse norme si applicano nel caso in cui il contratto di trasporto sia stato stipulato per un viaggio di andata e ritorno e il caricatore non imbarchi merci per il viaggio di ritorno.

Art. 435. (Perdita e avarie delle cose).

La perdita e le avarie subite durante il trasporto dalle cose trasportate devono essere fatte constare dal destinatario, con riserva scritta o in contraddittorio del comandante della nave o del raccomandatario del vettore, non oltre il momento della riconsegna, se trattasi di perdita o di avarie apparenti, ovvero entro tre giorni dalla riconsegna, se trattasi di perdita o di avarie non apparenti.

In mancanza della riserva scritta o della constatazione in contraddittorio, le merci si presumono riconsegnate dal vettore in conformità delle indicazioni contenute nel documento del trasporto.

Art. 436. (Mancato arrivo delle cose).

Se le merci non sono giunte a destinazione, il nolo deve essere corrisposto, quando il mancato arrivo sia dovuto a fatto del caricatore o alla natura delle merci, se questa non era nota al vettore o al comandante, salva la detrazione del nolo percepito dal vettore per le cose da lui caricate in sostituzione di quelle perdute.

Art. 437. (Deposito o vendita delle cose).

Il comandante, nel caso di mancato pagamento del nolo, può farsi autorizzare dall'autorità giudiziaria del luogo di scaricazione a depositare o, se sia necessario, a vendere tanta parte delle cose caricate quanta ne occorre per coprire il nolo e i compensi di controstallia, a meno che il destinatario provveda al deposito di una somma pari all'ammontare del credito del vettore.

Art. 438. (Prescrizione).

I diritti derivanti dal contratto di trasporto di cose si prescrivono col decorso di sei mesi dalla riconsegna delle cose, e, in caso di perdita totale, dal giorno in cui le cose avrebbero dovuto arrivare a destinazione o, nei trasporti di cose determinate, dal giorno indicato nell'articolo 456.

Nei trasporti che hanno inizio o termine fuori di Europa o dei paesi bagnati dal Mediterraneo, la prescrizione si compie col decorso di un anno.

Sezione III - Del trasporto di carico totale o parziale

Art. 439. (Norme applicabili).

Si applicano le regole generali sul trasporto di cose, ogni qualvolta viene assunto l'obbligo di riconsegnare a destinazione un carico totale o parziale su nave determinata.

Art. 440. (Spazi non utilizzabili per la caricazione).

Non sono destinati al trasporto gli spazi interni della nave normalmente non utilizzabili per la caricazione, salvo espresso consenso del vettore nel caso in cui non ostino ragioni di sicurezza della navigazione.

Art. 441. (Luogo di ancoraggio o di ormeggio).

Se il contratto non determina il punto di ancoraggio o di ormeggio, il caricatore può chiedere che la nave sia condotta nel luogo da lui designato, salve le disposizioni del comandante del porto, purchè si possa accedervi, sostarvi e uscirne senza pericolo.

Se il caricatore non designa in tempo utile tale luogo, la nave è condotta a quello abituale. Nel caso in cui ciò non sia possibile, il comandante sceglie un altro luogo, tenendo conto dell'interesse del caricatore.

Art. 442. (Consegna e riconsegna delle merci).

In mancanza di diverso patto, regolamento portuale od uso locale, il vettore riceve e riconsegna le merci sotto paranco.

Art. 443. (Inesatta dichiarazione di portata della nave).

Il vettore che abbia dichiarato la portata della nave in misura maggiore o minore di quella effettiva, è tenuto al risarcimento dei danni, sempre che la differenza ecceda il ventesimo.

Art. 444. (Decorrenza e durata delle stallie).

I giorni di stallia per la caricazione e per la scaricazione, salvo diverso patto, regolamento portuale od uso locale, decorrono dal momento in cui, essendo la nave pronta per l'imbarco o per lo sbarco, ne sia giunto avviso a chi deve consegnare o ricevere le merci.

Il termine di stallia, in mancanza di patto, regolamento od uso, deve essere fissato dal comandante del porto, tenendo conto dei mezzi disponibili nel luogo di caricazione o di scaricazione, della struttura della nave, nonchè della natura del carico; e deve essere comunicato tempestivamente a chi deve consegnare o ricevere le merci.

Art. 445. (Computo delle stallie).

Il termine di stallia si computa a giorni lavorativi. Non si considerano tali i giorni festivi secondo la legge e le consuetudini locali.

Il decorso del termine è sospeso durante i giorni in cui le operazioni sono impedite per causa non imputabile al caricatore o al destinatario.

Art. 446. (Decorrenza e durata delle controstallie).

Spirato il termine di stallia senza che, per causa imputabile al caricatore o al destinatario, sia stata ultimata la caricazione o la scaricazione, è dovuto un compenso di controstallia.

Il termine di controstallia, salvo diverso patto, regolamento od uso locale, è di tanti giorni correnti quanti sono stati i giorni lavorativi di stallia.

Art. 447. (Soppressione delle controstallie di caricazione).

Spirato il termine di stallia di caricazione senza che, per causa imputabile al caricatore, sia stata imbarcata una quantità di merce sufficiente per garantire quanto è da lui dovuto al vettore, il comandante non è tenuto ad attendere il decorso del termine di controstallia se non gli venga fornita idonea cauzione.

Art. 448. (Computo delle controstallie).

Il compenso di controstallia è computato in ragione di ore e giorni consecutivi e deve essere versato giorno per giorno.

Il tasso di controstallia, in mancanza di diverso patto, è determinato in proporzione della portata della nave, secondo gli usi.

Tuttavia, per il periodo durante il quale le operazioni di imbarco o di sbarco sono state impedite da causa non imputabile al caricatore o al destinatario, invece del compenso di controstallia è dovuto un compenso determinato in proporzione del nolo.

Art. 449. (Controstallie straordinarie).

Spirato il termine di controstallia per la caricazione, il comandante, previo avviso dato almeno ventiquattro ore prima, ha facoltà di partire senza attendere la caricazione o il suo completamento, restando sempre dovuti il nolo e il compenso di controstallia. Se il comandante non si avvale di questa facoltà, è dovuto per l'ulteriore sosta, fissata d'accordo col caricatore, un compenso di controstallia maggiorato della metà, ove non esista diverso patto, regolamento, o uso.

Spirato il termine di controstallia per la scaricazione senza che questa sia stata compiuta, è dovuto un compenso di controstallia straordinaria per la durata e nella misura sopra indicate, salva la facoltà del comandante di scaricare le merci a norma dell'articolo 450.

Art. 450. (Deposito del carico).

Se il destinatario è irreperibile o rifiuta di ricevere il carico, ovvero se si presentano più destinatari o v'è opposizione alla riconsegna, il vettore deve chiedere immediatamente istruzioni al caricatore. Questi può disporre del carico a termini dell'articolo 1685 del codice civile, salva la facoltà del vettore di provvedere al deposito o alla vendita delle merci nei casi previsti dall'articolo dello stesso codice.

Se il destinatario, dopo aver acquistato i diritti nascenti dal contratto, ritarda a ritirare il carico o se sorge controversia intorno all'esecuzione della consegna, il vettore può procedere al deposito delle merci presso un terzo a norma dell'articolo 1514 del codice civile o, trattandosi di merci soggette a rapido deterioramento, alla vendita per conto del destinatario a norma dell'articolo 1515 dello stesso codice, dandone avviso all'interessato.

Sezione IV - Del trasporto di cose determinate

Art. 451. (Sostituibilità della nave).

Se il trasporto ha per oggetto cose determinate, il vettore, in mancanza di espresso divieto, ha facoltà di sostituire la nave designata con altra nave della medesima classe, idonea a compiere il trasporto senza ritardo.

Art. 452. (Caricazione delle merci).

Il caricatore deve presentare le merci per l'imbarco nei termini d'uso, non appena la nave sia pronta a ricevere il carico, e la caricazione deve essere effettuata dal vettore nei termini d'uso.

Decorso il termine per la consegna delle merci, il comandante ha facoltà di partire senza attendere il carico, e il caricatore è tenuto al pagamento dell'intero prezzo di trasporto.

Art. 453. (Recesso del caricatore prima della partenza).

Dopo la caricazione delle merci il caricatore può avvalersi della facoltà prevista dall'articolo 432, solo quando dichiari di recedere dal contratto entro il termine d'uso per la partenza della nave e la scaricazione non cagioni ritardo alla partenza medesima.

Art. 454. (Scaricazione delle merci).

Quando la nave sia in condizioni di scaricare, se il destinatario è irreperibile o rifiuta di ricevere le merci, il vettore ha facoltà di consegnare le merci ad un'impresa di sbarco regolarmente autorizzata, la quale diviene responsabile verso il destinatario quale depositaria delle cose. Il vettore, che si avvale di questa facoltà, è tenuto a darne avviso al destinatario, se conosciuto, o all'indicato in polizza.

Quando il destinatario è presente e la scaricazione a mezzo di impresa di sbarco avviene solo nell'interesse della nave per esigenze della scaricazione, le spese relative sono a carico del vettore.

Quando si presentano più destinatari o v'è opposizione alla riconsegna si applica il disposto dell'articolo 450.

Art. 455. (Mancata riscossione del nolo o degli assegni).

Il vettore che esegue la riconsegna al destinatario senza riscuotere i propri crediti o gli assegni di cui è gravata la cosa o senza esigere il deposito della somma controversa, è responsabile verso il caricatore dell'importo degli assegni dovuti al medesimo e non può rivolgersi a quest'ultimo per il pagamento dei propri crediti.

Art. 456. (Mancato arrivo).

Salvo diverso patto od uso, nel caso di mancato arrivo delle merci, il destinatario può far valere i diritti nascenti dal contratto soltanto dal giorno in cui la perdita è stata riconosciuta dal vettore, o altrimenti dopo sette giorni dal termine in cui le merci avrebbero dovuto giungere a destinazione.

Sezione V - Della polizza ricevuto per l'imbarco e della polizza di carico

Art. 457. (Dichiarazione d'imbarco).

Il caricatore presenta al vettore una dichiarazione d'imbarco, nella quale sono indicati la natura, la qualità e quantità delle cose da trasportare, nonchè il numero dei colli e le marche che li contrassegnano.

Il caricatore è responsabile verso il vettore dei danni che possono a questo derivare da omissioni o inesattezze nelle indicazioni contenute nella dichiarazione di imbarco.

Art. 458. (Documenti rilasciati dal vettore all'assunzione del trasporto, alla consegna e all'imbarco delle merci).

Assunto il trasporto, il vettore, o in suo luogo il raccomandatario, è tenuto a rilasciare al caricatore un ordinativo d'imbarco per le merci da trasportare, ovvero all'atto della consegna, quando sia stato convenuto, una polizza ricevuto per l'imbarco.

Dopo l'imbarco, ed entro ventiquattr'ore dallo stesso, il comandante della nave è tenuto a rilasciare al caricatore una ricevuta di bordo per le merci imbarcate, a meno che gli rilasci direttamente, in nome del vettore, la polizza di carico.

Qualora non vi abbia provveduto il comandante della nave, il vettore o in suo luogo il raccomandatario, su presentazione della ricevuta di bordo, è tenuto a rilasciare la polizza di carico, ovvero ad apporre la menzione dell'avvenuto imbarco, con le indicazioni di cui alle lettere g ed h dell'articolo 460, sulla polizza ricevuto per l'imbarco precedentemente rilasciata.

Art. 459. (Prova della consegna al vettore e della caricazione delle merci).

La polizza ricevuto per l'imbarco fa prova dell'avvenuta consegna delle merci al vettore; la ricevuta di bordo e la polizza di carico fanno prova dell'avvenuta caricazione.

Art. 460.

(Indicazioni della polizza ricevuta per l'imbarco e della polizza di carico).

La polizza ricevuto per l'imbarco deve essere datata e sottoscritta da chi la rilascia, e deve enunciare:

a) il nome e il domicilio del vettore;

b) il nome e il domicilio del caricatore;

c) il luogo di destinazione, e, quando la polizza è nominativa, il nome e il domicilio del destinatario;

d) la natura, la qualità e la quantità delle cose da trasportare, nonchè il numero dei colli e le marche che li contrassegnano;

e) lo stato apparente delle merci o degli imballaggi;

f) il luogo e la data di consegna.

La polizza di carico, parimenti datata e sottoscritta da chi la rilascia, oltre le indicazioni richieste per la polizza ricevuto per l'imbarco, deve enunciare:

g) il nome o il numero, l'ufficio di iscrizione e la nazionalità della nave;

h) il luogo e la data di caricazione.

Art. 461. (Data di consegna e data di caricazione).

Se nella polizza di carico non è indicata la data di consegna, per tale si presume fino a prova contraria la data di caricazione delle merci.

Se nella polizza ricevuto per l'imbarco non è indicata la data di consegna, o nella polizza di carico non è indicata quella di caricazione, per data di consegna o per data di caricazione, rispettivamente,si presume quella di emissione della polizza.

Art. 462. (Natura, qualità e quantità delle merci).

Il vettore, ovvero il raccomandatario o il comandante della nave, che rilascia la polizza ricevuto per l'imbarco o la polizza di carico, ha facoltà di inserire in polizza le proprie riserve, quando non può eseguire in tutto o in parte una normale verifica delle indicazioni fornite dal caricatore sulla natura, qualità e quantità delle merci, nonchè sul numero dei colli e sulle marche di contrassegno.

In mancanza di riserve, la natura, la qualità e la quantità delle merci, nonchè il numero e le marche dei colli consegnati al vettore o imbarcati, si presumono fino a prova contraria conformi alle indicazioni della polizza.

Art. 463.

(Originali della polizza di carico e della polizza ricevuto per l'imbarco).

La polizza ricevuto per l'imbarco e la polizza di carico sono emesse in due originali.

L'originale ritenuto dal vettore è sottoscritto dal caricatore o da un suo rappresentante, non è trasferibile, e reca esplicita indicazione della non trasferibilità.

L'originale rilasciato al caricatore è sottoscritto dal vettore, ovvero dal raccomandatario o dal comandante della nave che emette la polizza, ed attribuisce al possessore, legittimato a norma dell'articolo 467, il diritto alla consegna delle merci che vi sono specificate, il possesso delle medesime e il diritto di disporne mediante disposizione del titolo.

Art. 464.

(Forma e trasferimento dell'originale di polizza rilasciato al caricatore).

L'originale della polizza di carico o della polizza ricevuto per l'imbarco rilasciato al caricatore può essere al portatore, all'ordine o nominativo.

Il trasferimento di questo originale si opera nei modi e con gli effetti previsti dal codice civile per i titoli di credito al portatore, all'ordine o nominativi.

Tuttavia per l'emissione e il trasferimento della polizza nominativa non è richiesta l'annotazione nel registro dell'emittente, previsto negli articoli 2022 e seguenti del codice civile.

Art. 465. (Duplicati della polizza).

Dell'originale della polizza ricevuto per l'imbarco o della polizza di carico rilasciato al caricatore possono essere, su richiesta di chi ha il diritto di disporre del titolo, emessi duplicati.

I duplicati non attribuiscono i diritti indicati nel terzo comma dell'articolo 463.

I duplicati non sono trasferibili, devono recare esplicita menzione della non trasferibilità, ed essere contraddistinti ciascuno dal numero d'ordine di rilascio.

Art. 466. (Ordini di consegna).

Il vettore, o in suo luogo il raccomandatario, quando ciò sia stato convenuto nel contratto di trasporto, sono tenuti ad emettere, dietro richiesta di chi ha il diritto di disporre delle merci mediante disposizione del titolo, ordini di consegna sul comandante della nave o sul raccomandatario, relativi a singole partite delle merci rappresentate dalla polizza ricevuto per l'imbarco o dalla polizza di carico.

In tal caso il vettore o il suo raccomandatario sono tenuti, all'atto dell'emissione degli ordini di consegna, a prenderne nota sull'originale trasferibile della polizza, con l'indicazione della natura, qualità e quantità delle merci specificate in ciascun ordine, e con l'apposizione della propria firma e di quella del richiedente; quando l'intero carico rappresentato dalla polizza sia frazionato fra i vari ordini di consegna, sono tenuti altresì a ritirare l'originale trasferibile della polizza.

Gli ordini di consegna emessi a norma dei comma precedenti attribuiscono i diritti indicati nel terzo comma dell'articolo 463; possono essere al portatore, all'ordine o nominativi.

Agli ordini di consegna predetti si applicano, in quanto compatibili, le norme sull'emissione e la circolazione della polizza di carico.

Art. 467. (Legittimazione del possessore dei titoli rappresentativi delle merci).
Il possessore dell'originale trasferibile della polizza di carico o della polizza ricevuto per l'imbarco ovvero di un ordine di consegna è legittimato all'esercizio del diritto menzionato nel titolo, in base alla presentazione del titolo stesso o a una serie continua di girate ovvero per effetto dell'intestazione a suo favore, a seconda che il titolo sia al portatore, all'ordine o nominativo.

CAPO IV - Dei contratti di utilizzazione nella navigazione interna

Art. 468. (Norme applicabili).
Ai contratti di utilizzazione delle navi addette alla navigazione interna si applicano le norme di questo titolo, in quanto gli usi speciali non dispongano diversamente.

TITOLO SECONDO - DELLA CONTRIBUZIONE ALLE AVARIE COMUNI

Art. 469. (Avarie comuni).
Le spese e i danni direttamente prodotti dai provvedimenti ragionevolmente presi, a norma dell'articolo 302, dal comandante, o da altri in sua vece, per la salvezza della spedizione, sono avarie comuni e vengono ripartiti fra tutti gli interessati alla spedizione stessa, sempre che il danno volontariamente prodotto non sia quello stesso che si sarebbe necessariamente verificato secondo il corso naturale degli eventi.

Art. 470. (Formazione della massa creditoria).
Ciascuno dei danneggiati partecipa alla formazione della massa creditoria, e concorre alla ripartizione, per l'ammontare dei danni effettivamente incidenti sui suoi beni, come diretta conseguenza del provvedimento preso dal comandante, fatta eccezione per i danni che siano caduti su attrezzi e altri oggetti di corredo e di armamento della nave non descritti nell'inventario ovvero su provviste di bordo, su cose caricate clandestinamente o scientemente dichiarate dal caricatore in maniera inesatta, su cose caricate sopra coperta in viaggi marittimi che superano le ottanta miglia di raggio dal porto di caricamento.

Art. 471. (Spese eccezionali).

Per quanto concerne le spese eccezionali, il danno da ammettere nella massa creditoria è valutato sulla base della spesa sopportata, ovvero di quella che sarebbe stata sufficiente per la salvezza della spedizione e che con altra maggiore è stata sostituita.

A tali spese devono essere aggiunti gli interessi del prestito contratto per conseguire la somma necessaria, il maggior valore dovuto al proprietario delle cose allo stesso fine vendute, nonchè i premi di assicurazione relativi all'operazione.

Dalle spese devono invece essere dedotti gli eventuali miglioramenti apportati per differenza tra il nuovo e il vecchio nelle riparazioni effettuate.

Art. 472. (Perdita del nolo).

Per quanto concerne i noli perduti, il danno da ammettere nella massa creditoria è valutato sulla base dell'ammontare lordo, fatta deduzione dei noli guadagnati per le merci caricate in sostituzione e delle spese che la perdita ha consentito di risparmiare.

Art. 473. (Danni alla nave e al carico).

Per quanto concerne le perdite e i danni materiali apportati alla nave, al carico, e a qualsiasi altro bene partecipante alla spedizione, il danno da ammettere nella massa creditoria è valutato sulla base del valore che la cosa perduta o danneggiata avrebbe avuto al termine della spedizione, o, se si tratta di viaggio circolare, al termine del viaggio contributivo, cioè nel porto in cui viene scaricata l'ultima partita di carico presente a bordo all'atto del provvedimento volontario.

Da questo valore deve essere fatta peraltro deduzione: a) delle spese risparmiate in conseguenza del danno o della perdita; b) dei danni subiti anteriormente al provvedimento volontario; c) del valore residuo che sussiste o avrebbe potuto sussistere indipendentemente dai danni subiti dalle cose stesse successivamente al provvedimento volontario e per cause a questo estranee.

Il valore residuo, che deve essere dedotto dal danno ammesso nella massa creditoria ai sensi della lettera c del precedente comma, è determinato sulla base degli stessi criteri di valutazione del danno, ovvero sulla base di quanto anche prima è stato realizzato o sarebbe stato possibile realizzare mediante alienazione.

Art. 474. (Spese del regolamento della contribuzione).

Nella massa creditoria sono ammesse anche le spese relative alle operazioni di liquidazione e di regolamento.

Art. 475. (Formazione della massa debitoria).

Ciascuno degli interessati nella spedizione partecipa alla formazione della massa debitoria e contribuisce alla sopportazione dei danni e delle spese in ragione del valore dei beni per lui in rischio, fatta eccezione dei corredi dell'equipaggio e dei bagagli non registrati.

Art. 476. (Contribuzione della nave e del carico).

Per quanto concerne la nave, il carico e qualsiasi altra cosa che si trovi a bordo, la partecipazione alla massa debitoria è determinata sulla base del valore effettivo o presumibile al termine del viaggio, o, se si tratta di viaggio circolare, al termine del viaggio contributivo.

Da tale valore deve essere fatta peraltro deduzione dei danni subiti indipendentemente dal provvedimento volontario, anteriormente o successivamente allo stesso, e delle spese che sono o sarebbero state risparmiate in caso di perdita delle cose medesime.

Art. 477. (Contribuzione del nolo).

Per quanto concerne i noli relativi al viaggio, la partecipazione alla massa debitoria è determinata sulla base del loro effettivo ammontare, fatta deduzione delle spese che la loro perdita ha o avrebbe consentito di risparmiare.

Art. 478. (Indicazioni del caricatore circa le merci).

Agli effetti della formazione così della massa creditoria come di quella debitoria, in caso di dichiarazione di valore fatta dal caricatore all'inizio del viaggio, si presume sino a prova contraria che il valore effettivo delle merci al termine della spedizione o al termine del viaggio contributivo corrisponda a quello dichiarato.

Ove il valore dichiarato risulti non corrispondente a quello effettivo, per la partecipazione alla massa creditoria è computato il valore più basso tra i due e per la partecipazione alla massa debitoria è invece computato quello tra i due più alto, a meno che venga provato che l'inesattezza della dichiarazione non fu scientemente commessa.

In caso di mancanza di dichiarazione del valore da parte del caricatore, sono assunte fino a prova contraria per base della determinazione del valore, le indicazioni inserite dal caricatore nella dichiarazione d'imbarco per quanto concerne la natura, la qualità e la quantità delle cose caricate.

Ove tali indicazioni risultino inesatte, si applica il disposto dell'articolo 470, a meno che venga provato che l'inesattezza non fu scientemente commessa.

Art. 479. (Ricupero di cose sacrificate posteriore al regolamento).

Se dopo la chiusura del regolamento contributorio, ma prima del pagamento delle quote di contribuzione, le cose sacrificate vengono in tutto o in parte ricuperate dai proprietari, il regolamento è riaperto per tener conto del valore delle cose ricuperate, a norma dell'articolo 473, lettera c, fatta deduzione delle spese sostenute per il ricupero.

Se il ricupero avviene dopo il pagamento delle quote di contribuzione, il valore delle cose ricuperate è ripartito fra tutti i contribuenti in ragione della quota contributiva di ciascuno. Tale valore è determinato alla stregua dei criteri di stima del riparto o sulla base di quanto sia stato comunque possibile realizzare mediante alienazione, fatta deduzione delle spese inerenti al ricupero e di quelle di trasporto a destino o al luogo di vendita effettiva.

Art. 480. (Contribuzione per avarie comuni delle cose caricate sopra coperta).

I danni di avaria comunque prodotti alle cose caricate sopra coperta con o senza consenso del caricatore, nei viaggi marittimi che superano le ottanta miglia di raggio dal porto di caricamento, sono ripartiti esclusivamente tra gli interessati nella spedizione per la nave e per le merci caricate sopra coperta.

Alla sopportazione, gli interessati per la nave contribuiscono in ragione di tutti i beni, ivi compresi i noli, per loro in rischio nel corso della spedizione; gli altri interessati in ragione del valore dei beni per ciascuno di essi in rischio sopra coperta e dell'ammontare dei noli relativi, quando questi siano per essi medesimi in rischio.

La valutazione dei danni ammessi nella massa creditoria, e la determinazione dei valori che costituiscono la massa debitoria, sono compiute secondo gli stessi criteri che regolano la partecipazione alle masse della contribuzione generale.

Art. 481. (Prescrizione).

L'azione per contribuzione alle avarie comuni si prescrive col decorso di un anno dal termine del viaggio della nave o, se trattasi di viaggio circolare, dal termine del viaggio contributivo.

TITOLO TERZO - DELLA RESPONSABILITÀ PER URTO DI NAVI

Art. 482. (Urto fortuito o per causa dubbia).

Se l'urto è avvenuto per caso fortuito o forza maggiore, ovvero se non è possibile accertarne la causa, i danni restano a carico di coloro che li hanno sofferti.

Art. 483. (Urto per colpa unilaterale).

Se l'urto è avvenuto per colpa di una delle navi, il risarcimento dei danni è a carico della nave in colpa.

Art. 484. (Urto per colpa comune).

Se la colpa è comune a più navi, ciascuna di esse risponde in proporzione della gravità della propria colpa e dell'entità delle relative conseguenze. Tuttavia, nel caso che, per particolari circostanze, non si possa determinare la proporzione, il risarcimento è dovuto in parti uguali.

Al risarcimento dei danni derivati da morte o lesioni di persone le navi in colpa sono tenute solidalmente.

Art. 485. (Obbligo di soccorso in caso di urto).

Avvenuto un urto fra navi, il comandante di ciascuna è tenuto a prestare soccorso alle altre, al loro equipaggio ed ai loro passeggeri, sempre che lo possa fare senza grave pericolo per la sua nave e per le persone che sono a bordo.

Il comandante è parimenti tenuto, nei limiti del possibile, a dare alle altre navi le notizie necessarie per l'identificazione della propria.

Art. 486. (Rapporti contrattuali).

Salvo il disposto del secondo comma dell'articolo 484, le norme sulla responsabilità per danni da urto non si applicano ai rapporti di responsabilità che intercorrono tra persone vincolate da contratto di lavoro o di trasporto ovvero da altro contratto.

Art. 487. (Prescrizione).

Il diritto al risarcimento dei danni cagionati da urto di navi si prescrive col decorso di due anni dal giorno in cui il danno si è prodotto.

Il diritto di rivalsa spettante alla nave che, ai sensi dell'articolo 484, abbia versato l'intero risarcimento si prescrive col decorso di un anno dal giorno del pagamento.

Art. 488. (Danni non derivanti da collisione materiale).

Le disposizioni che precedono si applicano ai danni prodotti per spostamento di acqua od altra causa analoga, da una nave ad un'altra e alle persone o alle cose che sono a bordo di questa, anche se non vi è stata collisione materiale.

TITOLO QUARTO - DELL'ASSISTENZA E SALVATAGGIO DEL RICUPERO E DEL RITROVAMENTO DI RELITTI

CAPO I - - Dell'assistenza e del salvataggio

Art. 489. (Obbligo di assistenza).

L'assistenza a nave o ad aeromobile in mare o in acque interne, i quali siano in pericolo di perdersi, è obbligatoria, in quanto possibile senza grave rischio della nave soccorritrice, del suo equipaggio e dei suoi passeggeri, oltre che nel caso previsto nell'articolo 485, quando a bordo della nave o dell'aeromobile siano in pericolo persone.

Il comandante di nave, in corso di viaggio o pronta a partire, che abbia notizia del pericolo corso da una nave o da un aeromobile, è tenuto nelle circostanze e nei limiti predetti ad accorrere per prestare assistenza, quando possa ragionevolmente prevedere un utile risultato, a meno che sia a conoscenza che l'assistenza è portata da altri in condizioni più idonee o simili a quelle in cui egli stesso potrebbe portarla.

Art. 490. (Obbligo di salvataggio).

Quando la nave o l'aeromobile in pericolo sono del tutto incapaci, rispettivamente, di manovrare e di riprendere il volo, il comandante della nave soccorritrice è tenuto, nelle circostanze e nei limiti indicati dall'articolo precedente, a tentarne il salvataggio, ovvero, se ciò non sia possibile, a tentare il salvataggio delle persone che si trovano a bordo.

È del pari obbligatorio, negli stessi limiti, il tentativo di salvare persone che siano in mare o in acque interne in pericolo di perdersi.

Art. 491.

(Indennità e compenso per assistenza o salvataggio di nave o di aeromobile).

L'assistenza e il salvataggio di nave o di aeromobile, che non siano effettuati contro il rifiuto espresso e ragionevole del comandante, danno diritto, entro i limiti del valore dei beni assistiti o salvati, al risarcimento dei danni subiti e al rimborso delle spese incontrate, nonchè, ove abbiano conseguito un risultato anche parzialmente utile, a un compenso.

Il compenso è stabilito in ragione del successo ottenuto, dei rischi corsi dalla nave soccorritrice, degli sforzi compiuti e del tempo impiegato, delle spese generali dell'impresa se la nave è armata ed equipaggiata allo scopo di prestare soccorso; nonchè del pericolo in cui versavano i beni assistiti o salvati e del valore dei medesimi.

Art. 492. (Indennità e compenso per salvataggio di cose).

Il salvataggio di cose, che non sia effettuato contro il rifiuto espresso e ragionevole del comandante della nave o dell'aeromobile in pericolo o del proprietario delle cose, dà diritto, nei limiti stabiliti nell'articolo precedente, al risarcimento dei danni, al rimborso delle spese, nonchè, ove abbia conseguito un risultato anche parzialmente utile, a un compenso determinato a norma del predetto articolo.

Art. 493. ((*(Compenso per salvataggio di persone).))*

((Il salvataggio di persone che abbia conseguito un risultato utile dà diritto a un compenso quando l'ammontare relativo è coperto da assicurazione ovvero quando è stato effettuato in occasione di operazioni di soccorso a navi o aeromobili o cose.

Il compenso è dovuto nei limiti del residuo ammontare coperto dall'assicurazione o, rispettivamente, nei limiti di una parte equitativamente stabilita del compenso relativo alle altre operazioni. Il compenso è determinato in ragione dei rischi corsi, degli sforzi compiuti e del tempo impiegato, nonchè del pericolo in cui versavano le persone salvate.))

Art. 494. (Efficacia della determinazione convenzionale del compenso).

La determinazione del compenso, fatta per accordo o mediante arbitrato, non è efficace nei confronti dei componenti dell'equipaggio che non l'abbiano accettata, a meno che sia stata approvata dall'associazione sindacale che li rappresenta.

Art. 495. (Concorso di operazioni e concorso di soccorritori).

Quando da una stessa nave vengano contemporaneamente effettuati assistenza a nave o aeromobile e salvataggio di cose o di persone, ovvero salvataggio di cose e salvataggio di persone, l'ammontare dei danni e delle spese incontrate viene equitativamente ripartito tra le diverse operazioni compiute.

Quando ad una stessa operazione di assistenza e di salvataggio abbiano partecipato più navi, ovvero navi ed aeromobili, al concorso dei soccorritori si applicano le disposizioni dell'articolo 970.

Art. 496. (Ripartizione del compenso).

Il compenso di assistenza o di salvataggio spetta, quando la nave non sia armata ed equipaggiata allo scopo di prestare soccorso, per un terzo all'armatore e per due terzi ai componenti dell'equipaggio, tra i quali la somma è ripartita in ragione della retribuzione di ciascuno di essi, tenuto conto altresì dell'opera da ciascuno prestata.

La quota del compenso da ripartire tra i componenti dell'equipaggio non può essere convenzionalmente fissata in misura inferiore alla metà dell'intero ammontare del compenso stesso.

Art. 497. (Incidenza della spesa per le indennità e il compenso).

La spesa per le indennità e per il compenso dovuti alla nave soccorritrice in caso di assistenza o salvataggio di nave o di aeromobile viene ripartita a carico degli interessati alla spedizione soccorsa a norma delle disposizioni sulla contribuzione alle avarie comuni, anche quando l'assistenza non sia stata richiesta dal comandante della nave o dell'aeromobile in pericolo o sia stata prestata contro il suo rifiuto.

Art. 498. (Navi dello stesso proprietario od armatore).

Le disposizioni che precedono si applicano, per quanto è possibile, anche se la nave soccorritrice e la nave assistita o salvata appartengono allo stesso proprietario o sono armate dallo stesso armatore.

Art. 499. (Azione dell'equipaggio).

Qualora l'armatore non sia legittimato o trascuri di agire per il conseguimento del compenso di assistenza o di salvataggio, i componenti dell'equipaggio hanno azione per la parte ad essi spettante del compenso stesso.

Art. 500. (Prescrizione).

Il diritto alle indennità e al compenso di assistenza o di salvataggio si prescrive col decorso di due anni dal giorno in cui le operazioni sono terminate.

CAPO II Del ricupero

Art. 501. (Assunzione del ricupero).

Salvo in ogni tempo il diritto dei proprietari di provvedervi direttamente, nel concorso di più persone che, avvalendosi di mezzi nautici, intendano assumere il ricupero di una nave o di un aeromobile naufragati o di altri relitti della navigazione, è preferito chi, avendo identificato il relitto, ne abbia fatto per primo denuncia all'autorità preposta alla navigazione marittima o interna, purchè entro l'anno dall'identificazione egli abbia iniziato le operazioni di ricupero senza successivamente sospenderle per un periodo superiore a un anno.

Art. 502. (Obblighi del ricuperatore).

Intrapreso il ricupero, le operazioni relative non possono essere sospese o abbandonate senza giustificato motivo, quando ne possa derivare un danno per il proprietario del relitto.

Entro dieci giorni dall'approdo della nave che ha compiuto il ricupero, le cose ricuperate devono essere consegnate al proprietario, o, se questi sia ignoto al ricuperatore, alla più vicina autorità preposta alla navigazione marittima o interna.

Art. 503. (Indennità e compenso).

Il ricupero, quando siano stati adempiuti gli obblighi relativi alla consegna delle cose ricuperate, dà diritto, entro i limiti del valore delle cose medesime, al risarcimento dei danni e al rimborso delle spese nonchè a un compenso stabilito in ragione del valore delle cose ricuperate, degli sforzi compiuti e dei rischi corsi, del valore dei mezzi e dei materiali impiegati e, se la nave è armata ed equipaggiata allo scopo di operare ricuperi, delle spese generali dell'impresa.

Per la determinazione e la ripartizione del compenso si applicano le norme degli articoli 492, 494,496.

Art. 504. (Ricupero senza mezzi nautici).

Nel concorso di più persone che intendano assumere il ricupero di relitti, per il quale non siano necessari mezzi nautici, si applica il disposto dell'articolo 501.

Il ricuperatore ha gli obblighi e i diritti stabiliti dagli articoli 502, 503; la consegna delle cose ricuperate deve essere fatta entro dieci giorni dal compimento delle operazioni.

In mancanza di accordo tra gli interessati, il compenso è ripartito, tra le persone che hanno cooperato al ricupero, dall'autorità indicata nell'articolo 502, in relazione alle fatiche compiute e ai rischi corsi da ciascuno.

Art. 505. (Ricupero operato dal comandante della nave naufragata).

Fermo per il rimanente il disposto degli articoli 501, 504 primo comma, in ogni caso è preferito il comandante della nave, che, subito dopo il naufragio, dichiari di costituirsi capo ricuperatore.

Il compenso del comandante e degli altri componenti dell'equipaggio, che hanno cooperato al ricupero, è fissato, in mancanza di accordo con l'armatore, dall'autorità indicata nell'articolo 502 o dall'autorità consolare, in relazione al valore delle cose ricuperate, alle fatiche compiute e ai rischi corsi.

Art. 506. (Intervento dell'autorità marittima).

Il capo del compartimento nelle cui acque il ricupero viene effettuato, quando abbia conoscenza di un delitto commesso dal ricuperatore sulle cose ricuperate o sui materiali impiegati, oltre a prendere i provvedimenti del caso, ove lo ritenga opportuno assume il ricupero.

Art. 507. (Ricupero operato dall'autorità marittima).

Fermo il disposto degli articoli 72, 73 e dell'articolo precedente, il ricupero di navi sommerse o di altri relitti nelle acque del Regno può, se ne è prevedibile un utile risultato, essere assunto dall'autorità marittima, quando i proprietari delle cose non intendano provvedervi direttamente o non intendano proseguire il ricupero iniziato.

Si considera a tale effetto che i proprietari non intendono assumere o proseguire il ricupero quando non ne abbiano fatto dichiarazione entro sessanta giorni dallo avviso a tal fine pubblicato dall'autorità marittima nei modi stabiliti dal regolamento o non abbiano iniziato le operazioni nel termine assegnato, ovvero quando non abbiano ripreso le operazioni sospese entro sessanta giorni dall'invito dell'autorità. Tuttavia il ricupero può in ogni tempo essere assunto dai proprietari, previo rimborso delle spese sostenute dall'amministrazione.

Quando si tratti di nave straniera, l'autorità marittima, prima di iniziare il ricupero, ne dà altresì notizia al console dello Stato di cui la nave batteva la bandiera, affinchè il console stesso possa, ove lo ritenga opportuno, provvedere direttamente al ricupero.

Art. 508. (Custodia e vendita delle cose ricuperate).

L'autorità che assume il ricupero o che, a norma dell'articolo 502, riceve in consegna le cose ricuperate, provvede alla custodia delle cose medesime.

Durante le operazioni di ricupero l'autorità predetta può procedere, secondo le norme stabilite dal regolamento, alla vendita delle cose, quando non ne sia possibile o utile la conservazione, ovvero quando ciò sia necessario per coprire le spese del ricupero eseguito d'ufficio.

Compiute le operazioni, quando il proprietario non curi di ritirare le cose ricuperate entro il termine prefissogli dall'autorità o non si presenti entro sei mesi dall'avviso pubblicato dall'autorità medesima nel caso in cui il proprietario sia ignoto, l'autorità procede alla vendita e deposita presso un pubblico istituto di credito la somma relativa, al netto delle spese incontrate per il ricupero d'ufficio ovvero delle indennità e del compenso spettanti al ricuperatore, nonchè delle spese di custodia.

Se entro due anni dal deposito gli interessati non hanno fatto valere i propri diritti, ovvero se le domande proposte sono state respinte con sentenza passata in giudicato, la somma residua è devoluta alla cassa nazionale per la previdenza marinara o alle casse di soccorso per il personale della navigazione interna.

Art. 509. (Prescrizione).
Il diritto alle indennità e al compenso di ricupero si prescrive col decorso di due anni dal giorno in cui le operazioni sono terminate.

CAPO III - Del ritrovamento di relitti di mare

Art. 510. (Diritti ed obblighi del ritrovatore).
Chi trova fortuitamente relitti in mare, o dal mare rigettati in località del demanio marittimo, entro tre giorni dal ritrovamento, o dall'approdo della nave se il ritrovamento è avvenuto in corso di navigazione deve farne denuncia all'autorità marittima più vicina e, quando sia possibile, consegnare le cose ritrovate al proprietario, o, se questi gli sia ignoto e il valore dei relitti superi le lire cinquanta, all'autorità predetta.

Il ritrovatore, che adempie agli obblighi della denuncia e della consegna, ha diritto al rimborso delle spese e a un premio pari alla terza parte del valore delle cose ritrovate, se il ritrovamento è avvenuto in mare, ovvero alla decima parte fino alle diecimila lire di valore e alla ventesima per il sovrappiù, se il ritrovamento è avvenuto in località del demanio marittimo.

Art. 511. (Custodia e vendita delle cose ritrovate).
Per la custodia delle cose ritrovate, per la vendita delle medesime e per la devoluzione delle somme ricavate si applica il disposto dell'articolo 508.

Tuttavia gli oggetti di interesse artistico, storico, archeologico o etnografico, nonchè le armi, le munizioni e gli apparecchi militari, quando il proprietario non curi di ritirarli, ovvero non si presenti nei termini indicati nel terzo comma del predetto articolo, sono devoluti allo Stato, salvo in ogni caso il diritto del ritrovatore all'indennità ed al compenso stabiliti nell'articolo precedente.

Art. 512. (Cetacei arenati).
I cetacei arenati sul litorale del Regno appartengono allo Stato.

Il ritrovatore, che ne abbia fatto denuncia all'autorità marittima entro tre giorni dal ritrovamento, ha diritto a un premio pari alla ventesima parte del valore del cetaceo.

Art. 513. (Prescrizione).

Il diritto al rimborso delle spese e al premio si prescrive col decorso di due anni dal giorno del ritrovamento.

TITOLO
QUINTO
DELLE
ASSICURAZIO
NI

Art. 514. (Rischio putativo).

Se il rischio non è mai esistito o ha cessato di esistere ovvero se il sinistro è avvenuto prima della conclusione del contratto, l'assicurazione è nulla quando la notizia dell'inesistenza o della cessazione del rischio ovvero dell'avvenimento del sinistro è pervenuta, prima della conclusione del contratto, nel luogo della stipulazione o in quello dal quale l'assicurato diede l'ordine di assicurazione.

Si presume, fino a prova contraria, che la notizia sia tempestivamente pervenuta nei luoghi suddetti.

L'assicuratore, che non sia a conoscenza dell'inesistenza o della cessazione del rischio ovvero dell'avvenimento del sinistro, ha diritto al rimborso delle spese; ha diritto invece all'intero premio convenuto se dimostra una tale conoscenza da parte dell'assicurato.

Art. 515. (Assicurazione della nave).

L'assicurazione della nave copre la nave e le sue pertinenze. Possono altresì esservi comprese le spese di armamento e equipaggiamento della nave.

Nel silenzio delle parti, la dichiarazione del valore della nave, contenuta nella polizza, equivale a stima.

Art. 516. (Assicurazione delle merci).

L'assicurazione delle merci copre il valore di queste, in stato sano, al luogo di destinazione ed al tempo della scaricazione. Se tale valore non può essere accertato, il valore assicurabile è dato dal prezzo delle merci nel luogo ed al tempo della caricazione, aumentato del dieci per cento a titolo di profitto sperato, nonchè delle spese fino a bordo, del nolo dovuto o anticipato ad ogni evento, del premio e delle spese di assicurazione.

Art. 517. (Circolazione dell'assicurazione delle merci).

In caso di cambiamento della persona dell'assicurato, l'assicurazione delle merci continua a favore del nuovo assicurato, senza che alcun avviso del mutamento debba essere dato all'assicuratore; e tanto quest'ultimo quanto il nuovo assicurato non possono, a cagione del mutamento, disdire il contratto.

Art. 518. (Assicurazione dei profitti sperati sulle merci).

L'assicurazione dei profitti sperati sulle merci copre il maggior valore commerciale, che, al momento della conclusione dell'assicurazione, può prevedersi avranno le merci al loro arrivo, in stato sano, al luogo di destinazione, dedotte le spese di trasporto e quelle di assicurazione.

All'assicurazione dei prodotti sperati sulle merci si applicano, in quanto compatibili, le norme che regolano l'assicurazione delle merci.

Art. 519. (Assicurazione del nolo da guadagnare).

L'assicurazione del nolo lordo da guadagnare copre il nolo per l'intero ammontare pattuito nel contratto di utilizzazione della nave.

L'assicurazione del nolo netto copre, in difetto di convenzione, il sessanta per cento del nolo lordo. In mancanza di diverso patto, si presume assicurato il nolo lordo.

All'assicurazione del nolo da guadagnare si applicano, in quanto compatibili, le norme che regolano l'assicurazione della nave.

Art. 520. (Assicurazione del nolo anticipato o dovuto ad ogni evento).

All'assicurazione del nolo dovuto o anticipato ad ogni evento si applicano, in quanto compatibili, le norme che regolano l'assicurazione delle merci, se trattasi di corrispettivo di un trasporto; quelle dettate per l'assicurazione della nave, se trattasi di corrispettivo di un noleggio o di una locazione.

Art. 521. (Rischi della navigazione).

Sono a carico dell'assicuratore i danni e le perdite che colpiscono le cose assicurate per cagione di tempesta, naufragio, investimento, urto, getto, esplosione, incendio, pirateria, saccheggio ed in genere per tutti gli accidenti della navigazione.

Art. 522. (Aggravamento del rischio).

Salvo patto contrario, l'assicuratore non risponde se, per fatto dell'assicurato, il rischio viene trasformato o aggravato in modo tale che, se il nuovo stato di cose fosse esistito e fosse stato conosciuto dall'assicuratore al momento della conclusione del contratto, l'assicuratore non avrebbe dato il suo consenso o non l'avrebbe dato alle medesime condizioni.

Tuttavia l'assicuratore risponde se il mutamento o l'aggravamento del rischio è stato determinato da atti compiuti per dovere di solidarietà umana o nella tutela di interessi comuni all'assicuratore, ovvero dipende da un evento per il quale l'assicuratore medesimo risponde, ovvero non ha influito sull'avvenimento del sinistro o sulla misura dell'indennità in conseguenza di questo dovuta dall'assicuratore.

Art. 523. (Cambiamento di via, di viaggio o di nave).

L'assicuratore della nave risponde se il sinistro dipende da cambiamento forzato di via o di viaggio. È considerato cambiamento forzato di via anche la deviazione che la nave fa per assistenza o salvataggio di nave o di aeromobile ovvero di persone in pericolo.

Nel caso di cambiamento di via o di viaggio, proveniente da fatto dell'assicurato, l'assicurazione risponde solo se il sinistro si verifica durante il percorso coperto dall'assicurazione, a meno che provi che il cambiamento ha influito sull'avvenimento del sinistro medesimo.

Nell'assicurazione delle merci l'assicuratore non risponde, se le merci sono caricate su nave diversa da quella indicata nella polizza. Se la polizza non contiene l'indicazione della nave, l'assicurato deve, appena ne viene a conoscenza, comunicare all'assicuratore il nome della nave sulla quale le merci sono caricate, a meno che non si tratti di spedizione su navi di linea. Ove l'assicurato non adempia a tale obbligo l'assicuratore è liberato.

Art. 524. (Colpa e dolo dell'equipaggio).

L'assicuratore della nave risponde se il sinistro dipende in tutto od in parte da colpa del comandante o degli altri componenti dell'equipaggio, purchè vi sia rimasto estraneo l'assicurato. Tuttavia, se l'assicurato è anche comandante della nave, l'assicuratore risponde limitatamente alle colpe nautiche del medesimo.

Nell'assicurazione delle merci, l'assicuratore risponde altresì del dolo del comandante e degli altri componenti dell'equipaggio.

Art. 525. (Vizio occulto della nave).

L'assicuratore della nave risponde dei danni e delle perdite dovute a vizio occulto della nave, a meno che provi che il vizio poteva essere scoperto dall'assicurato con la normale diligenza.

Art. 526. (Contribuzione in avaria comune).

L'assicuratore risponde, nei limiti del contratto, delle somme dovute dall'assicurato per contribuzione in avaria comune.

Art. 527. (Ricorso di terzi danneggiati da urto).

L'assicuratore risponde, nei limiti del contratto, delle somme dovute dall'armatore per ricorso di terzi danneggiati da urto della nave con altra nave o con aeromobile ovvero contro opere di porti e di vie navigabili o contro corpi galleggianti o fissi.

Negli stessi limiti sono a carico dell'assicuratore le spese sostenute dall'assicurato per resistere, con il consenso dell'assicuratore medesimo, alle pretese del terzo.

Quando la nave è totalmente perduta o il suo valore, al momento in cui è richiesta la limitazione del debito dell'armatore, è inferiore al minimo previsto nell'articolo 276, l'assicuratore della nave risponde sino a concorrenza di tale minimo, anche se l'ammontare complessivo del minimo stesso e dell'indennità, spettante all'assicurato per danni materiali sofferti dalla nave, supera il valore assicurabile di quest'ultima.

Art. 528. (Rischio nell'assicurazione dei profitti sperati sulle merci).

L'assicuratore dei profitti sperati sulle merci risponde del felice arrivo delle merci a destinazione.

Art. 529. (Rischio nell'assicurazione del nolo da guadagnare).

L'assicuratore del nolo da guadagnare risponde della perdita totale o parziale del diritto del noleggiante al nolo, conseguente al verificarsi di un sinistro della navigazione.

Art. 530. (Durata dell'assicurazione della nave a tempo).

L'assicurazione della nave, stipulata a tempo, ha effetto dalle ore ventiquattro del giorno della conclusione del contratto alle ore ventiquattro del giorno stabilito dal contratto medesimo. Per il calcolo del tempo deve aversi riguardo al luogo dove l'assicurazione è stata conclusa.

L'assicurazione, scaduta in corso di viaggio, è prorogata di diritto sino alle ore ventiquattro del giorno in cui la nave è ancorata od ormeggiata nel luogo di ultima destinazione, ma l'assicurato deve pagare per la durata del prolungamento un supplemento di premio proporzionale al premio fissato nel contratto.

Art. 531. (Durata dell'assicurazione della nave a viaggio).

L'assicurazione della nave, stipulata a viaggio, ha effetto dal momento in cui la nave inizia l'imbarco delle merci o, in mancanza di carico, dal momento in cui muove dal porto di partenza, al momento in cui la nave è ancorata od ormeggiata a destinazione o, se sbarca merci, al compimento della scaricazione, ma non oltre il ventesimo giorno dall'arrivo.

Se entro tale ultimo termine la nave imbarca merci per un nuovo viaggio, per il quale la nave stessa è stata assicurata, la precedente assicurazione cessa col cominciare della nuova caricazione.

L'assicurazione, stipulata a viaggio cominciato, prende inizio dall'ora indicata nel contratto o, nel silenzio di questo, dalle ore ventiquattro del giorno della sua conclusione.

Art. 532. (Durata dell'assicurazione delle merci).

L'assicurazione delle merci ha effetto dal momento in cui le merci lasciano terra per essere caricate sulla nave, che ne deve eseguire il trasporto, a quello dello sbarco delle merci stesse nel luogo di destinazione.

Qualora lo sbarco venga protratto oltre trenta giorni dall'arrivo nel luogo di destinazione, indipendentemente da quarantena o da forza maggiore, l'assicurazione ha termine con lo spirare del trentesimo giorno.

In ogni caso, la giacenza delle merci su galleggianti nei luoghi di caricazione e di destinazione è compresa nell'assicurazione solo in quanto necessaria per le operazioni di imbarco e di sbarco e comunque per la durata massima di quindici giorni.

L'assicurazione, stipulata a viaggio incominciato, prende inizio dall'ora indicata nel contratto o, nel silenzio di questo, dalle ore ventiquattro del giorno della sua conclusione.

Art. 533. (Avviso del sinistro).

Fermo per il rimanente il disposto dell'articolo 1913 del codice civile, nell'assicurazione delle merci l'assicurato ha l'obbligo di avviso anche quando la nave è stata dichiarata inabile alla navigazione, sebbene le merci non abbiano sofferto danno per l'avvenuto sinistro.

Art. 534. (Obbligo di evitare o diminuire il danno).

Il comandante della nave, l'assicurato e i suoi dipendenti e preposti devono fare quanto è loro possibile per evitare o diminuire il danno.

In deroga all'articolo 1914, secondo comma, del codice civile le parti possono pattuire che le spese per evitare o diminuire il danno siano a carico dell'assicuratore solo per quella parte che, unita all'ammontare del danno da risarcire, non supera la somma assicurata, anche se non si è raggiunto lo scopo, salvo che l'assicurato provi che le spese medesime sono state fatte inconsideratamente.

Art. 535. (Differenza tra il nuovo e il vecchio).

Nel calcolo dell'indennità per danni materiali sofferti dalla nave si computa il beneficio derivante all'assicurato per differenza tra il nuovo e il vecchio.

Art. 536. (Danni di avaria comune).

L'assicuratore deve risarcire, per il loro intero ammontare nei limiti del contratto, i danni e le spese prodotte da un atto di avaria comune, salva, nel caso che tali danni o spese siano ammessi a contribuzione, la facoltà di surrogarsi all'assicurato nei diritti a quest'ultimo spettanti verso gli altri partecipanti alla spedizione.

Art. 537. (Indennità per contributi di avaria comune).

Nel calcolo dell'indennità dovuta dall'assicuratore per contributi di avaria comune a carico dell'assicurato, si assume come valore assicurabile il valore contributivo della cosa, in ordine alla quale l'assicurazione è stata stipulata. A tale valore deve farsi riferimento anche quando il valore assicurabile della cosa è stato oggetto di stima.

L'ammontare del danno da risarcire è dato dalla quota di contribuzione posta a carico dell'assicurato dal regolamento d'avaria, purchè dell'inizio del procedimento di liquidazione sia stato dato avviso all'assicuratore, prima dell'adunanza di discussione di cui all'articolo 614 o della stipula del chirografo d'avaria, in modo che l'assicuratore medesimo possa intervenire nel procedimento stesso.

Art. 538. (Indennità per ricorso di terzi danneggiati da urto).

Nel calcolo dell'indennità dovuta dall'assicuratore per ricorso di terzi, danneggiati da urto, contro l'armatore, si assume come valore assicurabile il valore della nave determinato a sensi dell'articolo 515, o, se si tratta di assicurazione del nolo da guadagnare, il nolo del viaggio per il suo ammontare lordo.

Art. 539. (Sinistri successivi).

Se le cose assicurate subiscono, durante il tempo dell'assicurazione, più sinistri successivi, si devono computare nell'indennità, anche in caso di abbandono, le somme che sono state pagate all'assicurato, o che gli sono dovute per sinistri precedenti, avvenuti nel corso dello stesso viaggio.

Art. 540. (Abbandono della nave).

L'assicurato può abbandonare all'assicuratore la nave ed esigere l'indennità per perdita totale nei seguenti casi:

a) quando la nave è perduta, o è divenuta assolutamente inabile alla navigazione e non riparabile, ovvero quando mancano sul posto i mezzi di riparazione necessari, nè la nave può, anche mediante alleggerimento o rimorchio, recarsi in un porto ove siano tali mezzi,

nè procurarseli facendone richiesta altrove;

b) quando la nave si presume perita;

c) quando l'ammontare totale delle spese per la riparazione dei danni materiali subiti dalla nave raggiunge i tre quarti del suo valore assicurabile.

Art. 541. (Abbandono delle merci).

L'assicurato può abbandonare all'assicuratore le merci ed esigere l'indennità per perdita totale, nei seguenti casi:

a) quando le merci sono totalmente perdute;

b) quando la nave si presume perita;

c) quando nei casi previsti nella lettera a dell'articolo precedente, dalla data della perdita o della innavigabilità della nave sono trascorsi tre mesi per le merci deperibili o sei mesi per quelle non deperibili, senza che le stesse siano state ricuperate ed

imbarcate per la prosecuzione del viaggio;

quando, indipendentemente da qualsiasi spesa, i danni per deterioramento o perdita in quantità superano i tre quarti del valore assicurabile.

Art. 542. (Abbandono del nolo).

L'assicurato può abbandonare all'assicuratore il nolo da guadagnare al momento del sinistro ed esigere l'indennità per perdita totale nei seguenti casi:

a) quando il diritto al nolo è totalmente perduto per

l'assicurato;

b) quando la nave si presume perita.

Art. 543. (Forma e termini della dichiarazione di abbandono).

L'abbandono deve essere dichiarato per iscritto all'assicuratore nel termine di due mesi ovvero, se il sinistro è avvenuto fuori d'Europa o dei paesi bagnati dal Mediterraneo, di quattro mesi dalla data del sinistro o da quella in cui l'assicurato provi di averne avuto notizia. In caso di presunzione di perdita il termine è di due mesi e decorre dal giorno in cui la nave è stata cancellata dal registro d'iscrizione. Se l'abbandono ha per oggetto la nave, la dichiarazione deve essere fatta nella forma prescritta nell'articolo 249 e resa pubblica ai sensi degli articoli 250 e seguenti. Tuttavia se nel sinistro è andato perduto l'atto di nazionalità, la pubblicazione è compiuta con la trascrizione nella matricola.

La dichiarazione di abbandono quando ha per oggetto la nave deve essere notificata all'assicuratore, in ogni altro caso deve essere portata a conoscenza dell'assicuratore medesimo con lettera raccomandata.

Trascorsi i termini di cui al primo comma, l'assicurato può esercitare soltanto l'azione di avaria.

Art. 544. (Comunicazioni da farsi dall'assicurato nel dichiarare l'abbandono).

Nel dichiarare l'abbandono, l'assicurato deve comunicare all'assicuratore se sulle cose abbandonate sono state fatte od ordinate altre assicurazioni, ovvero gravano diritti reali o di garanzia.

In mancanza, l'assicuratore è tenuto ad effettuare il pagamento dell'indennità solo dal momento nel quale tali indicazioni gli vengono fornite dall'assicurato.

In caso di comunicazioni false o scientemente inesatte, l'assicurato perde ogni dir itto derivante dal contratto d'assicurazione.

Art. 545. (Oggetto dell'abbandono).
L'abbandono delle cose assicurate deve essere fatto senza condizioni.

Esso deve comprendere tutte le cose in rischio per l'assicuratore al momento del sinistro, che dà luogo all'abbandono, ed i diritti che, relativamente alle cose stesse, spettano all'assicurato verso terzi.

Se l'assicurazione non copre l'intero valore assicurabile della cosa, l'abbandono è limitato ad una parte della cosa stessa, proporzionale alla somma assicurata.

Art. 546. (Effetti dell'abbandono).
Se la validità dell'abbandono non è stata contestata entro trenta giorni da quello nel quale la dichiarazione di abbandono è stata portata a conoscenza dell'assicuratore, ovvero se la validità dell'abbandono è stata giudizialmente riconosciuta, l'assicurato ha diritto a percepire l'indennità per perdita totale.

La proprietà delle cose abbandonate ed i diritti indicati nell'articolo precedente si trasferiscono all'assicuratore dal giorno in cui gli è stata portata a conoscenza la dichiarazione d'abbandono, a meno che, nel termine di dieci giorni da quello nel quale la validità dell'abbandono è divenuta incontestabile a norma del comma precedente, l'assicuratore dichiari all'assicurato di non volerne profittare.

La dichiarazione dell'assicuratore deve essere fatta, pubblicata e portata a conoscenza dell'assicurato nelle forme richieste dall'articolo 543 per la dichiarazione di abbandono.

Art. 547. (Prescrizione).
I diritti derivanti dal contratto di assicurazione si prescrivono con il decorso di un anno.

Fermo per il rimanente il disposto dell'articolo 2952 del codice civile, per la prescrizione del diritto al risarcimento dell'assicurato verso l'assicuratore, il termine decorre dalla data del sinistro ovvero da quella in cui l'assicurato provi di averne avuto notizia, e, in caso di presunzione di perdita della nave, dal giorno in cui questa è stata cancellata dal registro d'iscrizione.

L'esercizio dell'azione per ottenere l'indennità, mediante abbandono delle cose assicurate, interrompe la prescrizione dell'azione per il conseguimento dell'indennità d'avaria, dipendente dallo stesso contratto e relativa allo stesso sinistro.

TITOLO SESTO - DEI PRIVILEGI E DELLA IPOTECA

CAPO I - Dei privilegi

Sezione I Disposizioni generali

Art. 548. (Preferenza dei privilegi).
I privilegi stabiliti nel presente capo sono preferiti a ogni altro privilegio generale o speciale.

Art. 549. (Privilegi sugli avanzi delle cose).
In caso di deterioramento o diminuzione della cosa sulla quale esiste il privilegio, questo si esercita su ciò che avanza ovvero viene salvato o ricuperato.

Art. 550. (Surrogazione del creditore perdente).

Il creditore che ha privilegio sopra una o più cose, qualora si trovi perdente per essersi in tutto o in parte soddisfatto sul loro prezzo un creditore il cui privilegio, di grado superiore, si estenda ad altre cose dello stesso debitore, può surrogarsi nel privilegio spettante al creditore soddisfatto, con preferenza sui creditori aventi privilegio di grado inferiore.

Lo stesso diritto spetta ai creditori perdenti in seguito alla detta surrogazione.

Art. 551. (Trasferimento del privilegio).

Il trasferimento del credito privilegiato produce anche il trasferimento del privilegio.

Sezione II - Dei privilegi sulla nave e sul nolo

Art. 552. (Privilegi sulla nave e sul nolo).

Sono privilegiati sulla nave, sul nolo del viaggio durante il quale è sorto il credito, sulle pertinenze della nave e sugli accessori del nolo guadagnati dopo l'inizio del viaggio:

1° le spese giudiziali dovute allo Stato o fatte nell'interesse comune dei creditori per atti conservativi sulla nave o per il processo di esecuzione; i diritti di ancoraggio, di faro, di porto e gli altri diritti e le tasse della medesima specie; le spese di pilotaggio; le spese di custodia e di conservazione della nave dopo
l'entrata nell'ultimo porto;

2° i crediti derivanti dal contratto di arruolamento o di lavoro
del comandante e degli altri componenti dell'equipaggio;

3° i crediti per le somme anticipate dall'amministrazione della marina mercantile o della navigazione interna ovvero dall'autorità consolare per il mantenimento ed il rimpatrio di componenti dell'equipaggio; i crediti per contributi obbligatori dovuti ad istituti di previdenza e di assistenza sociale per la gente di mare e
per il personale della navigazione interna;

4° le indennità e i compensi di assistenza e di salvataggio e le somme dovute per contribuzione della nave alle avarie comuni;

5° le indennità per urto o per altri sinistri della navigazione, e quelle per danni alle opere dei porti, bacini e vie navigabili; le indennità per morte o per lesioni ai passeggeri ed agli equipaggi e quelle per perdite o avarie del carico o del bagaglio;

6° i crediti derivanti da contratti stipulati o da operazioni eseguite in virtù dei suoi poteri legali dal comandante, anche quando sia armatore della nave, per le esigenze della conservazione della nave ovvero per la continuazione del viaggio.

Art. 553. (Surrogazione dell'indennità alla nave e al nolo).

Se la nave è perita o deteriorata o il nolo è in tutto o in parte perduto, sono vincolate al pagamento dei crediti privilegiati indicati nell'articolo precedente:

a)   le indennità per danni materiali sofferti dalla nave e non
riparati o per perdita di nolo;

b)   le somme dovute per contribuzione alle avarie comuni sofferte dalla nave, in quanto queste costituiscano danni materiali non
riparati ovvero perdite di nolo;

c)   le indennità e i compensi per assistenza prestata fino al termine del viaggio, dedotte le somme attribuite alle persone al servizio della nave.

Non sono invece vincolati al pagamento dei crediti privilegiati le indennità di assicurazione, nè i premi, le sovvenzioni o altri sussidi dello Stato.

Art. 554. (Estensione del privilegio sul nolo a favore dell'equipaggio).
Il privilegio stabilito a favore dell'equipaggio si estende a tutti i noli dovuti per i viaggi eseguiti nel corso di uno stesso contratto di arruolamento o di lavoro.
Art. 555. (Concorso di privilegi relativi a più viaggi).
I crediti privilegiati dell'ultimo viaggio sono preferiti a quelli dei viaggi precedenti.

Tuttavia i crediti derivanti da un unico contratto di arruolamento o di lavoro comprendente più viaggi concorrono tutti nello stesso grado con i crediti dell'ultimo viaggio.
Art. 556. (Graduazione dei privilegi).
I crediti relativi ad un medesimo viaggio sono privilegiati nell'ordine in cui sono collocati nell'articolo 552.

I crediti compresi in ciascuno dei numeri dell'articolo 552 concorrono fra loro, in caso di insufficienza del prezzo, in proporzione del loro ammontare.

Tuttavia, nel caso indicato dal comma precedente, le indennità per danni alle persone, previste nel numero 5 di detto articolo, hanno preferenza sulle indennità per danni alle cose, nello stesso numero previste.

I crediti indicati nei numeri 4 e 6, in ciascuna delle rispettive categorie, sono graduati con preferenza nell'ordine inverso delle date in cui sono sorti.

I crediti dipendenti dal medesimo avvenimento si reputano sorti contemporaneamente.
Art. 557. (Esercizio del privilegio sulla nave e sul nolo).
I crediti privilegiati seguono la nave presso il terzo proprietario.

Il privilegio sul nolo può essere esercitato finchè il nolo è dovuto ovvero la somma si trova presso il comandante o il raccomandatario.
Art. 558. (Estinzione dei privilegi).
I privilegi si estinguono, oltre che per la estinzione del credito, con lo spirare del termine di un anno, ad eccezione di quelli riguardanti i crediti indicati nell'articolo 552, n. 6, i quali si estinguono alla scadenza del termine di centottanta giorni.

Il termine decorre per i privilegi dei crediti per assistenza o salvataggio dal giorno in cui le operazioni sono terminate; per i privilegi delle indennità dovute in seguito ad urto o ad altri sinistri nonchè di quelle per lesioni personali, dal giorno in cui il danno è stato prodotto; per il privilegio relativo alla perdita o alle avarie del carico o dei bagagli, dal giorno della riconsegna o da quello in cui la riconsegna avrebbe dovuto aver luogo; per il privilegio dei crediti derivanti da contratti stipulati o da operazioni eseguite dal comandante per la conservazione della nave o per la continuazione del viaggio, dal giorno in cui il credito è sorto; per il privilegio derivante dal contratto di arruolamento o di lavoro dal giorno dello sbarco del componente dell'equipaggio nel porto di assunzione, successivamente all'estinzione del contratto. In tutti gli altri casi, il termine decorre dal giorno della esigibilità del credito.

La facoltà di chiedere anticipi o acconti non ha per effetto di far considerare come esigibili i crediti di cui al n. 2 dell'articolo
552.

I termini suddetti sono sospesi finchè la nave gravata di privilegi non abbia potuto essere sequestrata o pignorata nelle acque territoriali del Regno; ma tale sospensione non può oltrepassare i tre anni dal giorno in cui il credito è sorto.

Art. 559. (Altre cause d'estinzione dei privilegi).

I privilegi sulla nave si estinguono altresì:

a)   con il decreto di cui all'articolo 664 nel caso di vendita
giudiziale della nave;

b)   col decorso del termine di sessanta giorni nel caso di alienazione volontaria.

Questo termine decorre dalla data della trascrizione dell'atto di alienazione, se la nave si trova al tempo della trascrizione nella circoscrizione dell'ufficio in cui è iscritta, e dalla data del suo ritorno nella detta circoscrizione, se la trascrizione dell'alienazione è fatta quando la nave è già partita.

Art. 560. (Nave esercitata da armatore non proprietario).

Le disposizioni di questo capo non si applicano nel caso che la nave sia esercitata da un armatore non proprietario, che ne abbia acquistata la disponibilità in seguito ad un atto illecito, quando il creditore sia di ciò a conoscenza.

Sezione III - Dei privilegi sulle cose caricate

Art. 561. (Privilegi sulle cose caricate).

Sono privilegiati sulle cose caricate:

1° le spese giudiziali dovute allo Stato o fatte nell'interesse comune dei creditori per atti conservativi sulle cose o per il
processo di esecuzione;

2° i diritti doganali dovuti sulle cose nel luogo di scaricazione;

3° le indennità e i compensi di assistenza e di salvataggio e le
somme dovute per contribuzione alle avarie comuni;

4° i crediti derivanti da contratto di trasporto, comprese le spese di scaricazione, e il fitto dei magazzini nei quali le cose scaricate
sono depositate;

5° le somme di capitale e di interessi dovute per le obbligazioni contratte dal comandante sul carico nei casi previsti nell'articolo
307.

I crediti indicati nei numeri precedenti sono preferiti a quelli garantiti da pegno sulle cose caricate.

Art. 562. (Surrogazione delle indennità alle cose caricate).

Se le cose caricate sono perite o deteriorate, le somme dovute per indennità della perdita o delle avarie, comprese quelle dovute dagli assicuratori, sono vincolate al pagamento dei crediti privilegiati indicati nell'articolo precedente, a meno che le somme medesime vengano impiegate per riparare la perdita o le avarie.

Art. 563. (Graduazione e concorso dei privilegi).

I crediti privilegiati sulle cose caricate prendono grado nell'ordine nel quale sono collocati nell'articolo 561.

I crediti indicati nei numeri 3 e 5 sono graduati, in ciascuna delle rispettive categorie, nell'ordine inverso delle date nelle quali sono sorti.

I crediti indicati negli altri numeri sono graduati, in ciascuna delle rispettive categorie, nell'ordine inverso delle date solo quando sono sorti in porti diversi.

Art. 564. (Estinzione dei privilegi).

I privilegi sulle cose caricate si estinguono se il creditore non intima opposizione al comandante ovvero non esercita l'azione entro quindici giorni dalla scaricazione e prima che le cose scaricate siano passate legittimamente a terzi.

CAPO II Della ipoteca

Art. 565. (Concessione d'ipoteca su nave).

Sulla nave può solo concedersi ipoteca volontaria.

La concessione d'ipoteca deve farsi, sotto pena di nullità, per atto pubblico o per scrittura privata, contenente la specifica indicazione degli elementi di individuazione della nave.

Art. 566. (Ipoteca su nave in costruzione).

L'ipoteca può essere concessa anche su nave in costruzione. Essa può essere validamente trascritta dal momento in cui è presa nota della costruzione nel registro delle navi in costruzione.

Art. 567. (Pubblicità dell'ipoteca).

Per gli effetti previsti dal codice civile, l'ipoteca su nave o su carati di nave deve essere resa pubblica mediante trascrizione nella matricola e annotazione sull'atto di nazionalità se trattasi di nave maggiore, e mediante trascrizione nel registro di iscrizione se trattasi di nave minore o di galleggiante.

L'ipoteca su nave in costruzione è resa pubblica mediante trascrizione nel registro delle navi in costruzione.

Nelle stesse forme devono essere resi pubblici gli altri atti per i quali il codice civile richiede l'iscrizione.

Art. 568. (Ufficio competente).

La pubblicità deve essere richiesta all'ufficio di iscrizione della nave o del galleggiante, o a quello presso il quale è tenuto il registro delle navi in costruzione.

Tuttavia per le navi maggiori la pubblicità può essere richiesta alle autorità indicate nell'articolo 251.

Art. 569. (Documenti per la pubblicità dell'ipoteca).

Chi domanda la pubblicità dell'ipoteca deve presentare all'ufficio competente i documenti previsti dall'articolo 2839 del codice civile.

La nota deve enunciare:

a) il nome, la paternità, la nazionalità, il domicilio o la residenza e la professione del creditore e del debitore. Per le obbligazioni all'ordine o al portatore si applica inoltre il disposto

degli articoli 2831, 2839, n. 1, del codice civile;

b) il domicilio eletto dal creditore nel luogo nel quale è l'ufficio di iscrizione della nave o del galleggiante;

c) la indicazione del titolo, la sua data e il nome del pubblico ufficiale che lo ha ricevuto o autenticato;

d) l'importo della somma per la quale è fatta la trascrizione;

e) gli interessi e le annualità che il credito produce;

f) il tempo dell'esigibilità;

g) gli elementi di individuazione della nave.

Se la richiesta di pubblicità si riferisce ad una nave maggiore, il richiedente deve inoltre esibire l'atto di nazionalità, perchè su questo sia eseguita la prescritta annotazione. Nel caso che tale esibizione non sia possibile, perchè la nave si trova fuori del porto di iscrizione, si applica il disposto del secondo comma dell'articolo 255.

Art. 570. (Esecuzione della pubblicità).

La pubblicità si esegue dall'ufficio nei modi stabiliti nell'articolo 256.

Art. 571. (Ordine di precedenza e prevalenza delle trascrizioni).

Nel concorso, di più atti resi pubblici a norma degli articoli precedenti nonchè in caso di discordanza tra le trascrizioni nella matricola e le annotazioni sull'atto di nazionalità, si applica il disposto dell'articolo 257.

Art. 572. (Surrogazione dell'indennità alla nave).

Se la nave è perita o deteriorata, sono vincolate al pagamento dei crediti ipotecari, a meno che non vengano impiegate per riparare le

avarie sofferte dalla nave;

a) le indennità spettanti al proprietario per danni sofferti dalla

nave;

b) le somme dovute al proprietario per contribuzione alle avarie

comuni sofferte dalla nave;

c) le indennità spettanti al proprietario per assistenza o salvataggio, quando l'assistenza o il salvataggio abbiano avuto luogo dopo la trascrizione dell'ipoteca e le somme non siano riscosse dal proprietario prima del pignoramento della nave;

d) le indennità di assicurazione.

Art. 573. (Estensione dell'ipoteca al nolo).

L'ipoteca non si estende al nolo se ciò non è stato espressamente convenuto.

Art. 574. (Grado dell'ipoteca).

L'ipoteca prende grado dal momento della trascrizione nel registro di iscrizione della nave o del galleggiante.

Art. 575. (Graduazione dell'ipoteca nel concorso con i privilegi).

L'ipoteca prende grado dopo i privilegi indicati nell'articolo 552 ed è preferita ad ogni altro privilegio generale o speciale.

Art. 576. (Collocazione degli interessi).

Fermo per il rimanente il disposto dell'articolo 2855 del codice civile, la collocazione degli interessi del credito ipotecario, di cui al secondo comma del predetto articolo, è limitata all'annata anteriore ed a quella in corso al giorno del pignoramento della nave. Tuttavia le parti possono convenire che la collocazione si estende ad un'altra sola annualità d'interessi.

Art. 577. (Prescrizione).

I diritti derivanti dalla concessione di ipoteca si prescrivono con il decorso di due anni dalla scadenza dell'obbligazione.

LIBRO QUARTO - DISPOSIZIONI PROCESSUALI

TITOLO PRIMO DELL'ISTRUZIONE PREVENTIVA

Art. 578. (Inchiesta sommaria).

Quando giunga notizia di un sinistro, l'autorità marittima o consolare deve procedere a sommarie indagini sulle cause e sulle circostanze del sinistro stesso, e prendere i provvedimenti occorrenti per impedire la dispersione delle cose e degli elementi utili per gli ulteriori accertamenti.

Competente è l'autorità del luogo di primo approdo della nave o dei naufraghi, o, se la nave è andata perduta e tutte le persone imbarcate sono perite, l'autorità del luogo nel quale si è avuta la prima notizia del fatto.

Nei luoghi ove non esistono autorità marittime, l'autorità doganale compie le prime indagini e prende provvedimenti opportuni, dandone immediato avviso all'autorità marittima più vicina.

Dei rilievi fatti, dei provvedimenti presi per conservare le tracce dell'avvenimento, nonchè delle indagini eseguite è compilato processo verbale, del quale l'autorità inquirente, se non è competente a disporre l'inchiesta formale, trasmette copia all'autorità, che di tale competenza è investita.

Art. 579. (Inchiesta formale).

L'inchiesta formale sulle cause e sulle responsabilità del sinistro è disposta dal direttore marittimo o dall'autorità consolare competenti, ad istanza degli interessati o delle associazioni sindacali che li rappresentano, e deve essere disposta d'ufficio se dal processo verbale di inchiesta sommaria o da informazioni attendibili risulta che il fatto può essere avvenuto per dolo o per colpa.

Se l'autorità competente ritiene di non disporre d'ufficio l'inchiesta, fa di ciò dichiarazione motivata in calce al processo verbale di inchiesta sommaria, che trasmette al ministro per le comunicazioni.

L'inchiesta formale può essere disposta anche se il sinistro riguarda una nave che batte bandiera straniera.

((COMMA ABROGATO DAL D.LGS. 22 APRILE 2020, N. 37)).

Art. 580. (Autorità competente).

La competenza è determinata dal luogo del sinistro, se avvenuto nel mare territoriale e, altrimenti, dal luogo di primo approdo della nave danneggiata o da quello d'arrivo della maggior parte dei naufraghi.

((Nel caso in cui si sia perduta la nave e tutte le persone imbarcate siano perite, ovvero se l'autorità consolare abbia trasmesso il processo verbale d'inchiesta, con dichiarazione dell'impedimento a costituire la commissione inquirente, l'inchiesta formale è eseguita dalla Direzione marittima nella cui giurisdizione è compreso il porto di iscrizione della nave)).

Il ministro stesso ha facoltà di affidare le inchieste formali a commissioni speciali, nonchè di sottoporre a revisione quelle compiute nella forma ordinaria.

Art. 581. (Svolgimento dell'inchiesta).

L'inchiesta formale è eseguita dalla commissione inquirente costituita nel modo stabilito dal regolamento presso l'autorità marittima o consolare competente a disporla, sotto la presidenza dell'autorità medesima.

La commissione inquirente procede all'accertamento delle cause e delle responsabilità del sinistro, eseguendo sopraluoghi, raccogliendo deposizioni, e adottando in genere ogni opportuno mezzo di ricerca.

Hanno facoltà di assistere o di farsi rappresentare nello svolgimento della inchiesta e di essere intesi in presenza delle persone chiamate a deporre, l'armatore e il proprietario della nave, i componenti dell'equipaggio, gli assicuratori, coloro che hanno riportato lesioni personali o altri danni nel sinistro e i loro aventi diritto, ed in genere chiunque abbia interesse nella nave o nel carico.

Se il sinistro riguarda una nave di bandiera straniera ed è avvenuto nel mare territoriale, la commissione inquirente può procedere all'esame dell'equipaggio, informandone l'autorità consolare competente.

Delle operazioni compiute e delle conclusioni raggiunte sulle cause e sulle responsabilità del sinistro la commissione redige relazione e la deposita, insieme con i processi verbali, presso l'autorità che ha disposto l'inchiesta formale.

Art. 582. (Efficacia probatoria della relazione d'inchiesta).
Nelle cause per sinistri marittimi, i fatti risultanti dalla relazione di inchiesta formale si hanno per accertati, salvo l'esperimento della prova contraria da parte di chi vi abbia interesse.

Art. 583. (Spese per l'inchiesta formale).
Quando l'inchiesta formale è disposta su istanza degli interessati, i richiedenti ne devono anticipare le spese, salvo rivalsa verso coloro che risulteranno responsabili del sinistro.

Non sono tenuti ad anticipare le spese dell'inchiesta formale, anche se è stata disposta su loro istanza, i marittimi, nonchè gli armatori di navi minori o di galleggianti di stazza lorda non superiore alle dieci tonnellate, se a propulsione meccanica o alle venticinque, in ogni altro caso, quando la nave o il galleggiante costituiscano l'unico materiale di esercizio dell'armatore e non siano assicurati.

Art. 584. (Verificazione della relazione di eventi straordinari).
Il presidente del tribunale, il pretore o il console, che ha ricevuto la relazione del comandante prevista nell'articolo 304, deve verificare d'urgenza i fatti in essa esposti, esaminando, fuori della presenza del comandante e separatamente l'uno dall'altro, i componenti dell'equipaggio e i passeggeri che creda opportuno sentire, nonchè raccogliendo ogni altra informazione e prova. Gli interrogati non possono rifiutarsi di deporre. Delle loro dichiarazioni deve redigersi processo verbale.

Del giorno fissato per la verificazione deve essere data pubblica notizia a cura del cancelliere, con avviso affisso alla porta dell'ufficio stesso, nell'albo dell'ufficio portuale e in quello della borsa più vicina al luogo ove la nave è ancorata.

Gli interessati e coloro che, anche senza formale mandato, ne assumono la rappresentanza, sono ammessi ad assistere agli atti della verificazione.

Senza pregiudizio delle inchieste a cui le competenti autorità debbono procedere negli speciali casi previsti da questo codice, quando la relazione è confermata dalle testimonianze o dalle altre prove raccolte dal presidente del tribunale, dal pretore o dal console, i fatti da essa risultanti si hanno per accertati, salvo l'esperimento della prova contraria da parte di chi vi abbia interesse.

TITOLO SECONDO - DELLE CAUSE MARITTIME

CAPO I - *Disposizioni generali*

Art. 585. (Dei giudici di primo grado).

Nelle cause di cui al presente titolo, la giustizia è amministrata in primo grado:

a)   dai comandanti di porto capi di circondario marittimo, nei limiti del rispettivo circondario;

b)   dai tribunali.

I capi di circondario possono delegare, con decreto, l'esercizio delle funzioni giurisdizionali ad un ufficiale dipendente, di grado non inferiore a quello di capitano di porto.

Art. 586. (Regolamento di competenza; incompetenza per materia).

Gli articoli 42 e 43 del codice di procedura civile si applicano ai giudizi avanti i comandanti di porto.

L'incompetenza per materia del comandante di porto può essere rilevata anche d'ufficio in ogni stato e grado del giudizio.

Art. 587. (Foro della pubblica amministrazione).

Ai giudizi avanti i comandanti di porto non si applicano le disposizioni relative al foro della pubblica amministrazione.

Art. 588. (Rinvio).

Per tutto quanto non è espressamente regolato dal presente titolo, si applicano le disposizioni del codice di procedura civile.

CAPO II - *Delle cause per sinistri marittimi*

Sezione I Della competenza

Art. 589. (Competenza per materia e per valore).

Sono proposte avanti il comandante di porto, se il valore non eccede le lire diecimila, e avanti il tribunale, se il valore è superiore a tale somma, le cause riguardanti:

a)   i danni dipendenti da urto di navi;

b)   i danni cagionati da navi nell'esecuzione delle operazioni di ancoraggio e di ormeggio e di qualsiasi altra manovra nei porti o in altri luoghi di sosta;

c)   i danni cagionati dall'uso di meccanismi di carico e scarico e dal maneggio delle merci in porto;

d)   i danni cagionati da navi alle reti e agli attrezzi da pesca;

e)   le indennità e i compensi per assistenza, salvataggio e ricupero;

f)   il rimborso di spese e i premi per ritrovamento di relitti.

Le disposizioni del presente articolo si applicano anche alle navi da guerra nazionali.
(2) (4) *((24))*

AGGIORNAMENTO (2) Il D.Lgs. del Capo provvisorio dello Stato 13 settembre 1946, n. 240 ha disposto (con l'art. 1, comma 1) che "Il limite di valore della competenza del comandante di porto, nelle materie indicate negli articoli 589 e 603 del Codice della navigazione, è elevato a lire cinquantamila".

AGGIORNAMENTO (4)

La L. 15 febbraio 1950, n. 72 ha disposto (con l'art. 1, comma 1) che "Il limite di valore della competenza del comandante di porto nelle materie indicate negli articoli 589 e 603 del Codice della navigazione è elevato a lire centomila".

AGGIORNAMENTO (24) La Corte Costituzionale, con sentenza 24 giugno - 7 luglio 1976, n. 164 (in G.U. 1a s.s. 14/7/1976, n. 184), ha dichiarato "l'illegittimità costituzionale dell'art. 589 del codice della navigazione nella parte in cui attribuisce al comandante di porto, quale giudice di primo grado, la competenza a decidere le cause per sinistri marittimi in detto articolo elencate e il cui valore non ecceda le lire centomila".

Art. 590. (Competenza per territorio).

Se il fatto che vi ha dato luogo è avvenuto nel mare territoriale, le cause contemplate nel precedente articolo sono proposte avanti il comandante di porto capo del circondario o il tribunale della circoscrizione, nella quale è avvenuto il fatto, ovvero avanti il capo del circondario o il tribunale della circoscrizione nella quale è avvenuto il primo approdo della nave danneggiata, o, in mancanza, l'arrivo della maggior parte dei naufraghi, ovvero il capo del circondario o il tribunale della circoscrizione nella quale è l'ufficio di iscrizione della nave.

Se il fatto è avvenuto fuori del mare territoriale, le cause sono proposte avanti il comandante di porto capo del circondario o il tribunale della circoscrizione, nella quale è avvenuto il primo approdo della nave danneggiata, o l'arrivo della maggior parte dei naufraghi, o, in mancanza avanti il capo del circondario o il tribunale della circoscrizione nella quale è il luogo di iscrizione della nave.

Sezione II - Del procedimento avanti i comandanti di porto

Art. 591. (Forma della domanda).

La domanda si propone mediante citazione, ovvero verbalmente se le parti sono volontariamente comparse.

Art. 592. (Contenuto e forma della citazione).

La citazione deve contenere la indicazione del comandante di porto adito e delle parti, l'intimazione a comparire a udienza fissa, l'esposizione sommaria dei fatti e la formulazione dell'oggetto della domanda.

Può essere notificata anche dal messo del comune nel quale ha sede il comandante di porto.

La notificazione per pubblici proclami può, su istanza dell'attore, essere autorizzata dal comandante di porto.

Art. 593. (Termini per comparire).

Si applicano i termini di comparizione fissati dall'articolo 313 del codice di procedura civile.

Art. 594. (Partecipazione delle parti al processo).

Le parti possono stare in giudizio personalmente o col ministero di persona munita di procura, redatta per atto notarile o per scrittura privata autenticata nella firma da notaro. Il mandatario, che esercita la professione forense, può autenticare la firma apposta dalla parte alla procura, redatta in calce all'atto di citazione.

Art. 595. (Trattazione della causa).

Le parti si costituiscono depositando in cancelleria la citazione, e, quando occorre, la procura, ovvero facendo redigere processo verbale della comparizione volontaria; possono altresì presentare la citazione e la procura al comandante di porto in udienza.

Se alcuna delle parti citate non si costituisce e si ravvisano irregolarità nell'atto di citazione, ovvero se il contraddittorio fra le parti anche se volontariamente comparse non è integro, il comandante di porto assegna, con ordinanza, alle parti un termine per provvedere, e fissa altra udienza di trattazione.

Se tutte le parti citate si sono costituite e se il contraddittorio fra le parti anche se volontariamente comparse è integro, il comandante di porto deve tentare di indurre le parti ad un amichevole componimento.

Se il componimento non riesce, il comandante di porto verifica, a seconda dei casi, su istanza di parte o d'ufficio, la propria competenza e, se si ritiene incompetente, lo dichiara con sentenza.

La trattazione si svolge, senza formalità e possibilmente in unica udienza, sotto la direzione del comandante di porto, il quale fissa le modalità di esperimento dei mezzi istruttori, dispone l'acquisizione agli atti dei processi verbali di sommarie indagini nonchè dei processi verbali e delle relazioni di inchiesta formale, e può chiedere in ogni momento chiarimenti alle parti, assegnando un termine per provvedervi.

Se è stata proposta querela di falso in via incidentale, il comandante di porto, qualora ritenga il documento impugnato rilevante per la decisione, sospende il giudizio e rimette le parti avanti il tribunale per il relativo procedimento. Può anche disporre a norma del secondo comma dell'articolo 225 del codice di procedura civile.

Art. 596. (Decisione della causa).
Il comandante di porto, se ritiene esaurita la trattazione della causa, invita le parti a formulare le conclusioni; e quindi delibera con sentenza.

Il dispositivo, se non è letto immediatamente in pubblica udienza, deve essere depositato, entro i successivi otto giorni, nella cancelleria; in entrambi i casi il testo della motivazione deve essere depositato nella cancelleria entro quindici giorni dalla chiusura della trattazione.

La provvisoria esecuzione delle sentenze del comandante di porto è regolata dagli articoli 282 a 284 del codice di procedura civile.
Art. 597. (Appellabilità).
Salva l'applicazione degli articoli 42, 43, 339, quarto comma del codice di procedura civile, le sentenze pronunciate su cause di valore eccedente le lire cinquemila sono appellabili avanti il tribunale della circoscrizione, in cui il comandante di porto ha sede.

Il termine per appellare è di quindici giorni dalla data di consegna della lettera raccomandata con avviso di ricevimento, con la quale la cancelleria comunica il deposito del dispositivo e del testo della motivazione alle parti costituitesi e a quelle non comparse ma regolarmente citate.
Art. 598. (Amichevole componimento).
Anche nelle cause contemplate nell'articolo 589 che eccedano il valore di lire diecimila, il comandante di porto, quando ne sia richiesto, deve adoperarsi per indurre le parti ad un amichevole componimento.

Se il componimento riesce, si compila processo verbale, sottoscritto dalle parti, dal comandante di porto e dal cancelliere.

Il processo verbale costituisce titolo esecutivo.

Se il componimento non riesce, si compila processo verbale, sottoscritto dalle parti, dal comandante di porto e dal cancelliere, e ad esso si allegano gli atti relativi agli eventuali accertamenti di fatto.

Sezione III - Del procedimento avanti i tribunali e le corti di appello

Art. 599. (Nomina di consulenti tecnici).

Il presidente, all'atto della nomina del giudice o del consigliere istruttore, e il giudice o il consigliere istruttore nel corso dell'istruzione probatoria, scelgono uno o più consulenti tecnici fra gli iscritti in un elenco speciale, formato secondo le norme stabilite nel regolamento.

Il collegio, quando rileva che non sono stati nominati i consulenti tecnici, provvede alla nomina e può disporre che sia rinnovata l'istruzione probatoria.

Art. 600. (Funzioni del consulente tecnico).

Il consulente tecnico assiste il giudice per il compimento di singoli atti o per tutto il processo, e interviene in camera di consiglio, presenti le parti, per esprimere il suo parere sulle questioni tecniche che la causa presenta.

Del parere del consulente è compilato processo verbale, a meno che il consulente lo presenti per iscritto.

Art. 601. (Acquisizione degli atti di inchiesta).

Il giudice o il consigliere istruttore dispone di ufficio l'acquisizione agli atti della causa dei processi verbali di inchiesta sommaria nonchè dei processi verbali e delle relazioni di inchiesta formale.

Art. 602. (Arbitrato dei consulenti tecnici).

Le parti possono d'accordo chiedere al giudice istruttore che la decisione sia rimessa a un collegio arbitrale composto dai consulenti nominati d'ufficio, e, qualora il numero di questi sia pari, integrato da un consulente nominato dal giudice istruttore con ordinanza.

All'arbitrato si applicano gli articoli 456, 457, 827 e seguenti del codice di procedura civile.

CAPO III - Delle controversie del lavoro

Art. 603. (Competenza del comandante del porto e del tribunale).

Sono proposte avanti il comandante di porto capo del circondario nel quale è iscritta la nave o il galleggiante, ovvero è stato concluso o eseguito o è cessato il rapporto di lavoro, ovvero, se trattasi di ingaggio non seguito da arruolamento, è pervenuta la proposta al marittimo, le controversie individuali, che non eccedono il valore di lire diecimila, riguardanti:

a)   i rapporti di lavoro della gente di mare, anche se la controversia è promossa da persone di famiglia del marittimo o da altri aventi diritto, e ancorchè l'ingaggio non sia stato seguito da arruolamento, o il contratto di arruolamento sia nullo per difetto di

forma;

b) l'esecuzione del lavoro portuale e l'applicazione delle relative tariffe;

c) le retribuzioni dovute ai piloti, ai palombari in servizio locale, agli ormeggiatori, ai barcaiuoli ed agli zavorrai; alle imprese di rimorchio; agli esercenti di galleggianti, meccanismi o istrumenti adoperati nelle operazioni di imbarco o sbarco delle merci e delle persone, ovvero comunque in uso o al servizio di navi o di galleggianti; ai fornitori di acqua per uso di bordo.

Le controversie suindicate, eccedenti il valore di lire diecimila, sono proposte avanti il tribunale, nella circoscrizione del quale è iscritta la nave o il galleggiante, ovvero è stato concluso o eseguito o è cessato il rapporto di lavoro, ovvero, se trattasi di ingaggio non seguito da arruolamento, è pervenuta la proposta al marittimo.

Le disposizioni delle lettere b e c del presente articolo si applicano anche alle navi da guerra nazionali, ma non innovano alle norme vigenti sulle controversie relative ai rapporti d'impiego pubblico.
(2) ((4))

AGGIORNAMENTO (2) Il D.Lgs. del Capo provvisorio dello Stato 13 settembre 1946, n. 240 ha disposto (con l'art. 1, comma 1) che "Il limite di valore della competenza del comandante di porto, nelle materie indicate negli articoli 589 e 603 del Codice della navigazione, è elevato a lire cinquantamila".

AGGIORNAMENTO (4)
La L. 15 febbraio 1950, n. 72 ha disposto (con l'art. 1, comma 1) che "Il limite di valore della competenza del comandante di porto nelle materie indicate negli articoli 589 e 603 del Codice della navigazione è elevato a lire centomila".

Art. 604. (Denuncia all'associazione sindacale).
Chi intende proporre in giudizio una domanda relativa ai rapporti previsti nelle lett. a, b e c dell'articolo 603, deve farne denuncia anche a mezzo di lettera raccomandata all'associazione legalmente riconosciuta che rappresenta la categoria alla quale appartiene.

Si applicano gli articoli 430, secondo comma; 431 a 433; 438 del codice di procedura civile.

Art. 605. (Assistenza processuale dei minori).
Nelle controversie contemplate nell'articolo 603 il giudice può nominare un curatore speciale al minore, anche se quest'ultimo sia fornito di capacità processuale.

È sempre in facoltà di chi esercita sul minore la patria potestà o la tutela di intervenire nelle controversie stesse o anche di surrogarsi al minore, se questo non faccia valere le sue ragioni.

Art. 606. (Passaggio dal rito ordinario al rito speciale).
Il comandante di porto, quando rileva che una causa promossa nelle forme regolate dagli articoli 591 a 596 riguarda uno dei rapporti previsti nell'articolo 603, sospende il processo affinchè abbia luogo il tentativo di conciliazione sindacale, fissando il termine perentorio per la riassunzione della causa col rito delle controversie individuali del lavoro.

Art. 607. (Passaggio dal rito speciale al rito ordinario).
Il comandante di porto, quando rileva che una causa promossa nelle forme stabilite dal presente capo riguarda un rapporto che non rientra tra quelli previsti nell'art. 603, dispone con ordinanza che gli atti siano messi in regola con le disposizioni fiscali che debbono essere osservate nel procedimento ordinario; nel decidere della causa non può tener conto delle prove che sono state ammesse e assunte in deroga alle norme ordinarie.

Art. 608. (Giudice di appello).

L'appello contro le sentenze pronunciate dal comandante di porto nei processi relativi a controversie previste dall'articolo 603 deve essere proposto avanti la sezione della corte di appello che funziona come magistratura del lavoro, la quale è integrata da due consiglieri designati dal primo presidente in sostituzione degli esperti.

Si applica l'articolo 450, secondo comma del codice di procedura civile.

Art. 609. (Rinvio).

Al procedimento per la risoluzione delle controversie contemplate nell'articolo 603 si applicano gli articoli 591 a 598 del presente codice; e gli articoli 439 a 444 del codice di procedura civile.

TITOLO TERZO - DELLA LIQUIDAZIONE DELLE AVARIE COMUNI

Art. 610. (Competenza).

Se la spedizione o, in caso di viaggio circolare, il viaggio contributivo, ha termine in porto nazionale, la procedura per il regolamento della contribuzione, a norma degli articoli 469 e seguenti, si svolge avanti il pretore della circoscrizione nella quale il porto è situato.

Se la spedizione o il viaggio contributivo hanno termine in porto straniero, la procedura per il regolamento della contribuzione si svolge avanti il pretore della circoscrizione nella quale è l'ufficio di iscrizione della nave.

Art. 611. (Domanda di regolamento).

L'azione per contribuzione alle avarie comuni si esercita con domanda di regolamento, proposta dall'armatore della nave o da altro interessato nella spedizione, mediante ricorso al pretore, competente ai sensi del precedente articolo.

Art. 612. (Atti preliminari).

Il pretore, a seguito della presentazione del ricorso, richiama i verbali dell'investigazione prevista nell'articolo 182, gli atti relativi alla verifica della relazione di eventi straordinari, e quelli dell'inchiesta sommaria prevista nell'articolo 578.

Con ordinanza, inoltre, il pretore nomina uno o più liquidatori d'avaria, scelti, quando si tratti di navi marittime, nell'elenco speciale a tal uopo formato secondo le norme del regolamento; fissa il termine entro il quale il comandante della nave, quando non l'abbia già fatto in adempimento del disposto dell'articolo 304, è tenuto a depositare presso la cancelleria copia da lui sottoscritta del verbale indicato dall'articolo 314; dispone per una data successiva la convocazione degli interessati, dei quali l'istante ha indicato il nome e il domicilio.

La cancelleria procede alla pubblicazione dell'ordinanza nell'albo della pretura e ne informa gli interessati mediante lettera raccomandata con avviso di ricevimento.

Art. 613. (Liquidatori d'avaria).

Ai liquidatori d'avaria si applicano le norme del codice di procedura civile relative ai consulenti tecnici.

Art. 614. (Adunanza di discussione).

Nel giorno stabilito per la convocazione, il pretore assistito dal liquidatore procede, in presenza degli interessati, all'esame degli atti indicati nel primo comma dell'articolo 612 e dei documenti prodotti.

Esaurito tale esame, il pretore fissa con ordinanza il termine entro il quale il liquidatore è tenuto a depositare, presso la cancelleria, il regolamento contributorio.

Il termine di deposito può essere prorogato a norma dell'articolo 154 del codice di procedura civile.

Art. 615. (Pubblicazione del deposito del regolamento).

La cancelleria procede alla pubblicazione dell'avvenuto deposito del regolamento contributorio nell'albo della pretura, e ne dà comunicazione agli interessati, a norma dell'articolo 136 del codice di procedura civile.

Art. 616. (Impugnazione del regolamento).

L'impugnazione del regolamento contributorio è proposta con ricorso da depositarsi, entro trenta giorni dalla comunicazione di cui al precedente articolo, presso la cancelleria della pretura, se l'ammontare della massa creditoria non supera le lire diecimila, e presso la cancelleria del tribunale, se supera detta somma.

Il giudice competente, riuniti i ricorsi depositati e richiamato d'ufficio il regolamento, fissa la data della prima udienza di trattazione, della quale si informano le parti mediante lettera raccomandata con avviso di ricevimento.

Art. 617. (Omologazione del regolamento).

Se il regolamento contributorio non è impugnato, o se le impugnazioni proposte sono rigettate con sentenza passata in giudicato, il pretore, con ordinanza, omologa il regolamento e gli conferisce efficacia di titolo esecutivo.

Se una o più impugnazioni sono accolte con sentenza passata in giudicato, il pretore dispone, con ordinanza, che lo stesso liquidatore, o altro a tal fine nominato nelle forme di cui all'articolo 612, proceda alla formazione di un nuovo regolamento.

Il nuovo regolamento non può essere impugnato per motivi che hanno già formato oggetto di impugnazione del precedente regolamento.

Art. 618. (Riapertura del regolamento).

Nella ipotesi di cui all'articolo 479, il pretore su istanza dell'armatore della nave o di altro interessato dispone la riapertura del regolamento, richiama in ufficio i liquidatori o, se questi non possono essere richiamati, procede a nuova nomina, e provvede a quanto altro è richiesto nelle precedenti disposizioni, al fine di tener conto del valore delle cose ricuperate.

Art. 619. (Chirografo di avaria).

Gli interessati possono, mediante stipulazione di chirografo di avaria, far decidere da arbitri le cause relative alla formazione del regolamento contributorio.

Al chirografo e al regolamento si applicano in tal caso le norme del codice di procedura civile riguardanti l'arbitrato, se gli interessati intendono che al regolamento venga dal pretore competente conferita efficacia di sentenza, e di ciò fanno espressa dichiarazione nel chirografo.

TITOLO QUARTO - DELL'ATTUAZIONE DELLA LIMITAZIONE DEL DEBITO DELL'ARMATORE

Art. 620. (Giudice competente).

Il procedimento di limitazione è promosso avanti il tribunale o il pretore, nella circoscrizione dei quali è il foro generale dell'armatore, a seconda che si tratti di navi maggiori ovvero di navi minori e di galleggianti.

Art. 621. (Domanda di limitazione).

L'armatore che intende valersi del beneficio della limitazione ne propone domanda, con ricorso al giudice competente, ai sensi del precedente articolo.

Il ricorso deve indicare il nome, la paternità, la nazionalità e il domicilio dell'istante; la dichiarazione di residenza o l'elezione di domicilio dell'istante stesso nel comune, in cui ha sede il giudice competente; gli elementi di individuazione della nave, l'ufficio di iscrizione e il luogo dove la nave o il galleggiante si trovano; il viaggio cui le obbligazioni si riferiscono.

Insieme con il ricorso, l'armatore deve depositare, a pena di inammissibilità, nella cancelleria del tribunale o della pretura:

a) dichiarazione del valore della nave al momento della domanda ovvero, se la domanda è proposta dopo la fine del viaggio, al termine di questo, nonchè, in entrambi i casi, del valore della nave all'inizio del viaggio;

b) elenco dei proventi lordi del viaggio;

c) copia dell'inventario di bordo secondo le forme stabilite dal regolamento;

d) elenco nominativo dei creditori soggetti alla limitazione, con l'indicazione del loro domicilio, del titolo e dell'ammontare del credito di ciascuno;

e) certificato delle ipoteche trascritte sulla nave.

Su istanza dell'armatore, il presidente del tribunale può disporre che il deposito della dichiarazione di valore della nave sia eseguito in un termine successivo alla domanda. Tale termine non deve superare i dieci giorni, ma può essere prorogato fino a otto giorni prima della data fissata ai sensi dell'articolo 623 per la presentazione in cancelleria delle domande dei creditori.

Art. 622. (Valutazione della nave).

La dichiarazione del valore della nave all'inizio del viaggio deve indicare il valore commerciale secondo le risultanze del Registro italiano navale o dell'ispettorato compartimentale, tenuto conto altresì delle pertinenze indicate nella copia dell'inventario di bordo di cui alla lettera c dell'articolo precedente. In caso di nave assicurata, si assume per valore commerciale quello che la polizza di assicurazione indica come valore di stima ai sensi dell'articolo 515.

Art. 623. (Sentenza di apertura).

Con sentenza esecutiva il tribunale, accertata in seguito alla domanda dell'armatore l'esistenza degli estremi di legge, dichiara aperto il procedimento di limitazione. Con la stessa sentenza il tribunale designa un giudice per la formazione dello stato attivo e di quello passivo, per il riparto della somma e per l'istruzione dei processi, di cui agli articoli 627, 636, 637; assegna ai creditori per la presentazione in cancelleria delle domande e dei titoli un termine non superiore a giorni trenta dalla data di pubblicazione della sentenza, o a sessanta per i creditori residenti all'estero; stabilisce, entro sessanta giorni dalla decorrenza del maggior termine fissato per la presentazione delle domande e dei titoli dei creditori, la data di deposito dello stato attivo e di quello passivo; fissa, non prima di dieci e non oltre venti giorni da quest'ultima data, l'udienza di trattazione delle impugnazioni dello stato attivo e di quello passivo avanti il collegio.

Art. 624. (Notifica e pubblicazione della sentenza di apertura).

La sentenza di apertura, a cura della cancelleria, è portata a conoscenza dell'armatore e dei creditori indicati nell'elenco di cui all'articolo 621, mediante lettera raccomandata con avviso di ricevimento. La sentenza stessa, a cura della cancelleria, è altresì trasmessa in estratto all'ufficio di iscrizione della nave o del galleggiante, e, parimenti in estratto, pubblicata nella Gazzetta ufficiale del Regno.

L'ufficio di iscrizione, avuto conoscenza della sentenza, ne fa annotazione nel registro di iscrizione della nave o del galleggiante, e ne cura l'affissione nell'albo dell'ufficio stesso.

Art. 625. (Effetti del procedimento sui debiti pecuniari).

Agli effetti del procedimento, i debiti pecuniari non scaduti, soggetti alla limitazione, si considerano scaduti alla data di apertura.

I crediti sottoposti a condizione partecipano allo stato passivo, e sono compresi con riserva fra i crediti ammessi.

I crediti per interessi convenzionali o legali, maturati dopo la data di apertura, sono ammessi a concorrere soltanto sul residuo della somma limite dopo il riparto fra i creditori.

Art. 626. (Improcedibilità e sospensione di atti esecutivi).

Dalla data di pubblicazione della sentenza di apertura i creditori soggetti alla limitazione non possono promuovere l'esecuzione forzata sui beni dell'armatore per le obbligazioni di cui all'articolo 275.

Dalla stessa data, il processo di esecuzione iniziato dai creditori medesimi è sospeso, anche d'ufficio, con provvedimento del giudice dell'esecuzione, e si estingue se non è riassunto nel termine fissato con la sentenza che fa constare una delle cause di decadenza previste nell'articolo 640.

Art. 627. (Opposizione dei creditori).

Contro la sentenza di apertura i creditori possono promuovere opposizione, entro quindici giorni dalla pubblicazione nella Gazzetta ufficiale del Regno, per l'inesistenza degli estremi di legge, in contraddittorio dell'armatore.

L'opposizione non sospende il procedimento, a meno che il giudice designato non ne autorizzi, con ordinanza, la sospensione fino a che non sia pronunciata sull'opposizione sentenza passata in giudicato.

Art. 628. (Formazione dello stato attivo).

Nel termine fissato dalla sentenza di apertura, il giudice designato, sentiti l'armatore e i creditori concorrenti, forma lo stato attivo sulla base della dichiarazione di valore e dei documenti indicati nell'articolo 621. Egli può disporre anche d'ufficio accertamenti tecnici per la revisione del valore della nave dichiarato dall'armatore o sulla consistenza e l'ammontare del nolo e degli altri proventi; in questo caso fissa un termine per il deposito della relazione di stima, durante il quale sospende, ove sia opportuno, il procedimento.

Art. 629. (Deposito della somma limite).

Entro tre giorni dalla sentenza di apertura o dal deposito della dichiarazione di valore, disposto ai sensi dell'ultimo comma dell'articolo 621, il giudice designato fissa il termine, non superiore a cinque giorni, e le modalità per il deposito della somma limite, computata sulla base delle indicazioni e dei documenti presentati dall'armatore, nonchè di una congrua somma per le spese del procedimento.

Art. 630. (Integrazione della somma depositata).

Quando, in seguito agli accertamenti tecnici previsti nell'articolo 628, risulta che il valore della nave o l'ammontare dei proventi è superiore a quello dichiarato, il giudice designato ordina l'integrazione della somma depositata entro un termine non superiore a cinque giorni.

Quando dagli accertamenti medesimi risultano proventi omessi o inesattamente indicati dall'armatore per dolo o colpa grave, il giudice designato provvede ai sensi dell'articolo 641.

Art. 631. (Vendita della nave e cessione dei proventi).

Se l'armatore proprietario ne fa istanza entro il termine previsto per il deposito della somma limite a sensi dell'articolo 629, il giudice designato, con ordinanza, può autorizzare, in luogo del deposito del valore della nave, la vendita all'incanto della nave stessa entro un termine anteriore di almeno dieci giorni alla scadenza di quello fissato per la formazione dello stato attivo.

Il giudice predetto, su istanza dell'armatore nel termine previsto per il deposito della somma limite, può altresì autorizzare la cessione alla massa passiva dei proventi esatti, o da esigere entro un termine anteriore di almeno dieci giorni alla scadenza di quello fissato per la formazione dello stato attivo, nominando in tal caso un liquidatore.

Venduta la nave o esatti i proventi, il giudice dispone che, entro un termine anteriore di almeno cinque giorni alla scadenza di quello fissato per la formazione dello stato attivo, la somma ricavata sia integrata fino a concorrenza della somma limite.

Art. 632.
(Opposizione all'ordinanza di vendita della nave o di cessione dei proventi).
Entro dieci giorni dalla pubblicazione dell'ordinanza che autorizza la vendita della nave o la cessione dei proventi, i creditori possono proporre opposizione mediante ricorso al giudice designato, il quale, sentiti l'armatore e i creditori concorrenti, decide con ordinanza non impugnabile. L'opposizione sospende l'esecuzione dell'ordinanza.

Art. 633. (Comunicazione dei provvedimenti del giudice designato).
I provvedimenti del giudice designato, indicati negli articoli precedenti, sono comunicati a cura della cancelleria all'armatore e ai creditori mediante lettera raccomandata con avviso di ricevimento. L'ordinanza che autorizza la vendita della nave o la cessione dei proventi è trasmessa inoltre all'ufficio di iscrizione della nave o del galleggiante, per la pubblicazione mediante affissione nell'albo.

Art. 634. (Formazione dello stato passivo).
Nel termine fissato dalla sentenza di apertura, il giudice designato, sentiti l'armatore e i creditori concorrenti, procede alla formazione dello stato passivo.

Art. 635. (Avviso di deposito dello stato attivo e passivo).
L'avvenuto deposito dello stato attivo e di quello passivo è comunicato all'armatore e ai creditori, mediante lettera raccomandata con avviso di ricevimento, nonchè all'ufficio d'iscrizione della nave o del galleggiante, che ne cura la pubblicazione mediante affissione nell'albo.

Art. 636. (Impugnazione dello stato attivo e passivo).
Le impugnazioni dello stato attivo e di quello passivo sono proposte in contraddittorio dell'armatore e dei creditori interessati, mediante citazione per l'udienza avanti il collegio, fissata ai sensi dell'articolo 623.

Decise le impugnazioni con sentenza passata in giudicato, il giudice designato, ove necessario, provvede alla formazione del nuovo stato attivo e di quello passivo e ordina l'integrazione della somma depositata entro un termine non superiore a cinque giorni.

Art. 637. (Stato di riparto).
Decorso il termine fissato per le impugnazioni, ovvero quando il nuovo stato passivo è formato a norma dell'articolo precedente, i creditori compresi nello stato passivo possono concordare lo stato di riparto.

Se i creditori non raggiungono l'accordo, il giudice designato procede alla ripartizione della somma depositata, secondo l'ordine delle cause di prelazione.
Lo stato di riparto è impugnabile, entro dieci giorni dal deposito nella cancelleria, solo per quanto attiene all'ordine di prelazione.

Il giudice designato, in base al riparto concordato o a quello definitivamente formato, provvede all'emissione dei mandati di pagamento.

Art. 638. (Ripartizione del residuo).

Fermo il disposto dell'ultimo comma dell'articolo 625, sul residuo della somma depositata sono ammessi a concorrere i creditori che abbiano presentata la loro domanda fuori del termine fissato nella sentenza di apertura.

Alla ripartizione del residuo si procede a norma dell'articolo precedente, ma lo stato di riparto è impugnabile anche per motivi attinenti all'esistenza del credito.

Art. 639. (Fallimento dell'armatore).

Il fallimento dell'armatore, dichiarato successivamente al decorso del termine fissato per le impugnazioni dello stato attivo, o al passaggio in giudicato della sentenza che respinge le impugnazioni, ovvero alla integrazione della somma disposta ai sensi del secondo comma dell'articolo 636, non estingue il procedimento di limitazione; le somme depositate non sono comprese nella massa attiva fallimentare, e i creditori soggetti alla limitazione non partecipano al concorso sul patrimonio del fallito.

Art. 640. (Decadenza dal beneficio della limitazione).

L'armatore decade dal beneficio della limitazione:

a) per l'inesatta indicazione o l'omissione, dolose o gravemente
colpose, di proventi della spedizione;

b) per il mancato deposito, entro il termine fissato, della dichiarazione di valore della nave, disposto ai sensi dell'ultimo
comma dell'articolo 622;

c) per il mancato deposito, entro il termine fissato, della somma limite o della somma per le spese del procedimento, ovvero per
l'omessa integrazione del deposito stesso;

d) per l'occultamento della nave ovvero per l'intralcio all'opera dell'esperto nei casi di cui all'articolo 628.

Art. 641. (Dichiarazione di estinzione del procedimento).

In caso di fallimento dell'armatore dichiarato prima del momento indicato nell'articolo 639, o quando ricorra uno dei casi previsti nell'articolo precedente, il giudice designato rimette le parti al collegio.

Il collegio, accertati gli estremi di cui all'articolo 639 o quelli della decadenza, dichiara estinto, con sentenza, il procedimento di limitazione, ordina la restituzione delle somme depositate, fatta deduzione delle spese, e fissa un termine per la riassunzione dei processi di esecuzione di cui all'articolo 626.

La sentenza predetta è notificata e pubblicata nelle forme di cui all'articolo 624.

Art. 642. (Norme applicabili al procedimento promosso avanti il pretore).

Quando si tratta di navi minori o di galleggianti, spettano al pretore tutti i poteri attribuiti dai precedenti articoli al tribunale, al presidente e al giudice designato.

TITOLO QUINTO - DELL'ESECUZIONE FORZATA E DELLE MISURE CAUTELARI

CAPO I - - Disposizioni generali

Art. 643. (Competenza).

L'esecuzione forzata è promossa avanti il tribunale o il pretore, nella circoscrizione dei quali la nave o il galleggiante si trova, a seconda che oggetto ne siano navi maggiori ovvero navi minori o galleggianti.

Il sequestro giudiziario e conservativo di navi o di galleggianti è autorizzato dai giudici competenti a norma del codice di procedura civile.

Art. 644. (Oggetto dell'espropriazione e delle misure cautelari).

Salve le eccezioni contemplate nell'articolo seguente, possono formare oggetto di espropriazione forzata e di misure cautelari le navi e i galleggianti, i loro carati e le loro pertinenze separabili.

Se oggetto di espropriazione forzata e di misure cautelari sono carati di navi, il giudice competente può, sentiti i comproprietari non debitori, autorizzare il pignoramento o il sequestro dell'intera nave, quando la quota del proprietario debitore eccede la metà; in tal caso, il diritto spettante ai comproprietari non debitori sui carati ad essi appartenenti è convertito nel diritto alla corrispondente parte del prezzo di aggiudicazione ed è esente da ogni concorso alle spese delle procedure esecutive e cautelari.

Art. 645. (Navi non soggette a pignoramento e a sequestro).

Non possono formare oggetto di espropriazione forzata nè di misure cautelari:

a)   le navi da guerra, comprese le navi in costruzione per conto della marina militare nazionale;

b)   le navi adibite alle linee di navigazione, dichiarate di preminente interesse nazionale dal ministro per le comunicazioni, se non sia intervenuta la autorizzazione del ministro medesimo;

c)   le navi adibite ai servizi pubblici di linea o di rimorchio della navigazione interna, se non sia intervenuta l'autorizzazione del ministro per le comunicazioni;

d)   le navi e i galleggianti, pronti a partire o in corso di navigazione, purchè non si tratti di debiti a causa del viaggio che stanno per intraprendere o che proseguono. La nave marittima si reputa pronta a partire quando il comandante ha ricevuto le spedizioni, e la nave della navigazione interna quando il comandante di porto ha dato la relativa autorizzazione.

Art. 646. (Provvedimenti per impedire la partenza della nave).

Il giudice competente a sensi dell'articolo 643, e, ove ricorra l'urgenza, il comandante del porto, o l'autorità di polizia giudiziaria del luogo, nel quale si trova la nave, possono prendere i provvedimenti opportuni per impedire la partenza della nave.

Art. 647. (Precetto).

Il precetto è regolato dalle disposizioni del codice di procedura civile, ma il termine ad adempiere è ridotto a ventiquattro ore.

Art. 648. (Notificazione del precetto).

Il precetto, ad istanza del creditore, deve essere notificato al debitore proprietario.

Il precetto diviene inefficace, trascorsi trenta giorni senza che si sia proceduto al pignoramento.

CAPO II - Del procedimento di espropriazione forzata

Art. 649. (Giudice dell'esecuzione).

L'espropriazione è diretta da un giudice. Nei procedimenti avanti il tribunale la nomina del giudice dell'esecuzione è fatta dal presidente, su presentazione, a cura del cancelliere, del fascicolo di cui al terzo comma dell'articolo 653, entro due giorni da che è stato formato.

Nei procedimenti avanti le preture delle quali fanno parte più magistrati, la nomina è fatta dal pretore dirigente a norma del comma precedente. Si applicano al giudice dell'esecuzione gli articoli 174 e 175 del codice di procedura civile.

Art. 650. (Forma del pignoramento di navi o di carati di navi).

L'atto di pignoramento deve contenere:

1) l'enunciazione della somma dovuta e del titolo esecutivo, in forza del quale si procede, e della sua spedizione in forma
esecutiva;

2) la data della notificazione del precetto;

3) l'ingiunzione al debitore proprietario di astenersi da qualsiasi atto diretto a sottrarre alla garanzia del credito, per la soddisfazione del quale si agisce, la nave o il galleggiante o i carati, che si assoggettano alla espropriazione, e le relative
pertinenze;

4) l'intimazione al comandante di non far partire la nave, ovvero, se oggetto dell'espropriazione è una nave in corso di navigazione,
di non far ripartire la nave dal porto di arrivo;

5) gli elementi di individuazione della nave o del galleggiante.

Il pignoramento si esegue, su istanza del creditore precettante, mediante notificazione dell'atto al debitore proprietario e al comandante. Se si tratta di nave in corso di navigazione, il giudice competente ai sensi dell'articolo 643 può prescrivere che la notificazione dell'atto al comandante sia eseguita per mezzo di telegramma collazionato con avviso di ricevimento, ovvero mediante comunicazione radiotelegrafica degli estremi del pignoramento.

Non appena eseguita la notificazione o ritirata la ricevuta regolamentare della comunicazione telegrafica o radiotelegrafica, il creditore invia copia autentica dell'atto all'ufficio di iscrizione della nave o del galleggiante, il quale provvede alla trascrizione nel registro d'iscrizione e, ove si tratti di navi maggiori, anche all'annotazione sull'atto di nazionalità. Se la nave è in costruzione, la trascrizione del pignoramento si esegue nel registro delle navi in costruzione.

Il detto ufficio è tenuto a consegnare al creditore un certificato dal quale risulti l'espletamento delle formalità indicate nel precedente comma.

Art. 651. (Forma del pignoramento di pertinenze separabili).

Il pignoramento di pertinenze separabili è autorizzato dal pretore della circoscrizione, nella quale si trova la nave, su istanza del creditore precettante, sentiti i creditori ipotecari. Esso è eseguito, secondo le norme del codice di procedura civile, riguardanti il pignoramento di cose mobili, dall'ufficiale giudiziario, il quale cura il deposito delle cose nei magazzini generali o in altro luogo idoneo, e nomina un custode.

Art. 652. (Amministrazione della nave pignorata).

Il capo dell'ufficio giudiziario competente ai sensi dell'articolo 643, su istanza di chi vi ha interesse e sentiti i creditori ipotecari, può disporre che la nave pignorata per intero o per carati, intraprenda uno o più viaggi, prescrivendo con ordinanza le garanzie e le altre cautele che creda opportune, e disponendo in ogni caso che sia stipulata una adeguata assicurazione.

Il viaggio non può essere incominciato sino a che l'ordinanza non sia stata resa pubblica con le forme previste dall'articolo 250, e il richiedente non abbia anticipato, nei modi indicati per i depositi giudiziari, le somme presumibilmente necessarie per intraprendere e condurre a termine il viaggio o i viaggi.

Il nolo, dedotte le spese da rimborsare, nei limiti dell'effettuato deposito, al richiedente, va in aumento del prezzo di aggiudicazione. Se le spese occorrenti eccedono il nolo, il richiedente è tenuto per la differenza, e per il pagamento di questa il giudice può emettere decreto di ingiunzione.

Il giudice può anche emettere, su istanza dei creditori ipotecari o privilegiati, decreto d'ingiunzione a carico dei debitori del nolo, degli accessori e dei valori contemplati negli articoli 553, 572, sempre che non vi sia stata surroga dell'assicuratore.

Con il decreto d'ingiunzione è nominato il curatore della nave, nei confronti del quale il richiedente o i debitori possono proporre opposizione.

I crediti per il nolo, gli accessori e i valori suindicati, e altresì quelli per la differenza dovuta dal creditore richiedente, possono essere ceduti per contanti dal giudice a chi ne faccia richiesta; il prezzo della cessione va in aumento del prezzo di aggiudicazione.

Art. 653. (Domanda di vendita).
Non prima di trenta e non oltre novanta giorni dal pignoramento, il creditore pignorante o uno dei creditori muniti di titolo esecutivo può chiedere la vendita della nave o del carato con ricorso al giudice competente ai sensi dell'articolo 643.

Il ricorso è notificato al proprietario debitore, ai creditori ipotecari e ai creditori intervenuti a norma dell'articolo 499 del codice di procedura civile, con invito a far pervenire le loro osservazioni sulle condizioni di vendita, e, se trattasi di nave straniera, al console dello Stato di cui la nave batte la bandiera.

Nel termine di giorni trenta dalla notificazione e non oltre novanta giorni dal pignoramento, il creditore istante è tenuto a depositare, presso la cancelleria del giudice competente ai sensi dell'articolo 643 il ricorso notificato e l'estratto del registro di iscrizione dal quale risultino le ipoteche trascritte; di essi si forma, a norma dell'articolo 488 del codice di procedura civile, fascicolo insieme con l'atto di pignoramento, con il certificato di cui all'ultimo comma dell'articolo 650 di questo codice, e con le eventuali osservazioni scritte degli interessati sulle condizioni di vendita.

Art. 654. (Designazione del giudice dell'esecuzione e nomina dell'esperto).
Sulla presentazione del fascicolo di cui al precedente articolo, eseguita dal cancelliere, il giudice, competente ai sensi dell'articolo 643, provvede alla nomina del giudice dell'esecuzione e alla designazione di un esperto per la stima della nave, e fissa un termine, non superiore a trenta giorni, per il deposito della relazione.

Se siano stati osservati gli adempimenti di cui all'articolo 652, secondo comma, non si fa luogo alla designazione dell'esperto, se non dopo dieci ma non oltre trenta giorni dal compimento del viaggio.

Art. 655. (Ordinanza di vendita).
Trascorsi cinque giorni dal deposito della relazione di stima, il giudice dell'esecuzione, sentiti il debitore proprietario, il creditore precettante e istante, i creditori ipotecari e quelli intervenuti, nonchè il console dello Stato di cui la nave batte la bandiera, dispone con ordinanza la vendita mediante incanto.

Art. 656. (Contenuto dell'ordinanza).
L'ordinanza deve contenere la descrizione della nave esproprianda in tutto o per carati, e stabilire:
1)   il prezzo base dell'incanto, determinato dall'esperto;
2)   il giorno e l'ora dell'incanto;

3) l'ammontare della cauzione che deve essere prestata dagli offerenti per il decimo del prezzo base e per il presumibile ammontare delle spese d'incanto e di registrazione del decreto di trasferimento, nonchè il termine entro il quale la cauzione stessa

deve essere prestata dagli offerenti;

4) la misura minima dell'aumento delle offerte;

5) il termine, non superiore a sessanta giorni dalla aggiudicazione definitiva, entro il quale il prezzo deve essere depositato, e le modalità del deposito.

Art. 657. (Notificazione e pubblicità dell'ordinanza di vendita).

L'ordinanza di vendita è notificata, a cura del cancelliere del giudice dell'esecuzione, alle persone indicate nell'articolo 655, che non sono comparse.

L'ordinanza inoltre deve essere annotata, a cura del cancelliere, in margine al pignoramento e pubblicata nel foglio degli annunzi legali. Copia di essa è affissa, almeno dieci giorni prima della vendita, in apposito albo presso l'ufficio della cancelleria.

Il giudice dell'esecuzione può nella stessa ordinanza disporre le altre forme di pubblicità che ritiene opportune.

Art. 658. (Persone ammesse a fare offerte).

Sono ammessi a fare offerte coloro che hanno prestata la cauzione stabilita nell'ordinanza di vendita.

Le offerte devono essere fatte personalmente o a mezzo di mandatario munito di procura speciale. I procuratori legali possono fare offerte per persona da nominare. Non sono ammesse offerte da parte del debitore proprietario.

Art. 659. (Modalità dell'incanto).

L'incanto ha luogo avanti il giudice dell'esecuzione nella sala delle udienze, col sistema della candela vergine.

La nave o i carati sono aggiudicabili a chi abbia fatto l'offerta maggiore.

Ogni offerente cessa di essere tenuto per la sua offerta quando essa è superata da altra valida.

L'incanto, se non può compiersi nella stessa udienza, è continuato nel primo giorno seguente non festivo.

Art. 660. (Aggiudicazione per persona da nominare).

Il procuratore legale, che è rimasto aggiudicatario per persona da nominare, deve, nei tre giorni dall'incanto, dichiarare in cancelleria il nome della persona per la quale ha fatto l'offerta, depositando il mandato. In mancanza, l'aggiudicazione diviene definitiva al nome del procuratore.

Art. 661. (Ulteriori incanti, vendita senza incanto).

Quando la vendita all'incanto non ha luogo per mancanza di offerte, il giudice dell'esecuzione, sentiti gli interessati e il debitore proprietario, dispone che si proceda ad ulteriori incanti, stabilendo di volta in volta un prezzo base inferiore almeno del venti per cento a quello precedente.

Se, pure essendo stato ridotto il prezzo al quaranta per cento del prezzo base, la vendita all'incanto non ha luogo per mancanza di offerte, il giudice dell'esecuzione, sentiti i creditori interessati e il debitore proprietario, dispone che si proceda alla vendita senza incanto, prescrivendone le condizioni.

Art. 662. (Offerte di aumento).

Nei dieci giorni successivi all'incanto possono presentarsi al giudice dell'esecuzione offerte di acquisto a un prezzo superiore almeno di un sesto a quello di aggiudicazione.

L'offerta deve essere accompagnata dal deposito di una cauzione pari al venti per cento del prezzo offerto.

Il giudice dell'esecuzione, accertato l'adempimento delle predette formalità, stabilisce un nuovo incanto, a norma degli articoli precedenti, sulla base del prezzo aumentato.

Art. 663. (Versamento del prezzo).

L'aggiudicatario, entro il termine fissato dall'ordinanza di vendita, deve versare il residuo prezzo secondo le modalità fissate nell'ordinanza stessa, e depositare in cancelleria il documento comprovante l'avvenuto versamento.

Art. 664. (Trasferimento della nave).

Avvenuto il versamento del prezzo, il giudice dell'esecuzione con decreto trasferisce all'aggiudicatario la nave descritta nella ordinanza di vendita, e ingiunge all'ufficio competente di cancellare le trascrizioni delle ipoteche e dei pignoramenti.

Il decreto, trasmesso dal cancelliere all'ufficio di iscrizione della nave o del galleggiante, è reso pubblico a norma dell'articolo 250, ed ha valore anche come titolo esecutivo per il rilascio della nave.

Le disposizioni del presente articolo si applicano anche alla vendita senza incanto.

Art. 665. (Trasferimento dei carati di nave).

Avvenuto il versamento del prezzo, il giudice della esecuzione, con decreto, trasferisce all'aggiudicatario i carati indicati nella ordinanza di vendita e ingiunge all'ufficio competente di restringere le ipoteche ai carati, che non formano oggetto di espropriazione.

Il decreto è trasmesso dal cancelliere all'ufficio di iscrizione della nave o del galleggiante per essere reso pubblico a norma dell'articolo 250.

Le disposizioni del presente articolo si applicano anche alla vendita senza incanto.

Art. 666. (Inadempienza dell'aggiudicatario).

Se il prezzo non è versato entro il termine stabilito, il giudice dell'esecuzione, con ordinanza pubblicata e affissa nelle forme stabilite nell'articolo 657, dispone che si proceda a nuovo incanto.

L'ammontare della cauzione prestata dall'aggiudicatario inadempiente, dedotte le spese, si distribuisce insieme col prezzo ottenuto nel nuovo incanto.

Se il prezzo unito alla cauzione è inferiore a quello dell'incanto precedente, il giudice dell'esecuzione, su istanza di un creditore intervenuto, emette a carico dell'aggiudicatario inadempiente decreto di ingiunzione a versare la differenza, entro il termine di cinque giorni, nei modi indicati per i depositi giudiziari; l'aggiudicatario può proporre opposizione nei confronti del creditore istante.

Art. 667. (Opposizioni all'esecuzione).

La opposizione, con la quale si contesta il diritto della parte istante a procedere ad esecuzione forzata, e quella che riguarda la pignorabilità della nave o dei carati, si propongono con ricorso al giudice dell'esecuzione, o, in difetto, con citazione al giudice competente ai sensi dell'articolo 643, salva l'applicazione dell'articolo 480, terzo comma, del codice di procedura civile. Il giudice dell'esecuzione, se è competente per la causa, provvede alla istruzione a norma degli articoli 175 e seguenti del codice di procedura civile, altrimenti fissa con decreto l'udienza di comparizione avanti il giudice competente per valore, e stabilisce il termine perentorio per la notificazione del ricorso e del decreto.

Art. 668. (Opposizioni agli atti esecutivi).

Salva l'applicazione dell'articolo 480, terzo comma, del codice di procedura civile, le opposizioni relative alla regolarità formale e alla notificazione del titolo esecutivo e del precetto, nonchè quelle relative ai singoli atti di esecuzione, si propongono con ricorso al giudice dell'esecuzione, o, in difetto con citazione al giudice competente ai sensi dell'articolo 643, nel termine perentorio di cinque giorni dal primo atto di esecuzione, se riguardano il titolo esecutivo o il precetto, oppure dal giorno in cui i singoli atti furono compiuti.

Il giudice dell'esecuzione provvede a norma dell'articolo 618 del codice di procedura civile.

Art. 669. (Opposizione di terzi).

Il terzo che pretende avere la proprietà o altro diritto reale sulla nave o sui carati, soggetti ad espropriazione, può proporre opposizione con ricorso al giudice dell'esecuzione prima che sia disposta la vendita.

Si applicano gli articoli 619, secondo comma, 621, 622 del codice di procedura civile.

Art. 670.

(Espropriazione contro il proprietario non armatore e contro il terzo proprietario).

Quando l'espropriazione della nave o dei carati di nave è promossa dai creditori dell'armatore non proprietario, assistiti da privilegio navale, il titolo esecutivo e il precetto debbono essere notificati anche al proprietario non armatore.

Il pignoramento e in generale gli atti di espropriazione si compiono nei confronti del proprietario non armatore, al quale si applicano tutte le disposizioni relative al debitore, ad eccezione del divieto di cui all'articolo 658, terzo comma.

Ogni volta che, a norma del presente capo, deve essere sentito il debitore, deve essere sentito anche il proprietario non armatore.

Ai fini del comma precedente, il terzo proprietario è equiparato al proprietario non armatore.

Art. 671. (Vendita di pertinenze separate).

Alla procedura di vendita di cose già costituenti pertinenze, si applicano le norme del codice di procedura civile relative alla vendita di cose mobili.

Art. 672. (Rinvio).

Alla esecuzione per consegna della nave e alla estinzione e alla sospensione dei processi di esecuzione si applicano le disposizioni del codice di procedura civile.

CAPO III - Della liberazione della nave dai privilegi e dalle ipoteche

Art. 673. (Facoltà di liberare la nave).

Il terzo acquirente di una nave o di carati, che ha trascritto il suo titolo e non è personalmente obbligato verso creditori privilegiati o ipotecari, ha facoltà di liberare la nave o i carati da ogni ipoteca trascritta e da ogni privilegio per credito sorto anteriormente alla trascrizione del suo titolo di acquisto.

Art. 674. (Liberazione dopo il pignoramento).

La facoltà prevista dall'articolo precedente spetta all'acquirente anche dopo il pignoramento, purchè egli nel termine di trenta giorni proceda in conformità di quanto è disposto dall'articolo seguente.

Art. 675. (Istanza per la liberazione).

L'acquirente deve far notificare ai creditori e ai precedenti proprietari un atto contenente:

1) la data e la qualità del suo titolo e la data della trascrizione;

2) il nome dei suoi danti causa;

3) gli elementi di individuazione della nave;

4) il prezzo convenuto e ogni altro peso posto a carico dell'acquirente, o il valore che egli offre di pagare;

5) l'elenco dei creditori ipotecari coll'indicazione dei loro nomi, delle somme loro dovute e della data dei loro titoli e della trascrizione di essi;

6) l'offerta di depositare entro trenta giorni dalla notificazione e dall'inserzione il prezzo convenuto o il valore dichiarato, affinchè sia diviso tra i creditori; 7) l'elezione del domicilio nel comune ove siede il giudice che sarebbe competente per l'esecuzione.

Un estratto sommario di quest'atto deve essere inserito nel giornale degli annunzi giudiziari del luogo ove ha sede l'ufficio d'iscrizione della nave o del galleggiante.

Art. 676. (Istanza di vendita all'incanto della nave).

Ogni creditore privilegiato o ipotecario, entro quindici giorni dalla notificazione e dall'inserzione disposta nell'articolo precedente, può domandare la vendita allo incanto, offrendo l'aumento di un decimo e congrua cauzione per il pagamento del prezzo e per l'adempimento di ogni altro obbligo. La domanda, sottoscritta dall'istante o da un suo procuratore speciale, deve essere notificata all'acquirente, e depositata nella cancelleria del giudice competente a norma dell'articolo 643, il quale constatata la regolarità degli atti, e sentiti, ove occorra, gli interessati, emana ordinanza di vendita ai sensi degli articoli 656, 657.

Art. 677. (Provvedimento di liberazione).

Se la vendita non è domandata nel termine o nel modo stabilito nell'articolo precedente o se la domanda è respinta, il prezzo offerto dall'acquirente rimane definitivamente fissato.

Eseguito dall'acquirente il deposito del prezzo, il pretore o il presidente del tribunale, competente a norma dell'articolo 643, ordina con decreto all'ufficio competente la cancellazione o la restrizione delle trascrizioni ipotecarie.

Il decreto è trasmesso d'ufficio dal cancelliere all'ufficio d'iscrizione della nave o del galleggiante, per essere reso pubblico a norma dell'articolo 250.

Art. 678. (Aggiudicazione al terzo acquirente).

Se l'aggiudicazione segue a favore del terzo acquirente, il giudice competente ai sensi dell'articolo 643, con decreto, pronuncia la conferma del titolo di acquisto e ingiunge all'ufficio competente di cancellare o di restringere le trascrizioni ipotecarie.

Il decreto è trasmesso dal cancelliere all'ufficio di iscrizione della nave o del galleggiante, per essere reso pubblico a norma dell'articolo 250.

Il terzo acquirente, al quale è stata aggiudicata la nave o il carato, ha azione di regresso contro il venditore per il rimborso di ciò che eccede il prezzo stipulato nel contratto di vendita.

Art. 679. (Effetti del mancato deposito del prezzo).

Se il terzo acquirente non deposita il prezzo nel termine, la domanda di liberazione della nave dalle ipoteche e dai privilegi rimane senza effetto, salva la responsabilità del richiedente per i danni verso i creditori.

CAPO IV - Della distribuzione del prezzo

Art. 680. (Disposizioni generali).

Nel caso di cui all'articolo 677, il terzo acquirente deposita presso la cancelleria del giudice, competente a norma dell'articolo 643, l'elenco dei creditori ipotecari trascritti e di quelli privilegiati che siano noti, e promuove la nomina del giudice dell'esecuzione.

Nel caso di cui al secondo comma dell'articolo 644, i comproprietari non debitori depositano presso la cancelleria del giudice, competente ai sensi dell'articolo 643, la domanda con gli atti e documenti giustificativi dei loro diritti nel termine stabilito.

La distribuzione del prezzo non è sospesa per il ritardo del deposito del nolo o dei proventi della amministrazione della nave regolata dall'articolo 652, alla distribuzione dei quali si procede separatamente.

Art. 681. (Rinvio).

La distribuzione del prezzo ricavato dalla vendita di cose già costituenti pertinenze separabili è regolata dalle norme del codice di procedura civile riguardanti la distribuzione del prezzo ricavato dalla vendita di cose mobili.

La distribuzione tanto delle somme depositate ai sensi dell'articolo 677 di questo codice, quanto del ricavato della vendita forzata di nave o carati è regolata dagli articoli 510 a 512; 596 a 598 del codice di procedura civile.

CAPO V - Dei procedimenti cautelari

Art. 682. (Provvedimento di autorizzazione).

Il provvedimento di autorizzazione a procedere a sequestro giudiziario o conservativo deve contenere:

1) il divieto al proprietario debitore di disporre della nave o dei
carati senza ordine di giustizia;

2) l'intimazione al comandante di non far partire la nave, e, se si tratta di nave in corso di navigazione, di non farla ripartire dal
porto di arrivo; 3) gli elementi di individuazione della nave o del galleggiante, cui si riferisce l'autorizzazione.

Art. 683. (Notificazione del provvedimento).

Il provvedimento di autorizzazione, ad istanza del creditore, deve essere notificato al proprietario e al comandante della nave.

Esso deve essere notificato anche al proprietario non armatore, se chi agisce è creditore dell'armatore non proprietario ed è assistito da privilegio sulla nave, e al terzo proprietario, se si tratta di nave o di carati di nave, gravati da privilegi navali od ipoteche.

Se si tratta di nave in corso di navigazione, il giudice adito può prescrivere che la notificazione del provvedimento al comandante sia eseguita secondo le modalità indicate dal secondo comma dell'articolo 650.

Art. 684. (Pubblicità del provvedimento).

Il provvedimento notificato è, a cura del creditore, trascritto nella matricola o nel registro e, ove si tratti di navi maggiori o loro carati, annotato inoltre sull'atto di nazionalità.

Art. 685. (Amministrazione della nave sequestrata).

In caso di sequestro giudiziario o di sequestro conservativo, all'amministrazione della nave si applica il disposto dell'articolo 652.

Art. 686. (Rinvio).

Per quanto non è espressamente disposto nel presente capo, si applicano le disposizioni del codice di procedura civile riguardanti il sequestro.

PARTE SECONDA - DELLA NAVIGAZIONE AEREA

LIBRO PRIMO - DELL'ORDINAMENTO AMMINISTRATIVO DELLA NAVIGAZIONE

TITOLO PRIMO - ((DEGLI ORGANI AMMINISTRATIVI E DELLA DISCIPLINA TECNICA DELLA NAVIGAZIONE))

Art. 687. (Amministrazione dell'aviazione civile).

L'Ente nazionale per l'aviazione civile (ENAC), nel rispetto dei poteri di indirizzo del Ministro delle infrastrutture e dei trasporti, nonché fatte salve le competenze specifiche degli altri enti aeronautici, agisce come unica autorità di regolazione tecnica, ((certificazione, vigilanza e controllo)) nel settore dell'aviazione civile, mediante le proprie strutture centrali e periferiche, e cura la presenza e l'applicazione di sistemi di qualità aeronautica rispondenti ai regolamenti comunitari.

((Le attribuzioni e l'organizzazione dell'ENAC e degli altri enti aeronautici sono disciplinate dalle rispettive norme istitutive, nonchè dalle norme statutarie ed organizzative.))

Art. 688. *(((Competenze negli aeroporti all'interno di porti marittimi).))*

((Negli aeroporti situati all'interno di porti marittimi la vigilanza sulla sosta e sulla circolazione di navi, galleggianti e aeromobili è esercitata, d'intesa, dall'ENAC e dall'autorità marittima.))

Art. 689. *(((Vigilanza sul traffico nazionale all'estero).))*

((La vigilanza sulla navigazione e sul traffico nazionale all'estero è esercitata dall'autorità consolare.))

Art. 690. (Annessi ICAO).

Al recepimento degli annessi alla Convenzione relativa all'aviazione civile internazionale, stipulata a Chicago il 7 dicembre 1944, resa esecutiva con decreto legislativo 6 marzo 1948, n. 616, ratificato con legge 17 aprile 1956, n. 561, si provvede in via amministrativa, ((per le singole materie,)) sulla base dei principi generali stabiliti, in attuazione di norme legislative, dal decreto del Presidente della Repubblica 4 luglio 1985, n. 461, anche mediante l'emanazione di regolamenti tecnici dell'ENAC.

Con le stesse modalità di cui al primo comma si provvede all'adozione delle norme di adeguamento alle eventuali modifiche degli annessi e al recepimento dell'ulteriore normativa tecnica applicativa degli stessi *((, nonchè delle disposizioni tecniche attuative contenute nei manuali e negli altri documenti ufficiali collegati con gli annessi)).*

((Ferme restando le competenze di regolamentazione tecnica attribuite al Corpo nazionale dei vigili del fuoco, come definite dalla legge 23 dicembre 1980, n. 930, e successive modificazioni, l'ENAC determina le condizioni di applicabilità, attuazione e regolarità dei servizi antincendio in ambito aeroportuale.))

Il Governo della Repubblica è autorizzato a modificare *((o sostituire))*, con regolamento emanato ai sensi dell'articolo 17, comma 2, della legge 23 agosto 1988, n. 400, e in attuazione dei principi stabiliti dal decreto del Presidente della Repubblica 4 luglio 1985, n. 461, le disposizioni di legge incompatibili con quelle degli annessi oggetto del recepimento.

TITOLO SECONDO - ((DEI SERVIZI DELLA NAVIGAZIONE AEREA))

Art. 691. *(((Servizi della navigazione aerea).))*

((I servizi della navigazione aerea, conformemente alla normativa comunitaria in vigore, si distinguono in:

a) *servizi del traffico aereo, che includono: i servizi di controllo del traffico aereo, comprensivi dei servizi di controllo di area, dell'avvicinamento e dell'aeroporto; i servizi di informazioni volo; i servizi consultivi sul traffico aereo; i servizi di allarme;*

b) *servizi di meteorologia aeronautica;*

c) *servizi di informazioni aeronautiche;*

d) *servizi di comunicazione, navigazione e sorveglianza.))*

Art. 691-bis (Fornitura dei servizi della navigazione aerea).

Fatta salva l'attuazione delle previsioni della normativa comunitaria, i servizi della navigazione aerea, nonchè la redazione delle carte ostacoli, sono espletati da Enav S.p.a., società pubblica, per gli spazi aerei e gli aeroporti di competenza.

I servizi del traffico aereo sono svolti da personale in possesso di apposita licenza o certificazione.

Enav S.p.a., sotto la vigilanza dell'ENAC e coordinandosi con il gestore aeroportuale, disciplina e controlla, per gli aeroporti di competenza, la movimentazione degli aeromobili, degli altri mezzi e del personale sull'area di manovra e assicura l'ordinato movimento degli aeromobili sui piazzali. Essa cura, altresì, la gestione e la manutenzione degli impianti di assistenza visiva luminosa (AVL) di sua proprietà.

L'Aeronautica militare svolge i servizi di cui al presente articolo stipulando *((...))* specifici atti d'intesa con l'ENAC da sottoporre all'approvazione del Ministero delle infrastrutture e dei trasporti e del Ministero della difesa *((anche al fine di garantire un livello di sicurezza della fornitura dei servizi di navigazione aerea equivalente ai livelli previsti dalla normativa europea)).* Sono fatte salve le sue attribuzioni in materia di meteorologia generale.

TITOLO TERZO - DEI BENI DESTINATI ALLA NAVIGAZIONE E DELLA POLIZIA DEGLI ((AEROPORTI))

CAPO I - - - Della proprietà e dell'uso degli ((aeroporti))

Art. 692. *(((Beni del demanio aeronautico statale).))*

((Fanno parte del demanio aeronautico civile statale: a) gli aeroporti civili appartenenti allo Stato;
b) ogni costruzione o impianto appartenente allo Stato strumentalmente destinato al servizio della navigazione aerea.

Gli aeroporti militari fanno parte del demanio militare aeronautico.))
Art. 693. (Assegnazione dei beni del demanio aeronautico).
I beni del demanio aeronautico di cui alle lettere a) e b) del primo comma dell'art. 692 sono assegnati all'ENAC in uso gratuito *((per il successivo affidamento))* in concessione al gestore aeroportuale.

All'individuazione dei beni di cui al primo comma provvedono le amministrazioni statali competenti con apposito atto di intesa.

((I beni del demanio militare aeronautico, non più funzionali ai fini militari e da destinare all'aviazione civile in quanto strumentali all'attività del trasporto aereo, sono individuati con provvedimento del Ministero della difesa, di concerto con il Ministero delle infrastrutture e dei trasporti, e trasferiti al demanio aeronautico civile per l'assegnazione in uso gratuito all'ENAC ed il successivo affidamento in concessione di cui al primo comma. Il Ministero della difesa può disporre, compatibilmente con le esigenze istituzionali, la concessione temporanea di parti di suolo od infrastrutture di aeroporti militari per destinazioni comunque afferenti ad attività aeronautiche.))

Le regioni e le province autonome di Trento e di Bolzano hanno diritto di prelazione per l'acquisizione al proprio demanio o patrimonio degli *((aeroporti))* e dei beni del demanio aeronautico civile di cui all'articolo 692, in caso di loro alienazione o dismissione da parte dello Stato.
Art. 694. (*((Aeroporti))* privati).
Ferme restando le attribuzioni degli enti locali e fatti salvi gli effetti derivanti dall'applicazione delle leggi speciali *((e delle convenzioni))* vigenti, la realizzazione e l'ampliamento da parte dei privati, sul suolo di proprietà privata, di *((aeroporti))* e di altri impianti aeronautici, sono autorizzati dall'ENAC.
Art. 695. (Mutamenti relativi ai diritti su *((aeroporti))* e su altri impianti privati).
L'alienazione, la locazione, la costituzione di usufrutto e qualunque altro atto dispositivo di *((aeroporti))* o di altri impianti aeronautici privati sono preventivamente comunicati all'ENAC, anche ai fini dell'esercizio dei poteri di vigilanza.
Art. 696. (Opere di pubblico interesse).
La dichiarazione di pubblico interesse per le opere necessarie *((alla realizzazione))* ed all'ampliamento di *((aeroporti))* e di altri impianti aeronautici da destinare al servizio della navigazione aerea è fatta dall'ENAC ed è comunicata al Ministero delle infrastrutture e dei trasporti il quale, sentito il Ministero dell'economia e delle finanze, può annullarla entro il termine di trenta giorni dalla data di ricezione.

Art. 697. *(((Aeroporti aperti al traffico civile).))*

((Sono aperti al traffico aereo civile, previa valutazione d'idoneità al servizio da parte dell'ENAC:
a) gli aeroporti civili appartenenti allo Stato e agli enti pubblici territoriali;
b) gli aeroporti militari designati dal Ministro delle infrastrutture e dei trasporti, d'intesa con il Ministro della difesa;
c) gli aeroporti privati autorizzati ai sensi dell'articolo 694 e adibiti dal gestore all'esercizio del traffico aereo.))

Art. 698. *(((Aeroporti e sistemi aeroportuali d'interesse nazionale))).*
Con decreto del Presidente della Repubblica, previa deliberazione del Consiglio dei Ministri, su proposta del Ministro delle infrastrutture e dei trasporti, d'intesa con la Conferenza permanente per i rapporti tra lo Stato, le regioni e le province autonome di Trento e di Bolzano e sentita l'Agenzia del demanio, sono individuati, previo parere delle competenti Commissioni parlamentari da esprimere entro trenta giorni dalla data di assegnazione, *((gli aeroporti e i sistemi aeroportuali di interesse nazionale))*, quali nodi essenziali per l'esercizio delle competenze esclusive dello Stato, tenendo conto delle dimensioni e della tipologia del traffico, dell'ubicazione territoriale e del ruolo strategico dei medesimi, nonchè di quanto previsto nei progetti europei TEN. Con il medesimo procedimento si provvede alle modifiche del suddetto decreto del
Presidente della Repubblica.

Allo scopo di coordinare le politiche di sviluppo degli acroporti di interesse regionale, è istituito, senza nuovi o maggiori oneri a carico della finanza pubblica, presso il Ministero delle infrastrutture e dei trasporti, un comitato di coordinamento tecnico, composto dai rappresentanti delle regioni e delle province autonome, del Governo e degli enti aeronautici. La partecipazione al comitato di cui al presente comma non comporta la corresponsione di alcuna indennità o compenso nè rimborsi spese.

Art. 699. (Uso degli aeroporti aperti al traffico civile).
Gli aeromobili possono approdare, sostare e partire negli aeroporti aperti al traffico civile, nel rispetto delle condizioni per l'uso degli aeroporti *((e, in particolare, delle disposizioni previste, per ciascun aeroporto, dal regolamento di scalo)).*
Gli aeromobili stranieri sono ammessi a condizione di reciprocità o quando ciò sia stabilito da convenzioni internazionali, salva in ogni caso la facoltà dell'ENAC di dare autorizzazioni temporanee.

Art. 700. (Uso degli *((aeroporti))* privati non aperti al traffico civile).
Salvo il caso di necessità, per l'uso degli *((aeroporti))* privati non aperti al traffico civile è richiesto il consenso *((del gestore))* dell'aeroporto.

Art. 701. *(((Aviosuperfici).))*

((Le aviosuperfici, ivi comprese le elisuperfici, sono aree, diverse dagli aeroporti, non appartenenti al demanio aeronautico e sono disciplinate dalle norme speciali, ferme restando le competenze dell'ENAC in materia di sicurezza, nonchè delle regioni, degli enti locali e delle altre autorità secondo le rispettive attribuzioni.

I comuni, nell'esercizio dei poteri di pianificazione urbanistica, tengono in considerazione le finalità aeronautiche proprie delle aree private adibite ad aviosuperfici site nel proprio territorio.))

Art. 702. (Progettazione delle infrastrutture aeroportuali).
Ferma restando la normativa generale applicabile alla realizzazione di opere pubbliche, l'approvazione dei progetti di costruzione, di ampliamento, di ristrutturazione, di manutenzione straordinaria e di

adeguamento delle infrastrutture aeroportuali, anche al fine di eliminare le barriere architettoniche per gli utenti a ridotta mobilità, è di spettanza dell'ENAC, anche per la verifica della conformità alle norme di sicurezza, nel rispetto delle funzioni di pianificazione, programmazione e di indirizzo del Ministro delle infrastrutture e dei trasporti.

((COMMA SOPPRESSO DAL _D.LGS. 15 MARZO 2006, N. 151_)).

Art. 703. (Devoluzione delle opere non amovibili).

Le opere realizzate dal gestore aeroportuale sul sedime demaniale appartengono al suo patrimonio fino alla cessazione della concessione.

Ove non diversamente stabilito nell'atto di concessione, quando la stessa venga a cessare, le opere non amovibili, costruite sull'area demaniale, restano acquisite allo Stato.

L'ENAC ha facoltà, d'intesa con le autorità che hanno rilasciato la concessione, di ordinare la demolizione delle opere con la restituzione del bene demaniale nel pristino stato.

Nell'ipotesi di cui al comma precedente, l'ENAC, ove il concessionario non esegua l'ordine di demolizione, può provvedervi d'ufficio ai sensi dell'articolo 54.

Alla scadenza naturale della concessione, il concessionario subentrante ha l'obbligo di corrispondere al concessionario uscente il valore di subentro. Ove non diversamente stabilito nell'atto di concessione, tale valore, per gli immobili e gli impianti fissi insistenti sul sedime aeroportuale e sulle aree ivi ricomprese per intervenuto ampliamento dello stesso sedime aeroportuale, realizzati **((o acquisiti))** dal concessionario uscente con proprie risorse, inseriti nel contratto di programma e approvati dall'ENAC, è pari al valore delle opere alla data di subentro, al netto degli ammortamenti e di eventuali contributi pubblici, limitatamente alla quota di detti beni ascritta ai servizi soggetti a regolazione tariffaria rilevabile dalla contabilità analitica regolatoria certificata presentata dal concessionario uscente per l'annualità immediatamente precedente.

Gli immobili e gli impianti fissi insistenti alla data del subentro sul sedime aeroportuale, realizzati **((o acquisiti))** dal concessionario uscente con proprie risorse e destinati allo svolgimento di attività di natura commerciale, come tali non soggette a regolazione tariffaria, restano di proprietà del demanio dello Stato, senza che sia dovuto alla società concessionaria alcun rimborso **((, salvo che per gli immobili e impianti fissi di natura commerciale per cui sia stata autorizzata dall'ENAC la realizzazione o l'acquisizione degli stessi, in quanto funzionali all'attività aeroportuale e alla valorizzazione dell'aeroporto, per i quali spetta un rimborso pari al valore contabile residuo da contabilità analitica regolatoria)).**

Il concessionario uscente è obbligato a proseguire nell'amministrazione dell'esercizio ordinario dell'aeroporto alle stesse condizioni fissate all'atto di concessione sino al subentro del nuovo concessionario, previo pagamento del relativo valore di subentro dovuto dallo stesso, **((salva diversa determinazione dell'ENAC motivata))** in ordine al corretto svolgimento del servizio.

In caso di subingresso nella concessione ovvero quando la concessione cessa prima del termine di scadenza, il concessionario che subentra ha l'obbligo di rimborsare al precedente concessionario il valore contabile residuo non ammortizzato delle opere non amovibili, come indicato nei periodi precedenti riguardanti la scadenza naturale della concessione. Resta fermo quanto previsto dall'articolo 1453 del codice civile.

La disciplina in materia di valore di subentro, rimborsi e indennizzi di cui al presente articolo non trova applicazione qualora meccanismi per la determinazione di valore di subentro, rimborsi e indennizzi siano già previsti nelle convenzioni di gestione aeroportuale vigenti, che restano in tal caso immodificate.

CAPO II - ((Delle gestioni aeroportuali e dei servizi di assistenza a terra))

Art. 704. (Rilascio della concessione di gestione aeroportuale).

Alla concessione della gestione totale aeroportuale degli aeroporti e dei sistemi aeroportuali di rilevanza nazionale si provvede con decreto del Ministro delle infrastrutture e dei trasporti, di concerto con il Ministro dell'economia e delle finanze e, limitatamente agli aeroporti militari aperti al traffico civile, con il Ministro della difesa. (71) *((80))*

Il provvedimento concessorio, nel limite massimo di durata di quaranta anni, è adottato, su proposta del-l'ENAC, all'esito di selezione effettuata tramite procedura di gara ad evidenza pubblica secondo la normativa comunitaria, previe idonee forme di pubblicità, nel rispetto dei termini procedimentali fissati dall'ENAC, sentita, laddove competente, la regione o provincia autonoma nel cui territorio ricade l'aeroporto oggetto di concessione. (71) *((80))*

Alle procedure di gara sono ammesse a partecipare anche imprese straniere non comunitarie, a condizione che istituiscano in Italia una sede secondaria e lo Stato in cui esse hanno la sede principale ammetta imprese italiane a condizioni di reciprocità.

L'affidamento in concessione è subordinato alla sottoscrizione di una convenzione fra il gestore aeroportuale e l'ENAC, nel rispetto delle direttive emanate dal Ministero delle infrastrutture e dei trasporti. L'ENAC e il gestore aeroportuale stipulano altresì, entro sei mesi dalla conclusione del primo esercizio finanziario successivo all'affidamento in concessione, un contratto di programma che recepisce la vigente disciplina di regolazione aeroportuale emanata dal CIPE in materia di investimenti, corrispettivi e qualità, e quella recata dall'articolo 11-nonies del decreto-legge 30 settembre 2005, n. 203, convertito, con modificazioni, dalla legge 2 dicembre 2005, n. 248.

La convenzione deve contenere il termine, almeno quadriennale, per la verifica della sussistenza dei requisiti soggettivi e oggettivi e delle altre condizioni che hanno determinato il rilascio del titolo, compresa la rispondenza dell'effettivo sviluppo e della qualità del servizio reso agli operatori e agli utenti alle previsioni contenute nei piani di investimento di cui all'atto di concessione. Deve inoltre contenere le modalità di definizione ed approvazione dei programmi quadriennali di intervento, le sanzioni e le altre cause di decadenza o revoca della concessione, nonchè le disposizioni necessarie alla regolazione ed alla vigilanza e controllo del settore.

AGGIORNAMENTO (71)

Il D.Lgs. 9 maggio 2005, n. 96 ha disposto (con l'art. 3, comma 2) che "le disposizioni di cui all'articolo 704, primo e secondo comma, del codice della navigazione, come modificato dal presente decreto legislativo, non si applicano alle concessioni della gestione aeroportuale già rilasciate, anche in base a legge speciale, nonchè ai procedimenti di rilascio della concessione su istanza antecedente alla data di entrata in vigore del presente decreto *legislativo, ai sensi del <u>decreto del Ministro dei trasporti e della navigazione 12 novembre 1997, n. 521</u>".*

AGGIORNAMENTO (80)

Il <u>D.Lgs. 9 maggio 2005, n. 96</u>, come modificato dal <u>D.L. 31 dicembre 2007, n. 248</u>, convertito con modificazioni dalla <u>L. 28 febbraio 2008, n. 31</u>, ha disposto (con l'art. 3, comma 2) che "le disposizioni di cui all'<u>articolo 704, primo e secondo comma, del codice della navigazione</u>, come modificato dal presente decreto legislativo, non si applicano alle concessioni della gestione aeroportuale già rilasciate, anche in base a legge speciale, e in ipotesi di delocalizzazione funzionale, nonchè ai procedimenti di rilascio della concessione su istanza antecedente alla data di entrata in vigore del presente decreto legislativo, ai sensi del <u>decreto del Ministro dei trasporti e della navigazione 12 novembre 1997, n. 521</u>".

Art. 705. (Compiti del gestore aeroportuale).

((Il gestore aeroportuale è il soggetto cui è affidato, sotto il controllo e la vigilanza dell'ENAC, insieme ad altre attività o in via esclusiva, il compito di amministrare e di gestire, secondo criteri di trasparenza e non discriminazione, le infrastrutture aeroportuali e di coordinare e controllare le attività dei vari operatori privati presenti nell'aeroporto o nel sistema aeroportuale considerato. L'idoneità del gestore aeroportuale a espletare le attività di cui al presente comma, nel rispetto degli standard tecnici di sicurezza, è attestata dalla certificazione rilasciata dall'ENAC.))

Ferme restando la disciplina del titolo VII e comunque le competenze attribuite agli organi statali in materia di ordine e sicurezza pubblica, difesa civile, ***((prevenzione degli incendi e lotta agli incendi))***, soccorso e protezione civile, il gestore aeroportuale:

a) assicura il puntuale rispetto degli obblighi assunti con la convenzione ed il contratto di programma;

((b) organizza l'attività aeroportuale al fine di garantire l'efficiente ed ottimale utilizzazione delle risorse per la fornitura di attività e di servizi di livello qualitativo adeguato, anche mediante la pianificazione degli interventi in relazione alla tipologia di traffico;))

c) corrisponde il canone di concessione;

d) assicura agli utenti la presenza in aeroporto dei necessari servizi di assistenza a terra, di cui all'articolo 706, fornendoli direttamente o coordinando l'attività dei soggetti idonei che forniscono i suddetti servizi a favore di terzi o in autoproduzione;

e) sotto la vigilanza dell'ENAC e coordinandosi con la società Enav, assegna le piazzole di sosta agli aeromobili e assicura l'ordinato movimento degli altri mezzi e del personale sui piazzali, al fine di non interferire con l'attività di movimentazione degli aeromobili, verificando il rispetto delle prescrizioni del regolamento di scalo da parte degli operatori privati fornitori di servizi aeroportuali, ***((...))***;

((e-bis) propone all'ENAC l'applicazione delle misure sanzionatorie previste per l'inosservanza delle condizioni d'uso degli aeroporti e delle disposizioni del regolamento di scalo da parte degli operatori privati fornitori di servizi aerei e aeroportuali;

e-ter) applica, in casi di necessità e urgenza e salva ratifica dell'ENAC, le misure interdittive di carattere temporaneo previste dal regolamento di scalo e dal manuale di aeroporto;))

f) fornisce tempestivamente notizie all'ENAC, alla società Enav, ai vettori e agli enti interessati in merito a riduzioni del livello del servizio ed a interventi sull'area di movimento dell'aeroporto, nonchè alla presenza di ostacoli o di altre condizioni di rischio per la navigazione aerea nell'ambito del sedime di concessione;

g) redige la Carta dei servizi in conformità alle direttive emanate dal Ministero delle infrastrutture e dei trasporti e dall'ENAC e garantisce il rispetto dei previsti livelli di qualità dei servizi offerti all'utenza;

h) assicura i controlli di sicurezza su passeggeri, bagagli e merci, conformemente alle disposizioni vigenti *((, nonchè la gestione degli oggetti smarriti.))*

Art. 706. *(((Servizi di assistenza a terra).))*

((I servizi di assistenza a terra negli aeroporti aperti al traffico aereo commerciale, espletati sia dal gestore aeroportuale che dagli operatori terzi o dagli utenti in autoassistenza ritenuti idonei dall'ENAC, sono regolati dalle norme speciali in materia.))

CAPO III - Vincoli della proprietà privata

Art. 707. (Determinazione delle zone soggette a limitazioni).

Al fine di garantire la sicurezza della navigazione aerea, l'ENAC individua le zone da sottoporre a vincolo nelle aree limitrofe agli aeroporti e stabilisce le limitazioni relative agli ostacoli per la navigazione aerea ed ai potenziali pericoli per la stessa, conformemente alla normativa tecnica internazionale. Gli enti locali, nell'esercizio delle proprie competenze in ordine alla programmazione ed al governo del territorio, adeguano i propri strumenti di pianificazione alle prescrizioni dell'ENAC.

Il personale incaricato dall'ENAC di eseguire i rilievi e di collocare i segnali può accedere nella proprietà privata, richiedendo, nel caso di opposizione dei privati, l'assistenza della forza pubblica.

Le zone di cui al primo comma e le relative limitazioni sono indicate dall'ENAC su apposite mappe pubblicate mediante deposito nell'ufficio del comune interessato.

Dell'avvenuto deposito è data notizia, entro dieci giorni, mediante avviso inserito nel Bollettino ufficiale della regione interessata. Il comune interessato provvede inoltre a darne pubblicità ai singoli soggetti interessati, nei modi ritenuti idonei.

((Nelle direzioni di atterraggio e decollo possono essere autorizzate opere o attivita compatibili con gli appositi piani di rischio, che i comuni territorialmente competenti adottano, anche sulla base delle eventuali direttive regionali, nel rispetto del regolamento dell'ENAC sulla costruzione e gestione degli aeroporti, di attuazione dell'Annesso XIV ICAO.))

((Per gli aeroporti militari le funzioni di cui al presente articolo sono esercitate dal Ministero della difesa e disciplinate con decreto del Ministro della difesa.))

Art. 708. *(((Opposizione).))*

((Nel termine di sessanta giorni dall'avviso di deposito di cui all'articolo 707, quarto comma, chiunque vi abbia interesse può, con atto notificato all'ENAC, proporre opposizione avverso la determinazione della zona soggetta a limitazioni. Di questa facoltà, e del predetto termine, è fatta menzione nel medesimo avviso.

L'ENAC decide sull'opposizione entro sessanta giorni dalla notifica della medesima. Decorso vanamente il suddetto termine, l'opposizione s'intende respinta.))

Art. 709. (Ostacoli alla navigazione).

Costituiscono ostacolo alla navigazione aerea le costruzioni, le piantagioni arboree, i rilievi orografici ed in genere le opere che *((, anche in virtù delle loro destinazioni d'uso,))* interferiscono con le superfici di rispetto, come definite dall'ENAC con proprio regolamento.

La costituzione di ostacoli fissi o mobili alla navigazione aerea è subordinata all'autorizzazione dell'ENAC, previo coordinamento, ove necessario, con il Ministero della difesa.

Art. 710. *(((Aeroporti militari).))*

((Per gli aeroporti militari, il Ministero della difesa esercita le competenze relative:

a)   alla predisposizione e pubblicazione delle mappe aeronautiche;

b)   alla autorizzazione alla costituzione degli ostacoli alla navigazione aerea nelle vicinanze degli stessi;

c)   all'imposizione di limitazioni e rilascio di autorizzazioni di cui all'articolo 711;

d)   al collocamento di segnali di cui all'articolo 712;

e)   all'abbattimento degli ostacoli ed all'eliminazione dei pericoli di cui all'articolo 714.))

Art. 711. *(((Pericoli per la navigazione).))*

((Nelle zone di cui all'articolo 707, sono soggette a limitazioni le opere, le piantagioni e le attività che costituiscono un potenziale richiamo per la fauna selvatica o comunque un pericolo per la navigazione aerea.

La realizzazione delle opere, le piantagioni e l'esercizio delle attività di cui al comma 1, fatte salve le competenze delle autorità preposte, sono subordinati all'autorizzazione dell'ENAC, che ne accerta il grado di pericolosità ai fini della sicurezza della navigazione aerea.))

Art. 712. (Collocamento di segnali).

L'ENAC, anche su segnalazione delle autorità e degli organismi locali e con oneri a carico del proprietario, ordina, anche con riguardo alle zone estranee a quelle delimitate ai sensi dell'articolo 707, il collocamento di segnali sulle costruzioni, sui rilievi orografici e in genere sulle opere che richiedono maggiore visibilità, nonchè l'adozione di altre misure necessarie per la sicurezza della navigazione.

((Il monitoraggio dell'efficienza dei segnali nelle zone di cui all'articolo 707 compete al gestore aeroportuale.))

I comuni territorialmente competenti segnalano all'ENAC eventuali inosservanze delle prescrizioni in materia di collocamento di segnali.

Art. 713.

(((Aviosuperfici e impianti aeronautici destinati al servizio della navigazione aerea).))

((Le aree in prossimità di aviosuperfici o di impianti aeronautici destinati al servizio della navigazione aerea possono essere assoggettate dall'ENAC alle limitazioni previste dagli articoli 709 e 711, a tutela dell'interesse pubblico.))

Art. 714. *(((Abbattimento degli ostacoli ed eliminazione dei pericoli).))*

((L'ENAC ordina, con provvedimento motivato, che siano abbattuti gli ostacoli non compatibili con la sicurezza della navigazione aerea o eliminati i pericoli per la stessa. Il relativo onere è posto a carico del proprietario dell'opera che costituisce ostacolo.

Se l'ostacolo o la situazione di pericolo sono preesistenti alla data di pubblicazione del piano di sviluppo aeroportuale o, in carenza di esso, del piano regolatore aeroportuale, è corrisposta un'indennità all'interessato che abbia subito un pregiudizio in conseguenza dell'abbattimento o dell'eliminazione.))

Art. 714-bis.

((ARTICOLO NON PIÙ PREVISTO A SEGUITO DELLA SOSTITUZIONE DEI CAPI DA I A III DEL TITOLO III DEL LIBRO I DELLA PARTE II DISPOSTA DAL D.LGS. 9 MAGGIO 2005, N. 96))

Art. 715. (Valutazione di rischio delle attività aeronautiche).
Al fine di ridurre il rischio derivante dalle attività aeronautiche *((alle comunità))* presenti sul territorio limitrofo agli aeroporti, l'ENAC individua gli aeroporti per i quali effettuare la valutazione dell'impatto di rischio.

Nell'esercizio delle proprie funzioni di pianificazione e gestione del territorio, i comuni interessati tengono conto della valutazione di cui al primo comma.
Art. 715-bis.

((ARTICOLO NON PIÙ PREVISTO A SEGUITO DELLA SOSTITUZIONE DEI CAPI DA I A III DEL TITOLO III DEL LIBRO I DELLA PARTE II DISPOSTA DAL D.LGS. 9 MAGGIO 2005, N. 96))

Art. 715-ter.

((ARTICOLO NON PIÙ PREVISTO A SEGUITO DELLA SOSTITUZIONE DEI CAPI DA I A III DEL TITOLO III DEL LIBRO I DELLA PARTE II DISPOSTA DAL D.LGS. 9 MAGGIO 2005, N. 96))

Art. 715-quater.

((ARTICOLO NON PIÙ PREVISTO A SEGUITO DELLA SOSTITUZIONE DEI CAPI DA I A III DEL TITOLO III DEL LIBRO I DELLA PARTE II DISPOSTA DAL D.LGS. 9 MAGGIO 2005, N. 96))

Art. 715-quinquies.

((ARTICOLO NON PIÙ PREVISTO A SEGUITO DELLA SOSTITUZIONE DEI CAPI DA I A III DEL TITOLO III DEL LIBRO I DELLA PARTE II DISPOSTA DAL D.LGS. 9 MAGGIO 2005, N. 96))

Art. 716. *(((Inquinamento acustico).))*

((La realizzazione di opere e l'imposizione di nuove destinazioni urbanistiche nelle vicinanze degli aeroporti sono subordinate all'osservanza delle norme vigenti in materia di inquinamento acustico.))

Art. 717.

((ARTICOLO NON PIÙ PREVISTO A SEGUITO DELLA SOSTITUZIONE DEI CAPI DA I A III DEL TITOLO III DEL LIBRO I DELLA PARTE II DISPOSTA DAL <u>D.LGS. 9 MAGGIO 2005, N. 96</u>))
Art. 717-bis.

((ARTICOLO NON PIÙ PREVISTO A SEGUITO DELLA SOSTITUZIONE DEI CAPI DA I A III DEL TITOLO III DEL LIBRO I DELLA PARTE II DISPOSTA DAL <u>D.LGS. 9 MAGGIO 2005, N. 96</u>))

CAPO IV - Della polizia degli ((aeroporti))

Art. 718. (Funzioni di polizia e di vigilanza).
Le funzioni di polizia degli *((aeroporti))* sono esercitate dall'ENAC, anche mediante le proprie articolazioni periferiche *((, unitamente all'applicazione delle sanzioni e alla ratifica delle misure interdittive temporanee di cui all'articolo 705, secondo comma, lettere e-bis) ed e-ter).))*

I soggetti privati che esercitano un'attività nell'interno degli *((aeroporti))* sono soggetti alla vigilanza dell'ENAC, nell'esercizio dei poteri autoritativi di competenza, nonchè al coordinamento e controllo del gestore aeroportuale. *((Ferme restando le competenze delle forze di polizia, i soggetti pubblici operanti negli aeroporti si coordinano su impulso e sotto la supervisione dell'ENAC.))*

L'ENAC vigila sulla fornitura dei servizi forniti dalla società Enav, fatte salve le competenze del Ministero della difesa.

Al personale dell'ENAC autorizzato a svolgere attività ispettiva è garantito l'accesso ai mezzi, alle aree aeroportuali e alle infrastrutture, nonchè alle documentazioni pertinenti alle attività connesse alla navigazione aerea.
Art. 719.

((ARTICOLO ABROGATO DAL <u>D.LGS. 9 MAGGIO 2005, N. 96</u>))
Art. 720.

((ARTICOLO ABROGATO DAL <u>D.LGS. 9 MAGGIO 2005, N. 96</u>))
Art. 721.

((ARTICOLO ABROGATO DAL <u>D.LGS. 9 MAGGIO 2005, N. 96</u>))
Art. 722.

((ARTICOLO ABROGATO DAL <u>D.LGS. 9 MAGGIO 2005, N. 96</u>))
Art. 723.

((ARTICOLO ABROGATO DAL <u>D.LGS. 9 MAGGIO 2005, N. 96</u>))
Art. 724.

((ARTICOLO ABROGATO DAL <u>D.LGS. 9 MAGGIO 2005, N. 96</u>))

Art. 725.

Art. 726. (Impiego di mezzi per urgenti necessità).

Il *((ENAC))* può, in caso di urgente necessità di servizio, ordinare che gli aeromobili e ogni altro mezzo di trasporto, i quali si trovino nell'aeroporto, siano messi a sua disposizione con il relativo personale. Può parimenti ordinare che sia messo a sua disposizione ogni altro mezzo che ritenga necessario.

Art. 727. (Soccorso ad aeromobili in pericolo).

Il *((ENAC))*, che abbia notizia di un aeromobile in pericolo o della caduta di un aeromobile o di altro sinistro, deve immediatamente provvedere al soccorso, e quando non abbia a disposizione o non possa procurarsi i mezzi necessari, deve darne avviso ad altre autorità, che possano utilmente intervenire.

Quando l'autorità aeronautica non può tempestivamente intervenire, i primi provvedimenti necessari sono presi dall'autorità comunale, o da quella marittima se il sinistro è avvenuto in mare.

Art. 728. (Compenso e indennità).

Qualora nelle operazioni di soccorso di cui all'articolo precedente siano stati impiegati mezzi appartenenti a privati, le persone che hanno prestato il soccorso hanno diritto a compenso per l'opera utilmente prestata, nonchè, in ogni caso, al risarcimento dei danni e al rimborso delle spese, secondo i criteri fissati dagli articoli 983 e seguenti, quando ne ricorrano gli estremi; negli altri casi secondo i criteri stabiliti dal regolamento.

Art. 729. (Rimozione di relitti).

Nel caso di caduta di un aeromobile entro il perimetro di un *((aeroporto))* della circoscrizione, il ENAC ordina al proprietario di provvedere a proprie spese alla rimozione dei relitti, fissando il termine per l'esecuzione.

Se il proprietario non esegue l'ordine nel termine fissato, l'autorità provvede d'ufficio alla rimozione e alla vendita dei relitti per conto dello Stato. Se il ricavato della vendita non è sufficiente a coprire le spese, il proprieterio è tenuto a corrispondere allo Stato la differenza.

Quando il ricavato della vendita dei relitti supera le spese, sulla differenza concorrono i creditori privilegiati e ipotecari sull'aeromobile.

Nei casi di urgenza l'autorità può senz'altro provvedere d'ufficio per conto e a spese del proprietario.

Art. 730. (Ingiunzione per rimborso di spese).

Per il rimborso di spese anticipate, o comunque sostenute per conto di privati, il *((ENAC))* emette ingiunzione resa esecutoria con decreto del pretore competente per territorio.

Decorsi venti giorni dalla notificazione dell'ingiunzione al debitore, senza che questi abbia eseguito il pagamento, il *((ENAC))* può procedere agli atti esecutivi.

Entro il termine predetto il debitore può fare opposizione al decreto per motivi inerenti all'esistenza del credito a al suo ammontare *((...))*. (17)

L'opposizione è proposta dinanzi al giudice competente per valore.

AGGIORNAMENTO (17) La Corte Costituzionale, con sentenza 26 giugno - 8 luglio 1967, n. 96 (in G.U. 1a s.s. 17/7/1967, n. 177), ha dichiarato, ai sensi dell'art. 27 della legge 11 marzo 1953, n. 87, l'illegittimità costituzionale della disposizione del presente articolo espressa con le parole: "previo versamento della somma indicata nell'atto di ingiunzione".

TITOLO QUARTO ((DEL PERSONALE AERONAUTICO))

Art. 731. *(((Il personale aeronautico).))*

((Le disposizioni del presente titolo si applicano al personale aeronautico di cui all'annesso n. 1 alla Convenzione relativa all'aviazione civile internazionale stipulata a Chicago il 7 dicembre 1944, resa esecutiva con decreto legislativo 6 marzo 1948, n. 616, ratificato con legge 17 aprile 1956, n. 561, per il quale è previsto il possesso di licenze, attestati o altre forme di certificazione.
Il personale aeronautico di cui al primo comma comprende:
a) *il personale di volo;*
b) *il personale non di volo.))*

Art. 732. *(((Personale di volo).))*

((Il personale di volo comprende:
a) *il personale addetto al comando, alla guida e al pilotaggio di aeromobili;*
b) *il personale addetto al controllo degli apparati e degli impianti di bordo;*
c) *il personale addetto ai servizi complementari di bordo.))*

Art. 733. (Personale non di volo).

Il personale non di volo comprende:
a) il personale addetto ai servizi del traffico aereo;
b) il personale, non di volo, delle imprese di trasporto aereo;
c) il personale dei servizi di assistenza a terra;
d) il personale addetto ai servizi di manutenzione. *((e) il personale addetto ai controlli di sicurezza.))*

Art. 733-bis.

(((Funzioni del personale addetto al comando alla guida e al pilotaggio di aeromobili e del personale addetto alla fornitura dei servizi di navigazione aerea per il traffico aereo generale).)) ((I compiti, le attribuzioni e le relative procedure operative del personale di volo di cui all'articolo 732, primo comma, lettera a), nonchè del personale non di volo di cui all'articolo 733, primo comma, lettera a), e del personale militare quando fornisce il servizio di navigazione aerea per il traffico aereo generale, sono disciplinati dalla normativa europea, nonchè dalla normativa tecnica nazionale adottata dall'ENAC ai sensi degli articoli 687, primo comma, e 690, primo e secondo comma, nonchè dai manuali operativi dei fornitori di servizi della navigazione aerea, dell'Aeronautica Militare e degli operatori aerei.))

Art. 734. (Licenze ed attestati).

I titoli professionali, i requisiti e le modalità per il rilascio, il rinnovo, la reintegrazione, la sospensione o la revoca delle licenze, degli attestati e delle altre forme di certificazione sono disciplinati da regolamenti dell'ENAC, emanati in conformità all'articolo 690 e rispondenti alla normativa comunitaria.

L'ENAC, nel rispetto delle normative tecniche internazionali e comunitarie, disciplina, d'intesa con i Ministeri della difesa e della salute, la certificazione medica del personale di volo e non di volo *((, coordinando le attività per il conseguimento e il mantenimento dell'idoneità psicofisica.))*

L'ENAC provvede alla certificazione del personale addetto alla manutenzione di impianti, sistemi ed apparati per la navigazione aerea.

Art. 735. *(((Obbligo di esibizione di licenze e di attestati).))*

((I titolari di licenze e di attestati hanno l'obbligo di esibirli al personale dell'ENAC, nel corso di attività ispettive o di controllo, e alle competenti autorità straniere sul territorio degli Stati esteri secondo le convenzioni internazionali.))

Art. 736. *(((Albi e registro d'iscrizione del personale aeronautico).))*

((Gli albi e il registro d'iscrizione del personale di volo, di cui all'articolo 732, sono tenuti dall'ENAC, che ne determina i requisiti d'iscrizione.))

Art. 737.

((ARTICOLO ABROGATO DAL D.LGS. 9 MAGGIO 2005, N. 96))

Art. 738.

((ARTICOLO ABROGATO DAL D.LGS. 9 MAGGIO 2005, N. 96))

Art. 739.

((ARTICOLO ABROGATO DAL D.LGS. 9 MAGGIO 2005, N. 96))

Art. 740.

((ARTICOLO ABROGATO DAL D.LGS. 9 MAGGIO 2005, N. 96))

Art. 741.

((ARTICOLO ABROGATO DAL D.LGS. 9 MAGGIO 2005, N. 96))

Art. 742.

((ARTICOLO ABROGATO DAL D.LGS. 9 MAGGIO 2005, N. 96))

TITOLO QUINTO - DEL REGIME AMMINISTRATIVO DEGLI AEROMOBILI

CAPO I - - - Delle distinzioni degli aeromobili

Art. 743. *(((Nozione di aeromobile).))*

((Per aeromobile si intende ogni macchina destinata al trasporto per aria di persone o cose.

Sono altresì considerati aeromobili i mezzi aerei a pilotaggio remoto, definiti come tali dalle leggi speciali, dai regolamenti dell'ENAC e, per quelli militari, dai decreti del Ministero della difesa.

Le distinzioni degli aeromobili, secondo le loro caratteristiche tecniche e secondo il loro impiego, sono stabilite dall'ENAC con propri regolamenti e, comunque, dalla normativa speciale in materia.

Agli apparecchi costruiti per il volo da diporto o sportivo, compresi nei limiti indicati nell'allegato annesso alla legge 25 marzo 1985, n. 106, *non si applicano le disposizioni del libro primo della parte seconda del presente codice.))*

Art. 744. (Aeromobili di Stato e aeromobili privati).

((Sono aeromobili di Stato gli aeromobili militari e quelli, di proprietà dello Stato, impiegati in servizi istituzionali delle Forze di polizia dello Stato, della Dogana, del Corpo nazionale dei vigili del fuoco, del Dipartimento della protezione civile o in altro servizio di Stato.))

Tutti gli altri aeromobili sono considerati privati.

Salvo che non sia diversamente stabilito da convenzioni internazionali, agli effetti della navigazione aerea internazionale sono considerati privati anche gli aeromobili di Stato, ad eccezione di quelli militari, di dogana, di polizia e del Corpo nazionale dei vigili del fuoco.

((Sono equiparati agli aeromobili di Stato gli aeromobili utilizzati da soggetti pubblici o privati, anche occasionalmente, per attività dirette alla tutela della sicurezza nazionale.))

Art. 745. *((((Aeromobili militari).))*

((Sono militari gli aeromobili considerati tali dalle leggi speciali e comunque quelli, progettati dai costruttori secondo caratteristiche costruttive di tipo militare, destinati ad usi militari.

Gli aeromobili militari sono ammessi alla navigazione, certificati e immatricolati nei registri degli aeromobili militari dal Ministero della difesa.))

Art. 746. (Aeromobili equiparabili a quelli di Stato).

Salvo quanto disposto dell'articolo 744, quarto comma, il Ministero delle infrastrutture e dei trasporti può, con proprio provvedimento, equiparare agli aeromobili di Stato quegli aeromobili che, pur appartenendo a privati ed essendo da questi esercitati, siano adibiti a un servizio di Stato di carattere non commerciale.

Il provvedimento stabilisce limiti e modalità dell'equiparazione ed indica la categoria di aeromobile di Stato cui essa si riferisce.

L'equiparazione rende applicabili le disposizioni relative alla categoria cui essa si riferisce e le altre disposizioni indicate nel provvedimento.

((Con decreto del Presidente del Consiglio dei Ministri sono stabiliti i criteri e le modalità per l'attribuzione della qualifica di volo di Stato all'attività di volo esercitata nell'interesse delle autorità e delle istituzioni pubbliche.))

Art. 747.

((ARTICOLO ABROGATO DAL D.LGS. 9 MAGGIO 2005, N. 96))

Art. 748. (Norme applicabili).

Salva diversa disposizione, non si applicano le norme del presente codice agli aeromobili militari, di dogana, delle Forze di polizia dello Stato e del Corpo nazionale dei vigili del fuoco, nonchè agli aeromobili previsti nel quarto comma dell'articolo 744.

((L'utilizzazione degli aeromobili equiparati a quelli di Stato, ai sensi degli articoli 744, quarto comma, e 746, comporta l'esenzione da qualsiasi tassa, diritto o tariffa, nonchè il diritto di priorità nell'utilizzazione delle strutture aeroportuali.))

Lo svolgimento delle operazioni di volo da parte degli aeromobili di cui al primo comma è effettuato garantendo un adeguato livello di sicurezza, individuato secondo le speciali regolamentazioni adottate dalle competenti Amministrazioni dello Stato *((, nonchè, per quanto riguarda gli aeromobili di cui al quarto comma dell'articolo 744, d'intesa con l'ENAC))*.

Le norme del presente codice, salva diversa specifica disposizione, non si applicano al personale, ai mezzi, agli impianti ed alle infrastrutture appartenenti al Ministero della difesa ed agli altri Ministeri che impiegano aeromobili di Stato di loro proprietà.

CAPO II - Dell'ammissione dell'aeromobile alla navigazione ((...))

Art. 749. (Ammissione degli aeromobili alla navigazione).
Sono ammessi alla navigazione gli aeromobili immatricolati mediante iscrizione nel registro aeronautico nazionale ed abilitati nelle forme previste dal presente codice.

Sono altresì ammessi alla navigazione gli aeromobili non immatricolati, nonchè quelli già immatricolati di cui all'articolo 744, quarto comma, muniti di marche temporanee ai sensi dell'articolo 754.

((Le condizioni per l'effettuazione degli esperimenti di volo degli aeromobili e dei voli di addestramento sono disciplinate dai regolamenti dell'ENAC.))
Art. 750. *(((Iscrizione ed identificazione degli aeromobili).))*

((Gli aeromobili sono iscritti nel registro aeronautico nazionale tenuto dall'ENAC, se rispondono ai requisiti di nazionalità di cui all'articolo 756.

L'iscrizione è richiesta dal proprietario che risponde ai requisiti previsti dall'articolo 756.

L'aeromobile è identificato dalle marche di nazionalità e di immatricolazione.))
Art. 751. *(((Aeromobili iscritti in registri di altri Stati).))*

((Non possono ottenere l'immatricolazione gli aeromobili che risultino già iscritti in registri aeronautici di altri Stati.))
Art. 752. *(((Marca di nazionalità).))*

*((Gli aeromobili iscritti nel registro aeronautico nazionale hanno la marca di nazionalità costituita dalla lettera maiuscola I.))***Art.** 753. *(((Marca di immatricolazione).))*

((La marca di immatricolazione è composta da un gruppo di quattro lettere, è assegnata dall'ENAC e deve essere diversa per ogni aeromobile.))

AGGIORNAMENTO (10)
Il D.P.R. 7 novembre 1957, n. 1438 ha disposto (con l'art. 5, comma 1, lettera b)) che presso l'Ae C I. e a sua cura è tenuto il registro matricolare per l'iscrizione degli alianti libratori a norma del presente articolo.
Art. 754. (Assegnazione di marche temporanee).

Su richiesta del costruttore, sono assegnate al costruttore medesimo marche temporanee per identificare aeromobili non immatricolati, di sua proprietà o nella sua disponibilità, che siano già iscritti nel registro delle costruzioni, allo scopo di effettuare l'attività di volo per prove, esperimenti, dimostrazioni, nonchè consegna ad acquirenti.

Sono, altresì, assegnate marche temporanee agli aeromobili, non ancora immatricolati, di proprietà di soggetti rispondenti ai requisiti previsti dall'articolo 756, che ne dispongono a scopo di vendita, nonchè, per esigenze di sicurezza nazionale, agli aeromobili di cui all'articolo 744, quarto comma, anche se già immatricolati. *((Il periodo di utilizzabilità delle marche temporanee, fatte salve eventuali proroghe, è stabilito dall'ENAC all'atto dell'assegnazione.))*

Art. 755. (Certificato di immatricolazione).

Il certificato di immatricolazione è rilasciato dall'ENAC ed enuncia i contrassegni di individuazione dell'aeromobile, il tipo e le caratteristiche principali, le generalità del proprietario, *((...))* nonchè le altre indicazioni richieste dai regolamenti dell'ENAC.

Sono annotate sul certificato tutte le variazioni che comportano modificazioni dei dati indicati nel primo comma.

Art. 756. *(((Requisiti di nazionalità degli aeromobili).))*

((Rispondono ai requisiti di nazionalità richiesti per l'iscrizione nel registro aeronautico nazionale gli aeromobili che appartengono in tutto od in parte maggioritaria:

a) *allo Stato, alle regioni, alle province, ai comuni e ad ogni altro ente pubblico e privato italiano o di altro Stato membro dell'Unione europea;*

b) *ai cittadini italiani o di altro Stato membro dell'Unione europea;*

c) *a società costituite o aventi una sede in Italia o in un altro Stato membro dell'Unione europea il cui capitale appartenga in tutto od in parte maggioritaria a cittadini italiani o di altro Stato membro dell'Unione europea, ovvero a persone giuridiche italiane o di altro Stato membro dell'Unione europea aventi le stesse caratteristiche di compagine societaria e il cui presidente, la maggioranza degli amministratori e l'amministratore delegato siano cittadini italiani o di altro Stato membro dell'Unione europea.*

L'ENAC, in deroga a quanto previsto dal primo comma, può, con provvedimento motivato, consentire l'iscrizione nel registro aeronautico nazionale di aeromobili dei quali le società titolari di una licenza di esercizio abbiano l'effettiva disponibilità, ancorchè non ne siano proprietarie. In tale caso, nel registro aeronautico nazionale e nel certificato di immatricolazione deve essere fatto risultare, in aggiunta alle indicazioni di cui all'articolo 755, il titolo, diverso dalla proprietà, in base al quale l'iscrizione è effettuata. Gli obblighi che il presente titolo pone a carico del proprietario, in relazione all'ammissione dell'aeromobile alla navigazione, sono trasferiti sul soggetto che ha l'effettiva disponibilità dell'aeromobile.

La proprietà ed i diritti reali di garanzia sugli aeromobili di cui al secondo comma sono disciplinati dalla legge italiana.))

Art. 757. *(((Perdita dei requisiti di nazionalità).))*

((La perdita dei requisiti di nazionalità, ove non ricorrono le condizioni previste dall'articolo 756, secondo comma, comporta la cancellazione dell'aeromobile dal registro aeronautico nazionale.

L'ENAC esegue la cancellazione dell'aeromobile dal registro di iscrizione ai sensi dell'articolo 760.))

Art. 758. *(((Perdita dei requisiti di nazionalità nei casi di successione e di aggiudicazione).))*

((Quando l'aeromobile nazionale pervenga ad un soggetto privo dei requisiti di cui all'articolo 756 a causa di morte, l'erede o il legatario, entro otto giorni dall'accettazione dell'eredità o dall'acquisto del legato, deve farne denuncia all'ENAC, il quale procede a norma dell'articolo 760, commi dal terzo al settimo.

Le stesse norme si applicano nel caso di aggiudicazione dell'aeromobile ad un soggetto privo dei requisiti di cui all'articolo 756. Il termine per la denuncia decorre dal giorno dell'aggiudicazione.))

Art. 759. (Demolizione e smantellamento dell'aeromobile).

Il proprietario che intende procedere alla demolizione dell'aeromobile deve darne comunicazione all'ENAC.

((L'ENAC, ricevuta la comunicazione di cui al primo comma, procede alla pubblicazione, secondo le modalità stabilite con proprio regolamento e mediante annotazione nel registro aeronautico nazionale, di un avviso col quale si invitano gli interessati a far valere entro sessanta giorni dall'annotazione i loro diritti.))

Se entro il termine di cui al secondo comma sono promosse presso l'ENAC formali opposizioni da parte di creditori, con l'indicazione e la quantificazione dei crediti vantati, degli interessi e delle spese sostenute, o se sull'aeromobile risultano iscritti diritti reali o di garanzia, l'ENAC autorizza la demolizione solamente dopo che l'opposizione sia stata respinta con sentenza passata in giudicato, o i creditori iscritti abbiano prestato consenso alla cancellazione dei diritti reali o di garanzia e siano stati soddisfatti gli altri creditori opposti o i diritti estinti, ovvero, in mancanza, dopo che il proprietario abbia provveduto al deposito di fideiussione bancaria, vincolata al pagamento dei crediti privilegiati nell'ordine indicato dagli articoli 556 e 1023, nonchè degli altri diritti fatti valere nel termine previsto dal secondo comma. Il valore della fideiussione di cui al presente comma corrisponde alla somma dei crediti opposti maggiorata degli interessi legali e delle spese legali risultanti dall'atto di opposizione, fino a un limite massimo pari al valore dell'aeromobile accertato dai competenti organi dell'ENAC.

In caso di particolare urgenza, l'ENAC può autorizzare, su richiesta motivata del proprietario, la demolizione anche prima della scadenza del termine di cui al secondo comma, subordinatamente all'assenza o all'avvenuto soddisfacimento od estinzione dei crediti e dei diritti reali o di garanzia risultanti dai registri, nonchè al deposito di fideiussione bancaria a garanzia di eventuali diritti non trascritti, pari al valore dell'aeromobile accertato dai competenti organi dell'ENAC.

L'ENAC stabilisce in via generale con proprio regolamento le condizioni e le modalità in base alle quali può essere presentata la fideiussione di cui al terzo e quarto comma.

L'autorizzazione non è rilasciata se la demolizione può pregiudicare lo svolgimento di attività di analisi e indagini per la sicurezza aerea.

Ottenuta l'autorizzazione alla demolizione, le operazioni di smantellamento dell'aeromobile devono essere autorizzate dall'ENAC il quale ne stabilisce le modalità in conformità ai propri regolamenti.

L'ENAC accerta la demolizione e provvede ai sensi dell'articolo 760.

AGGIORNAMENTO (54)

La L. 24 aprile 1998, n. 128 ha disposto (con l'art. 22, comma 1) che "In tutte le disposizioni della parte seconda del codice della navigazione, il termine "straniero" è riferito a persone fisiche, persone giuridiche, società, enti, organizzazioni di Stati che non siano membri dell'Unione europea".

Art. 760. (Cancellazione dell'aeromobile dal registro).

L'aeromobile è cancellato dal registro d'iscrizione quando:

a)   è perito o si presume perito;

b)   è stato demolito;

c)   ha perduto i requisiti di nazionalità richiesti nell'articolo 756;

d)   è stato iscritto in un registro di altro Stato;

e)   è stato riconsegnato al proprietario nei casi previsti dall'articolo 756, secondo comma;

f)   il proprietario ne fa domanda, al fine di iscrivere l'aeromobile nel registro di altro Stato membro dell'Unione europea.

La cancellazione dell'aeromobile deve essere richiesta dal proprietario o dai soggetti che hanno l'effettiva disponibilità dell'aeromobile, ai sensi dell'articolo 756, secondo comma, i quali provvedono, inoltre, a riconsegnare i certificati di immatricolazione e di navigabilità.

((Nei casi di cui alle lettere c) e d) del primo comma, l'ENAC, ricevuta la richiesta di cancellazione, procede alla pubblicazione, secondo le modalità stabilite con proprio regolamento e mediante annotazione nel registro aeronautico nazionale, di un avviso col quale si invitano gli interessati a far valere entro sessanta giorni dall'annotazione i loro diritti.))

Se entro il termine di cui al terzo comma sono promosse presso l'ENAC formali opposizioni da parte di creditori, con l'indicazione e la quantificazione dei crediti vantati, degli interessi e delle spese sostenute, o se sull'aeromobile risultano iscritti diritti reali o di garanzia, l'ENAC esegue la cancellazione solamente dopo l'avveramento delle condizioni e secondo le procedure di cui al terzo e quinto comma dell'articolo 759.

In caso di particolare urgenza, si applicano le disposizioni di cui al quarto e quinto comma dell'articolo 759.

Nel caso di cui alla lettera f) del primo comma, il proprietario, che intende alienare l'aeromobile o che, mantenendone la proprietà, intende cancellarlo dal registro aeronautico nazionale per l'iscrizione in un registro di un altro Stato dell'Unione europea, deve fare dichiarazione all'ENAC. L'ENAC, subordinatamente all'assenza o all'avvenuto soddisfacimento od estinzione dei crediti o diritti reali o di garanzia risultanti dal registro aeronautico nazionale, procede alla cancellazione dell'aeromobile, previo ritiro dei certificati di immatricolazione e di navigabilità. Dell'avvenuta cancellazione deve essere data immediata comunicazione al Fondo di previdenza per il personale di volo dipendente dalle aziende di navigazione aerea, nonchè ***((pubblicità, secondo le modalità stabilite con regolamento dell'ENAC e mediante annotazione nel registro aeronautico nazionale.))***

Nel caso di cui al sesto comma, il termine di estinzione dei privilegi sull'aeromobile decorre dalla data di cancellazione.

La cancellazione dell'aeromobile può essere anche disposta d'ufficio.

Art. 761. *(((Perdita presunta).))*

((Quando dal giorno dell'ultima notizia sono trascorsi tre mesi, l'aeromobile si presume perito nel giorno successivo a quello al quale risale l'ultima notizia.))

Art. 762.

((ARTICOLO ABROGATO DAL <u>D.LGS. 9 MAGGIO 2005, N. 96</u>))

CAPO III - *Della navigabilità dell'aeromobile*

Art. 763. (Condizioni di navigabilità).
L'aeromobile che imprende la navigazione deve essere in stato di navigabilità, convenientemente attrezzato e atto all'impiego al quale è destinato.

Art. 764

(((Certificato di navigabilità).))

((L'idoneità dell'aeromobile alla navigazione aerea è attestata dal certificato di navigabilità.

Il certificato di navigabilità abilita l'aeromobile alla navigazione.))

Art. 765. (Impiego dell'aeromobile).
L'aeromobile può essere adibito soltanto al servizio o all'impiego consentito alla categoria alla quale, dal certificato di navigabilità, risulta assegnato.

Tuttavia l'aeromobile può essere destinato ad un servizio o ad un impiego proprio della categoria che importa attitudini tecniche minori; ma in tal caso non si applica il più favorevole regime previsto per gli aeromobili della categoria inferiore.

Art. 766. *(((Rilascio del certificato di navigabilità).))*

((Il certificato di navigabilità è rilasciato conformemente alla normativa comunitaria.))

Art. 767. *(((Certificato di omologazione).))*

((Il certificato di omologazione del tipo di aeromobile attesta la rispondenza alla normativa comunitaria ed ai regolamenti di sicurezza emanati in applicazione degli obblighi internazionali derivanti dalla Convenzione relativa all'aviazione civile internazionale stipulata a Chicago il 7 dicembre 1944, resa esecutiva con <u>decreto legislativo 6 marzo 1948, n. 616</u>, ratificato con <u>legge 17 aprile 1956, n. 561</u>, e relativi annessi.))

Art. 768. *(((Visite ed ispezioni).))*

((L'ENAC provvede, conformemente alla disciplina comunitaria ed ai propri regolamenti, a ispezioni e visite degli aeromobili, per l'accertamento delle condizioni di navigabilità e di impiego.

La spesa delle visite e delle ispezioni è a carico dell'esercente.))

Art. 769. *(((Visite ed ispezioni all'estero).))*

((All'estero, le visite e le ispezioni di cui all'articolo 768 per gli aeromobili nazionali sono eseguite dall'ENAC ovvero dagli enti stranieri con i quali siano stipulati accordi a tale fine.))

Art. 770. *(((Efficacia probatoria dei certificati rilasciati dall'ENAC).))*

((I certificati e ogni altra attestazione tecnica rilasciati dall'ENAC fanno fede fino a prova contraria.))

CAPO IV - Dei documenti dell'aeromobile

Art. 771. *(((Documenti di bordo).))*

((Gli aeromobili devono avere a bordo durante il volo: a) il certificato di immatricolazione;

b) *il certificato di navigabilità;*

c) *il giornale di bordo;*

d) *le certificazioni relative alle assicurazioni obbligatorie;*

e) *i documenti doganali e sanitari e gli altri documenti, ove prescritti da leggi e regolamenti.*

Gli aeromobili non impiegati in attività di trasporto pubblico sono esenti dall'obbligo di tenere il giornale di bordo.))

Art. 772. *(((Giornale di bordo).))*

((Sul giornale di bordo devono essere annotati gli eventi indicati nell'articolo 835, i testamenti e ogni altro fatto di particolare importanza.))

Art. 773. (Libri dell'aeromobile).

Gli aeromobili devono essere provvisti del libretto dell'aeromobile, del motore e dell'elica, *((nonchè del quaderno tecnico di bordo,))* su cui eseguire le annotazioni relative all'esercizio.

Art. 774. *(((Tenuta dei libri).))*

((L'esercente tiene i libri e vi esegue le annotazioni, in conformità ai regolamenti dell'ENAC.))

Art. 775. (Efficacia probatoria delle annotazioni sui documenti dell'aeromobile).

Ferme per le rimanenti annotazioni sui documenti dell'aeromobile le disposizioni degli articoli 2700 e 2702 del codice civile, le annotazioni relative all'esercizio dell'aeromobile sui libri di cui agli articoli 772, 773 fanno prova anche a favore dell'esercente quando sono regolarmente effettuate; fanno prova in ogni caso contro l'esercente, ma chi vuol trarne vantaggio non può scinderne il contenuto.

TITOLO SESTO - DELL'ORDINAMENTO DEI SERVIZI AEREI

CAPO I ((Dei servizi aerei intracomunitari))

Art. 776. *(((Servizi aerei intracomunitari a titolo oneroso di linea e non di linea).))*

((Salvo quanto disposto al capo III, sono ammessi ad effettuare a titolo oneroso servizi di trasporto aereo di passeggeri, posta o merci, di linea e non di linea, su rotte intracomunitarie, i vettori aerei che hanno ottenuto una licenza di esercizio, nonchè, preventivamente, una certificazione quale operatore aereo, secondo le disposizioni di cui al presente capo e alla normativa comunitaria.))

Art. 777. *(((Certificato di operatore aereo).))*

((Il certificato di operatore aereo è rilasciato dall'ENAC e attesta che l'operatore possiede la capacità professionale e l'organizzazione aziendale necessarie ad assicurare l'esercizio dei propri aeromobili in condizioni di sicurezza per le attività aeronautiche in esso specificate.

Il contenuto, le limitazioni, le modalità per il rilascio, il rinnovo ed eventuali variazioni sono determinati dall'ENAC sulla base dei propri regolamenti.

Il certificato di operatore aereo non è cedibile.))

Art. 778. (Rilascio della licenza di esercizio).

((La licenza di esercizio è rilasciata dall'ENAC, a norma del <u>regolamento (CEE) n. 2407/92 del Consiglio, del 23 luglio 1992</u>, a imprese stabilite in Italia, il cui controllo effettivo, anche attraverso una partecipazione societaria di maggioranza, è esercitato da uno Stato membro dell'Unione europea o da cittadini di Stati membri dell'Unione europea e la cui attività principale consista nel trasporto aereo, esclusivamente oppure in combinazione con qualsiasi altra attività commerciale che comporti l'esercizio oppure la riparazione o la manutenzione di aeromobili.

Il soggetto richiedente il rilascio della licenza deve fornire adeguata prova del possesso dei requisiti amministrativi, finanziari e assicurativi di cui al <u>regolamento (CEE) n. 2407/92 del Consiglio, del 23 luglio 1992</u>, e successive modificazioni, nonchè di cui al <u>regolamento (CE) n. 785/2004 del Parlamento europeo e del Consiglio, del 21 aprile 2004.</u>))

Il soggetto richiedente il rilascio della licenza deve dimostrare di disporre di uno o più aeromobili, o in base a un titolo di proprietà o in base a un contratto di utilizzazione dell'aeromobile previamente approvato dall'ENAC, ai sensi degli <u>articoli 8</u> e <u>10 del</u> <u>regolamento (CEE) n. 2407/92, e dei regolamenti</u> in materia.

Quando il rilascio della licenza non è richiesto dal proprietario dell'aeromobile, all'atto della richiesta il richiedente deve consegnare copia autentica del titolo che consente l'utilizzazione dell'aeromobile e dal quale risulti l'avvenuta approvazione di cui al quarto comma.

Le condizioni per il rilascio, le formalità e la validità della licenza sono subordinate al possesso di un valido certificato di operatore aereo che specifichi le attività contemplate dalla licenza stessa.

Art. 779. (Mantenimento della licenza di esercizio).

La licenza resta valida fino a quando il vettore aereo soddisfa i requisiti di cui all'articolo 778, alla legge, ai regolamenti.

La vigilanza sull'attività del vettore aereo e la verifica circa il possesso continuativo dei requisiti necessari per il rilascio della licenza di esercizio spetta all'ENAC.

L'ENAC, un anno dopo il rilascio e, successivamente, ogni *((due anni))*, verifica la permanenza dei requisiti necessari per il rilascio della licenza.

La licenza può essere sospesa in qualsiasi momento dall'ENAC, qualora il vettore non sia in grado di assicurare il rispetto dei requisiti previsti per il rilascio della licenza stessa.

Qualora risulti che il vettore titolare della licenza non sia più in grado di fare fronte ai propri impegni effettivi e potenziali, la licenza è revocata dall'ENAC.

Il servizio per il quale è stata rilasciata la licenza non può essere ceduto, nemmeno in parte, senza il preventivo assenso dell'ENAC.

Art. 780.
(((Condivisione di codici di volo e accordi commerciali fra vettori).))

((Nella combinazione di più trasporti aerei che utilizzano lo stesso codice di volo e in ogni altro accordo commerciale, i vettori sono tenuti a rispettare le regole di concorrenza, i requisiti di sicurezza prescritti, nonchè ad assolvere gli obblighi di informazione di cui all'articolo 943.))

Art. 781. *(((Diritti di traffico).))*

((Per lo svolgimento dei servizi aerei di linea e non di linea di cui al presente capo sono riconosciuti ai vettori aerei titolari di licenza comunitaria diritti di traffico sulle rotte all'interno del territorio nazionale ai sensi del regolamento (CEE) n. 2408/92 del Consiglio, del 23 luglio 1992, e successive modificazioni.))

Art. 782.
(((Oneri di servizio pubblico e servizi aerei di interesse regionale o locale).))

((L'imposizione di oneri di servizio pubblico è effettuata secondo le vigenti disposizioni comunitarie.

I servizi pubblici di trasporto aereo di interesse esclusivamente regionale o locale sono disciplinati dalle regioni interessate.))

Art. 783. *(((Tutela del consumatore).))*

((Fatte salve le prescrizioni del codice del consumo, approvato con decreto legislativo 6 settembre 2005, n. 206, nonchè le altre della normativa di settore, la qualità dei servizi di trasporto aereo offerti dai vettori, titolari della licenza di esercizio, è indicata nella carta dei servizi, che i vettori sono obbligati a redigere annualmente sulla base di un modello predisposto dall'ENAC.

L'ENAC verifica il rispetto della qualità promessa e, in caso di inosservanza, adotta le misure, fino alla revoca della licenza, indicate in un proprio regolamento, fatte salve le sanzioni comminate con legge in attuazione del regolamento (CE) n. 261/2004 del Parlamento europeo e del Consiglio, dell'11 febbraio 2004, che istituisce regole comuni in materia di compensazione ed assistenza ai passeggeri in caso di negato imbarco, di cancellazione del volo o di ritardo prolungato e che abroga il regolamento (CEE) n. 295/91 del Consiglio, del 4 febbraio 1991.))

CAPO II - ((Dei servizi aerei extracomunitari))

Art. 784. *(((Servizi di trasporto aereo di linea extracomunitari).))*

((Fatte salve le competenze dell'Unione europea in materia di stipulazione di convenzioni internazionali di scambio di diritti di traffico, i servizi di trasporto aereo di linea di passeggeri, posta o merci che si effettuano, in tutto od in parte, all'esterno del territorio comunitario, sono disciplinati da accordi internazionali con gli Stati in cui si effettuano, la cui autorità per l'aviazione civile abbia un sistema regolamentare di certificazione e di sorveglianza tecnica per lo svolgimento dei servizi di trasporto aereo atta a garantire un livello di sicurezza conforme a quello previsto dalla Convenzione internazionale per l'aviazione civile stipulata a Chicago il 7 dicembre 1944, resa esecutiva con <u>decreto legislativo 6 marzo 1948, n. 616,</u> ratificato con la <u>legge 17 aprile 1956, n. 561.</u>))

Art. 785. (Vettori designati).

((I servizi di trasporto aereo, di cui all'articolo 784, sono svolti, per parte italiana, da uno o più vettori aerei designati, stabiliti nel territorio nazionale, muniti di valida licenza di esercizio rilasciata dall'ENAC o da uno Stato membro dell'Unione europea, provvisti di mezzi finanziari, tecnici e assicurativi sufficienti a garantire il regolare svolgimento dei collegamenti in condizioni di sicurezza e a salvaguardare il diritto alla mobilità del cittadino.))

I rapporti fra l'ENAC e i vettori designati sono regolati da una convenzione, ove sono stabilite le condizioni di esercizio del servizio, nonchè gli obblighi dei vettori medesimi.

La scelta dei vettori è effettuata dall'ENAC sulla base di criteri preventivamente stabiliti e resi pubblici e mediante procedure trasparenti e non discriminatorie.

I vettori designati non possono cedere, nè in tutto nè in parte, il servizio assunto senza la preventiva autorizzazione dell'ENAC, pena la decadenza *((dall'esercizio))* del servizio ceduto.

Oltre all'ipotesi di cui al quarto comma, il vettore designato decade dal servizio:
a) quando non ha iniziato l'esercizio nel giorno indicato dalla convenzione, a meno che il ritardo non sia derivato da causa a lui
non imputabile;
b) negli altri casi indicati dalla convenzione.

Per gravi motivi di pubblico interesse, l'ENAC può sospendere l'esercizio del servizio da parte del vettore designato ovvero revocare la designazione.

La vigilanza sull'attività dei vettori designati è esercitata dall'ENAC.

Art. 786. *(((Riserva di cabotaggio comunitario).))*

((I servizi di trasporto aereo tra aeroporti nazionali, di linea e non di linea, sono in ogni caso riservati a vettori muniti di licenza comunitaria.

I servizi di trasporto aereo tra aeroporti nazionali, in continuazione da o per aeroporti extracomunitari, sono riservati a vettori muniti di licenza comunitaria, salvo che diversamente sia stabilito in convenzioni internazionali.))

Art. 787. (Servizi di trasporto aereo non di linea non disciplinati da accordi internazionali).
I servizi extracomunitari non di linea sono consentiti, a condizione di reciprocità, ai vettori aerei titolari di licenza comunitaria e ai vettori dello Stato con il quale si svolge il traffico.

L'ENAC *((impone))* ai vettori non muniti di licenza comunitaria, per l'effettuazione dei voli, prescrizioni tecniche ed amministrative, ivi comprese quelle che riguardano la prevenzione degli attentati contro la sicurezza per l'aviazione civile.

Qualora il vettore non soddisfi le prescrizioni di cui al secondo comma, l'ENAC può vietare l'accesso del vettore medesimo allo spazio aereo nazionale.

L'ENAC stabilisce con regolamento la modalità di espletamento dei servizi di trasporto aereo non di linea.

Art. 788. *(((Diritti di traffico).))*

((I diritti di traffico relativi a rotte internazionali destinate a territori esterni all'Unione europea sono attribuiti dall'ENAC nel rispetto dei principi della libera concorrenza e con l'intento di assicurare il massimo livello di qualità del servizio affidato, secondo criteri trasparenti e non discriminatori in relazione alla capacità finanziaria, tecnico-operativa, organizzativa e commerciale del vettore richiedente.

Se l'accordo internazionale concluso prevede limitazioni all'esercizio dei diritti di traffico od al numero di vettori comunitari che possono essere designati per l'accesso a tali diritti, l'ENAC ripartisce i diritti di traffico fra i vettori comunitari ammessi a fruirne mediante procedure trasparenti e non discriminatorie.))

CAPO III *((Del lavoro aereo))*

Art. 789. *(((Lavoro aereo per conto di terzi).))*

((I servizi di lavoro aereo per conto di terzi sono esercitati da soggetti titolari di una licenza di esercizio rilasciata dall'ENAC, alle condizioni e nei limiti stabiliti dal presente capo, nonchè dai regolamenti dell'ENAC.))

Art. 790. *(((Licenza di esercizio).))*

((La licenza di esercizio prevista dall'articolo 789 è rilasciata soltanto ai soggetti e alle società indicate nell'articolo 778.

Ai fini del rilascio delle licenze di lavoro aereo, in materia di proprietà e di disponibilità degli aeromobili, si applicano le disposizioni di cui al capo I.

La durata, le condizioni di mantenimento, la sospensione e la revoca delle licenze di cui al presente capo sono determinate dall'ENAC con proprio regolamento.

Il servizio per il quale è stata rilasciata la licenza non può essere ceduto, nemmeno in parte, senza il preventivo assenso dell'ENAC.))

Art. 791.

((ARTICOLO ABROGATO DAL D.LGS. 9 MAGGIO 2005, N. 96))

TITOLO SETTIMO - DELLA POLIZIA DELLA NAVIGAZIONE

CAPO I - - Disposizioni generali

Art. 792. *(((Funzioni di polizia e di vigilanza).))*

((Le funzioni di polizia e di vigilanza della navigazione aerea sono esercitate dall'ENAC.))
Art. 793. *(((Divieti di sorvolo).))*

((L'ENAC può vietare il sorvolo su determinate zone del territorio nazionale per motivi di sicurezza.

Quando ricorrono motivi militari ovvero di sicurezza o di ordine pubblico, l'ENAC, su richiesta della competente amministrazione, vieta il sorvolo su determinate zone del territorio nazionale.

Il Ministero delle infrastrutture e dei trasporti può, altresì, vietare la navigazione aerea su tutto il territorio nazionale, per eccezionali motivi di interesse pubblico.))
Art. 794. (Aeromobili stranieri).
((Gli aeromobili stranieri, ad eccezione di quelli militari, di dogana e di polizia, possono sorvolare il territorio nazionale a condizione di reciprocità ovvero quando ciò sia stabilito dalla normativa comunitaria o da convenzioni internazionali, salva la facoltà dell'ENAC di rilasciare autorizzazioni temporanee.

Gli aeromobili stranieri militari, di dogana e di polizia non possono sorvolare il territorio nazionale senza una speciale autorizzazione del Ministero della difesa.))
Art. 795. (Aeromobili militari stranieri).
Gli aeromobili militari di uno Stato straniero godono del trattamento stabilito dalle convenzioni e dalle consuetudini internazionali, quando hanno ottenuta l'autorizzazione prescritta dall'articolo precedente. *((54))*

In mancanza di tale autorizzazione, gli aeromobili militari stranieri non godono del trattamento predetto, nemmeno quando sono costretti ad atterrare per causa di forza maggiore o per ordine dell'autorità.

AGGIORNAMENTO (54)
   La L. 24 aprile 1998, n. 128 ha disposto (con l'art. 22, comma 1) che "In tutte le disposizioni della parte seconda del codice della navigazione, il termine "straniero" è riferito a persone fisiche, persone giuridiche, società, enti, organizzazioni di Stati che non siano membri dell'Unione europea".
Art. 796. (Obbligo di apporre i contrassegni di individuazione).
((L'aeromobile nazionale non può circolare se non porta impresse le marche di nazionalità e di immatricolazione, in conformità ai regolamenti dell'ENAC.))

L'aeromobile straniero deve portare i contrassegni prescritti dallo Stato nel cui registro è iscritto o quelli previsti dalle
convenzioni internazionali. (54)

AGGIORNAMENTO (54)

La L. 24 aprile 1998, n. 128 ha disposto (con l'art. 22, comma 1) che "In tutte le disposizioni della parte seconda del codice della navigazione, il termine "straniero" è riferito a persone fisiche, persone giuridiche, società, enti, organizzazioni di Stati che non siano membri dell'Unione europea".

Art. 797. (Obbligo di portare a bordo licenze o attestati).

L'aeromobile nazionale o straniero non può circolare se il personale di bordo non è munito delle licenze, degli attestati e delle abilitazioni prescritti e se tali documenti non sono portati a bordo. **((54))**

AGGIORNAMENTO (54)

La L. 24 aprile 1998, n. 128 ha disposto (con l'art. 22, comma 1) che "In tutte le disposizioni della parte seconda del codice della navigazione, il termine "straniero" è riferito a persone fisiche, persone giuridiche, società, enti, organizzazioni di Stati che non siano membri dell'Unione europea".

Art. 798. **(((Obbligo di assicurazione).))**

((L'aeromobile non può circolare, se non sono state stipulate e non sono in corso di validità le assicurazioni obbligatorie previste dal presente codice e dalla normativa comunitaria.))

CAPO II - Della partenza e dell'arrivo degli aeromobili

Art. 799. **(((Partenza e approdo degli aeromobili).))**

((La partenza e l'approdo degli aeromobili si effettuano su aree destinate al decollo e all'atterraggio, aventi caratteristiche di sicurezza che soddisfano i requisiti e le prescrizioni stabiliti dall'ENAC.

Quando le particolari strutture tecniche dell'aeromobile impongono in via esclusiva l'utilizzazione degli aeroporti, la partenza e l'approdo dell'aeromobile stesso si effettuano soltanto in un aeroporto.))

AGGIORNAMENTO (18)

La L. 2 aprile 1968, n. 518 ha disposto (con l'articolo unico, comma 1) che "In deroga al disposto degli articoli 799 e 804 del codice della navigazione, la partenza e l'approdo di aeromobili, le cui particolari strutture tecniche non impongano in maniera esclusiva l'uso degli aeroporti, possono aver luogo in altre località idonee, dette aviosuperfici, ivi compresi ghiacciai, nevai e piste naturali".

Art. 800. (Aeromobili diretti all'estero).

Gli aeromobili diretti all'estero possono partire soltanto dagli aeroporti doganali, salvo speciale autorizzazione del Ministero delle infrastrutture e dei trasporti.

Si considera diretto all'estero l'aeromobile destinato a uscire dal territorio doganale dell'Unione europea. **((COMMA ABROGATO DAL D.LGS. 15 MARZO 2006, N. 151))**.

Art. 801. **(((Controllo degli aeromobili).))**

((L'ENAC effettua visite di controllo sugli aeromobili in base ai programmi nazionali e comunitari e verifica i documenti di bordo obbligatori.))

Art. 802. (Divieto di partenza).

L'ENAC vieta la partenza degli aeromobili quando, a seguito dei controlli previsti dall'articolo 801, emergono situazioni di pregiudizio per la sicurezza della navigazione aerea, nonchè quando risultano violati gli obblighi previsti dalle norme di polizia e per la sicurezza della navigazione, ovvero quando risulta accertato dalle autorità competenti che l'esercente ed il comandante non hanno adempiuto agli obblighi previsti dalla normativa di interesse pubblico in materia sanitaria e doganale.

Fermo restando quanto stabilito dall'articolo 1058, l'ENAC, anche su segnalazione del gestore aeroportuale o della società Enav, vieta altresì la partenza degli aeromobili quando risultano violati gli obblighi relativi al *((pagamento di tasse, diritti e tariffe, anche di pertinenza di Enav S.p.a.))*.

Art. 803. (Obbligo di approdo in corso di viaggio).

Il comandante dell'aeromobile deve approdare con la maggiore sollecitudine nel più vicino aeroporto, quando ne riceve l'ordine mediante i segnali stabiliti dal regolamento, oppure appena si accorge di sorvolare una zona vietata.

Art. 804.

((ARTICOLO ABROGATO DAL <u>D.LGS. 9 MAGGIO 2005, N. 96</u>))

Art. 805. (Approdo di aeromobili provenienti dall'estero).

Gli aeromobili provenienti dall'estero possono approdare soltanto negli aeroporti abilitati secondo le norme doganali o sanitarie, salvo quanto previsto dagli accordi internazionali e salvo speciale autorizzazione del Ministero delle infrastrutture e dei trasporti, sentite le Amministrazioni interessate.

Si considera proveniente dall'estero l'aeromobile che entra nel territorio doganale dell'Unione europea. *((COMMA ABROGATO DAL <u>D.LGS. 15 MARZO 2006, N. 151</u>))*.

Art. 806. (Limitazioni all'utilizzazione degli *((aeroporti))*).

L'ENAC, quando lo richiedono motivi di sicurezza per la navigazione o di ordine sanitario ovvero altri gravi motivi di pubblico interesse, vieta o limita l'utilizzazione degli *((aeroporti))*.

Il gestore aeroportuale segnala all'ENAC le variazioni di agibilità e funzionalità degli impianti e dei servizi aeroportuali che possono determinare l'adozione dei provvedimenti previsti al primo comma.

Analoga segnalazione è effettuata, in caso di limitazioni intervenute per i servizi di assistenza al volo, dal soggetto fornitore dei servizi medesimi.

Art. 807. (Utilizzazione degli aeroporti coordinati).

La partenza e l'approdo di aeromobili negli aeroporti coordinati, come definiti dalla normativa comunitaria, sono subordinati all'assegnazione della corrispondente banda oraria ad opera del soggetto allo scopo designato.

L'assegnazione delle bande orarie, negli aeroporti coordinati, avviene in conformità delle norme comunitarie e dei relativi provvedimenti attuativi.

((Si applica, altresì, la disciplina sanzionatoria attuativa delle norme comunitarie direttamente applicabili.))

Art. 808. (Aeromobili stranieri).

Se accordi internazionali non dispongono diversamente, le disposizioni del presente capo si applicano anche agli aeromobili stranieri.

CAPO III - Della polizia di bordo e della navigazione

Art. 809. (Autorità del comandante).

Tutte le persone che si trovano a bordo sono soggette all'autorità del comandante.

Art. 810 (Disciplina di bordo).

I componenti dell'equipaggio devono prestare obbedienza ai superiori e uniformarsi alle loro istruzioni circa i servizi e la disciplina di bordo.

Art. 811. (Obblighi dell'equipaggio in caso di pericolo).

I componenti dell'equipaggio devono cooperare alla salvezza dell'aeromobile, delle persone imbarcate e del carico, fino a quando il comandante abbia dato l'ordine di lanciarsi col paracadute o comunque di abbandonare l'aeromobile.

Art. 812.

((ARTICOLO ABROGATO DAL D.LGS. 9 MAGGIO 2005, N. 96))
Art. 813.

((ARTICOLO ABROGATO DAL D.LGS. 9 MAGGIO 2005, N. 96))
Art. 814.

((ARTICOLO ABROGATO DAL D.LGS. 9 MAGGIO 2005, N. 96))
Art. 815. *(((Imbarco di passeggeri infermi e diversamente abili).))*

((Per l'imbarco di passeggeri infermi e diversamente abili si osservano le norme speciali.))
Art. 816. *(((Imbarco di armi, munizioni e gas tossici).))*

((L'imbarco su aeromobili di armi e munizioni e di gas tossici è sottoposto a speciale autorizzazione dell'ENAC, nel rispetto delle norme comunitarie e internazionali.))
Art. 817. (Imbarco di merci vietate o pericolose).

Quando sono imbarcate cose di cui il trasporto è vietato da norme di polizia, o delle quali il trasporto sia o divenga in corso di navigazione pericoloso o nocivo per l'aeromobile, per le persone o per il carico, il comandante dell'aeromobile provvede nei modi previsti nell'articolo 194.

((La consegna delle cose custodite ai sensi del primo comma è fatta all'autorità competente, dandone comunque segnalazione all'autorità di pubblica sicurezza.))
Art. 818. *(((Custodia di oggetti appartenenti a persone morte o scomparse in viaggio).))*

((Gli oggetti appartenuti a persone morte o scomparse durante il viaggio sono custoditi dal comandante dell'aeromobile fino al luogo di primo approdo e ivi consegnati all'autorità competente, dandone comunque segnalazione all'autorità di pubblica sicurezza.))
Art. 819. *(((Getto da aeromobili in volo).))*

((Fuori del caso di necessità, è vietato il getto da aeromobili in volo di oggetti o materie, che non siano zavorra regolamentare, senza autorizzazione dell'ENAC. Rimane ferma in ogni caso la responsabilità per danni a terzi sulla superficie.))
Art. 820.

((ARTICOLO ABROGATO DAL D.LGS. 9 MAGGIO 2005, N. 96))
Art. 821.

((ARTICOLO ABROGATO DAL D.LGS. 9 MAGGIO 2005, N. 96))
Art. 822.

((ARTICOLO ABROGATO DAL D.LGS. 9 MAGGIO 2005, N. 96))
Art. 823. (Sorvolo di proprietà private).
Il sorvolo dei fondi di proprietà privata da parte di aeromobili deve avvenire in modo da non ledere l'interesse del proprietario del fondo.
Art. 824. (Vigilanza doganale).
Sono soggetti a vigilanza doganale anche gli aeromobili che navigano entro i confini del territorio dello Stato.
Art. 825. (Altre prescrizioni).
Le norme per il trasporto e l'uso di apparecchi da ripresa fotografica e cinematografica, le prescrizioni sanitarie e le regole di circolazione, sono stabilite dal regolamento e da leggi e regolamenti speciali.

TITOLO OTTAVO - ((DELLE INCHIESTE TECNICHE SUGLI INCIDENTI E SUGLI INCONVENIENTI AERONAUTICI))

Art. 826. *(((Inchiesta tecnica).))*

((L'Agenzia nazionale per la sicurezza del volo conduce l'inchiesta tecnica su ogni incidente aereo e su ogni inconveniente grave accaduto nel territorio italiano.

Qualora non sia effettuata da altro Stato, l'Agenzia svolge l'inchiesta tecnica su incidenti e su inconvenienti gravi occorsi fuori dal territorio italiano ad aeromobili immatricolati in Italia o esercìti da una compagnia che ha sede legale in Italia.))
Art. 827. *(((Norme di riferimento).))*

((Nell'espletamento dell'inchiesta tecnica di cui all'articolo 826, l'Agenzia nazionale per la sicurezza del volo procede in conformità con quanto previsto dall'allegato 13 alla convenzione relativa all'aviazione civile internazionale, stipulata a Chicago il 7 dicembre 1944, approvata e resa esecutiva con decreto legislativo 6 marzo 1948, n. 616, ratificato con la legge 17 aprile 1956, n. 561.))
Art. 828. (Obbligo di comunicazione di incidente).
Il *((ENAC))*, l'ente preposto ai servizi di assistenza al volo, l'autorità di pubblica sicurezza ed ogni altra pubblica autorità, quando abbiano notizia di un incidente aeronautico e quando valutino che sussistono ragionevoli motivi per ritenere che un aeromobile sia perduto o scomparso, ne danno immediata comunicazione all'autorità giudiziaria, all'Agenzia nazionale per la sicurezza del volo e all'Ente nazionale per l'aviazione civile.
Art. 829. (Obbligo di comunicazione di inconveniente grave).
Il *((ENAC))* e l'ente preposto ai servizi di assistenza al volo, quando abbiano notizia di un inconveniente aeronautico grave ne danno immediata comunicazione all'Agenzia nazionale per la sicurezza del volo e all'Ente nazionale per l'aviazione civile.
Art. 830. *(((Incidenti aeronautici in mare).))*

((Qualora si verifichi un incidente ovvero un inconveniente aeronautico in mare, l'autorità che ne ha notizia informa immediatamente l'autorità marittima, sede di organismo preposto al soccorso marittimo ai sensi del decreto del Presidente della Repubblica 28 settembre 1994, n. 662, l'ENAC e l'Agenzia nazionale per la sicurezza del volo.

L'organismo preposto al soccorso marittimo provvede, ai sensi e secondo le modalità del decreto del Presidente della Repubblica 28 settembre 1994, n. 662, alle operazioni di ricerca e salvataggio delle persone ed invia apposito rapporto sugli interventi effettuati e sui soccorsi prestati, nonchè ogni utile elemento, all'ENAC e all'Agenzia nazionale per la sicurezza del volo per i relativi accertamenti e le incombenze di competenza.))

Art. 831. *(((Incidenti occorsi ad aeromobili stranieri).))*

((Nel caso di incidente o inconveniente grave occorso ad aeromobile straniero nel territorio italiano, l'Agenzia nazionale per la sicurezza del volo ne dà comunicazione al Ministero degli affari esteri.))

Art. 832. *(((Incidenti ad aeromobili italiani all'estero).))*

((Nel caso di incidente o di inconveniente grave occorso all'estero ad un aeromobile immatricolato in Italia o esercito da una impresa con sede legale in Italia, l'autorità consolare italiana informa l'Agenzia nazionale per la sicurezza del volo, il Ministero degli affari esteri e l'Ente nazionale per l'aviazione civile.))

AGGIORNAMENTO (54)

La L. 24 aprile 1998, n. 128 ha disposto (con l'art. 22, comma 1) che "In tutte le disposizioni della parte seconda del codice della navigazione, il termine "straniero" è riferito a persone fisiche, persone giuridiche, società, enti, organizzazioni di Stati che non siano membri dell'Unione europea".

Art. 833.

((ARTICOLO ABROGATO DAL D.LGS. 25 FEBBRAIO 1999, N. 66))

TITOLO NONO
DEGLI ATTI DI STATO CIVILE IN CORSO DI NAVIGAZIONE

Art. 834. (Matrimonio *((e unione civile))* in imminente pericolo di vita).
Durante la navigazione e quando comunque sia impossibile promuovere l'intervento della competente autorità nella Repubblica o di quella consolare all'estero, il comandante dell'aeromobile può procedere alla celebrazione del matrimonio nel caso e con le forme di cui all'articolo 101 del codice civile *((e alla costituzione dell'unione civile nel caso di cui all'articolo 65 del decreto del Presidente della Repubblica 3 novembre 2000, n. 396, e con le forme dell'articolo 70-decies del medesimo decreto.)).*
L'atto di matrimonio *((e di costituzione dell'unione civile))*, compilato dal comandante, deve essere annotato sul giornale di bordo e consegnato nell'aeroporto di primo approdo alla struttura periferica dell'ENAC o all'autorità consolare, insieme con un estratto del giornale di bordo.

Art. 835. *(((Nascite, morti e scomparizioni da bordo).))*

((Il comandante dell'aeromobile prende nota sul giornale di bordo delle nascite e delle morti avvenute a bordo, nonchè delle scomparizioni da bordo di persone e ne fa dichiarazione, nel luogo

di primo approdo, alla struttura periferica dell'ENAC. All'estero la dichiarazione di cui al primo comma è presentata all'autorità consolare.

Le autorità di cui al primo e secondo comma raccolgono con processo verbale la dichiarazione del comandante e quelle dei testimoni, indicando i criteri prescritti per la compilazione dei relativi atti di stato civile.))

Art. 836. (Trasmissione degli atti alle autorità competenti).

L'autorità aeronautica o consolare trasmette copia degli atti di matrimonio ((, **degli atti di costituzione dell'unione civile**)) e dei processi verbali relativi alle dichiarazioni delle nascite e delle morti alle autorità competenti a norma delle disposizioni sull'ordinamento dello stato civile; al procuratore del Re Imperatore trasmette copia dei processi verbali di scomparizione.

Art. 837. (Processi verbali di scomparizione in caso di perdita dell'aeromobile).

((In caso di perdita o di perdita presunta dell'aeromobile, alla compilazione dei processi verbali di scomparizione di persone ed alla loro trasmissione alle autorità competenti a norma delle disposizioni sull'ordinamento dello stato civile provvede la struttura periferica dell'ENAC.

Se il sinistro si è verificato all'estero ovvero, in caso di perdita presunta, se l'ultimo aeroporto toccato dall'aeromobile è situato in territorio estero, i processi verbali sono compilati e trasmessi dall'autorità consolare del luogo.))

Nei processi verbali le autorità predette fanno constare le dichiarazioni dei superstiti, e, in caso di perdita presunta, l'accertamento degli estremi previsti nell'articolo 761; dichiarano inoltre se a loro giudizio le persone scomparse debbano, in base alle circostanze, ritenersi perite.

Art. 838. ((*(Conseguenze della scomparizione).))*

((Le conseguenze della scomparizione da bordo o per perdita dell'aeromobile sono regolate dagli articoli 211 e 212. Le competenze dell'autorità marittima sono attribuite all'autorità di pubblica sicurezza.))

TITOLO DECIMO
((TITOLO ABROGATO DAL D.LGS. 9 MAGGIO 2005, N. 96))
Art. 839.

((ARTICOLO ABROGATO DAL D.LGS. 9 MAGGIO 2005, N. 96))
Art. 840.

((IL D.LGS. 9 MAGGIO 2005, N. 96 HA CONFERMATO L'ABROGAZIONE DEL PRESENTE ARTICOLO))
Art. 841.

((ARTICOLO ABROGATO DAL D.LGS. 9 MAGGIO 2005, N. 96))
Art. 842.

((ARTICOLO ABROGATO DAL D.LGS. 9 MAGGIO 2005, N. 96))
Art. 843.

((ARTICOLO ABROGATO DAL D.LGS. 9 MAGGIO 2005, N. 96))
Art. 844.

*((IL **D.LGS. 9 MAGGIO 2005, N. 96** HA CONFERMATO L'ABROGAZIONE DEL PRESENTE ARTICOLO))*
Art. 845.

*((ARTICOLO ABROGATO DAL **D.LGS. 9 MAGGIO 2005, N. 96**))*
Art. 846.

*((ARTICOLO ABROGATO DAL **D.LGS. 9 MAGGIO 2005, N. 96**))*
Art. 847.

*((ARTICOLO ABROGATO DAL **D.LGS. 9 MAGGIO 2005, N. 96**))*

LIBRO SECONDO - DELLA PROPRIETÀ E DELL'ESERCIZIO DELL'AEROMOBILE

TITOLO PRIMO - DELLA COSTRUZIONE DELL'AEROMOBILE

Art. 848. (Dichiarazione di costruzione).
Chi imprende la costruzione *((in Italia o all'estero))* di un aeromobile *((da assoggettare al controllo di cui all'articolo 850))* deve farne preventiva dichiarazione al ministro per l'aeronautica, indicando lo stabilimento in cui saranno costruiti la cellula e i motori.

Della dichiarazione è presa nota nel registro delle costruzioni, tenuto presso il ministero per l'aeronautica.
Art. 849. (Denuncia della costruzione al *((ENAC))*).
Oltre a fare la dichiarazione di cui all'articolo precedente, il costruttore, entro dieci giorni dall'inizio dei lavori, deve denunciare al *((ENAC))* l'intrapresa costruzione dell'aeromobile, presentando il relativo progetto. Del pari devono essere denunciate, prima del loro inizio, le modificazioni e le riparazioni da eseguirsi sull'aeromobile.
Art. 850. (Controllo tecnico sulle costruzioni).
Il controllo tecnico sulle costruzioni è esercitato dal *((ENAC))*, nei limiti e con le modalità stabiliti da leggi e regolamenti.
Art. 851. (Sospensione della costruzione per ordine dell'autorità).
Il ministro per l'aeronautica può in ogni tempo ordinare la sospensione della costruzione, per la quale non siano state fatte la dichiarazione o la denuncia previste negli articoli 848 e 849. Può altresì ordinare la sospensione della costruzione che venga diretta da persona non munita della prescritta abilitazione, ovvero che a giudizio del *((ENAC))* non risulti condotta secondo le regole della buona tecnica, o per la quale non siano osservate le prescrizioni dei regolamenti.
Art. 852. (Forma del contratto di costruzione).
Il contratto di costruzione dell'aeromobile, le successive modifiche e la revoca devono essere fatti per iscritto a pena di nullità.
Art. 853. (Pubblicità del contratto di costruzione).

Il contratto di costruzione dell'aeromobile deve essere reso pubblico mediante trascrizione nel registro delle costruzioni. In mancanza, l'aeromobile si considera, fino a prova contraria, costruito per conto dello stesso costruttore.

Eseguita la trascrizione, le modifiche e la revoca del contratto non hanno effetto verso i terzi che a qualsiasi titolo abbiano acquistato e conservato diritti sull'aeromobile in costruzione, se non sono trascritte nel registro predetto.

Art. 854.

(Forma del titolo, documenti da consegnare ed esecuzione della trascrizione).

Per quanto riguarda la forma del titolo da trascrivere, si applica il disposto dell'articolo 867 primo comma.

Per quanto riguarda i documenti da consegnare all'ufficio e l'esecuzione della trascrizione nel registro delle costruzioni si applicano gli articoli 253, 870.

Art. 855. (Responsabilità del costruttore).

L'azione di responsabilità contro il costruttore per le difformità e i vizi occulti si prescrive col decorso di due anni dalla consegna dell'opera.

Il committente che sia convenuto per il pagamento può sempre far valere la garanzia purchè abbia entro il predetto termine denunziata la difformità o il vizio.

Art. 856. (Norme applicabili al contratto di costruzione).

Per quanto non è disposto nel presente capo si applicano le norme che regolano il contratto di appalto.

Art. 857. (Forma e pubblicità degli atti relativi alla proprietà di aeromobili in costruzione).

Gli atti costitutivi, traslativi o estintivi di proprietà o di altri diritti reali su aeromobili in costruzione o loro quote devono essere fatti nelle forme richieste nell'articolo 864.

Per gli effetti previsti dal codice civile, gli atti medesimi devono essere resi pubblici mediante trascrizione nel registro delle costruzioni. Nello stesso registro devono essere trascritti gli atti e le domande per i quali il codice civile richiede la trascrizione.

La trascrizione si effettua nelle forme e con le modalità previste negli articoli 867, 868, 870.

Art. 858.

((ARTICOLO ABROGATO DAL D.LGS. 9 MAGGIO 2005, N. 96))

Art. 859. *(((Annotazione delle trascrizioni nel registro aeronautico nazionale).))*

((L'autorità alla quale è richiesta l'iscrizione dell'aeromobile nel registro aeronautico nazionale provvede a riprodurre nel registro medesimo e ad annotare sul certificato d'immatricolazione le trascrizioni fatte nel registro delle costruzioni a norma degli articoli 857 e 1030.))

Art. 860.

((ARTICOLO ABROGATO DAL D.LGS. 9 MAGGIO 2005, N. 96))

TITOLO SECONDO - DELLA PROPRIETÀ DELL'AEROMOBILE

Art. 861. (Norme applicabili all'aeromobile).

In quanto non sia diversamente stabilito, gli aeromobili sono soggetti alle norme sui beni mobili.

Art. 862. (Pertinenze e parti separabili).

Sono considerate pertinenze dell'aeromobile i paracadute, gli attrezzi e gli strumenti, gli arredi e in genere tutte le cose destinate in modo durevole a servizio od ornamento dell'aeromobile.

La destinazione può essere effettuata anche da chi non sia proprietario dell'aeromobile o non abbia su questo un diritto reale. Il motore è considerato parte separabile.

Art. 863.

(Regime delle pertinenze di proprietà aliena e diritti dei terzi sulle pertinenze).

Il regime delle pertinenze e delle parti separabili di proprietà aliena e i diritti dei terzi sulle medesime sono regolati negli articoli 247, 248. Agli effetti previsti in detti articoli, l'indicazione sul certificato d'immatricolazione tiene il luogo di quella sull'inventario di bordo.

Art. 864. (Forma degli atti relativi alla proprietà dell'aeromobile).

Gli atti costitutivi, traslativi o estintivi di proprietà o di altri diritti reali sull'aeromobile o quote di esso devono essere fatti per iscritto a pena di nullità. Tali atti all'estero devono essere ricevuti dall'autorità consolare.

((COMMA ABROGATO DAL D.LGS. 9 MAGGIO 2005, N. 96)).

Art. 865. (Pubblicità degli atti relativi alla proprietà dell'aeromobile).

Per gli effetti previsti dal codice civile, gli atti costitutivi, traslativi o estintivi di proprietà o di altri diritti reali su aeromobili o loro quote sono resi pubblici mediante trascrizione nel registro aeronautico nazionale, ed annotazione sul certificato di immatricolazione o, se trattasi di alianti libratori, mediante trascrizione nel registro matricolare della Reale unione nazionale aeronautica. *((71))*

Nelle stesse forme devono essere resi pubblici gli altri atti e le domande, per i quali il codice civile richiede la trascrizione.

AGGIORNAMENTO (71)

Il D.Lgs. 9 maggio 2005, n. 96 ha disposto (con l'art. 15, comma 4) che "Al primo comma dell'articolo 865 del codice della navigazione le parole: «o, se trattasi di alianti libratori, mediante trascrizione nel registro matricolare dell'Aero club d'Italia» sono soppresse".

Art. 866. *(((Ufficio competente ad eseguire la pubblicità).))*

((La pubblicità deve essere richiesta all'ENAC ovvero all'autorità consolare del luogo ove l'aeromobile si trova. L'autorità consolare trasmette immediatamente all'ENAC la documentazione presentata dall'interessato.))

Art. 867. (Forma del titolo per la pubblicità).

La trascrizione e l'annotazione non possono compiersi, se non in forza di un titolo avente la forma prescritta nell'articolo 2657 del codice civile.

((COMMA ABROGATO DAL D.LGS. 9 MAGGIO 2005, N. 96)).

Art. 868. (Documenti per la pubblicità).

Chi domanda la pubblicità deve consegnare all'ufficio competente i documenti indicati negli articoli 253, 254.

Art. 869. (Esibizione del certificato di immatricolazione).

Se la richiesta di pubblicità si riferisce ad un aeromobile provvisto di certificato d'immatricolazione, il richiedente, oltre a consegnare i documenti di cui all'articolo precedente, deve esibire all'ufficio, al quale richiede la pubblicità, il certificato medesimo, per la prescritta annotazione.

((Se, trovandosi l'aeromobile in altra località, non è possibile esibire il certificato d'immatricolazione, l'ENAC esegue la trascrizione nel registro e ne dà comunicazione all'autorità consolare del luogo nel quale l'aeromobile si trova o verso il quale è diretto, perchè sia ivi eseguita l'annotazione sul certificato d'immatricolazione.))

Art. 870. (Esecuzione della pubblicità).

Per l'esecuzione della pubblicità si applica l'articolo 256.

Il contenuto della nota è trascritto nel registro ove l'aeromobile è immatricolato *((...))*.

Gli estremi della nota di trascrizione sono annotati sul certificato d'immatricolazione, per gli aeromobili che ne sono provvisti.

Art. 871. (Ordine di precedenza e prevalenza delle trascrizioni).

Nel concorso di più atti resi pubblici a norma degli articoli precedenti, la precedenza, agli effetti stabiliti dal <u>codice civile</u>, è determinata dalla data di trascrizione nel registro aeronautico nazionale *((...))*.

In caso di discordanza tra le trascrizioni nel registro e le annotazioni sul certificato d'immatricolazione, prevalgono le risultanze del registro.

Art. 872. (Comproprietà dell'aeromobile).

Quando l'aeromobile appartiene per quote a più persone, si applicano gli articoli 259 a 264.

Art. 873. (Vendita di quota dell'aeromobile a stranieri).

Il comproprietario dell'aeromobile non può, senza il consenso di tutti gli altri comproprietari, vendere la sua quota a stranieri.

TITOLO TERZO - DELL'IMPRESA DI NAVIGAZIONE
CAPO I - - Dell'esercente

Art. 874. (Dichiarazione di esercente).

((Chi assume l'esercizio di un aeromobile deve preventivamente farne dichiarazione all'ENAC, nelle forme e con le modalità prescritte negli articoli da 268 a 270.))

Quando l'esercizio non è assunto dal proprietario, se l'esercente non provvede, la dichiarazione può essere fatta dal proprietario.

Art. 875. *(((Pubblicità della dichiarazione).))*

((La dichiarazione deve essere trascritta nel registro aeronautico nazionale ed annotata sul certificato di immatricolazione.

L'annotazione sul certificato di immatricolazione è fatta dall'autorità competente del luogo nel quale l'aeromobile si trova o verso il quale è diretto, previa comunicazione da parte dell'ufficio che tiene il registro aeronautico nazionale.

In caso di discordanza fra la trascrizione nel registro e l'annotazione sul certificato di immatricolazione, prevalgono le risultanze del registro.))

Art. 876. (Presunzione di esercente).

In mancanza della dichiarazione di esercente, debitamente resa pubblica, esercente si presume il proprietario fino a prova contraria.

Art. 877. (Nomina del comandante).

L'esercente nomina il comandante dell'aeromobile e può in ogni momento dispensarlo dal comando.

Art. 878. (Responsabilità dell'esercente).

L'esercente è responsabile dei fatti dell'equipaggio e delle obbligazioni contratte dal comandante, per quanto riguarda l'aeromobile e la spedizione.

Tuttavia l'esercente non risponde dell'adempimento da parte del comandante degli obblighi di assistenza e di salvataggio previsti negli articoli 981, 982, nonchè degli altri obblighi che la legge impone al comandante quale capo della spedizione.

Art. 879. (Uso dell'aeromobile senza il consenso dell'esercente).

L'esercente risponde solidalmente con chi fa uso dell'aeromobile senza il suo consenso, quando non abbia esplicato la dovuta diligenza per evitare tale uso. Tuttavia anche in tal caso il debito dell'esercente è limitato a norma delle disposizioni del titolo secondo del libro terzo.

CAPO II Del caposcalo

Art. 880. (Rappresentanza del caposcalo).

Nell'ambito dell'aeroporto, il caposcalo rappresenta per tutto ciò che concerne l'esercizio della impresa, fatta eccezione delle attribuzioni per le quali la rappresentanza è conferita ad altri preposti dell'esercente.

Art. 881. (Pubblicità della procura).

La procura conferita al caposcalo, con la sottoscrizione autenticata del proponente, e le successive modifiche e la revoca devono essere depositate presso la direzione dell'aeroporto, nella cui circoscrizione il caposcalo deve esplicare le sue attribuzioni, per la pubblicazione nel registro a tal fine tenuto secondo le norme stabilite dal regolamento.

Qualora non sia adempiuta la pubblicità predetta la rappresentanza del caposcalo si reputa generale entro i limiti stabiliti dall'articolo precedente e non sono opponibili ai terzi le limitazioni, le modifiche e la revoca, a meno che il mandante provi che i terzi ne erano conoscenza al momento in cui fu concluso l'affare.

Art. 882. (Mansioni del caposcalo).

Il caposcalo cura la compilazione dei documenti doganali e sanitari, e dell'elenco del passeggeri, nonchè degli altri documenti indicati dal regolamento; cura altresì la tenuta dei libri dell'aeromobile, ad esclusione del giornale di rotta.

Egli può, con comunicazione scritta, ordinare al comandante la sospensione della partenza dell'aeromobile; in caso di sovraccarico di questo, stabilisce quali siano i passeggeri e le cose che devono escludersi dall'imbarco, secondo le istruzioni dell'esercente.

CAPO III - Del comandante dell'aeromobile

Art. 883. (Comando dell'aeromobile).

Il comando dell'aeromobile può essere affidato soltanto a persone munite della prescritta abilitazione.

Art. 884. (Designazione del comandante).

Quando dell'equipaggio di un aeromobile fanno parte più persone di pari grado, che possono essere incaricate del comando, l'esercente deve designare quale di esse assume le funzioni di comandante. Tale designazione deve essere annotata nel *((giornale di bordo))*.

Art. 885. (Morte o impedimento del comandante).

In caso di morte o di impedimento del comandante, il comando dell'aeromobile spetta di diritto ad altro componente dell'equipaggio, secondo l'ordine gerarchico di bordo, fino al momento in cui giungano disposizioni dell'esercente o, in mancanza di queste, fino al primo approdo, ove il *((ENAC))* o l'autorità consolare nomina il comandante per il tempo necessario.

Art. 886. (Assunzione di comandante straniero all'estero). *((54))*

Il comando di un aeromobile nazionale può, all'estero, essere affidato ad uno straniero nei casi e con le modalità previste nell'articolo 294. *((54))*

AGGIORNAMENTO (54)

La L. 24 aprile 1998, n. 128 ha disposto (con l'art. 22, comma 1) che "In tutte le disposizioni della parte seconda del codice della navigazione, il termine "straniero" è riferito a persone fisiche, persone giuridiche, società, enti, organizzazioni di Stati che non siano membri dell'Unione europea".

Art. 887. (Direzione nautica, rappresentanza e poteri legali).

Al comandante dell'aeromobile, in modo esclusivo, spetta la direzione della manovra e della navigazione. Durante le soste egli deve provvedere alla sorveglianza dell'aeromobile.

Il comandante rappresenta l'esercente. Nei confronti degli interessati nell'aeromobile e nel carico egli esercita i poteri che gli sono attribuiti dalla legge.

Art. 888. (Atti di stato civile e testamenti).

Il comandante dell'aeromobile esercita le funzioni di ufficiale di stato civile previste dal presente codice, e riceve i testamenti a norma dell'articolo 616 del codice civile.

Art. 889. (Doveri del comandante prima della partenza).

Prima della partenza, il comandante deve di persona accertarsi che l'aeromobile sia ideneo al viaggio da intraprendere, convenientemente attrezzato ed equipaggiato. Deve altresì accertarsi che il carico sia ben disposto e centrato, e che le condizioni atmosferiche consentano una sicura navigazione.

Art. 890. (Documenti di bordo e tenuta del *((giornale di bordo))*).

Il comandante deve curare che durante il viaggio siano a bordo i prescritti documenti, relativi all'aeromobile, all'equipaggio, ai passeggeri ed al carico. Deve curare altresì che il *((giornale di bordo))* sia regolarmente tenuto.

Art. 891. (Abbandono dell'aeromobile in pericolo).

Il comandante non può ordinare l'abbandono dell'aeromobile in pericolo se non dopo l'inutile esperimento dei mezzi suggeriti dall'arte nautica per salvarlo.

Il comandante deve abbandonare l'aeromobile per ultimo provvedendo, in quanto possibile, a salvare i documenti di bordo e gli oggetti di valore affidati alla sua custodia.

Art. 892. (Limiti della rappresentanza del comandante).

Fuori dei luoghi nei quali sono presenti l'esercente o un suo rappresentante munito dei necessarii poteri, il comandante può far eseguire le riparazioni e provvedere agli acquisti necessarii per la continuazione del viaggio, e, ove occorra, può prendere a prestito il danaro per far fronte a tali esigenze. Parimenti può congedare persone dell'equipaggio ed assumerne per la residua durata del viaggio.

La presenza dell'esercente o di un suo rappresentante munito dei necessari poteri è opponibile ai terzi solo quando questi ne erano a conoscenza; tuttavia la presenza dell'esercente nel luogo del suo domicilio e la presenza del rappresentante nel luogo relativamente al quale gli sono stati conferiti i poteri debitamente pubblicati, si presumono note agl'interessati fino a prova contraria.

Art. 893. (Provvedimenti per la salvezza della spedizione).

In corso di viaggio il comandante deve prendere i provvedimenti necessari per la salvezza dell'aeromobile, dei passeggeri e del carico.

Art. 894. (Vendita e ipoteca dell'aeromobile).

Il comandante non può vendere nè ipotecare l'aeromobile senza mandato speciale del proprietario.

CAPO IV Dell'equipaggio

Art. 895. (Formazione dell'equipaggio).

L'equipaggio è costituito dal comandante e dalle altre persone addette al servizio in volo dell'aeromobile.

Art. 896. (Composizione dell'equipaggio).

La composizione dell'equipaggio è determinata dall'esercente, in relazione alle caratteristiche ed all'impiego dell'aeromobile, con le modalità e nei limiti stabiliti da leggi speciali e da regolamenti.

Per gli aeromobili da trasporto di persone in servizio pubblico, la composizione dell'equipaggio deve in ogni caso essere approvata dal ministro per l'aeronautica.

Art. 897. (Assunzione dei componenti dell'equipaggio).

L'equipaggio degli aeromobili nazionali deve essere interamente formato da iscritti negli albi o nel registro del personale di volo.

Art. 898. (Assunzione all'estero di non iscritti o di stranieri).

All'estero, in caso di necessità, l'autorità consolare può autorizzare che dell'equipaggio facciano parte, purchè in possesso del prescritto titolo professionale di altro a questo corrispondente, persone non inscritte negli albi o nel registro, anche se cittadini stranieri, fino al ritorno dell'aeromobile nel primo aeroporto nazionale.

Art. 899. (Gerarchia di bordo).

La gerarchia dei componenti dell'equipaggio è determinata dall'ordine delle categorie indicate nell'articolo 732, e, nell'ambito di ciascuna categoria, dall'ordine dei titoli professionali *((. . .))*.

TITOLO QUARTO - DEL CONTRATTO DI LAVORO DEL PERSONALE DI VOLO

CAPO I - - - *Della formazione del contratto*

Art. 900. (Idoneità fisica).

L'assunzione degli iscritti negli albi o nel registro del personale di volo, destinati a far parte dell'equipaggio, deve essere effettuata con l'osservanza delle norme sulle visite mediche dirette ad accertare l'idoneità degli iscritti, in rapporto al servizio cui devono essere adibiti a bordo.

((Le modalità per le visite sono stabilite ai sensi del secondo comma dell'articolo 734.))

Art. 901. (Capacità dei minori degli anni diciotto).

((Il minore di anni diciotto iscritto tra il personale addetto ai servizi complementari di bordo può, con il consenso di chi esercita la potestà o la tutela, prestare il proprio lavoro per i servizi complementari di bordo, stipulare i relativi contratti ed esercitare i diritti e le azioni che ne derivano.))

La revoca del consenso alla iscrizione nel registro da parte di chi esercita la patria potestà o la tutela, fa cessare la capacità del minore alla stipulazione di nuovi contratti di lavoro, ma non lo priva della capacità di esercitare i diritti e le azioni che derivano da contratti precedentemente stipulati nè della capacità di prestare il proprio lavoro, fino al compimento del viaggio in corso.

Art. 902. (Tipi e durata del contratto).

Il contratto di lavoro può essere stipulato a tempo determinato e a tempo indeterminato.

Il contratto si reputa a tempo indeterminato se la fissazione del termine non risulta giustificata dalla specialità del rapporto.

Art. 903. (Forma del contratto).

Il contratto di lavoro a tempo indeterminato deve esser provato per iscritto.

Art. 904. (Contenuto del contratto).

Il contratto di lavoro stipulato per atto scritto deve enunciare:

1) il nome, la paternità e il domicilio del lavoratore;
2) la qualifica e le mansioni;
3) la decorrenza del contratto e, se questo è a tempo determinato,
la relativa durata;
4) la durata dell'eventuale periodo di prova;
5) la misura e le modalità della retribuzione;
6) l'indicazione del contratto collettivo, quando esista; 7) la data e il luogo di conclusione del contratto.

CAPO II - Degli effetti del contratto

Art. 905. (Servizio a bordo).

Il lavoratore non è tenuto a prestare un servizio diverso da quello per il quale è stato assunto.

Tuttavia a bordo il comandante dell'aeromobile, nell'interesse della navigazione, ha facoltà di adibire temporaneamente i componenti dell'equipaggio a un servizio diverso da quello per il quale sono stati assunti, purchè non sia inadeguato alla loro categoria e al loro grado. In caso di necessità per la sicurezza della spedizione, i componenti dell'equipaggio possono essere adibiti a qualsiasi servizio.

I componenti dell'equipaggio, che esercitano mansioni diverse da quelle per le quali sono stati assunti, hanno diritto alla maggiore retribuzione che sia connessa a tali mansioni.

Art. 906. (Caricazione abusiva di merci).

Il comandante e gli altri componenti dell'equipaggio non possono caricare sull'aeromobile merci per proprio conto, senza il consenso scritto dell'esercente o di un suo rappresentante.

Il componente dell'equipaggio, che contravviene al divieto del comma precedente, è tenuto a pagare il prezzo del trasporto in misura doppia di quella corrente nel luogo e alla data della caricazione, per il medesimo viaggio e per merce della stessa specie di quella indebitamente caricata, senza pregiudizio del risarcimento del danno.

Art. 907. (Indennità di volo).

Al personale di volo ed a quello che viene temporaneamente comandato a prestare servizio a bordo, oltre alla retribuzione pattuita, deve essere corrisposta un'indennità di volo nella misura stabilita dalle norme corporative e in mancanza dagli usi.

Art. 908. (Cattura del lavoratore).

In caso di cattura avvenuta durante il servizio, il lavoratore ha diritto alla retribuzione per la durata e nella misura stabilita dalle norme corporative, e in mancanza, quando la cattura sia avvenuta senza sua colpa, per la durata di un anno.

Art. 909. (Malattie o ferie del lavoratore).

Il lavoratore che contragga malattie o riporti lesioni ha diritto all'assistenza sanitaria a spese dell'esercente nei limiti stabiliti dalle norme corporative o in mancanza dagli usi, e alla retribuzione per la durata e nella misura stabilita dalle norme corporative stesse o in mancanza dagli usi.

Tuttavia, se il lavoratore si è intenzionalmente procurato la malattia, ovvero ha contratto la malattia o riportato la lesione per sua grave colpa mentre si trovava a terra e non per causa di servizio, l'esercente è egualmente tenuto a provvedere all'assistenza sanitaria, ma ha diritto di ripeterne le spese.

Nel caso previsto dal comma precedente, il lavoratore non ha diritto alla retribuzione per tutto il tempo durante il quale è inabile al servizio.

Art. 910. (Indennità per perdita degli indumenti).

In caso di perdita degli indumenti o del bagaglio in conseguenza di un sinistro della navigazione, spetta al lavoratore un'indennità nella misura stabilita dalle norme corporative e in mancanza dagli usi.

Art. 911. (Compenso per prestazioni in caso di perdita dell'aeromobile).

Il lavoratore, che, in seguito alla perdita dell'aeromobile abbia prestata la propria opera per il ricupero di relitti a norma dell'articolo 812, ha diritto a uno speciale compenso nella misura fissata dalle norme corporative, o, in mancanza, stabilita sulla base dei rischi corsi, delle fatiche compiute, nonchè della retribuzione percepita.

CAPO III - Della cessazione e della risoluzione del contratto

Art. 912. (Proroga del contratto).

Il contratto di lavoro a tempo determinato cessa di diritto con la scadenza del termine stabilito; ma se il termine scade in corso di viaggio, il contratto s'intende prorogato fino a quando l'aeromobile non sia ritornato nel luogo di partenza.

L'esercente tuttavia può sbarcare il personale in uno approdo intermedio, assumendosi le spese del rimpatrio. Anche in tal caso il contratto s'intende prorogato fino al giorno d'arrivo al luogo di partenza.

Art. 913.

(Cessazione dal contratto a tempo indeterminato per volontà di una delle parti).

Il contratto di lavoro a tempo indeterminato cessa per volontà dell'esercente o del lavoratore, purchè ne sia dato preavviso all'altro contraente nei termini stabiliti dalle norme corporative o in mancanza dagli usi.

Art. 914. (Risoluzione di diritto del contratto).

Il contratto si risolve di diritto:

1) in caso di morte del lavoratore;

2) quando il lavoratore è cancellato dagli albi o dal registro, ovvero sospesa o interdetto dal titolo professionale o dall'esercizio

della professione aeronautica;

3) in caso di revoca, da parte di chi esercita la patria potestà o la tutela, del consenso all'iscrizione del minore degli anni diciotto

nel registro di cui all'articolo 735; 4) in caso di ritiro della licenza del lavoratore prevista dal regolamento.

Art. 915. (Presunzione di perdita dell'aeromobile).

Quando si presume che l'aeromobile sia perduto, il contratto di lavoro si considera risolto, nei confronti degli eredi presunti del lavoratore e degli altri aventi diritto, nel giorno successivo a quello al quale risalgono le ultime notizie.

Art. 916. (Facoltà di risoluzione del contratto da parte dell'esercente).

L'esercente ha facoltà, in qualunque tempo e luogo, di risolvere il contratto, salvi i diritti spettanti al lavoratore.

Tuttavia, in caso di cattura, di malattia o di ferita del lavoratore, l'esercente non può avvalersi di tale facoltà prima del decorso del periodo fissato dalle norme corporative o in mancanza dagli usi. *((44))*

AGGIORNAMENTO (44)

La Corte Costituzionale con sentenza 17-31 gennaio 1991, n. 41 (in G.U. 1a s.s. 6/2/1991, n. 6) ha dichiarato "l'illegittimità costituzionale dell'art. 916 del codice della navigazione".

Art. 917. (Cambiamento dell'esercente).

In caso di cambiamento dell'esercente, il nuovo esercente succede al precedente in tutti i diritti ed obbligbi derivanti dai contratti di lavoro, ma il lavoratore può chiedere la risoluzione del contratto.

Se l'aeromobile è in viaggio, la risoluzione può essere chiesta solo all'arrivo in un aeroporto nazionale.

Art. 918. (Retribuzione spettante al lavoratore in caso di risoluzione del contratto).

In caso di risoluzione del contratto, la retribuzione, se stabilita a tempo, è dovuta fino al giorno della risoluzione.

CAPO IV - Dei diritti derivanti dalla cessazione e dalla risoluzione del contratto

Art. 919. (Indennità in caso di cessazione del contratto a tempo indeterminato per volontà dell'esercente).

In caso di cessazione del contratto di lavoro a tempo indeterminato, per volontà dell'esercente, è dovuta al lavoratore una indennità pari al numero di giornate di retribuzione determinato dalle norme corporative e in mancanza dagli usi, per ogni anno o frazione di anno di servizio prestato. *((31))*

AGGIORNAMENTO (31)

La L. 29 maggio 1982, n. 297, ha disposto (con l'art. 4, comma 1) che " Le indennità di cui agli articoli 351, 352, 919 e 920 del codice della navigazione, approvato con regio decreto 30 marzo 1942, n. 327, sono sostituite dal trattamento di fine rapporto disciplinato dall'articolo 2120 del codice civile."

Art. 920.

(Indennità in caso di risoluzione del contratto a tempo indeterminato).

In caso di risoluzione del contratto di lavoro a tempo indeterminato, è dovuta al lavoratore un'indennità nella misura stabilita dall'articolo precedente, salvo che la risoluzione avvenga per fatto imputabile al lavoratore stesso.

((31))

AGGIORNAMENTO (31)

La L. 29 maggio 1982, n. 297, ha disposto (con l'art. 4, comma 1) che " Le indennità di cui agli articoli 351, 352, 919 e 920 del codice della navigazione, approvato con regio decreto 30 marzo 1942, n. 327, sono sostituite dal trattamento di fine rapporto disciplinato dall'articolo 2120 del codice civile."

Art. 921. (Indennità nei caso di perdita presunta dell'aeromobile).

Se il contratto di lavoro è considerato risolto ai sensi dell'articolo 915, è dovuta una indennità nella misura stabilita dalle norme corporative o, in mancanza, pari a due mensilità della retribuzione.

L'indennità è attribuita alle persone indicate nel primo comma dell'articolo 936, e ripartita fra di esse in parti eguali; in mancanza delle persone predette, l'indennità è devoluta alla cassa nazionale di previdenza per la *((personale aeronautico))*.

Art. 922. (Indennità in caso di risoluzione del contratto).

Se l'esercente si avvale della facoltà di risoluzione del contratto a tempo indeterminato senza preavviso, ai sensi dell'articolo 916, è dovuta al lavoratore, oltre l'indennità prevista nell'articolo 920, un'altra indennità pari a tante giornate di retribuzione, quanti avrebbero dovuto essere i giorni di preavviso.

Nel caso previsto dal comma precedente, se il preavviso è dato in misura inferiore a quella determinata ai sensi dell'articolo 913, è dovuta un'indennità pari a tante giornate di retribuzione quanti sono i giorni di preavviso mancanti.

L'indennità non è dovuta se la risoluzione del contratto avviene per colpa del lavoratore.

Art. 923. (Determinazione dell'indennità).

Quando, a norma delle disposizioni di questo codice, una indennità è commisurata alla retribuzione stabilita nel contratto di lavoro, s'intendono comprese nella retribuzione lo stipendio o la paga base e le altre indennità di carattere fisso e continuativo, a tal fine indicate nelle norme corporative.

((A partire dal 1 febbraio 1977 non possono computarsi ai fini del calcolo delle indennità di cui agli articoli 919 e 920 gli ulteriori aumenti dell'indennità di contingenza e di emolumenti aventi analoga natura scattati posteriormente al 31 gennaio 1977)).

CAPO V Del rimpatrio

Art. 924. (Obbligo del rimpatrio).

Quando il contratto di lavoro cessa o si risolve in luogo diverso da quello di assunzione, l'esercente è tenuto a provvedere al rimpatrio del lavoratore.

Se la risoluzione del contratto è avvenuta per colpa del lavoratore, ovvero per malattia o per lesioni, nei casi previsti dal secondo comma dell'articolo 909, l'esercente ha diritto ad essere rimborsato dal lavoratore delle spese sostenute per il suo rimpatrio.

Qualora l'esercente non provveda, il rimpatrio è eseguito a cura e spese dell'autorità aeronautica o dell'autorità consolare. L'autorità aeronautica emette ingiunzione a carico dell'esercente per il rimborso delle spese sostenute dallo Stato.

Art. 925. (Contenuto dell'obbligo di rimpatrio).

L'obbligo di provvedere al rimpatrio del lavoratore comprende le spese necessarie per il viaggio, l'alloggio e il mantenimento, fino all'arrivo a destinazione, nonchè durante l'eventuale ricovero per sorveglianza sanitaria.

Fuori dei casi previsti dal secondo comma dell'articolo precedente, l'esercente è tenuto a corrispondere al lavoratore, durante il rimpatrio, una indennità giornaliera pari alla retribuzione deteraninata ai sensi dell'articolo 923.

In caso di perdita dell'aeromobile, l'esercente è altresì tenuto a fornire ai componenti dell'equipaggio gli indumenti necessarii.

Art. 926. (Rimpatrio del lavoratore ammalato o ferito).

Se il lavoratore è sbarcato per malattia o lesioni, il comandante deve depositare presso l'autorità aeronautica o quella consolare la somma necessaria per la cura e il rimpatrio, nonchè l'indennità spettante al lavoratore ai sensi del secondo comma dell'articolo precedente.

All'estero, dove non sia autorità consolare, il comandante deve provvedere al ricovero del lavoratore in luogo di cura, depositando presso l'ente o la persona incaricata della cura le somme indicate nel comma precedente.

Se il rimpatrio deve avvenire prima che il lavoratore sia completamente guarito, vi si provvede seguendo le prescrizioni del medico che ha avuto in cura il lavoratore medesimo; quando il viaggio deve compiersi per aria o per mare, esso è effettuato, qualora le prescrizioni mediche lo esigano, su aeromobile o su nave provvisti del servizio sanitario.

Art. 927. (Luogo di rimpatrio).

Il rimpatrio del lavoratore si compie con il suo ritorno nel luogo di assunzione.

Tuttavia, se il lavoratore ne fa richiesta e non vi è aumento di spesa, il rimpatrio deve essere effettuato provvedendo al ritorno del lavoratore stesso in altra località da lui indicata.

Art. 928. (Rimpatrio a mezzo di imbarco su altro aeromobile).

L'obbligo di provvedere al rimpatrio del lavoratore può essere soddisfatto, procurando alla persona sbarcata una conveniente occupazione retribuita su altro aeromobile, che si rechi nel luogo di rimpatrio o in località vicina. In quest'ultimo caso sono a carico dell'esercente le spese per la prosecuzione del viaggio fino al luogo di rimpatrio.

Se la retribuzione, percepita dal lavoratore a bordo dell'aeromobile sul quale viene imbarcato, è inferiore alla indennità spettantegli ai sensi del secondo comma dell'articolo 925, l'esercente è tenuto a corrispondergli la differenza.

Art. 929. (Rimpatrio di stranieri assunti su aeromobili italiani).

Le disposizioni di questo capo si applicano agli stranieri assunti su aeromobili nazionali, purchè gli Stati di cui essi hanno la cittadinanza assicurino eguale trattamento ai cittadini italiani.

CAPO VI Disposizioni varie

Art. 930.

(Cedibilità, sequestrabilità e pignorabilità dei crediti del lavoratore verso l'esercente).

Le retribuzioni del lavoratore possono essere cedute, sequestrate o pignorate fino ad un quinto del loro ammontare ed esclusivamente per alimenti dovuti per legge o per debiti certi liquidi ed esigibili verso l'esercente, dipendenti dal servizio.*((50))*

Le somme dovute dall'esercente per il rimpatrio del lavoratore, o per spese di cura, non possono essere cedute, sequestrate, nè pignorate, neppure entro il limite stabilito dal comma precedente. ------------

> *AGGIORNAMENTO (50)*
>
> *La Corte Costituzionale con sentenza 7-15 marzo 1996, n. 72 (in G.U. 1a s.s. 20/3/1996, n. 12) ha dichiarato in applicazione dell'art. 27 della legge 11 marzo 1953, n. 87, l'illegittimità costituzionale del primo comma del presente articolo.*

Art. 931. (Impignorabilità e insequestrabilità di indumenti e strumenti).

Oltre le cose che, a norma del codice di procedura civile e delle leggi speciali, non sono soggette a sequestro nè a pignoramento, non possono essere sequestrati nè pignorati per alcun titolo:

1) gli indumenti del personale di volo necessarii per i servizi di

bordo; 2) gli strumenti e gli altri oggetti appartenenti al personale di volo, destinati all'esercizio della professione.

Art. 932.

(Esercizio dei diritti spettanti agli eredi e agli aventi diritto in caso di perdita presunta dell'aeromobile).

I diritti spettanti agli eredi presunti del lavoratore e agli altri aventi diritto, nel caso in cui l'aeromobile si presume perito, possono essere fatti valere soltanto dopo la cancellazione dell'aeromobile dal registro di iscrizione.

Art. 933. (Effetti della chiamata o del richiamo alle armi).

Gli effetti della chiamata o del richiamo alle armi del lavoratore sul contratto di lavoro, e il trattamento spettante in questi casi al lavoratore sono determinati da leggi speciali, dalle norme corporative, o in mancanza dagli usi.

Art. 934. (Preferenza nelle assunzioni).

Il personale di volo, che sia riconosciuto non più idoneo al servizio di volo, anche a causa di malattia, ha diritto di essere preferito, entro i limiti delle sue attitudini, nelle assunzioni di personale non navigante.

Art. 935. (Obbligo dell'assicurazione).

L'esercente ha l'obbligo di assicurare contro i rischi di volo, secondo le modalità e nei limiti stabiliti dalle norme corporative, il personale navigante abitualmente od occasionalmente addetto al servizio di volo.

L'assicurazione esonera l'esercente dalla responsabilità per infortuni di volo del personale nei casi previsti dalla legge sull'assicurazione obbligatoria degli infortuni sul lavoro.

Per i rischi diversi da quelli di volo si applicano le disposizioni delle leggi speciali.

Art. 936. (Diritti del beneficiario).

Il coniuge e i figli dell'assicurato sono beneficiari di diritto dell'assicurazione, di cui all'articolo precedente, nel caso di morte dell'assicurato.

Tuttavia, all'atto della stipulazione della polizza o successivamente, l'assicurato può designare un beneficiario per un terzo della somma assicurata, se ha figli o coniuge e figli, e per una metà, se ha soltanto il coniuge.

In caso di successivo matrimonio ovvero di sopravvenienza di figli, i diritti del beneficiario designato in polizza si riducono alle quote indicate nel precedente comma.

La ripartizione fra il coniuge e i figli della indennità di assicurazione loro riservata è fatta in patti uguali.

Art. 937. (Prescrizione).

I diritti derivanti dal contratto di lavoro del personale di volo si prescrivono col decorso di due anni dal giorno dello sbarco nel luogo di assunzione, successivamente alla cessazione o alla risoluzione del contratto.

La prescrizione dei diritti spettanti agli eredi presunti del lavoratore ed agli altri aventi diritto, in caso di perdita presunta dell'aeromobile, decorre dalla data di cancellazione dell'aeromobile dal registro di iscrizione.

Art. 938. (Derogabilità delle norme).

Le disposizioni degli articoli 900 a 905; 909 secondo comma, 917; 924 a 932; 935, 936 non possono essere derogate nè dalle norme corporative nè dai contratti individuali di lavoro.

Le disposizioni degli articoli 908, 909, terzo comma; 911 a 916; 918 a 923; 934 possono essere derogate dalle norme corporative; non possono essere derogate dai contratti individuali di lavoro se non a favore del lavoratore.

LIBRO TERZO - DELLE OBBLIGAZIONI RELATIVE ALL'ESERCIZIO DELLA NAVIGAZIONE

TITOLO PRIMO - DEI CONTRATTI DI UTILIZZAZIONE DELL'AEROMOBILE

CAPO I - - ((Della locazione))

Art. 939. ((*(Norme applicabili).))*

((Alla locazione di aeromobile si applicano le norme degli articoli da 376 a 383, qualora non derogate dalle disposizioni del presente capo.

Le disposizioni del presente capo si applicano anche alla locazione finanziaria di aeromobile.))
Art. 939-bis.
(((Forma e pubblicità del contratto).))

((Il contratto di locazione di aeromobile deve essere provato per iscritto.

La prova scritta non è richiesta per le locazioni di durata inferiore a sei mesi.

Il contratto di locazione di durata non inferiore a sei mesi deve essere reso pubblico mediante trascrizione nel registro aeronautico nazionale ed annotazione sul certificato di immatricolazione.

La pubblicità tiene luogo della dichiarazione di esercente, di cui all'articolo 874, e si esercita nelle stesse forme e con gli stessi effetti.))
Art. 939-ter.
(Utilizzazione occasionale dell'aeromobile).
In caso di locazione, di comodato o comunque di conferimento del diritto di utilizzare l'aeromobile per una durata non superiore a quattordici giorni, esercente dell'aeromobile continua ad essere considerato il soggetto che ha conferito il diritto di utilizzazione.

In caso di danni a terzi derivanti dall'utilizzazione dell'aeromobile ai sensi del primo comma, l'utilizzatore *((. . .))* risponde in solido con chi ha conferito il diritto di utilizzazione.

CAPO II ((Del noleggio))

Art. 940. *(((Norme applicabili).))*

((Al noleggio di aeromobile si applicano le norme degli articoli da 384 a 395, se non derogate dalle disposizioni del presente capo.

Le disposizioni del presente capo si applicano anche in caso di noleggio di parte della capacità dell'aeromobile.))
Art. 940-bis.
(((Forma del contratto).))

((Il contratto di noleggio deve essere provato per iscritto.))
Art. 940-ter.
(((Sostituibilità dell'aeromobile).))

((Il noleggiante ha facoltà di sostituire in ogni momento l'aeromobile designato nel contratto con altro di caratteristiche e capacità equivalenti o superiori.))
Art. 940-quater.
(((Responsabilità verso i terzi).)) ((La responsabilità verso i terzi per le obbligazioni contratte in relazione all'impiego commerciale dell'aeromobile è regolata in conformità delle norme internazionali vigenti nella Repubblica che disciplinano la responsabilità verso i terzi del vettore contraente e del vettore effettivo, disponendone la solidarietà.))

Nei rapporti interni fra noleggiante e noleggiatore, il noleggiante assume i rischi che derivano dall'esercizio e il noleggiatore quelli relativi all'impiego commerciale dell'aeromobile.

((CAPO III)) ((Del trasporto))

((Sezione I)) ((Del trasporto di persone e di bagagli))

Art. 941. (Norme applicabili).

Il trasporto aereo di persone e di bagagli, compresa la responsabilità del vettore per lesioni personali del passeggero, è regolato dalle norme comunitarie ed internazionali *((in vigore nella Repubblica)).*
((Al trasporto di bagagli si applica, inoltre, l'articolo 953.))

La disciplina della presente sezione si applica anche ai trasporti eseguiti da vettore non munito di licenza di esercizio.

Art. 942. (Obbligo di assicurazione).

Il vettore aereo deve assicurare la propria responsabilità verso i passeggeri secondo la normativa comunitaria.

Il passeggero danneggiato ha azione diretta contro l'assicuratore per il risarcimento del danno subito.

((L'assicuratore non può opporre al passeggero, che agisce direttamente nei suoi confronti, eccezioni derivanti dal contratto, nè clausole che prevedono l'eventuale contributo dell'assicurato al risarcimento del danno. L'assicuratore ha tuttavia rivalsa verso l'assicurato, nella misura in cui avrebbe avuto contrattualmente diritto di rifiutare o ridurre la propria prestazione.))

Art. 943. (Obblighi d'informazione).

Qualora il trasporto sia effettuato da un vettore aereo diverso da quello indicato sul biglietto, il passeggero deve essere adeguatamente informato della circostanza prima dell'emissione del biglietto. In caso di prenotazione, l'informazione deve essere data al momento della conferma della prenotazione.

In caso di mancata informazione, il passeggero può chiedere la risoluzione del contratto, il rimborso del biglietto e il risarcimento dei danni.

((Ai vettori aerei, che non adempiono agli obblighi di informazione di cui all'articolo 6 del regolamento (CE) n. 2027/97 del Consiglio, del 9 ottobre 1997, come modificato dal regolamento (CE) n. 889/2002 del Parlamento europeo e del Consiglio, del 13 maggio 2002, sono vietati l'atterraggio e il decollo nel territorio nazionale.))

AGGIORNAMENTO (38)

Il D.P.R. 7 marzo 1987, n. 201, ha disposto (con l'art. 1, comma 1) che "Gli importi di cui ai seguenti articoli del codice della navigazione sono modificati come segue: art. 943, primo comma, da lire cinquemilioniduecentomila a lire centonovantacinquemilioni".

Art. 944. *(((Cessione del diritto al trasporto).))*

((Il diritto al trasporto non può essere ceduto senza il consenso del vettore, se il biglietto indica il nome del passeggero o se, mancando questa indicazione, il passeggero ha iniziato il viaggio.))

AGGIORNAMENTO (38)

Il <u>D.P.R. 7 marzo 1987, n. 201</u>, ha disposto (con l'art. 1, comma 1) che "Gli importi di cui ai seguenti articoli del codice della

navigazione sono modificati come segue:[...]

art. 944, secondo comma, da lire duecentodiecimila a lire unmilionenovecentocinquantamila".

Art. 945. (Impedimento del passeggero).

Se la partenza del passeggero è impedita per causa a lui non imputabile, il contratto è risolto e il vettore restituisce il prezzo di passaggio già pagato.

Se l'impedimento riguarda uno dei congiunti o degli addetti alla famiglia, che dovevano viaggiare insieme, ciascuno dei passeggeri può chiedere la risoluzione del contratto alle stesse condizioni.

Al vettore deve essere data tempestiva notizia dell'impedimento e il passeggero è responsabile del danno che il vettore provi di aver sopportato a causa della ritardata notizia dell'impedimento, entro il limite massimo dell'ammontare del prezzo del biglietto.

((Quando il passeggero non ritira il bagaglio a destinazione, si applicano i commi primo e secondo dell'articolo 454, in quanto compatibili.))

Art. 946

(((Mancata partenza del passeggero).))

((Il passeggero, se non si presenta all'imbarco nel tempo stabilito, paga l'intero prezzo di passaggio.

Tuttavia, il prezzo di passaggio non è dovuto e quello già pagato è restituito, se il vettore acconsente all'imbarco di un altro passeggero in sostituzione di quello non presentatosi.))

Art. 947. (Impedimenti del vettore).

In caso di negato imbarco, di soppressione o ritardo della partenza, di interruzione del viaggio, anche per cause di forza maggiore, il passeggero ha i diritti previsti dalla normativa comunitaria.

L'organismo responsabile dell'applicazione della normativa comunitaria è l'ENAC, il quale stabilisce, con apposito regolamento, *((le modalità di presentazione dei reclami da parte dei passeggeri e irroga le sanzioni amministrative previste dalla legge))*.

Art. 948. *(((Lista d'attesa).))*

((Con apposito regolamento dell'ENAC è assicurata la trasparenza nelle procedure di attuazione della lista d'attesa.

Il regolamento di cui al primo comma deve prevedere che:

a) il vettore, quando inserisce un passeggero in una lista d'attesa per un certo volo, deve comunicargli il numero d'ordine a lui

attribuito nella lista;

b) l'elenco dei numeri d'ordine, attribuiti a ciascun passeggero, deve essere affisso in modo visibile nella zona di registrazione

prima dell'apertura della lista d'attesa;

c)   *i passeggeri iscritti nella lista d'attesa hanno diritto di accedere al trasporto, cui la lista si riferisce, secondo il numero d'ordine a ciascuno attribuito, fino all'esaurimento della capacità dell'aeromobile.))*

Art. 949. *(((Interruzione del viaggio del passeggero).))*

((Se il passeggero è costretto a interrompere il viaggio per causa a lui non imputabile, il prezzo di passaggio è dovuto in proporzione del tratto utilmente percorso.

La stessa norma si applica quando l'impedimento riguarda uno dei congiunti o degli addetti alla famiglia, che stanno viaggiando insieme.))

Art. 949-bis.
(((Responsabilità del vettore per mancata esecuzione del trasporto).))

((Il vettore è responsabile dei danni derivati dalla mancata esecuzione del trasporto del passeggero o del suo bagaglio a meno che non provi che egli stesso e i suoi dipendenti e preposti hanno preso tutte le misure necessarie e possibili, secondo la normale diligenza, per evitare il danno oppure che era loro impossibile adottarle.))

Art. 949-ter.
(((Prescrizione).))

((I diritti derivanti dal contratto di trasporto di persone e di bagagli sono assoggettati alle norme sulla decadenza previste dalla normativa internazionale di cui all'articolo 941.

Gli stessi diritti non sono assoggettati alle norme che regolano la prescrizione.))

Sezione II Del trasporto di cose

Art. 950. (Forma del contratto).
Il contratto di trasporto di cose deve essere provato per iscritto.
Art. 951. *(((Norme applicabili).))*

((Il trasporto aereo di cose, compresa la sua documentazione tramite lettera di trasporto aereo, è regolato dalle norme internazionali in vigore nella Repubblica, che si estendono anche ai trasporti di cose ai quali non si applicherebbero per forza propria.

Si applicano inoltre, per quanto non è disposto dalla presente sezione ed in quanto compatibili, gli articoli da 425 a 437 e da 451 a 456.))
Art. 952.
(((Responsabilità del vettore per mancata esecuzione del trasporto).))

((Il vettore è responsabile dei danni derivati dalla mancata esecuzione del trasporto delle cose, a meno che non provi che egli stesso e i suoi dipendenti e preposti hanno preso tutte le misure necessarie e possibili, secondo la normale diligenza, per evitare il danno oppure che era loro impossibile adottarle.

Il risarcimento dovuto dal vettore è limitato in conformità della disciplina che la normativa internazionale in vigore nella Repubblica adotta nel regolare la responsabilità per ritardo.))

AGGIORNAMENTO (38)

Il D.P.R. 7 marzo 1987, n. 201, ha disposto (con l'art. 1, comma 1) che "Gli importi di cui ai seguenti articoli del codice della
navigazione sono modificati come segue:[...] art. 952, primo comma, da lire diecimila a lire trentatremila".

Art. 953. *(((Riconsegna delle cose).))*

((Il vettore è responsabile delle cose consegnategli per il trasporto fino al momento della riconsegna al destinatario, anche se prima della riconsegna le cose siano affidate, o nell'interesse del vettore per esigenze della scaricazione o per ottemperare a un regolamento aeroportuale, a un operatore di assistenza a terra o ad altro ausiliario.))

Art. 954. *(((Prescrizione).))*

((I diritti derivanti dal contratto di trasporto di cose sono assoggettati alle norme sulla decadenza previste dalla normativa internazionale di cui all'articolo 951.

Gli stessi diritti non sono assoggettati alle norme che regolano la prescrizione.))

Art. 955. *((ARTICOLO ABROGATO DAL D.LGS. 15 MARZO 2006, N. 151))*

Sezione III - Della lettera di trasporto aereo

Art. 956. *((ARTICOLO ABROGATO DAL D.LGS. 15 MARZO 2006, N. 151))*
Art. 957. *((ARTICOLO ABROGATO DAL D.LGS. 15 MARZO 2006, N. 151))*
Art. 958. *((ARTICOLO ABROGATO DAL D.LGS. 15 MARZO 2006, N. 151))*
Art. 959. *((ARTICOLO ABROGATO DAL D.LGS. 15 MARZO 2006, N. 151))*
Art. 960. *((ARTICOLO ABROGATO DAL D.LGS. 15 MARZO 2006, N. 151))*
Art. 961. *((ARTICOLO ABROGATO DAL D.LGS. 15 MARZO 2006, N. 151))*
Art. 962. *((ARTICOLO ABROGATO DAL D.LGS. 15 MARZO 2006, N. 151))*
Art. 963. *((ARTICOLO ABROGATO DAL D.LGS. 15 MARZO 2006, N. 151))*
Art. 964. *((ARTICOLO ABROGATO DAL D.LGS. 15 MARZO 2006, N. 151))*

TITOLO SECONDO - DELLA RESPONSABILITÀ PER DANNI A TERZI SULLA SUPERFICIE E PER DANNI DA URTO

((...))

Art. 965. *(((Responsabilità dell'esercente per danni a terzi sulla superficie).))*

((La responsabilità dell'esercente per i danni causati dall'aeromobile a persone ed a cose sulla superficie è regolata dalle norme internazionali in vigore nella Repubblica, che si applicano anche ai danni provocati sul territorio nazionale da aeromobili immatricolati in Italia.

La stessa disciplina si applica anche agli aeromobili di Stato e a quelli equiparati, di cui agli articoli 744 e 746.))

Art. 966. *(((Danni da urto).))*

((In caso di urto fra aeromobili in volo o fra un aeromobile in volo e una nave in movimento si applicano gli articoli da 482 a 487.

L'aeromobile si considera in volo dall'inizio delle manovre per l'involo al termine di quelle di approdo.))

Art. 967. *(((Danni da spostamento d'aria o altra causa analoga).))*

((Le stesse norme di cui all'articolo 966 si applicano quando i danni sono causati da spostamento d'aria o altra causa analoga, anche se fra gli aeromobili in volo o fra l'aeromobile in volo e la nave in movimento non vi è stata collisione materiale.))

AGGIORNAMENTO (38)

Il D.P.R. 7 marzo 1987, n. 201, ha disposto (con l'art. 1, comma 1) che "Gli importi di cui ai seguenti articoli del codice della

navigazione sono modificati come segue:[...]

art. 967, primo comma, da lire diecimila a lire centodiecimila; art. 967, secondo comma, da lire venticinquemilioni a lire novecentotrentamilioni; da lire ottantatremilioni a lire tremiliardicentomilioni; da lire diecimilioni lire trecentosettantacinquemilioni".

Art. 968. *(((Danni a terzi sulla superficie in seguito a urto).))*

((In caso di danni a terzi sulla superficie in seguito a urto, nei rapporti fra gli esercenti il risarcimento dovuto si ripartisce secondo la gravità delle colpe rispettivamente commesse dagli esercenti stessi o dai loro dipendenti e preposti e secondo l'entità delle conseguenze di tali colpe; ovvero si ripartisce in parti uguali se il danno è prodotto da forza maggiore o se, date le circostanze, non è possibile accertare l'esistenza di colpa ovvero la gravità delle colpe rispettive e l'entità delle relative conseguenze.))

AGGIORNAMENTO (38)

Il D.P.R. 7 marzo 1987, n. 201, ha disposto (con l'art. 1, comma 1) che "Gli importi di cui ai seguenti articoli del codice della

navigazione sono modificati come segue:[...]

art. 968, primo comma, da lire ottomilionitrecentomila a lire trecentodiecimilioni".

Art. 969. *(((Limitazione del debito nei rapporti fra gli esercenti).))*
((I limiti previsti nell'articolo 971 si applicano anche nei rapporti fra gli esercenti solidalmente obbligati ai sensi degli articoli 484, secondo comma, e 968)).

Art. 970. *(((Decadenza e prescrizione del diritto di regresso).))*

((Nel caso previsto dall'articolo 968, l'esercente decade dal diritto di regresso verso gli altri obbligati se non notifica a costoro entro tre mesi l'intimazione ricevuta dal terzo danneggiato.

Il diritto medesimo si prescrive con il decorso di un anno dal giorno del pagamento del risarcimento al terzo danneggiato.))

Art. 971. *(((Limiti del risarcimento complessivo).))*

((Il risarcimento complessivo dovuto dall'esercente, responsabile ai sensi degli articoli da 965 a 967, è limitato alle somme previste dalla normativa comunitaria come copertura assicurativa minima della responsabilità verso i terzi per incidente per ciascun aeromobile.))

Art. 972. *(((Limitazione del risarcimento per danni da urto).))*

((Tutte le norme che regolano la limitazione del risarcimento e la sua attuazione in caso di responsabilità per danni a terzi sulla superficie si applicano anche alla responsabilità per danni da urto, spostamento d'aria o altra causa analoga.))

Art. 973. *((ARTICOLO ABROGATO DAL <u>D.LGS. 15 MARZO 2006, N. 151</u>))*

Art. 974. *((ARTICOLO ABROGATO DAL <u>D.LGS. 15 MARZO 2006, N. 151</u>))*

Art. 975. *((ARTICOLO ABROGATO DAL <u>D.LGS. 15 MARZO 2006, N. 151</u>))*

Art. 976. *((ARTICOLO ABROGATO DAL <u>D.LGS. 15 MARZO 2006, N. 151</u>))*

Art. 977. *((ARTICOLO ABROGATO DAL <u>D.LGS. 15 MARZO 2006, N. 151</u>))*

Art. 978. *((ARTICOLO ABROGATO DAL <u>D.LGS. 15 MARZO 2006, N. 151</u>))*

Art. 979. *((ARTICOLO ABROGATO DAL <u>D.LGS. 15 MARZO 2006, N. 151</u>))*

Art. 980. *((ARTICOLO ABROGATO DAL <u>D.LGS. 15 MARZO 2006, N. 151</u>))*

TITOLO TERZO - DELL'ASSISTENZA E SALVATAGGIO E DEL RITROVAMENTO DI RELITTI

CAPO I - - - Dell'assistenza e del salvataggio

Art. 981. (Obbligo di assistenza a navi o aeromobili in pericolo).

L'assistenza a nave o ad aeromobile in mare o in acque interne, i quali siano in pericolo di perdersi, ovvero ad aeromobile caduto o atterrato in regioni desertiche, è obbligatoria, in quanto possibile senza grave rischio dell'aeromobile soccorritore, del suo equipaggio e dei suoi passeggeri, oltre che nel caso previsto negli articoli 485, 974, quando a bordo della nave o dell'aeromobile siano in pericolo persone.

Il comandante di aeromobile in corso di viaggio o pronto a partire, che abbia notizia del pericolo corso da una nave o da un aeromobile, è tenuto nelle circostanze e nei limiti predetti ad accorrere per prestare assistenza quando possa ragionevolmente prevedere un utile risultato, a meno che sia a conoscenza che l'assistenza è portata da altri in condizioni più idonee o simili a quelle in cui egli stesso potrebbe portarla.

Art. 982. (Obbligo di salvataggio e di assistenza a persone in pericolo).

Quando la nave o l'aeromobile in pericolo sono del tutto incapaci, rispettivamente, di manovrare o di riprendere il volo, il comandante dell'aeromobile soccorritore è tenuto, nelle circostanze e nei limiti indicati dall'articolo precedente, a tentare il salvataggio, o, quando ciò non sia possibile, l'assistenza delle persone.

È del pari obbligatorio, negli stessi limiti, il tentativo di salvare o di prestare assistenza, a persone che siano in mare o in acque interne in pericolo di perdersi.

Art. 983. (Indennità e compenso di assistenza a navi o aeromobili).

L'assistenza a nave o ad aeromobile, che non sia prestata contro il rifiuto espresso e ragionevole del comandante, dà diritto, entro i limiti del valore dei beni assistiti, al risarcimento dei danni subiti e al rimborso delle spese incontrate, nonchè, ove abbia conseguito un risultato anche parzialmente utile, a un compenso.

Il compenso è stabilito in ragione del successo ottenuto, dei rischi corsi dall'aeromobile soccorritore, degli sforzi compiuti e del tempo impiegato, delle spese generali dell'impresa se l'aeromobile è adibito allo scopo di prestare soccorso; nonchè del pericolo in cui versavano i beni assistiti e del valore dei medesimi.

Art. 984. (Indennità e compenso per salvataggio di cose).

Il salvataggio di cose, che non sia effettuato contro il rifiuto espresso e ragionevole dei proprietari delle cose medesime o del comandante della nave o dell'aeromobile in pericolo, dà diritto, nei limiti stabiliti dall'articolo precedente, al risarcimento dei danni e al rimborso delle spese, nonchè, ove abbia conseguito un risultato anche parzialmente utile, a un compenso determinato a norma del predetto articolo.

Art. 985. (Indennità e compenso per assistenza o salvataggio di persone).

L'assistenza e il salvataggio di persone danno diritto al risarcimento dei danni subiti e al rimborso delle spese incontrate dall'aeromobile soccorritore, solo nei casi e nei limiti in cui l'ammontare relativo sia coperto da assicurazione *((. . .))*.

Negli stessi casi, ovvero altrimenti quando siano stati effettuati in occasione di operazioni di assistenza a navi o aeromobili o di salvataggio di cose, l'assistenza e il salvataggio di persone, i quali abbiano conseguito un risultato utile, danno inoltre diritto a un compenso, rispettivamente nei limiti del residuo ammontare coperto dall'assicurazione *((. . .))*, fatta deduzione delle somme dovute per risarcimento dei danni e rimborso delle spese, e nei limiti di una parte equitativamente stabilita del compenso relativo alle altre operazioni. Il compenso è determinato in ragione dei rischi corsi, degli sforzi compiuti e del tempo impiegato, nonchè del pericolo in cui versavano le persone assistite o salvate.

Art. 986. (Efficacia della determinazione convenzionale del compenso).

La determinazione del compenso fatta per accordo o mediante arbitrato non è efficace nei confronti dei componenti dell'equipaggio che non l'abbiano accettata, a meno che sia stata approvata dall'associazione sindacale che li rappresenta.

Art. 987. (Concorso di operazioni e concorso di soccorritori).

Quando da uno stesso aeromobile vengano contemporaneamente effettuati assistenza a nave o aeromobile e assistenza a persone, ovvero salvataggio di cose e salvataggio di persone, ovvero assistenza a nave o aeromobile o a persone e salvataggio di cose o di persone, l'ammontare dei danni e delle spese viene equitativamente ripartito tra le diverse operazioni compiute.

Quando ad una stessa operazione di assistenza o di salvataggio abbiano partecipato più aeromobili, al concorso dei soccorritori si applicano le disposizioni dell'articolo 970.

Art. 988. (Ripartizione del compenso).

Il compenso di assistenza o di salvataggio spetta, quando l'aeromobile non sia attrezzato ed equipaggiato allo scopo di prestare soccorso, per un terzo all'esercente e per due terzi ai componenti dell'equipaggio, tra i quali la somma è ripartita in ragione della retribuzione di ciascuno di essi, tenuto conto altresì dell'opera da ciascuno prestata.

La quota del compenso da ripartire tra i componenti dell'equipaggio non può essere convenzionalmente fissata in misura inferiore alla metà dell'intero ammontare del compenso stesso.

Art. 989. (Incidenza della spesa per le indennità e il compenso).

La spesa per le indennità e per il compenso dovuti all'aeromobile in caso di assistenza prestata a nave o ad aeromobile viene ripartita fra gli interessati alla spedizione assistita a norma degli articoli 469 e seguenti, anche quando l'assistenza non sia stata richiesta dal comandante della nave o dell'aeromobile in pericolo o sia stata prestata contro il suo rifiuto.

Art. 990. (Aeromobili dello stesso proprietario o esercente).

Le disposizioni che precedono si applicano, per quanto è possibile, anche se l'aeromobile soccorritore e l'aeromobile assistito appartengono allo stesso proprietario o sono impiegati dallo stesso esercente.

Art. 991. (Azione dell'equipaggio).

Qualora l'esercente non sia legittimato o trascuri di agire per il conseguimento del compenso di assistenza o di salvataggio, i componenti dell'equipaggio hanno azione per la parte ad essi spettante del compenso stesso.

Art. 992. (Prescrizione).

Il diritto alle indennità e al compenso di assistenza o di salvataggio si prescrive col decorso di due anni dal giorno in cui le operazioni sono terminate.

CAPO II - Del ritrovamento di relitti

Art. 993. (Diritti ed obblighi del ritrovatore).

Chi trova fortuitamente relitti di aeromobile fuori delle località indicate nell'articolo 510, deve, entro tre giorni dal ritrovamento, farne denuncia all'autorità aeronautica del luogo o in mancanza al podestà del comune, e, quando ciò sia possibile, consegnare le cose ritrovate al proprietario, o se questi gli sia ignoto e il valore dei relitti superi le lire cinquanta, alle autorità predette.

Il ritrovatore che adempie agli obblighi della denuncia e della consegna, ha diritto al rimborso delle spese e ad un premio pari alla decima parte del valore delle cose ritrovate, fino alle diecimila lire di valore, e alla ventesima parte per il sovrappiù.

Art. 994. (Custodia e devoluzione delle cose ritrovate).

L'autorità aeronautica che riceve in consegna le cose ritrovate, provvede alla custodia di queste.

Quando il proprietario non curi di ritirare le cose ritrovate entro il termine prefissogli dall'autorità, o non si presenti entro sei mesi dall'avviso pubblicato, nel caso in cui il proprietario sia ignoto, dall'autorità medesima a norma del regolamento, i relitti sono devoluti allo Stato, salvo il diritto del ritrovatore all'indennità e al compenso stabiliti dall'articolo precedente.

Art. 995. (Prescrizione).

Il diritto al rimborso delle spese e al conseguimento del premio si prescrive col decorso di due anni dal giorno del ritrovamento.

TITOLO QUARTO - DELLE ASSICURAZIONI

CAPO I - - - (((CAPO ABROGATO DAL D.LGS. 9 MAGGIO 2005, N. 96))

Art. 996. ((ARTICOLO ABROGATO DAL _D.LGS. 9 MAGGIO 2005, N. 96_))

Art. 997. ((ARTICOLO ABROGATO DAL _D.LGS. 9 MAGGIO 2005, N. 96_))

Art. 998. ((ARTICOLO ABROGATO DAL _D.LGS. 9 MAGGIO 2005, N. 96_))

Art. 999. ((ARTICOLO ABROGATO DAL _D.LGS. 9 MAGGIO 2005, N. 96_))

Art. 1000. ((ARTICOLO ABROGATO DAL _D.LGS. 9 MAGGIO 2005, N. 96_))

CAPO II - Delle assicurazioni di cose

Art. 1001 (Assicurazione dell'aeromobile, delle merci e del nolo).
L'assicurazione dell'aeromobile copre l'aeromobile e le sue pertinenze e parti separabili.

L'assicurazione delle merci copre il prezzo di queste nel luogo e al tempo della caricazione, aumentato del dieci per cento a titolo di profitto sperato, nonchè delle spese fino a bordo, del nolo anticipato o dovuto ad ogni evento, del premio e delle spese di assicurazione.

L'assicurazione del nolo da guadagnare si presume, fino a prova contraria, contratta per l'intero ammontare del corrispettivo fissato nel contratto di utilizzazione dell'aeromobile.
Art. 1002. (Sosta dell'aeromobile in aviorimessa).
L'assicuratore dell'aeromobile, durante la sosta di questo in aviorimessa o in altro luogo chiuso, risponde soltanto del rischio dell'incendio.
Art. 1003. (Guasti agli strumenti di bordo ed al gruppo motopropulsore).
L'assicuratore dell'aeromobile non risponde dei danni agli strumenti di bordo non derivati da sinistro di volo.

L'assicuratore non risponde altresì dei danni al motore, al radiatore, ai serbatoi della benzina e dell'olio, alle eliche, nonchè a tutte le altre parti necessarie al funzionamento ed alla protezione del motore stesso, che si siano prodotti senza l'intervento di cause esterne perturbatrici del normale funzionamento dell'aeromobile.

Tuttavia l'assicuratore risponde dei danni dipendenti da sinistro causato da uno dei guasti suddetti.
Art. 1004. (Durata dell'assicurazione dell'aeromobile a viaggio).
L'assicurazione dell'aeromobile, stipulata a viaggio, ha effetto dall'inizio delle manovre per l'involo al termine di quelle di approdo nel luogo di destinazione.

L'assicurazione resta sospesa se il viaggio è temporaneamente interrotto, salvo che l'interruzione sia prevista dalla polizza, ovvero dipenda da sinistro a carico dell'assicuratore o da condizioni atmosferiche che non consentano una sicura navigazione.

L'assicurazione stipulata a viaggio cominciato prende inizio dall'ora indicata nel contratto o, in mancanza, delle ore ventiquattro del giorno della sua conclusione.
Art. 1005. (Durata dell'assicurazione delle merci).
L'assicurazione delle merci ha effetto dal momento in cui le merci sono prese in consegna dal vettore fino al momento della riconsegna delle stesse al destinatario nei magazzini del vettore, ma comunque non oltre quarantotto ore dopo il loro arrivo in detti magazzini.

Se l'aeromobile, sul quale le merci sono caricate, non può continuare il viaggio e le merci medesime vengono inoltrate a destinazione con mezzi di trasporto terrestri o per acqua, l'assicurazione copre anche i rischi di tale trasporto.

L'assicurazione stipulata a viaggio cominciato prende inizio dall'ora indicata nel contratto o, in mancanza, dalle ore ventiquattro del giorno della sua conclusione.
Art. 1006. (Abbandono dell'aeromobile).

L'assicurato può abbandonare all'assicuratore l'aeromobile ed esigere l'indennità per perdita totale nei seguenti casi:

a)   quando l'aeromobile è perduto o è divenuto assolutamente inabile alla navigazione e non riparabile, oppure quando mancano sul posto i mezzi di riparazione, e questi non possono essere provveduti facendone richiesta altrove, nè l'aeromobile può essere trasportato

in luogo ove siano tali mezzi;

b)   quando l'aeromobile si presume perito;

c)   quando l'ammontare totale delle spese per la riparazione dei danni sofferti dall'aeromobile raggiunge i quattro quinti del suo valore assicurabile.

Art. 1007. (Abbandono delle merci).

L'assicurato può abbandonare all'assicuratore le merci ed esigere l'indennità per perdita totale nei seguenti casi:

a)   quando le merci sono andate totalmente perdute;

b)   quando l'aeromobile si presume perito;

c)   quando, nei casi previsti dalla lettera a dell'articolo precedente, sono trascorsi dalla data della perdita o della innavigabilità quindici giorni per le merci deperibili, o trenta giorni per quelle non deperibili, senza che le stesse siano state

ricuperate e fatte proseguire a destinazione;

d)   quando, indipendentemente da qualsiasi spesa, i danni per deterioramento o perdita in quantità superano i tre quarti del valore assicurabile.

Art. 1008. (Abbandono del nolo).

L'assicurato può abbandonare all'assicuratore il nolo da guadagnare ed esigere l'indennità per perdita totale nei seguenti casi:

a)   quando il diritto al nolo è totalmente perduto per

l'assicurato;

b)   quando l'aeromobile si presume perito.

Art. 1009. (Forma dell'abbandono dell'aeromobile).

La dichiarazione di abbandono dell'aeromobile e quella con la quale l'assicuratore dichiara di non voler acquistare la proprietà dell'aeromobile medesimo debbono essere fatte nella forma prescritta nell'articolo 864 e rese pubbliche ai sensi degli articoli 865 e seguenti.

CAPO III - Delle assicurazioni per danni a terzi sulla superficie e per danni da urto

Sezione I - Assicurazione obbligatoria della responsabilità per danni a terzi sulla superficie

Art. 1010. (Nota comprovante l'assicurazione).

Nell'assicurazione per danni a terzi sulla superficie, oltre alla polizza, l'assicuratore deve rilasciare all'esercente, per i fini previsti nell'articolo 798, una nota contenente gli estremi dell'assicurazione.

In caso di divergenza, le enunciazioni della nota vistata dal ministro per l'aeronautica prevalgono su quelle contenute nel contratto di assicurazione, per quanto riguarda la durata e l'estensione territoriale dell'assicurazione.

Art. 1011. (Danni coperti).

L'assicuratore risponde dei danni subiti dai terzi sulla superficie, anche in seguito ad urto, entro i limiti e nella misura fissati negli articoli 965 *((e 971))*.

Art. 1012. (Danni esclusi).

L'assicuratore non risponde dei danni verificatisi fuori dei limiti territoriali indicati nella nota di assicurazione, salvo che questi limiti siano oltrepassati per causa di forza maggiore, per assistenza o salvataggio, ovvero per errore di pilotaggio, di condotta o di navigazione.

((COMMA ABROGATO DAL D.LGS. 15 MARZO 2006, N. 151)).

((Sono esclusi dall'assicurazione i danni derivati da dolo dell'esercente o dei suoi dipendenti e preposti, purchè questi ultimi abbiano agito nell'esercizio delle loro funzioni e nei limiti delle loro attribuzioni))

Art. 1013. (Mutamento della persona dell'esercente).

In caso di mutamento della persona dell'esercente, che ha contratto l'assicurazione, questa continua nei confronti del nuovo esercente.

Il precedente ed il successivo esercente devono dare immediato avviso del mutamento all'assicuratore. Ricevuto l'avviso l'assicuratore può, entro quindici giorni, disdire il contratto con preavviso di quindici giorni. Uguale diritto spetta al nuovo esercente dal giorno del mutamento. L'assicuratore ed il nuovo esercente, che danno la disdetta, devono immediatamente farne comunicazione al ministro per l'aeronautica.

Nel caso di mancato avviso all'assicuratore, l'assicurazione continua nei confronti del nuovo esercente, ma quest'ultimo è tenuto solidalmente con il precedente al pagamento a titolo penale di un terzo del premio convenuto, quando non sia provato che l'assicuratore, a conoscenza del mutamento, non ha disdetto il contratto nei termini e con le modalità sopra stabilite

Art. 1014. (Proroga dell'assicurazione scaduta in corso di viaggio).

L'assicurazione scaduta mentre l'aeromobile trovasi in viaggio è prorogata di diritto fino al termine delle manovre di approdo nel luogo di destinazione, ma l'esercente deve pagare un supplemento di premio proporzionale al premio fissato nel contratto.

Art. 1015. (Diritti del terzo danneggiato verso l'assicuratore).

Il terzo danneggiato ha azione diretta contro l'assicuratore per il risarcimento del danno subito.

L'assicuratore non può opporre al terzo alcuna causa di risoluzione nè di nullità del contratto avente effetto retroattivo.

In ogni altro caso di scioglimento del contratto, l'assicuratore è tenuto verso il terzo per i sinistri verificatisi sino al momento in cui la nota di assicurazione viene ritirata dal ministero per l'aeronautica, ma comunque non oltre quindici giorni da quello nel quale l'assicuratore ha notificato al ministero l'avvenuto scioglimento.

L'assicuratore è inoltre tenuto a risarcire il terzo anche nel caso che il danno sia da ritenersi escluso ai sensi del terzo comma dell'articolo 1012.

Al di fuori delle eccezioni previste nei comma precedenti, l'assicuratore può opporre al terzo tutte le eccezioni opponibili all'esercente, nonchè quelle che l'esercente medesimo può opporre al danneggiato.

Art. 1016. (Azione di rivalsa dell'assicuratore).

Nei casi previsti dal secondo, terzo e quarto comma dell'articolo precedente, l'assicuratore ha azione di rivalsa contro l'esercente per la somma pagata al terzo danneggiato.

Sezione II - Assicurazione della responsabilità per danni da urto

Art. 1017. (Rischio).

L'assicuratore risponde delle somme dovute dall'esercente per danni arrecati dall'aeromobile in volo per urto contro altro aeromobile in volo o contro nave in movimento, anche se, non essendovi stata collisione materiale, il danno è cagionato da spostamento d'aria o altra causa analoga. Sono però esclusi dal risarcimento i danni dipendenti da una delle cause previste ((*nel secondo comma dell'articolo 1012*)).

Sono altresì a carico dell'assicuratore le spese incontrate dall'esercente per resistere, con il consenso dell'assicuratore stesso, alle pretese del terzo.

Art. 1018. (Danni a terzi sulla superficie in seguito ad urto).

Nei casi previsti dall'articolo precedente, l'assicuratore non risponde dei danni arrecati dall'aeromobile a terzi sulla superficie.

Art. 1019. (Durata del rischio).

Il rischio comincia dall'inizio delle manovre per l'involo e finisce al termine di quelle di approdo.

CAPO VI Disposizioni comuni

Art. 1020. (Prescrizione).

Alla prescrizione dei diritti derivanti dal contratto di assicurazione si applicano le disposizioni dell'articolo 547.

((*Il diritto di risarcimento per danni subiti dal terzo sulla superficie si prescrive nello stesso termine in cui si prescrive il diritto al risarcimento del danneggiato contro l'esercente.*))

Art. 1021. (Rinvio).

Alle assicurazioni contro i rischi della navigazione aerea si applicano, per quanto non è disposto dal presente titolo, le disposizioni del titolo delle assicurazioni della parte prima, ad eccezione degli articoli 515 secondo comma, 527, 538.

TITOLO QUINTO - DEI PRIVILEGI E DELLA IPOTECA
CAPO I - - Dei privilegi

Art. 1022. (Preferenza dei privilegi).

I privilegi stabiliti nel presente capo sono preferiti ad ogni altro privilegio generale o speciale.

Art. 1023. (Privilegi sull'aeromobile e sul nolo).

Sono privilegiati sull'aeromobile, sul nolo del viaggio durante il quale è sorto il credito, sulle pertinenze e sulle parti separabili dell'aeromobile nei limiti fissati nell'articolo 1029, e sugli accessori del nolo guadagnati dopo l'inizio del viaggio:

1° le spese giudiziali dovute allo Stato o fatte nell'interesse comune dei creditori per atti conservativi sull'aeromobile o per il processo di esecuzione; i diritti di aeroporto, gli altri diritti e le tasse della medesima specie; le spese di custodia e di conservazione dell'aeromobile dopo l'arrivo nel luogo di ultimo
approdo;

2° i crediti derivanti dal contratto di lavoro del personale di
volo;

3° i crediti per le somme anticipate dall'amministrazione aeronautica o dall'autorità consolare per il mantenimento e il rimpatrio dei componenti dell'equipaggio; i crediti per contributi obbligatori dovuti ad istituti di previdenza e di assistenza sociale
per il personale di volo;

4° le indennità e i compensi di assistenza e di salvataggio;

5° le indennità per danni a terzi sulla superficie, quando l'esercente non abbia contratta o mantenuta in vigore l'assicurazione obbligatoria; le indennità per l'urto di aeromobile previsto ((*negli articoli 966 e 967*)); le indennità per morte e per lesioni personali ai passeggeri ed agli equipaggi e quelle per perdita o avarie del
carico o del bagaglio;

6° i crediti derivanti da contratti stipulati o da operazioni eseguite, in virtù dei suoi poteri legali, dal comandante, anche quando sia esercente dell'aeromobile, per le esigenze della conservazione dell'aeromobile ovvero della continuazione del viaggio.

Art. 1024. (Privilegi sulle cose caricate).

Sono privilegiati sulle cose caricate:

1° le spese giudiziali dovute allo Stato o fatte nell'interesse comune dei creditori per atti conservativi sulle cose o per il
processo di esecuzione;

2° i diritti doganali dovuti sulle cose nel luogo di consegna;

3° le indennità ed i compensi per assistenza e salvataggio;

4° i crediti derivanti dal contratto di trasporto, comprese le spese di scaricazione ed il fitto dei magazzini nei quali le cose scaricate sono depositate.

Art. 1025. (Estinzione dei privilegi sull'aeromobile e sul nolo).

I privilegi sull'aeromobile e sul nolo si estinguono, oltre che per l'estinzione del credito, con lo spirare del termine di novanta giorni.

Art. 1026. (Rinvio).

Per quanto non è disposto in questo capo si applicano le disposizioni degli articoli 549 a 551; 553 a 555; 556 primo, secondo, quarto e quinto comma, 557 a 560; 562 a 564.

CAPO II Dell'ipoteca

Art. 1027. (Concessione d'ipoteca su aeromobile).
Sull'aeromobile può solo concedersi ipoteca volontaria.

La concessione d'ipoteca deve farsi, sotto pena di nullità, per atto pubblico o per scrittura privata, contenente la specifica indicazione degli elementi d'individuazione dell'aeromobile.

Art. 1028. (Ipoteca su aeromobile in costruzione).
L'ipoteca può essere concessa anche su aeromobile in costruzione. Essa può essere validamente trascritta dal momento in cui è presa nota della costruzione nel registro delle costruzioni.

Art. 1029. (Oggetto dell'ipoteca).

L'ipoteca ha per oggetto l'aeromobile, le sue pertinenze e parti separabili anche se separate, tranne quelle che risultano appartenere a persona diversa dal proprietario dell'aeromobile, da scrittura avente data certa o dal certificato di immatricolazione dell'aeromobile.

Art. 1030. (Pubblicità dell'ipoteca).

Per gli effetti previsti dal codice civile, l'ipoteca sull'aeromobile deve essere resa pubblica, mediante trascrizione nel registro aeronautico nazionale e annotazione sul certificato di immatricolazione *((. . .))*.

L'ipoteca su aeromobile in costruzione è resa pubblica mediante trascrizione nel registro delle costruzioni.

Nelle stesse forme devono essere resi pubblici gli altri atti per i quali il codice civile richiede l'iscrizione.

Art. 1031. (Ufficio competente).

La pubblicità deve essere richiesta all'ufficio di iscrizione dell'aesomobile. Tuttavia la pubblicità può richiedersi anche alle autorità indicate *((nell'articolo 866))*.

Art. 1032. (Documenti per la pubblicità dell'ipoteca).

Chi domanda la pubblicità dell'ipoteca deve consegnare all'ufficio competente i documenti indicati nell'articolo 569.

Se la richiesta di pubblicità si riferisce ad un aeromobile munito di certificato d'immatricolazione, il richiedente deve esibire all'ufficio il certificato medesimo, perchè su questo sia eseguita la prescritta annotazione. Nel caso che la pubblicità venga richiesta al ministero per l'aeronautica e tale esibizione non sia possibile perchè l'aeromobile si trova altrove, si applica il disposto del secondo comma dell'articolo 869.

Art. 1033. (Esecuzione della pubblicità).

La pubblicità si esegue dall'ufficio nei modi previsti nell'articolo 870.

Art. 1034. (Ordine di precedenza e prevalenza delle trascrizioni).

Nel concorso di più atti resi pubblici a norma degli articoli precedenti, nonchè in caso di discordanza tra le trascrizioni nel registro e le annotazioni sul certificato d'immatricolazione, si applica il disposto dell'articolo 871.

Art. 1035. (Grado dell'ipoteca).

L'ipoteca prende grado dal momento della trascrizione nel registro d'immatricolazione *((. . .))* dell'aeromobile.

Art. 1036. (Graduazione dell'ipoteca nel concorso con i privilegi).

L'ipoteca prende grado dopo i privilegi indicati dall'articolo 1023 ed è preferita ad ogni altro privilegio generale o speciale.

Art. 1037. (Rinvio).

Per quanto non è disposto in questo capo, si applicano gli articoli 572, 573, 576, 577.

LIBRO QUARTO - DISPOSIZIONI PROCESSUALI

TITOLO PRIMO - DELLA COMPETENZA NEL PROCESSO DI COGNIZIONE

Art. 1038. (Domanda di indennità per assistenza o salvataggio).

La domanda di indennità o di compenso per assistenza o salvataggio può proporsi anche avanti il giudice, che ha autorizzato il sequestro dell'aeromobile o del carico, nei limiti della competenza per valore.

Art. 1039. (Domanda per danni a terzi sulla supeficie o per danni da urto).

La domanda di risarcimento per danni a terzi sulla superficie o per danni da urto può proporsi anche avanti il giudice che ha autorizzato il sequestro dell'aeromobile o del carico, nei limiti della competenza per valore.

Art. 1040. (Spostamento di competenza per ragione di connessione).

Se sono proposte contro il vettore, l'esercente o l'assicuratore avanti giudici diversi più cause dipendenti dallo stesso contratto di trasporto, ovvero dallo stesso fatto di assistenza o, infine, dallo stesso urto di aeromobili ovvero dallo stesso evento produttivo di danni àterzi sulla superficie, il giudice fissa con sentenza alle parti un termine perentorio per la riassunzione della causa avanti il giudice adito, nella circoscrizione del quale è il foro generale del convenuto, o, in difetto, avanti quello per primo adito.

Si applica il secondo comma dell'articolo 40 del codice di procedura civile.

TITOLO SECONDO - DELL'ATTUAZIONE DELLA LIMITAZIONE DEL DEBITO DELL'ESERCENTE

Art. 1041 (Giudice competente).

Il procedimento di limitazione è promosso avanti il tribunale della circoscrizione nella quale è il foro generale dell'istante.

Art. 1042. (Legittimazione alla domanda).

La domanda di apertura del procedimento di limitazione può essere proposta dall'esercente e, se trattasi di debiti per danni arrecati a terzi sulla superficie, anche dall'assicuratore.

Art. 1043. (Domanda di apertura).

La domanda di apertura si propone con ricorso al tribunale, competente ai sensi dell'articolo 1041.

Il ricorso deve indicare il nome, la paternità, la nazionalità e il domicilio dell'istante; la dichiarazione di residenza e l'elezione di domicilio dell'istante stesso nel comune, in cui ha sede il giudice competente; gli elementi di individuazione dell'aeromobile e il luogo in cui si trova; l'accidente al quale le obbligazioni si riferiscono.

Insieme con il ricorso, l'istante deve depositare, a pena di inammissibilità, nella cancelleria del tribunale:

a)   il certificato di navigabilità o di collaudo ovvero copia in
forma autentica di essi;

b)   l'elenco nominativo dei creditori soggetti alla limitazione, con l'indicazione del loro domicilio, del titolo e dell'ammontare del
credito di ciascuno;

c)   il certificato delle ipoteche trascritte sull'aeromobile;

d)   la nota vistata dal ministro per l'aeronautica ovvero la polizza di assicurazione, se trattasi di debiti per danni arrecati a terzi sulla superficie.

Art. 1044. (Sentenza di apertura).

Con sentenza esecutiva, il tribunale, accertata, in seguito alla domanda dell'esercente o dell'assicuratore, l'esistenza degli estremi di legge, dichiara aperto il procedimento di limitazione. Con la stessa sentenza il tribunale designa un giudice per la formazione dello stato attivo e passivo, per il riparto della somma e per l'istruzione dei processi di opposizione alla sentenza di apertura e alla formazione dello stato passivo e dello stato di riparto; stabilisce entro dieci giorni dalla data di pubblicazione della sentenza la data di deposito dello stato attivo; assegna ai creditori per la presentazione in cancelleria delle domande e dei titoli un termine non superiore a giorni trenta dalla data di pubblicazione della sentenza, o a sessanta per i creditori residenti all'estero; stabilisce, entro sessanta giorni dalla decorrenza del maggior termine fissato per la presentazione delle domande e dei titoli dei creditori, la data di deposito dello stato passivo; fissa, non prima di dieci e non oltre venti giorni da quest'ultima data, l'udienza di trattazione delle impugnazioni dello stato passivo avanti il collegio.

Art. 1045. (Notifica e pubblicazione della sentenza di apertura).

La sentenza, a cura della cancelleria, è portata a conoscenza dell'istante e dei creditori indicati nello elenco di cui all'articolo 1043, mediante lettera raccomandata con avviso di ricevimento. La sentenza stessa, a cura della cancelleria, è altresì trasmessa in estratto all'ufficio di iscrizione dell'aeromobile, e, parimenti in estratto, pubblicata nella Gazzetta

Ufficiale del Regno.

L'ufficio di iscrizione, avuta conoscenza della sentenza, ne fa annotazione nel registro di iscrizione dell'aeromobile, e ne cura l'affissione nell'albo dell'ufficio stesso.

Art. 1046. (Effetti dell'apertura del procedimento).

L'apertura del procedimento produce gli effetti indicati negli articoli 625, 626.

Art. 1047. (Opposizione dei creditori).

Contro la sentenza di apertura, i creditori possono promuovere opposizione, entro quindici giorni dalla avvenuta pubblicazione nella Gazzetta Ufficiale, per l'inesistenza degli estremi di legge, in contraddittorio dell'istante.

L'opposizione produce gli effetti indicati nel secondo comma dell'articolo 627.

Art. 1048. (Formazione dello stato attivo).

Nel termine fissato dalla sentenza di apertura, il giudice designato, sentiti l'istante e i creditori concorrenti, formà lo stato attivo *((. . .))*.

L'avvenuto deposito dello stato attivo è comunicato all'istante e ai creditori mediante lettera raccomandata con avvito di ricevimento.

Art. 1049. (Deposito della somma limite).

Entro tre giorni dalla formazione dello stato attivo il giudice designato fissa il termine, non superiore a cinque giorni, e le modalità per il deposito della somma limite computata sulla base dello stato attivo e di una congrua somma per le spese del procedimento.

Il provvedimento del giudice è comunicato all'istante e ai creditori nei modi stabiliti dall'articolo precedente.

Art. 1050. (Formazione dello stato passivo e di riparto).

La formazione dello stato passivo e dello stato di riparto e le relative impugnazioni sono regolate dalle disposizioni degli articoli 634 a 638.

Art. 1051. (Fallimento dell'esercente).

Gli effetti del fallimento dell'esercente, dichiarato successivamente al deposito della somma limite, sono regolati dalle disposizioni dell'articolo 639.

Art. 1052 (Decadenza dell'esercente dal beneficio della limitazione).

L'esercente decade dal beneficio della limitazione per mancato deposito, entro il termine fissato, della somma limite o della somma per le spese del procedimento.

Art. 1053. (Dichiarazione di estinzione del procedimento.

In caso di fallimento dell'esercente, dichiarato anteriormente al deposito della somma limite, e nel caso di decadenza prevista dall'articolo precedente si applica la disposizione dell'articolo 641.

Art. 1054. (Comunicazioni all'esercente).

Quando il procedimento è promosso dall'assicuratore, gli atti si compiono anche nei confronti dell'esercente, il quale deve essere sentito ogni qualvolta, a norma delle disposizioni del presente titolo, deve essere sentito l'istante.

TITOLO TERZO - DELL'ESECUZIONE FORZATA E DELLE MISURE CAUTELARI

CAPO I - - Disposizioni generali

Art. 1055. (Competenza).

L'esecuzione forzata è promossa avanti il pretore nella circoscrizione del quale si trova l'aeromobile.

Il sequestro conservativo e giudiziario è autorizzato dai giudici competenti a norma del codice di procedura civile.

Art. 1056. (Oggetto dell'espropriazione e delle misure cautelari).

Salve le eccezioni contemplate nell'articolo seguente, possono formare oggetto di espropriazione forzata e di misure cautelari gli aeromobili, le loro quote, le parti separabili e le pertinenze.

Se oggetto di espropriazione forzata e di misure cautelari sono quote di comproprietà dell'aeromobile, il pretore può, sentiti i comproprietari non debitori, autorizzare il pignoramento o il sequestro dell'intero aeromobile, quando il debitore sia comproprietario per più della metà del valore dell'aeromobile; in tal caso, il diritto spettante ai comproprietari non debitori sulle quote ad essi appartenenti è convertito nel diritto alla corrispondente parte del prezzo di aggiudicazione ed è esente da ogni concorso alle spese delle procedure esecutive e cautelari.

Art. 1057. (Aeromobile non soggetti a pignoramento e a sequestro).

Non possono formare oggetto di espropriazione forzata nè di misure cautelari:

a)   gli aeromobili di Stato;

b)   gli aeromobili effettivamente in servizio su di una linea di trasporti aerei e gli aeromobili di riserva, se non sia intervenuta l'autorizzazione del ministro limitazione per l'aeronautica;

c)   gli aeromobilì addetti al trasporto per scopo di della lucro di persone o di cose, pronti a partire o in corso di navigazione, purchè non si tratti di debiti a causa del viaggio che stanno per intraprendere o che proseguono. L'aeromobile si reputo pronto a partire quando il comandante ha ricevuto l'autorizzazione di cui all'art. 802.

Art. 1058. (Provvedimenti per impedire la partenza dell'aeromobile).

Il giudice competente a sensi dell'articolo 1055 e, ove ne ricorra l'urgenza, il *((ENAC))* e l'autorità di polizia giudiziaria del luogo nel quale si trova l'aeromobile, possono prendere i provvedimenti opportuni per impedire la partenza dell'aeromobile.

Art. 1059. (Forma e notificazione del precetto).

Il precetto è formato e notificato a norma degli articoli 647, 648, primo comma; esso diviene inefficace, trascorsi trenta giorni senza che si sia proceduto al pignoramento.

CAPO II - Del procedimento di espropriazione forzata

Art. 1060. (Giudice dell'esecuzione).

L'espropriazione è diretta da un giudice.

Nei procedimenti avanti le preture, delle quali fanno parte più magistrati, la nomina del giudice dell'esecuzione è fatta dal pretore dirigente, su presentazione, a cura del cancelliere, del fascicolo di cui al terzo comma dell'articolo 1064, entro due giorni da che è stato formato.

Art. 1061. (Forma del pignoramento di aeromobile).

Il pignoramento è formato ed eseguito a norma del primo e secondo comma dell'articolo 650.

Non appena eseguita la notificazione o ritirata la ricevuta regolamentare della comunicazione telegrafica o radiotelegrafica, il creditore invia copia autentica dell'atto all'ufficio di iscrizione dell'aeromobile, il quale provvede alla trascrizione nel registro di iscrizione e all'annotazione sul certificato di immatricolazione, per gli aeromobili che ne sono provvisti. Se l'aeromobile è in costruzione la trascrizione del pignoramento si esegue nel registro degli aeromobili in costruzione.

Il detto ufficio è tenuto a consegnare al creditore un certificato dal quale risulti l'espletamento delle formalità indicate nel precedente comma.

Art. 1062. (Forma del pignoramento di patti separabili e pertinenze).

Il pignoramento delle parti separabili e delle pertinenze dell'aeromobile si esegue secondo le norme del codice di procedura civile riguardanti il pignoramento di cose mobili.

Art. 1063. (Amministrazione dell'aeromobile pignorato).

Il capo dell'ufficio giudiziario, competente ai sensi dell'articolo 1055, su istanza di chi vi ha interesse e sentiti i creditori ipotecari, può disporre che l'aeromobile pignorato per intero o per quote intraprenda uno o più viaggi, prescrivendo con ordinanza le garanzie e le altre cautele che crede opportune, e disponendo in ogni caso che sia stipulata un'adeguata assicurazione.

Per quanto concerne l'amministrazione dell'aeromobile pignorato, si applicano le disposizioni dell'articolo 652, secondo a quinto comma.

Art. 1064. (Domanda di vendita).

Non prima di trenta e non oltre novanta giorni dal pignoramento, il creditore pignorante o uno dei creditori muniti di titolo esecutivo può chiedere la vendita dell'aeromobile o della quota di esso con ricorso al giudice competente ai sensi dell'articolo 1055.

Il ricorso è notificato al proprietario debitore, ai creditori ipotecari, e ai creditori intervenuti a norma dell'articolo 499 del codice di procedura civile, con invito a far pervenire le loro osservazioni sulle condizioni di vendita, e se trattasi di aeromobile straniero al console dello Stato del quale l'aeromobile ha la nazionalità.((54))

Nel termine di trenta giorni dalla notificazione e non oltre novanta giorni dal pignoramento, il creditore istante è tenuto a depositare, presso la cancelleria del giudice competente ai sensi dell'articolo 1055, il ricorso notificato e l'estratto del registro di iscrizione dell'aeromobile dal quale risultino le ipoteche trascritte; di essi si forma, a norma dell'articolo 488 del codice di procedura civile, fascicolo insieme con l'atto di pignoramento, con il certificato di cui all'ultimo comma dell'articolo 1061 di questo codice, e con le eventuali osservazioni scritte degli interessati sulle condizioni di vendita.

AGGIORNAMENTO (54)

La L. 24 aprile 1998, n. 128, ha disposto (con l'art. 22, comma 1) che "In tutte le disposizioni della parte seconda del codice della navigazione, il termine "straniero" è riferito a persone fisiche, persone giuridiche, società, enti, organizzazioni di Stati che non siano membri dell'Unione europea".

Art. 1065. (Designazione del giudice dell'esecuzione e stima dell'aeromobile).

Sulla presentazione del fascicolo di cui al precedente articolo, eseguita dal cancelliere, il giudice, competente ai sensi dell'articolo 1055, provvede alla nomina del giudice dell'esecuzione e richiede al **((ENAC))** la stima dell'aeromobile, fissando un termine, non superiore a trenta giorni, per il deposito della relazione di stima.

Se l'autorizzazione a intraprendere uno o più viaggi è stata seguita dagli adempimenti di cui all'articolo 652, secondo comma, non si fa luogo alla richiesta di stima se non dopo dieci e non oltre trenta giorni dal compimento del viaggio.

Art. 1066. (Ordinanza di vendita).

Trascorsi cinque giorni dal deposito della relazione di stima, il giudice dell'esecuzione, sentito il debitore proprietario, il creditore precettante e istante e i creditori ipotecari e quelli intervenuti, nonchè il console dello Stato, del quale l'aeromobile ha la nazionalità, dispone la vendita con o senza incanto.

L'ordinanza di vendita con incanto deve contenere le indicazioni prescritte nell'articolo 656.

L'ordinanza di vendita senza incanto deve contenere le indicazioni prescritte nell'articolo 532 secondo comma del codice di procedura civile.

Art. 1067. (Notificazione e pubblicità dell'ordinanza di vendita).

L'ordinanza di vendita è notificata a cura del cancelliere del giudice dell'esecuzione alle persone indicate nel primo comma dell'articolo precedente che non sono comparse.

L'ordinanza inoltre deve essere annotata a cura del cancelliere in margine al pignoramento. Copia di essa è affissa nell'albo della pretura del luogo dove si svolge l'esecuzione, in quello della direzione di aeroporto, e nell'albo della Reale unione nazionale aeronautica. Il giudice può anche disporne la pubblicazione in periodici aeronautici.

Art. 1068. (Forme della vendita).

La vendita con incanto si attua nelle forme stabilite negli articoli 658 a 666 del presente codice.

La vendita senza incanto si attua nelle forme stabilite negli articoli 570 a 575 del codice di procedura civile.

Art. 1069. (Opposizione).

Per quanto concerne le opposizioni all'esecuzione e agli atti esecutivi e le opposizioni di terzi, si applicano le disposizioni degli articoli 667 a 669.

Art. 1070.

(Espropriazione contro il proprietario non esercente e il terzo proprietario).

Quando l'espropriazione dell'aeromobile o di quote di aeromobile è promossa dai creditori privilegiati dell'esercente non proprietario, ovvero è promossa contro il terzo proprietario dell'aeromobile, si applicano le disposizioni dell'articolo 670.

Art. 1071. (Vendita di parti separate e pertinenze).

Alla procedura di vendita di parti separate o di cose che costituivano pertinenze dell'aeromobile, si applicano le norme del codice di procedura civile relative alla vendita di cose mobili.

Art. 1072. (Liberazione dell'aeromobile dai privilegi e dalle ipoteche).

La liberazione dell'aeromobile dai privilegi e dalle ipoteche è regolata dagli articoli 673 a 679; ma il processo è promosso avanti il pretore, nella circoscrizione del quale si trova l'aeromobile.

Art. 1073. (Rinvio).

All'esecuzione per consegna dell'aeromobile, alla estinzione e alla sospensione dei processi di esecuzione si applicano le disposizioni del codice di procedura civile in materia.

Alla distribuzione del prezzo si applicano gli articoli 680, 681 del presente codice.

CAPO III - Dei procedimenti cautelari

Art. 1074. (Provvedimento di autorizzazione).

Il provvedimento di autorizzazione a procedere a sequestro giudiziario o conservativo deve contenere:
 1) il divieto al proprietario debitore di disporre dell'aeromobile
o della quota senza ordine di giustizia;
2)   l'intimazione al comandante di non far partire l'aeromobile e, se si tratta di aeromobile in corso di viaggio, di non farlo ripartire dall'*((aeroporto))* di arrivo;
3)   gli elementi di individuazione dell'aeromobile o della quota di aeromobile cui si riferisce l'autorizzazone.

Art. 1075. (Notificazione del provvedimento).

Il provvedimento di autorizzazione, ad istanza del creditore, deve essere notificato al proprietario ed al comandante. Esso deve essere notificato anche al proprietario non esercente, se chi agisce è creditore dell'esercente non proprietario ed è assistito da privilegio aeronautico, e al terzo proprietario, se si tratta di aeromobile o quota di aeromobile gravati da privilegi o da ipoteche.

Se si tratta di aeromobile in corso di viaggio, il giudice adito può prescrivere che la notificazione del procedimento al comandante sia eseguita con le modalità indicate nel secondo comma dell'articolo 650.

Art. 1076. (Pubblicità del provvedimento).

Il provvedimento notificato è, a cura del creditore, trascritto nel registro d'iscrizione dell'aeromobile e, per gli aeromobili che ne sono provvisti, annotato sul certificato di immatricolazione.

Art. 1077. (Revoca del sequestro).

Il giudice competente a sensi del secondo comma dell'articolo 1055, ovvero il giudice avanti il quale pende il giudizio di convalida, revoca, con decreto, il provvedimento di autorizzazione, se il debitore prova di aver costituito cauzione pari alla minor somma tra il valore dell'aeromobile e l'ammontare del credito e delle spese giudiziali, ovvero se, trattandosi di crediti per danni a terzi sulla superficie, il debitore stesso produce la nota vistata dal ministro per l'aeronautica o la polizza di assicurazione.

Art. 1078. (Amministrazione dell'aeromobile sequestrato).

L'amministrazione dell'aeromobile sequestrato è regolata dalle disposizioni dell'articolo 652.

Art. 1079. (Rinvio).

Per quanto non è espressamente disposto nel presente capo, si applicano le disposizioni del codice di procedura civile riguardanti il sequestro.

PARTE TERZA - DISPOSIZIONI PENALI E DISCIPLINARI

LIBRO PRIMO - DISPOSIZIONI PENALI

TITOLO PRIMO DISPOSIZIONI GENERALI

Art. 1080. (Applicabilità delle disposizioni penali).

Il cittadino o lo straniero, che, essendo al servizio di una nave o di un aeromobile nazionale, commette in territorio estero un delitto previsto dal presente codice, è punito a norma del medesimo. Il colpevole che sia stato giudicato all'estero è giudicato nuovamente nello Stato, qualora il ministro della giustizia ne faccia richiesta.

Le disposizioni penali di questo codice non si applicano ai componenti dell'equipaggio e ai passeggeri di nave o di aeromobile stranieri, salvo che sia diversamente stabilito.

Art. 1081. (Concorso di estranei in un reato previsto dal presente codice).

Fuori del caso regolato nell'articolo 117 del codice penale, quando per l'esistenza di un reato previsto dal presente codice è richiesta una particolare qualità personale, coloro che, senza rivestire tale qualità, sono concorsi nel reato, ne rispondono se hanno avuto conoscenza della qualità personale inerente al colpevole.

Tuttavia il giudice può diminuire la pena rispetto a coloro per i quali non sussiste la predetta qualità.

Art. 1082. (Pene accessorie).

Le pene accessorie per i delitti previsti dal presente codice sono, oltre quelle stabilite dal codice penale:

1)   l'interdizione dai titoli professionali marittimi o aeronautici, se si tratta di delitti commessi da persone fornite rispettivamente dei titoli previsti negli articoli 123 *((e 734))*;

2)   l'interdizione dalla professione marittima o aeronautica, se si tratta di delitti commessi dagli altri appartenenti rispettivamente al personale marittimo o alla *((personale aeronautico))*.

Le pene accessorie per le contravvenzioni previste dal presente codice sono, oltre quelle stabilite dal codice penale:

1) la sospensione dai titoli professionali marittimi, della navigazione interna o aeronautici, se si ritratta di contravvenzioni commesse dalle persone indicate nel n. 1 del comma precedente ovvero da comandanti, ufficiali e sottufficiali della navigazione interna; 2) la sospensione, dalla professione marittima o aeronautica o alla professione della navigazione interna, se si tratta di contravvenzioni commesse dalle persone indicate nel n. 2 del comma precedente, ovvero dagli appartenenti al personale della navigazione interna.

Art. 1083. (Effetti e durata delle pene accessorie).

L'interdizione perpetua dai titoli professionali marittimi o aeronautici priva il condannato della capacità di esercitare qualunque funzione o servizio per i quali sia richiesto uno dei titoli indicati negli articoli 123*((e 734))*. L'interdizione temporanea priva della detta capacità per un tempo non inferiore a un mese e non superiore a cinque anni. L'interdizione importa altresì la decadenza dell'abilitazione relativa ai titoli anzidetti.

L'interdizione perpetua dalla professione marittima o aeronautica priva il condannato della capacità di esercitare la professione marittima o aeronautica. L'interdizione temporanea priva della detta capacità per un tempo non inferiore a un mese e non superiore a cinque anni. L'interdizione importa altresì la decadenza dall'abilitazione relativa alla professione anzidetta.

La sospensione dai titoli professionali marittimi, della navigazione interna o aeronautici priva il condannato del diritto di esercitare qualsiasi funzione o servizio, per i quali sia richiesto uno dei titoli indicati negli articoli 123, 134((e 734)), per un tempo non inferiore a quindici giorni e non superiore a due anni.

La sospensione dalla professione marittima o aeronautica o dalla professione della navigazione interna priva il condannato del diritto di esercitare la professione, per un tempo non inferiore a quindici giorni e non superiore a due anni.

La durata di tali pene, quando nei singoli casi non sia espressamente determinata dalla legge, è uguale a quella della pena principale inflitta o che dovrebbe scontarsi, nel caso di conversione per insolvibilità del condannato. Tuttavia, in nessun caso essa può oltrepassare il limite minimo e quello massimo stabiliti per ciascuna specie di pena accessoria.

Alle pene accessorie dell'interdizione e della sospensione previste nel presente articolo si applicano rispettivamente le disposizioni relative alla interdizione da una professione e alla sospensione dall'esercizio di una professione.

Art. 1083-bis.

(((Sanzioni amministrative accessorie).))

((Le sanzioni accessorie per le violazioni amministrative previste dal presente codice sono:
1) la sospensione dai titoli professionali marittimi, della navigazione interna e aeronautici, se si tratta di illeciti commessi dalle persone indicate nell'articolo 1082, primo comma, n. 1, ovvero da comandanti, ufficiali e sottufficiali della navigazione interna; 2) la sospensione dalla professione marittima o aeronautica o dalla professione della navigazione interna, se si tratta di illeciti commessi dalle persone indicate nell'articolo 1082, primo comma, n. 2, ovvero dagli appartenenti al personale della navigazione interna.))

Art. 1083-ter. (Effetti e durata delle sanzioni amministrative accessorie).

La sospensione dai titoli professionali marittimi, della navigazione interna e aeronautici di cui all'articolo 1083-bis, primo comma, n. 1, priva il soggetto del diritto di esercitare qualsiasi funzione o servizio, per i quali sia richiesto uno dei titoli indicati negli articoli 123, 134 e *((734))*, per un tempo non inferiore a quindici giorni e non superiore ad un anno.

La sospensione dalla professione marittima o aeronautica o dalla professione della navigazione interna di cui all'articolo 1083-bis, primo comma, n. 2, priva il soggetto del diritto di esercitare la professione per un tempo non inferiore a quindici giorni e non superiore ad un anno.

Alle sanzioni accessorie indicate dai precedenti commi si applicano, in quanto compatibili, le disposizioni del codice penale relative alla sospensione dall'esercizio di una professione.

Art. 1084.

(Aggravante per i delitti commessi dai comandanti, dagli ufficiali o dai graduati).

Se alcuno dei delitti previsti dal presente codice è commesso dal comandante o da un ufficiale della nave ovvero dal comandante o da un graduato dell'aeromobile, la pena è aumentata fino a un terzo, quando tale qualità non è elemento costitutivo o circostanza aggravante del delitto.

Art. 1085. (Aggravante per i delitti comuni commessi in danno di un superiore).

Se un delitto non previsto dal presente codice è commesso da un componente dell'equipaggio della nave o dell'aeromobile contro un superiore nell'atto o a causa dell'adempimento delle di lui funzioni, la pena è aumentata fino a un terzo, quando la qualità della persona offesa non è elemento costitutivo o circostanza aggravante del delitto.

La stessa disposizione si applica se un passeggero commette un delitto non previsto dal presente codice contro il comandante o un ufficiale della nave ovvero contro il comandante o un graduato dell'aeromobile nell'atto o a causa dell'adempimento delle di lui funzioni.

Art. 1086. (Devoluzione di parte delle somme per pene pecuniarie).

La metà delle somme versate a titolo di pene o di sanzioni amministrative pecuniarie per le violazioni previste dal presente codice è devoluta alla cassa nazionale per la previdenza marinara o al fondo per l'assistenza ai lavoratori portuali o alle casse di soccorso del personale della navigazione interna, ovvero alla cassa nazionale di previdenza della *((personale aeronautico))*.

Art. 1087. (Navigazione interna).

Alla navigazione interna non si applicano le disposizioni degli articoli 1088 a 1160.

TITOLO SECONDO - DEI DELITTI IN PARTICOLARE

CAPO I - - - Dei delitti contro la personalità dello Stato

Art. 1088. (Imbarco su navi o aeromobili di Stato nemico).

Il cittadino che si arruola su navi o aeromobili di uno Stato in guerra contro lo Stato italiano è punito, qualora il fatto non costituisca un più grave reato, con la reclusione per un tempo non inferiore a cinque anni.

Art. 1089. (Vilipendio della bandiera o di altro emblema dello Stato).

Se i delitti previsti negli articoli 291, 292 del codice penale sono commessi da componenti dell'equipaggio di una nave o di aeromobile in territorio estero la pena è aumentata:

1)   fino a un terzo se il componente dell'equipaggio è straniero;

2)   da un terzo alla metà se il componente dell'equipaggio è
cittadino italiano;

3)   dalla metà a due terzi se il fatto è commesso dal comandante o da un ufficiale della nave ovvero dal comandante o da un graduato dell'aeromobile.

Art. 1090. (Pene accessorie).

La condanna per il delitto previsto nell'articolo 1088 importa l'interdizione perpetua dal titolo ovvero dalla professione.

La condanna per il delitto previsto dall'articolo 1089 importa l'interdizione temporanea dai titoli, ovvero dalla professione.

CAPO II - Dei delitti contro la polizia di bordo e della navigazione

Sezione I - Dei delitti contro la polizia di bordo

Art. 1091. *(((Diserzione).))*

((Salvo che il fatto costituisca più grave reato, il componente dell'equipaggio che non si reca a bordo della nave o dell'aeromobile ovvero l'abbandona, cagionando un pericolo per la vita o per l'incolumità fisica delle persone ovvero per la sicurezza della nave o dell'aeromobile, è punito con la pena della reclusione da uno a tre anni.

Fuori dei casi previsti dal primo comma, il componente dell'equipaggio che non si reca a bordo della nave o dell'aeromobile ovvero l'abbandona, è punito, se dal fatto deriva una notevole difficoltà nel servizio della navigazione, con la sanzione amministrativa pecuniaria da 3.000 a 10.000 euro.

Se dal fatto deriva un grave turbamento in un servizio pubblico o di pubblica necessità, si applica la sanzione amministrativa pecuniaria da 5.000 a 25.000 euro)).

Art. 1092. (Circostanze aggravanti).

La pena è aumentata fino a un terzo se il fatto è commesso:

1) per fine politico;
2) con violenza o minaccia;
3) all'estero;
4) da persone preposte al comando o alla direzione delle macchine della nave ovvero al comando, alla guida o al pilotaggio dell'aeromobile;
5) collettivamente da tre o più persone dell'equipaggio.

Nel caso di cui al n. 5 la pena per i promotori, gli organizzatori ed i capi è aumentata da un terzo alla metà.

Art. 1093. (Causa di non punibilità).

Nel caso previsto nel primo comma dell'articolo 1091, ancorchè ricorrano le aggravanti previste nell'articolo 1092, non è punibile colui che raggiunge la nave prima che questa lasci il porto e non oltre il terzo giorno successivo a quello in cui si sarebbe dovuto presentare a bordo ovvero raggiunge l'aeromobile prima dell'involo.

Art. 1094. *(((Inosservanza di ordine da parte di componente dell'equipaggio).*
))

((Salvo che il fatto costituisca reato, il componente dell'equipaggio che non esegue un ordine di un superiore concernente un servizio tecnico della nave, del galleggiante o dell'aeromobile, è punito con la sanzione amministrativa pecuniaria da 1.000 a 5.000 euro.

Se il fatto di cui al primo comma è commesso in occasione di servizio concernente la manovra, si applica la sanzione amministrativa pecuniaria da 3.000 a 10.000 euro.

Se dal fatto di cui al primo comma deriva una notevole difficoltà nel servizio della navigazione ovvero un grave turbamento in un servizio pubblico o di pubblica necessità, si applica la sanzione amministrativa pecuniaria da 5.000 a 25.000 euro.

Il componente dell'equipaggio che non esegue un ordine di un superiore concernente un servizio tecnico della nave, del galleggiante o dell'aeromobile, cagionando un pericolo per la vita o per l'incolumità delle persone ovvero per la sicurezza della nave, del galleggiante o dell'aeromobile, è punito con la pena della reclusione da sei mesi a tre anni.

Il componente dell'equipaggio che non esegue un ordine di un superiore concernente un servizio tecnico della nave, del galleggiante o dell'aeromobile, è punito con la pena della reclusione da uno a quattro anni se l'ordine è dato per la salvezza della nave, del galleggiante o dell'aeromobile o per soccorso da prestare a nave, galleggiante, aeromobile o persona in pericolo)).

Art. 1095. (Inosservanza di ordine da parte di passeggero).

Il passeggero, che non esegue un ordine concernente la sicurezza della nave o dell'aeromobile, è punito con la reclusione fino a tre mesi ovvero con la multa fino a lire duemila.

Art. 1096. (Inosservanza di ordine di arresto).

Il componente dell'equipaggio, che a bordo della nave o dell'aeromobile non esegue un ordine di arresto, è punito con la reclusione fino a tre mesi ovvero con la multa fino a lire duemila.

Art. 1097. (Abbandono di nave o di aeromobile in pericolo da parte del comandante).

Il comandante, che, in caso di abbandono della nave, del galleggiante o dell'aeromobile in pericolo, non scende per ultimo da bordo, è punito con la reclusione fino a due anni.

Se dal fatto deriva l'incendio, il naufragio o la sommersione della nave o del galleggiante, ovvero l'incendio, la caduta o la perdita dell'aeromobile, la pena è da due ad otto anni. Se la nave o l'aeromobile è adibito a trasporto di persone, la pena è da tre a dodici anni.

Art. 1098. (Abbandono di nave o di aeromobile in pericolo da parte di componente dell'equipaggio).

Il componente dell'equipaggio, che senza il consenso del comandante abbandona la nave o il galleggiante in pericolo, è punito con la reclusione fino a un anno.

Alla stessa pena soggiace il componente dell'equipaggio dell'aeromobile, che senza il consenso del comandante si lancia col paracadute o altrimenti abbandona l'aeromobile in pericolo.

Se dal fatto deriva l'incendio, il naufragio o la sommersione della nave o del galleggiante ovvero l'incendio, la caduta o la perdita dell'aeromobile, la pena è da due ad otto anni. Se la nave o l'aeromobile è adibito a trasporto di persone, la pena è da tre a dodici anni.

Sezione II - Dei delitti contro la polizia della navigazione

Art. 1099. (Rifiuto di obbedienza a nave da guerra).

Il comandante della nave, che nei casi previsti nell'articolo 200 non obbedisce all'ordine di una nave da guerra nazionale, è punito con la reclusione fino a due anni.

Art. 1100. (Resistenza o violenza contro nave da guerra).

Il comandante o l'ufficiale della nave, che commette atti di resistenza o di violenza contro una nave da guerra nazionale, è punito con la reclusione da tre a dieci anni.

La pena per coloro che sono concorsi nel reato è ridotta da un terzo alla metà.

Art. 1101. (Imbarco di armi, munizioni o persone a scopo delittuoso).

Il comandante della nave, del galleggiante o dell'aeromobile, nazionali o stranieri, che imbarca armi, munizioni o persone, al fine di commettere contrabbando o altro delitto, è punito, se il reato non è commesso, con la reclusione da sei mesi a due anni.

Art. 1102. (Navigazione in zone vietate).

Fuori dei casi previsti nell'articolo 260 del codice penale, è punito con la reclusione fino a due anni e con la multa fino a lire cinquemila:

1° il comandante della nave o del galleggiante, nazionali o stranieri, che non osserva il divieto o il limite di navigazione

stabiliti nell'articolo 83; 2° il comandante dell'aeromobile nazionale o straniero, che viola il divieto di sorvolo stabilito nell'art. 793.

Sezione III - Disposizione comune alle sezioni precedenti

Art. 1103. (Pene accessorie).
La condanna per i delitti previsti negli articoli 1091, 1094, 1096, 1099, 1101, 1102 importa l'interdizione temporanea dai titoli ovvero dalla professione.

Nel caso di condanna per i delitti previsti negli articoli 1097, 1098, 1100 l'interdizione è perpetua, se la condanna alla reclusione è per un tempo non inferiore a cinque anni; temporanea, se la condanna è per un tempo inferiore a cinque anni.

CAPO III - Dei delitti contro le autorità di bordo o contro le autorità consolari

Art. 1104.
(Offesa in danno del comandante, di un ufficiale o sottufficiale o di un graduato).
Il componente dell'equipaggio della nave o dell'aeromobile, che offende l'onore o il prestigio di un superiore, in presenza di lui e a causa o nell'esercizio delle di lui funzioni, è punito con la reclusione da sei mesi a due anni.
La stessa pena si applica a chi commette il fatto mediante comunicazione telegrafica o telefonica, o con scritto o disegno, diretti al superiore, e a causa delle di lui funzioni.

La pena è della reclusione da uno a tre anni, se l'offesa consiste nell'attribuzione di un fatto determinato.

Le pene sono aumentate fino a un terzo quando il fatto è commesso con violenza o minaccia, ovvero quando l'offesa è recata in presenza di una o più persone.

Se il fatto è commesso da un passeggero contro il comandante, un ufficiale o un sottufficiale della nave ovvero contro il comandante o un graduato dell'aeromobile, qualora non costituisca un più grave reato, si applicano le disposizioni precedenti, ma le pene sono diminuite in misura non eccedente un terzo.
Art. 1105. (Ammutinamento).
Se il fatto non costituisce un più grave reato, sono puniti con la reclusione da sei mesi a tre anni i componenti dell'equipaggio della nave o dell'aeromobile che in numero non inferiore al terzo:
1) disobbediscono, collettivamente o previo accordo, ad un ordine
del comandante;
2) si abbandonano collettivamente a manifestazione tumultuosa.

Coloro che alla prima intimazione eseguono l'ordine o desistono dal participare alla manifestazione soggiacciono soltanto alla pena per gli atti già compiuti, qualora questi costituiscano per sè un reato diverso.
Art. 1106. (Aggravanti).
La pena è da uno a cinque anni:
1) se il fatto previsto dall'articolo precedente è commesso in condizioni nelle quali non è possibile ricorrere alla forza
pubblica;

2)   se, nel caso previsto dal n. 1 dell'articolo precedente, l'ordine concerne un servizio attinente alla sicurezza della navigazione, ovvero se il fatto è commesso al fine d'interrompere la navigazione, di variarne la direzione o di compromettere la sicurezza

della nave, dell'aeromobile o dei relativi carichi;

3)   se, nel caso previsto dal n. 2 dell'articolo precedente, alcuna delle persone è palesemente armata ovvero il fatto è commesso con minaccia.

Per i promotori, gli organizzatori e i capi la pena è aumentata fino a un terzo.

Art. 1107. (Mancato intervento per impedire un reato).

Il componente dell'equipaggio della nave o dell'aeromobile, che, trovandosi presente ad atti di minaccia o di violenza commessi in danno di un superiore nell'esercizio delle di lui funzioni, omette di dargli assistenza o aiuto, è punito con la reclusione fino a un anno ovvero con la multa fino a lire cinquemila.

Alla stessa pena soggiace qualunque componente dell'equipaggio della nave o dell'aeromobile, che,trovandosi presente al fatto previsto nell'articolo 1105, non usa i mezzi che sono in suo potere per sciogliere la riunione o per impedire la manifestazione.

Art. 1108. (Complotto contro il comandante).

I componenti dell'equipaggio della nave o dell'aeromobile, che, in numero di tre o più, si accordano al fine di commettere un delitto contro la vita, l'incolumità personale, la libertà individuale o l'esercizio dei poteri del comandante, sono puniti, se il delitto non è commesso, con la reclusione fino a quattro anni.

Per i promotori e gli organizzatori la pena è aumentata fino a un terzo.

Il componente dell'equipaggio, che, avendo notizia dell'accordo, omette di darne avviso al comandante, è punito con la reclusione fino a un anno.

Tuttavia la pena da applicare è in ogni caso inferiore alla metà di quella stabilita per il delitto al quale si riferisce l'accordo.

Art. 1109. (Omesso rimpatrio di cittadini).

Il comandante di una nave diretta ad un porto del Regno, che senza giustificato motivo omette di ottemperare alla richiesta dell'autorità consolare per il trasporto di cittadini ai sensi dell'articolo 197, è punito con la reclusione fino a sei mesi ovvero con la multa fino a lire tremila.

Art. 1110. (Circostanza aggravante).

Nei casi previsti negli articoli 1105, 1106, 1107, 1108, la pena è aumentata, fino a un terzo se il fatto è commesso durante la navigazione.

Art. 1111. (Pene accessorie).

La condanna per i delitti previsti negli articoli 1104, 1105, 1108 importa l'interdizione temporanea dai titoli ovvero dalla professione.

La condanna per il delitto aggravato ai sensi dell'articolo 1106 importa l'interdizione perpetua dai titoli ovvero dalla professione.

CAPO IV - Dei delitti contro la sicurezza della navigazione

Art. 1112. (Esecuzione o rimozione arbitraria e omissione di segnali).

Chiunque arbitrariamente ordina o fa taluna delle segnalazioni prescritte per la navigazione marittima o aerea ovvero rimuove i segnali per la detta navigazione è punito con la reclusione fino a un anno ovvero con la multa fino a lire diecimila.

Alla stessa pena soggiace chiunque, essendovi obbligato, omette di collocare i segnali predisposti per la sicurezza della navigazione marittima o aerea o comunque di provvedere alle misure imposte a tale scopo.

Se dal fatto deriva pericolo di incendio, naufragio o sommersione di una nave o di un galleggiante ovvero di incendio, caduta o perdita di un aeromobile, la pena è della reclusione da uno a cinque anni.

Le disposizioni del presente articolo non si applicano se il fatto è previsto come più grave reato da altra disposizione di legge.

Art. 1113. (Omissione di soccorso).

Chiunque, nelle condizioni previste negli articoli 70, 107, 726, richiesto dall'autorità competente, omette di cooperare con i mezzi dei quali dispone al soccorso di una nave, di un galleggiante, di un aeromobile o di una persona in pericolo ovvero all'estinzione di un incendio, è punito con la reclusione da uno a tre anni.

Art. 1114. (Rifiuto di servizio da parte di pilota).

Il pilota, che non risponde al segnale di chiamata di una nave ovvero si rifiuta di prestare l'opera sua, è punito con la reclusione fino a un anno ovvero con la multa fino a lire cinquemila.

Se la nave è in pericolo, la pena è della reclusione da uno a tre anni.

Art. 1115. (Abbandono di pilotaggio).

Il pilota, che in caso di pilotaggio obbligatorio cessa di prestare la sua opera prima del momento previsto nell'articolo 92, è punito con la reclusione fino a un anno ovvero con la multa fino a lire cinquemila.

Art. 1116. (Abbandono abusivo di comando).

Il comandante, che senza necessità lascia la direzione nautica della nave o dell'aeromobile in condizioni tali che la direzione venga assunto da persona che non ha i requisiti per sostituirlo, è punito con la reclusione fino a en anno ovvero con la multa da lire duemila a cinquemila.

La pena è aumentata fino a un terzo, se il fatto è commesso nei casi in cui il comandante della nave ha l'obbligo di dirigere personalmente la manovra.

Art. 1117. (Usurpazione del comando di nave o di aeromobile).

Chiunque indebitamente assume o ritiene il comando di una nave o di un aeromobile è punito con la reclusione da uno a cinque anni.

Fuori del caso previsto nell'articolo 1220, se il fatto è commesso da persona provvista di un titolo per i servizi tecnici della nave o dell'aeromobile, la pena è da sei mesi a due anni.

Art. 1118. (Abbandono del posto).

Il componente dell'equipaggio della nave, del galleggiante o dell'aeromobile che durante un servizio attinente alla sicurezza della navigazione abbandona il posto, è punito con la reclusione da tre mesi a un anno.

Art. 1119. (Componente dell'equipaggio che si addormenta).

Il componente dell'equipaggio della nave, del galleggiante o dell'aeromobile, che durante un servizio attinente alla sicurezza della navigazione si addormenta, è punito con la reclusione fino a tre mesi ovvero con la multa fino a lire duemila.

Art. 1120. (Ubbriachezza).

Il comandante della nave, del galleggiante o dell'aeromobile ovvero il pilota dell'aeromobile, che si trova in tale stato di ubbriachezza, non derivata da caso fortuito o da forza maggiore, da escludere o menomare la sua capacità al comando o al pilotaggio, è punito con la reclusione da sei mesi ad un anno.

Il componente dell'equipaggio della nave, del galleggiante o dell'aeromobile ovvero il pilota marittimo, che, durante un servizio attinente alla sicurezza della navigazione o nel momento in cui deve assumerlo, si trova in tale stato di ubbriachezza, non derivata da caso fortuito o da forza maggiore, da escludere o menomare la sua capacità a prestare il servizio, è punito con la reclusione da uno a sei mesi.

Le precedenti disposizioni si applicano anche quando la capacità al comando o al servizio è esclusa o menomata dall'azione di sostanze stupefacenti.

La pena è aumentata fino a un terzo, se l'ubbriachezza o l'uso di sostanze stupefacenti sono abituali.

Art. 1121. (Condizioni di maggiore punibilità).

Nei casi previsti negli articoli 1112 a 1120 la pena è:

1)   della reclusione da due a otto anni, se dal fatto deriva l'incendio, il naufragio o la sommersione di una nave o di un galleggiante ovvero l'incendio, la caduta o la perdita di un aeromobile;

2)   della reclusione da tre a dodici anni, se, nel caso previsto nel numero precedente, la nave o l'aeromobile sono adibiti a trasporto di persone.

Art. 1122. (Aggravante per l'incendio, il naufragio o il disastro aviatorio).

Se un componente dell'equipaggio di nave, galleggiante o aeromobile nazionali o stranieri o una persona comunque addetta ai servizi della navigazione marittima o aerea, avvalendosi delle sue funzioni, commette alcuno dei delitti previsti negli articoli 425, n. 3 e 428 del codice penale, le pene ivi stabilite sono aumentate di un terzo.

Le pene sono aumentate da un terzo alla metà, se il fatto è commesso dal comandante in danno della nave, del galleggiante o dell'aeromobile da lui comandati.

Art. 1123.

(Danneggiamento con pericolo colposo di naufragio o di disastro aviatorio).

Chiunque per colpa cagiona danno a una nave, a un galleggiante o a un aeromobile in navigazione è punito con la reclusione da sei mesi a tre anni e con la multa fino a lire cinquemila, se dal fatto deriva pericolo di incendio, naufragio, sommersione o urto della nave o del galleggiante ovvero di incendio, caduta, perdita o urto dell'aeromobile.

Alla stessa pena soggiace chiunque, slegando o tagliando gomene od ormeggi ovvero con altra azione od omissione colposa, cagiona danno a una nave o a un galleggiante ancorati o a un aeromobile fermo, se dal fatto deriva il pericolo indicato nel comma precedente.

Le disposizioni del presente articolo non si applicano se il fatto è previsto come più grave reato da altra disposizione di legge.

Art. 1124. (Delitti colposi).

Se alcuno dei fatti previsti negli articoli 1112 a 1115 è commesso per colpa, le pene sono ridotte della metà.

Art. 1125. (Pene accessorie).

La condanna per i delitti previsti negli articoli 1112 a 1120; 1123, 1124, importa l'interdizione temporanea dai titoli ovvero dalla professione.

La condanna per i delitti aggravati ai sensi dell'articolo 1122 importa l'interdizione perpetua dai titoli ovvero dalla professione.

Se il delitto previsto nell'articolo 449 del codice penale è commesso da appartenenti al personale marittimo o alla *((personale aeronautico))* in danno rispettivamente di una nave o di un galleggiante e di un aeromobile, la condanna importa l'interdizione temporanea dai titoli ovvero dalla professione.

CAPO V - Del delitti contro la fede pubblica

Sezione I Della falsità in atti

Art. 1126. (Documenti equiparati agli atti pubblici agli effetti della pena).

Agli effetti indicati nell'articolo 491 del codice penale, la polizza di carico, gli altri titoli rappresentativi di merci e la lettera di trasporto aereo sono equiparati all'atto pubblico.

Art. 1127. (Falsità ideologica nel ruolo di equipaggio, nel giornale o nelle relazioni).

Il comandante della nave che, al fine di procurare a sè o ad altri un vantaggio o di recare ad altri un danno, commette alcuna delle falsità previste nell'articolo 479 del codice penale nel ruolo di equipaggio o nel giornale nautico ovvero nelle prescritte relazioni all'autorità è punito, qualora il fatto non costituisca un più grave reato, con la reclusione da sei mesi a cinque anni.

La stessa pena si applica al comandante dell'aeromobile che commette il fatto previsto dal comma precedente nel *((giornale di bordo))*.

Art. 1128. (Uso di atto falso).

Chiunque, senza essere concorso nella falsità, fa uso di uno degli atti falsi previsti nell'articolo 1127 soggiace alla pena ivi stabilita, ridotta di un terzo. Si applica il secondo comma dell'articolo 489 del codice penale.

Sezione II Delle altre falsità

Art. 1129. (Falsa dichiarazione di proprietà o dei requisiti di nazionalità).

Chiunque si dichiara falsamente proprietario di una nave, di un galleggiante o di un aeromobile, allo scopo di far ad essi attribuire la nazionalità italiana, è punito con la reclusione da tre mesi a un anno e con la multa da lire duemila a cinquemila.

Alla stessa pena soggiace il rappresentante di una società, il quale dichiara falsamente l'esistenza dei requisiti previsti *((nell'articolo 756, primo comma, lettera c),))* allo scopo di far attribuire all'aeromobile la nazionalità italiana.

Art. 1130. (Uso abusivo della bandiera o della marca di nazionalità).

Chiunque inalbera o usa su nave non nazionale la bandiera italiana ovvero usa su aeromobile non nazionale la marca di nazionalità italiana è punito con la reclusione fino a un anno ovvero con la multa da lire cinquecento a lire un cinquemila.

Art. 1131. (Uso di falso contrassegno d'individuazione).

Chiunque, al fine di procurare a sè o ad altri un vantaggio o di recare ad altri un danno, appone sulla nave o sull'aeromobile un falso contrassegno d'individuazione è punito con la reclusione fino a un anno.

La pena è della reclusione fino a due anni e della multa fino a lire cinquemila, se il colpevole adopera le carte di bordo della nave o dell'aeromobile di cui ha usurpato il contrassegno.

Art. 1131-bis.

((La contraffazione, l'alterazione o lo spostamento abusivo delle marche di bordo libero sono punite, se il fatto non costituisce un più grave reato, a norma dell'__articolo 469 del Codice penale__)). ((11))

AGGIORNAMENTO (11)

La __L. 5 giugno 1962, n. 616__, ha disposto (con l'art. 36, comma 1) che "Le disposizioni della presente legge che richiedono, per la loro applicazione, l'emanazione di particolari norme regolamentari, non entrano in vigore fino a quando dette norme non sono emanate."

Art. 1132. (Abusiva prestazione di nome per la costruzione di nave o di aeromobile).

Chiunque, essendo abilitato alla costruzione di navi, di galleggianti, di aeromobili o dei relativi apparati, presta il suo nome per tale costruzione a persona non autorizzata, è punito con la multa da lire mille a diecimila. Alla stessa pena soggiace chi si vale del nome altrui.

Se la costruzione viene iniziata, la pena è aumentata fino a un terzo.

Art. 1133. (Uso di libretto di navigazione).

Chiunque, al fine di procurare a sè o ad altri un vantaggio o di recare ad altri un danno, si vale di un documento di lavoro marittimo o aeronautico appartenente ad altra persona è punito, qualora il fatto non costituisca un altro delitto contro la fede pubblica, con la reclusione fino a un anno.

Sezione III - Disposizione comune alle sezioni precedenti

Art. 1134. (Pene accessorie).

La condanna per i delitti previsti negli articoli 1127, 1128, 1131, ovvero per alcuno dei delitti previsti nel capo III del titolo VII del libro II del __codice penale__, in relazione ad uno dei documenti indicati nell'articolo 1126 di questo codice, importa l'interdizione temporanea dai titoli ovvero dalla professione.

CAPO VI - Dei delitti contro la proprietà della nave dell'aeromobile o del carico

Art. 1135. (Pirateria).

Il comandante o l'ufficiale di nave nazionale o straniera, che commette atti di depredazione in danno di una nave nazionale o straniera o del carico, ovvero a scopo di depredazione commette violenza in danno di persona imbarcata su una nave nazionale o straniera, è punito con la reclusione da dieci a venti anni.

Per gli altri componenti dell'equipaggio la pena è diminuita in misura non eccedente un terzo; per gli estranei la pena è ridotta fino alla metà.

Art. 1136. (Nave sospetta di pirateria).

Il comandante o l'ufficiale di nave nazionale o straniera, fornita abusivamente di armi, che naviga senza essere munita delle carte di bordo, è punito con la reclusione da cinque a dieci anni. Si applica il secondo comma dell'articolo precedente.

Art. 1137

(Rapina ed estorsione sul litorale del Regno da parte dell'equipaggio).

Il comandante o l'ufficiale di una nave nazionale o straniera, che sul litorale del Regno commette alcuno dei fatti previsti negli articoli 628, 629 del codice penale, è punito a norma dell'articolo 1135 del presente codice.

Si applica il secondo comma dell'articolo predetto.

Art. 1138. (Impossessamento della nave o dell'aeromobile).

I componenti dell'equipaggio di una nave o di un aeromobile, i quali se ne impossessano, sono puniti:

1) con la reclusione da dieci a venti anni, se il fatto è commesso mediante violenza o minaccia in danno del comandante, degli ufficiali della nave o dei graduati dell'aeromobile; 2) con la reclusione da tre a dodici anni, se il fatto è commesso clandestinamente o con mezzi fraudolenti. Per i promotori e per i capi la pena è aumentata fino a un terzo.

Se il fatto è commesso da persona estranea all'equipaggio, le pene sono ridotte di un terzo.

Art. 1139. (Accordo per impossessarsi della nave o dell'aeromobile).

I componenti dell'equipaggio, che in un numero di tre o più si accordano al fine di commettere il delitto previsto nell'articolo precedente, sono puniti, se il delitto non è commesso, con la reclusione fino a tre anni. Per i promotori e per i capi la pena è aumentata fino a un terzo.

Art. 1140. (Falsa rotta).

Il comandante della nave o dell'aeromobile, che, per procurare a sè o ad altri un ingiusto profitto o per recare ad altri un danno, fa falsa rotta, è punito con la reclusione da uno a sei anni e con la multa fino a lire diecimila.

Se dal fatto deriva pericolo di incendio, naufragio o sommersione della nave ovvero l'incendio, caduta o perdita dell'aeromobile, la pena è aumentata di un terzo.

Se dal fatto deriva l'incendio, il naufragio o la sommersione della nave ovvero l'incendio la caduta o la perdita dell'aeromobile, la pena è della reclusione da due a dieci anni. Se la nave o l'aeromobile sono adibiti a trasporto di persone, la pena è della reclusione da tre a quindici anni.

Art. 1141. (Danneggiamento della nave o dell'aeromobile).

Chiunque commette il fatto previsto nell'articolo 635 del codice penale in danno di una nave, di un galleggiante o di un aeromobile ovvero delle provviste di bordo è punito con la reclusione da uno a cinque anni.

Se il fatto è commesso dal componente dell'equipaggio in danno della nave, del galleggiante o dall'aeromobile su cui è imbarcato, la pena è aumentata fino a un terzo; se è commesso dal comandante, la pena è aumentata fino alla metà. Si applicano il secondo e il terzo comma dell'articolo precedente.

Si procede in ogni caso d'ufficio.

Art. 1142. (Danneggiamento del carico o di attrezzi di bordo).

Il componente dell'equipaggio della nave, del galleggiante o dell'aeromobile, che distrugge, disperde, deteriora o rende inservibili, in tutto o in parte, il carico, gli attrezzi, i macchinari e gli impianti di bordo, è punito con la reclusione da sei mesi a tre anni e con la multa fino a lire diecimila. Si applicano il secondo e il terzo comma dell'articolo 1140.

Art. 1143. (Impiego abusivo della nave o dell'aeromobile).

Il comandante, che abusivamente impiega in tutto o in parte la nave, il galleggiante o l'aeromobile a profitto proprio o di altri, è punito con la reclusione da sei mesi a cinque anni e con la multa fino a lire diecimila.

Non è punibile il comandante che carica per proprio conto merci in piccola quantità.

Art. 1144. (Appropriazione indebita di danaro preso in prestito dal comandante).

Il comandante della nave o dell'aeromobile, che, per procurare a sè o ad altri un ingiusto profitto, si appropria il denaro preso a prestito nei casi previsti negli articoli 307, 892, è punito con la reclusione fino a cinque anni e con la multa fino a lire diecimila.

Art. 1145. (Appropriazione indebita del carico).

Il componente dell'equipaggio della nave o dell'aeromobile, che, per procurare a sè o ad altri un ingiusto profitto, si appropria in tutto o in parte il carico è punito con la reclusione da sei mesi a cinque anni e con la multa fino a lire diecimila.

Art. 1146. (Appropriazione indebita di relitti marittimi o aerei).

Chiunque si appropria di relitti indicati negli articoli 510, 993 nei casi in cui ha l'obbligo della denuncia è punito con la reclusione fino a tre anni ovvero con la multa fino a lire diecimila.

Per gli appartenenti al personale marittimo e alla *((personale aeronautico))* e per le persone addette in qualsiasi modo ai servizi di porto o di navigazione ovvero che esercitano una delle attività indicate nell'articolo 68, la pena è aumentata fino a un terzo.

Art. 1147. (Impossessamento di nave naufragata o di aeromobile perduto).

Chiunque si impossessa di una nave o di un galleggiante abbandonati, sommersi o naufragati ovvero di un aeromobile abbandonato, caduto o perduto è punito con la reclusione da uno a cinque anni e con la multa da lire duemila a lire diecimila.

Per le persone indicate nel secondo comma dell'articolo precedente la pena è aumentata fino a un terzo.

Art. 1148. (Furto commesso a bordo da componenti dell'equipaggio).

Per il furto commesso a bordo da componenti dell'equipaggio della nave o dell'aeromobile la pena è aumentata fino a un terzo.

Art. 1149. (Pene accessorie).

La condanna per i delitti previsti negli articoli 1139, 1140, 1141 secondo comma; 1142 a 1145;1147, e per il furto aggravato ai sensi dell'articolo 1148, importa l'interdizione temporanea dai titoli ovvero dalla professione.

La condanna per i delitti previsti negli articoli 1135 a 1138 importa l'interdizione perpetua dai titoli ovvero dalla professione.

CAPO VII - Dei delitti contro la persona

Art. 1150. (Omicidio del superiore).

Se il fatto previsto nell'<u>articolo 575 del codice penale</u> è commesso da un componente dell'equipaggio della nave o dell'aeromobile contro un superiore nell'atto o a causa dell'adempimento delle di lui funzioni, la pena è della reclusione da ventiquattro a trenta anni; se il fatto è commesso durante la navigazione, si applica la pena dell'ergastolo.

Art. 1151. (Omicidio preterintenzionale, lesione e percossa del superiore).

Se alcuno dei fatti previsti negli articoli 581 a 584 del <u>codice penale</u> è commesso da un componente dell'equipaggio della nave o dell'aeromobile contro un superiore nell'atto o a causa dell'adempimento delle di lui funzioni, le pene ivi stabilite sono aumentate di un terzo.

Art. 1152.

((ARTICOLO ABROGATO DAL <u>D.LGS. 1 MARZO 2018, N. 21</u>))

((95))

AGGIORNAMENTO (95)

Il <u>D.Lgs. 1 marzo 2018, n. 21</u> ha disposto (con l'art. 8, commma 1) che "Dalla data di entrata in vigore del presente decreto, i richiami alle disposizioni abrogate dall'articolo 7, ovunque presenti, si intendono riferiti alle corrispondenti disposizioni del <u>codice penale</u> come indicato dalla tabella A allegata al presente decreto".

Art. 1153.

((ARTICOLO ABROGATO DAL <u>D.LGS. 1 MARZO 2018, N. 21</u>))

((95))

AGGIORNAMENTO (95)

Il <u>D.Lgs. 1 marzo 2018, n. 21</u> ha disposto (con l'art. 8, commma 1) che "Dalla data di entrata in vigore del presente decreto, i richiami alle disposizioni abrogate dall'articolo 7, ovunque presenti, si intendono riferiti alle corrispondenti disposizioni del <u>codice penale</u> come indicato dalla tabella A allegata al presente decreto".

Art. 1154. (Abuso d'autorità).

Il comandante o l'ufficiale della nave ovvero il comandante dell'aeromobile, che sottopone a misure di rigore non consentite dalla legge un dipendente, un passeggero ovvero una persona arrestata o detenuta, a lui data in consegna per la custodia o il trasporto, ovvero una persona affidatagli in esecuzione di un provvedimento dell'autorità competente, è punito, qualora il fatto non costituisca un più grave reato, con la reclusione fino a trenta mesi. La stessa pena si applica a coloro ai quali comunque è stata data in consegna o affidata tale persona.

La pena non può essere inferiore a sei mesi, quando il fatto è commesso per un motivo personale,ovvero contro persona inferma o di età minore degli anni diciotto o maggiore dei settanta, ovvero contro donne.

Art. 1155. (Sbarco e abbandono arbitrario di persone).

Il comandante della nave o dell'aeromobile, che, fuori del territorio nazionale, arbitrariamente sbarca un componente dell'equipaggio o un passeggero, ovvero li abbandona impedendone il ritorno a bordo o anticipando la partenza della nave o dell'aeromobile, è punito con la reclusione da sei mesi a tre anni e con la multa da lire mille a tremila.

La pena non può essere inferiore a un anno, se la persona sbarcata o abbandonata è priva di mezzi necessari alla sussistenza o al ritorno in patria.

La pena è della reclusione da uno a sei anni, se dal fatto deriva una lesione personale; da tre a otto anni, se ne deriva la morte.

Art. 1156. (Abbandono di componente dell'equipaggio ammalato o ferito).

Il comandante della nave o dell'aeromobile, che, sbarcando nei casi consentiti dalla legge un componente dell'equipaggio ammalato o ferito, omette di provvederlo dei mezzi necessari alla cura e al rimpatrio, è punito con la multa da lire tremila a diecimila.

La pena è della reclusione fino a sei mesi, se il fatto è commesso all'estero.

La pena è della reclusione da uno a sei anni, se dal fatto deriva una lesione personale; da tre a otto anni, se ne deriva la morte.

Art. 1157. (Omissione di aiuto).

Il comandante della nave, che, trovando abbandonato in paese estero, ove non siano autorità consolari, un marittimo italiano, omette senza giustificato motivo di dargli ricovero a bordo e di rimpatriarlo, è punito con la reclusione fino a sei mesi ovvero con la multa fino a lire tremila.

Se l'omissione di soccorso si riferisce a più persone, la pena è raddoppiata. Si applica il terzo comma dell'articolo precedente.

Art. 1158. (Omissione di assistenza a navi o persone in pericolo).

Il comandante di nave, di galleggiante o di aeromobile nazionali o stranieri, che omette di prestare assistenza ovvero di tentare il salvataggio nei casi in cui ne ha l'obbligo a norma del presente codice, è punito con la reclusione fino a due anni.

La pena è della reclusione da uno a sei anni, se dal fatto deriva una lesione personale; da tre a otto anni, se ne deriva la morte.

Se il fatto è commesso per colpa, la pena è della reclusione fino a sei mesi; nei casi indicati nel comma precedente, le pene ivi previste sono ridotte alla metà.

Art. 1159. (Mancanza di viveri necessari).

Il comandante della nave, che fa mancare i viveri necessari alle persone imbarcate, è punito con la reclusione da uno a sei anni.

Se il fatto è commesso per colpa, la pena è della reclusione da un mese ad un anno ovvero della multa fino a lire cinquemila.

Art. 1160. (Pene accessorie).

La condanna per delitto previsto nell'articolo 1150 importa l'interdizione perpetua dai titoli ovvero dalla professione.

La condanna per i delitti previsti dall'articolo 1152, 1153, importa, per il comandante, l'interdizione perpetua dai titoli e, per gli altri componenti dell'equipaggio, l'interdizione temporanea dai titoli ovvero dalla professione.

Per gli altri delitti previsti dal presente capo la condanna importa l'interdizione temporanea dai titoli ovvero dalla professione.

TITOLO TERZO - DELLE CONTRAVVENZIONI IN PARTICOLARE

CAPO I - Delle contravvenzioni concernenti le disposizioni sui beni pubblici destinati alla navigazione

Art. 1161. (Abusiva occupazione di spazio demaniale e inosservanza di limiti alla proprietà privata).
Chiunque arbitrariamente occupa uno spazio del demanio marittimo o aeronautico o delle zone portuali della navigazione interna, ne impedisce l'uso pubblico o vi fa innovazioni non autorizzate, ovvero non osserva i vincoli cui è assoggettata la proprietà privata nelle zone prossime al demanio marittimo od agli ((aeroporti)), è punito con l'arresto fino a sei mesi o con l'ammenda fino a lire un milione, sempre che il fatto non costituisca un più grave reato.

Se l'occupazione di cui al primo comma è effettuata con un veicolo, si applica la sanzione amministrativa del pagamento di una somma da lire duecentomila a lire un milione duecentomila; in tal caso si può procedere alla immediata rimozione forzata del veicolo in deroga alla procedura di cui all'articolo 54. (47)

AGGIORNAMENTO (47)
La L. 28 dicembre 1993, n. 561, ha disposto (con l'art. 4, comma 1) che "Le disposizioni di cui agli articoli 1, 2 e 3 della presente legge si applicano anche alle violazioni commesse anteriormente alla data della sua entrata in vigore quando il procedimento penale non sia stato definito con sentenza passata in giudicato o con decreto irrevocabile".

Art. 1162. (Estrazione abusiva di arena o altri materiali).
Chiunque estrae arena, alghe, ghiaia o altri materiali nell'ambito del demanio marittimo o del mare territoriale ovvero delle zone portuali della navigazione interna, senza la concessione prescritta nell'articolo 51, è punito con l'arresto fino a due mesi ovvero con l'ammenda fino a lire mille.((59))

AGGIORNAMENTO (59)
Il D.Lgs. 30 dicembre 1999, n. 507, ha disposto (con l'art. 10, comma 1) che "Nell'articolo 1162 del codice della navigazione le parole "è punito con l'arresto fino a due mesi ovvero con l'ammenda fino a lire duecentomila" sono sostituite dalle seguenti: "è punito con la sanzione amministrativa del pagamento di una somma da lire tre milioni a lire diciotto milioni"."

Art. 1163. (Impianto ed esercizio abusivo di depositi o stabilimenti).
Chiunque impianta o esercita un deposito o uno stabilimento, indicati nel primo comma dell'articolo 52 e nel primo comma dell'articolo 59, senza la prescritta concessione, ovvero non osserva le disposizioni di polizia ivi previste, è punito con l'arresto fino
a due mesi ovvero con l'ammenda fino a lire duemila.(59)

((Chiunque impianta o esercita un deposito o uno stabilimento o fa un deposito di sostanze infiammabili o esplosive, senza l'autorizzazione prescritta nel secondo comma dell'articolo 52 e nel

terzo comma dell'articolo 59, è punito con la sanzione amministrativa del pagamento di una somma da euro 2.582 a euro 15.493.))

AGGIORNAMENTO (59) Il <u>D.Lgs. 30 dicembre 1999, n. 507</u>, ha disposto:
(con l'art. 10, comma 2, lettera a)) che "nel primo comma le parole "è punito con l'arresto fino a due mesi ovvero con l'ammenda fino a lire quattrocentomila" sono sostituite dalle seguenti: "è punito con la sanzione amministrativa del pagamento di una somma da
lire tre milioni a lire diciotto milioni"."
(con l'art. 10, comma 2, lettera b)) che "nel secondo comma le parole "è punito con l'arresto fino a sei mesi ovvero con l'ammenda fino a lire un milione" sono sostituite dalle seguenti: "è punito con la sanzione amministrativa del pagamento di una somma da lire
cinque milioni a lire trenta milioni"."

AGGIORNAMENTO (73)
 Il <u>D.Lgs. 9 maggio 2005, n. 96</u>, come modificato dall'avviso di rettifica (in G.U. 10/12/2005, n. 287), ha disposto (con l'art. 19, comma 3) che "Nel <u>secondo comma dell'articolo 1163 del codice della navigazione</u> le parole: "nel secondo comma dell'art. 52 e nel terzo
comma dell'articolo 59" sono soppresse."

Art. 1164. (Inosservanza di norme sui beni pubblici).

Chiunque non osserva una disposizione di legge o regolamento, ovvero un provvedimento legalmente dato dall'autorità competente relativamente all'uso del demanio marittimo o aeronautico ovvero delle zone portuali della navigazione interna è punito, se il fatto non costituisce un più grave reato, con l'arresto fino a tre mesi

ovvero con l'ammenda fino a lire duemila.(59)

((Salvo che il fatto costituisca reato o violazione della normativa sulle aree marine protette, chi non osserva i divieti fissati con ordinanza dalla pubblica autorità in materia di uso del demanio marittimo per finalità turistico-ricreative dalle quali esuli lo scopo di lucro, è punito con la sanzione amministrativa del pagamento di una somma da 100 euro a 1.000 euro)).

AGGIORNAMENTO (59)
 Il <u>D.Lgs. 30 dicembre 1999, n. 507</u>, ha disposto (con l'art. 10, comma 3) che "Nell'<u>articolo 1164 del codice della navigazione</u> le parole "se il fatto non costituisce un più grave reato, con l'arresto fino a tre mesi ovvero con l'ammenda fino a lire quattrocentomila" sono sostituite dalle seguenti: "se il fatto non costituisce reato, con la sanzione amministrativa del pagamento di una somma da lire due milioni a lire sei milioni"."

CAPO II - Delle contravvenzioni concernenti le disposizioni sull'ordinamento e sulla polizia dei porti e degli ((aeroporti))

Art. 1165. (Deposito abusivo di merci e mancata rimozione di cose depositate).

È punito con l'ammenda fino a lire cinquemila:

 1) chiunque deposita merci o altri materiali nei luoghi indicati negli articoli *((50 e 57))*, senza il permesso dell'autorità competente e il pagamento del relativo canone; 2) chiunque non esegue l'ordine di rimozione delle cose depositate.

Art. 1166. (Getto di materiali e interrimento dei fondali).

Chiunque non osserva le disposizioni degli articoli 71, 76 è punito con l'ammenda fino a lire mille.

Art. 1167. (Inosservanza di ordini relativi ai muri di sponda e abusiva apertura di cave). È punito con l'ammenda da lire duecento a duemila:

1)   chiunque non esegua le disposizioni dell'autorità competente sulla costruzione e sulla manutenzione, lungo le sponde dei canali o degli altri corsi di acqua sboccanti in un porto, delle opere previste nell'articolo 77;

2)   chiunque senza la prescritta autorizzazione esegue un'apertura di cava di pietra o altro lavoro di escavazione lungo le sponde dei canali o degli altri corsi di acqua sboccanti in un porto.

Art. 1168. (Pesca abusiva).

Chiunque, senza l'autorizzazione dell'autorità competente, esercita la pesca nei porti o nelle altre località di sosta o di transito delle navi è punito con l'ammenda fino al lire cinquecento.

Art. 1169. (Uso d'armi e accensioni di fuochi).

Chiunque non osserva le disposizioni dell'articolo 80 è punito con l'arresto fino a tre mesi ovvero con l'ammenda da lire duecento a duemila.*((59))*

AGGIORNAMENTO (59)

   Il D.Lgs. 30 dicembre 1999, n. 507, ha disposto (con l'art. 11, comma 1) che "Nell'articolo 1169 del codice della navigazione le parole "con l'arresto fino a tre mesi ovvero con l'ammenda da lire quarantamila a lire quattrocentomila" sono sostituite dalle seguenti: "con la sanzione amministrativa del pagamento di una somma da lire due milioni a lire dodici milioni."."

Art. 1170. (Inosservanza dell'obbligo di assumere un pilota).

Il comandante. della nave, che non assume il pilota nei luoghi dove il pilotaggio è obbligatorio, è punito con l'arresto fino a tre mesi ovvero con l'ammenda da lire cinquecento a cinquemila.*((59))*

AGGIORNAMENTO (59)

   Il D.Lgs. 30 dicembre 1999, n. 507, ha disposto (con l'art. 11, comma 2) che "Nell'articolo 1170 del codice della navigazione le parole "con l'arresto fino a tre mesi ovvero con l'ammenda da lire centomila a un milione" sono sostituite dalle seguenti: "con la sanzione amministrativa del pagamento di una somma da lire due milioni a lire dodici milioni"."

Art. 1171. (Abusivo esercizio d'impresa portuale, di rimorchio o di pilotaggio).

È punito con l'arresto fino a un anno ovvero con l'ammenda fino a lire diecimila:*((59))*

 1) NUMERO ABROGATO DALLA L. 28 GENNAIO 1994, N. 84, COME MODIFICATA DAL D.L. 21 OTTOBRE 1996, N. 535, CONVERTITO CON MODIFICAZIONI DALLA L. 23 DICEMBRE 1996, N. 647;(51)

 2) chiunque esercita il servizio di rimorchio, senza la concessione prescritta nell'articolo 101 o con mezzi tecnici non rispondenti alle

caratteristiche determinate dall'autorità competente; 3) chiunque, fuori dei casi di urgente necessità, esercita il pilotaggio senza patente o autorizzazione.

AGGIORNAMENTO (51)

   La L. 28 gennaio 1994, n. 84, come modificata dal D.L. 21 ottobre 1996, n. 535, convertito con modificazioni dalla L. 23 dicembre 1996, n. 647, ha disposto (con l'art. 20, comma 4) che "Fino all'entrata in vigore delle norme attuative della presente legge, continuano ad applicarsi le disposizioni previgenti in materia".

AGGIORNAMENTO (59)

   Il D.Lgs. 30 dicembre 1999, n. 507, ha disposto (con l'art. 11, comma 3) che "Nell'articolo 1171 del codice della navigazione le parole "con l'arresto fino a un anno ovvero con l'ammenda fino a lire due milioni" sono sostituite dalle seguenti: "con la sanzione amministrativa del pagamento di una somma da lire cinque milioni a lire trenta milioni"."

Art. 1172. *((ARTICOLO ABROGATO DALLA L. 28 GENNAIO 1994, N. 84 COME MODIFICATA DAL D.L. 21 OTTOBRE 1996, N. 535, CONVERTITO CON MODIFICAZIONI DALLA L. 23 DICEMBRE 1996, N. 647))*

((51)) ------------

AGGIORNAMENTO (51)

La L. 28 gennaio 1994, n. 84, come modificata dal D.L. 21 ottobre 1996, n. 535, convertito con modificazioni dalla L. 23 dicembre 1996, n. 647, ha disposto (con l'art. 20, comma 4) che "Fino all'entrata in vigore delle norme attuative della presente legge, continuano ad applicarsi le disposizioni previgenti in materia".

Art. 1173. (Inosservanza di tariffe).

Chiunque richiede e riscuote mercedi superiori a quelle fissate nelle tariffe approvate dall'autorità competente è punito con l'ammenda fino a lire duemila.

Art. 1174. (Inosservanza di norme di polizia).

Chiunque non osserva una disposizione di legge o di regolamento, ovvero un provvedimento legalmente dato dall'autorità competente in materia di polizia dei porti o degli aeroporti, è punito, se il fatto non costituisce reato, con la sanzione amministrativa del pagamento di una somma da lire due milioni a lire dodici milioni.
(47)

Se l'inosservanza riguarda un provvedimento dell'autorità in materia di circolazione nell'ambito del demanio marittimo o aeronautico, si applica la sanzione amministrativa del pagamento di una somma da lire centomila a lire seicentomila. (47)

((Chiunque non osserva una disposizione di legge o di regolamento, ovvero un provvedimento legalmente dato dall'Autorità competente in materia di sicurezza marittima, quale definita dall'articolo 2, n. 5), del regolamento (CE) n. 725/2004 del Parlamento europeo e del Consiglio, del 31 marzo 2004, è punito se il fatto non costituisce reato, con la sanzione amministrativa del pagamento di una somma da euro 1.032,00 a euro 6.197,00.))

AGGIORNAMENTO (47)

La L. 28 dicembre 1993, n. 561, ha disposto (con l'art. 4, comma 1) che "Le disposizioni di cui agli articoli 1, 2 e 3 della presente legge si applicano anche alle violazioni commesse anteriormente alla data della sua entrata in vigore quando il procedimento penale non sia stato definito con sentenza passata in giudicato o con decreto irrevocabile".

Art. 1175. *(((Sanzioni amministrative accessorie).))*

((La violazione degli articoli 1170, 1173 e 1174 importa l'applicazione della sanzione amministrativa accessoria della sospensione dai titoli o dalla professione.))

CAPO III - Delle contravvenzioni concernenti le disposizioni sull'assunzione della gente di mare, del personale navigante della navigazione interna e del personale di volo

Art. 1176. ((*ARTICOLO ABROGATO DAL D.LGS. 15 MARZO 2006, N. 151*))

Art. 1177. ((*ARTICOLO ABROGATO DAL D.LGS. 15 MARZO 2006, N. 151*))

Art. 1178. (Irregolare assunzione di personale e omessa annotazione sul ruolo di equipaggio).

L'armatore o il comandante della nave o del galleggiante marittimi, che ammette o far parte dell'equipaggio una persona non appartenente alla gente di mare, ovvero arruola una persona senza regolare contratto o senza la preventiva visita medica, ovvero imbarca o sbarca un componente dell'equipaggio senza far eseguire la relativa annotazione sul ruolo di equipaggio o sulla licenza, è punito con l'ammenda fino a lire mille.((*59*))

((*Alla stessa sanzione*)) soggiace l'armatore o il comandante della nave o del galleggiante addetti alla navigazione interna, l'esercente o il comandante dell'aeromobile il quale, fuori dei casi previsti dalla legge, ammette a far parte dell'equipaggio una persona non iscritta rispettivamente nel personale navigante o nel personale di volo ovvero senza l'osservanza delle norme relative alle visite mediche di detto personale di volo.

AGGIORNAMENTO (59)
Il D.Lgs. 30 dicembre 1999, n. 507, ha disposto (12, comma 1, lettera a)) che " nel primo comma le parole "con l'ammenda fino a lire duecentomila" sono sostituite dalle seguenti: "con la sanzione amministrativa del pagamento di una somma da lire trecentomila a lire tre milioni"."

Art. 1179. (Assunzione irregolare di minori).

L'armatore o il comandante della nave o del galleggiate, che ammette a far parte dell'equipaggio una persona minore degli anni quattordici ovvero adibisce ai servizi di macchina una persona minore degli anni diciotto, è punito con l'ammenda da lire cinquecento a cinquemila.((*59*))

((*Alla stessa sanzione*)) soggiace l'esercente o il comandante dell'aeromobile, che ammette a far parte dell'equipaggio una persona minore degli anni quattordici ovvero adibisce ai servizi tecnici di bordo una persona minore degli anni diciotto.

AGGIORNAMENTO (59)
Il D.Lgs. 30 dicembre 1999, n. 507, ha disposto (con l'art. 12, comma 2, lettera a)) che "nel primo comma le parole "con l'ammenda da lire centomila a lire un milione" sono sostituite dalle seguenti: "con la sanzione amministrativa del pagamento di una somma da lire due milioni a lire dodici milioni"."

Art. 1180. (Assunzione abusiva di stranieri).

L'armatore, l'esercente o il comandante, che, fuori dei casi consentiti negli articoli 294, 319, 886, 898, ammette uno straniero a fare parte dell'equipaggio della nave o dell'aeromobile, è punito con l'ammenda da lire trecento a mille.(59)

((*La stessa sanzione*)) si applica all'armatore, all'esercente o al comandante, che non sbarca lo straniero regolarmente assunto nel termine previsto dalle disposizioni predette.(59)

AGGIORNAMENTO (59) Il D.Lgs. 30 dicembre 1999, n. 507, ha disposto:
- (con l'art. 12, comma 3, lettera a)) che "nel primo comma le parole "con l'ammenda da lire sessantamila a duecentomila" sono sostituite dalle seguenti: "con la sanzione amministrativa del pagamento di una somma da lire cinquecentomila a lire tre milioni"." - (con l'art. 12, comma 3, lettera b)) che "nel secondo comma le parole "Alla stessa pena" sono sostituite dalle seguenti: "Alla stessa sanzione"."

Art. 1181. ((*ARTICOLO ABROGATO DAL D.LGS. 9 MAGGIO 2005, N. 96*))

CAPO IV - Delle contravvenzioni concernenti le disposizioni sulla costruzione e sulla proprietà della nave o dell'aeromobile

Art. 1182. (Inosservanze relative alla costruzione o riparazione di nave o aeromobile, ovvero al varo della nave).

È punito con l'ammenda da lire cinquecento a cinquemila qualora il fatto non costituisca un più grave reato:

1) chiunque fa eseguire la costruzione o la riparazione di una nave o di un aeromobile o di un motore per aeromobile da persona sfornita

della prescritta patente, autorizzazione o abilitazione; 2) chiunque, senza la prescritta patente, autorizzazione o abilitazione, inizia la costruzione o la riparazione prevista nel n. 1;

3) chiunque imprende la costruzione di una nave o di un galleggiante, senza la dichiarazione prescritta nell'articolo 233, o la costruzione di un aeromobile, senza la dichiarazione e la denuncia prescritte negli articoli 848, 849;

4) chiunque esegue il varo di una nave senza la comunicazione prevista nell'articolo 243;

5) il costruttore della nave o dell'aeromobile che non osserva l'ordine di sospensione della costruzione dato ai sensi degli articoli 236, 851.

Art. 1183. (Inosservanze relative alla demolizione di nave o di aeromobile).

Il proprietario della nave o del galleggiante, che senza giustificato motivo non esegue nel termine stabilito nell'articolo 161 l'ordine dell'autorità marittima o di quella preposta all'esercizio della navigazione interna di riparare, di destinare ad altro uso o di demolire la nave o il galleggiante, è punito con l'ammenda da lire trecento a cinquemila.

((Chiunque demolisce una nave o un galleggiante nazionali ovvero demolisce o smantella un aeromobile nazionale, senza l'autorizzazione prescritta negli articoli 160 o 759, è punito con la sanzione amministrativa da euro cinquantuno a cinquecentosedici.))

Art. 1184. (Inosservanze relative all'iscrizione di nave in registro straniero e alla perdita dei requisiti di nazionalità dell'aeromobile).

1. Chiunque alieni la nave o l'aeromobile o iscriva la nave in un registro straniero senza ottemperare agli adempimenti prescritti negli articoli 156 e *((760))* o senza attendere la conclusione dei relativi procedimenti amministrativi è punito con la sanzione amministrativa del pagamento di una somma da lire trenta milioni a lire sessanta milioni. Non è ammesso il pagamento in misura ridotta ai sensi dell'articolo 16 della legge 24 novembre 1981, n. 689.

2. Alla stessa sanzione di cui al comma 1 soggiace chiunque ometta le denunce prescritte dagli articoli 157 e *((758))*.

Art. 1185. *((ARTICOLO ABROGATO DAL D.LGS. 9 MAGGIO 2005, N. 96))*

CAPO V - Delle contravvenzioni concernenti le disposizioni sulla polizia della navigazione

Art. 1186. (Inosservanza di norme per le visite delle navi o degli aeromobili).

Chiunque non osserva le prescrizioni di questo codice, delle altre leggi e dei regolamenti o le disposizioni dell'autorità concernenti le visite e le ispezioni delle navi, dei galleggianti o degli aeromobili, è punito con l'ammenda da lire mille a cinquemila.

Art. 1187. (Abusivo esercizio di servizi di navigazione interna).

Chiunque, senza la concessione prescritta nell'articolo 225, esercita un pubblico servizio di linea o di rimorchio ovvero di traino con mezzi meccanici in navigazione interna è punito con l'ammenda da lire mille a cinquemila.

Chiunque senza l'autorizzazione prescritta nell'articolo 226 esercita un servizio di trasporto, di rimorchio o di traino in navigazione interna, non compreso tra quelli di cui al comma precedente, è punito con l'ammenda da lire duecento a duemila.

Art. 1188. (*((Abusivo esercizio di navigazione aerea).)*)

((Chiunque esercita la navigazione aerea in violazione delle disposizioni che prescrivono il certificato di operatore aereo, la licenza di esercizio o la designazione di vettore, è punito con l'arresto fino a sei mesi ovvero con l'ammenda fino a euro milletrentadue.))

Art. 1189. (Inosservanza di norme sui servizi della navigazione interna).

Chiunque nell'esercizio di uno dei servizi di trasporto, di rimorchio o di traino in navigazione interna, previsti nell'art. 226, non osserva le modalità stabilite dall'autorità competente, ovvero richiede e riscuote prezzi superiori o inferiori alle tariffe massime o minime fissate dall'autorità medesima è punito con l'ammenda fino a lire duemila.

Art. 1190. (*((Inosservanza di norme sulle scuole di pilotaggio).)*)
((Chiunque ammette all'istruzione di pilotaggio aereo un allievo, che non ha conseguito il prescritto certificato di idoneità psicofisica, ovvero un allievo di minore età, senza il consenso di chi esercita la potestà o la tutela, è punito con la sanzione amministrativa del pagamento di una somma da lire tre milioni a lire diciotto milioni.))
Art. 1191. (Abusiva realizzazione o ampliamento di *((aeroporti))*).

Chiunque realizza o amplia *((aeroporti))* o altri impianti aeronautici senza l'autorizzazione prescritta nell'articolo 694 ovvero non sottopone i progetti di cui all'articolo 702 alla prevista approvazione, è punito con la sanzione amministrativa da cinquecentosedici euro a duemilasessantacinque euro.

Art. 1192. (Inosservanza di norme sull'uso della bandiera e del nome).

È punito con l'ammenda fino a lire duemila:

1) il comandante che non inalbera sulla nave la bandiera quando sia
prescritto;

2) l'armatore o il comandante che non osserva le disposizioni sull'uso del nome o del numero di individuazione della nave o del
galleggiante;

3) l'esercente o il comandante se l'aeromobile circola sprovvisto dei contrassegni di individuazione prescritti o porta abusivamente i contrassegni riservati agli aeromobili di Stato.

Art. 1193. (Inosservanza delle disposizioni sui documenti di bordo).

Il comandante di nave o di aeromobile, che naviga senza avere a bordo i documenti prescritti, è punito con l'arresto fino a sei mesi

ovvero con l'ammenda fino a lire duemila.(59)

((La sanzione di cui al primo comma è ridotta a 100 euro nel caso in cui il comandante di una nave da pesca esibisca all'autorità che ha contestato l'infrazione i documenti di bordo regolarmente tenuti ed aggiornati entro quarantotto ore dall'accertamento della violazione di cui al primo comma)).

Alla stessa sanzione soggiace il comandante di nave o di aeromobile, che tiene irregolarmente i documenti di bordo, ovvero non vi esegue le annotazioni prescritte.

AGGIORNAMENTO (59)

Il D.Lgs. 30 dicembre 1999, n. 507, ha disposto (con l'art. 14, comma 2, lettera a)) che "nel primo comma le parole "con l'arresto fino a sei mesi ovvero con l'ammenda fino a lire quattrocentomila" sono sostituite dalle seguenti: "con la sanzione amministrativa del pagamento di una somma da lire tre milioni a lire diciotto milioni"."

Art. 1194. (Mancata rinnovazione di documenti di bordo).

L'armatore della nave o l'esercente dell'aeromobile, che non rinnova tempestivamente i documenti di bordo, è punito con l'ammenda fino a lire cinquemila.

Art. 1195. (Inosservanza di formalità alla partenza o all'arrivo in porto o in *((aeroporto))*).

Il comandante di nave o di aeromobile nazionali o stranieri, che alla partenza o all'arrivo in porto o in *((aeroporto))* non adempie le formalità prescritte da questo codice e dal regolamento, è punito, qualora il fatto non costituisca un più grave reato, con l'ammenda fino a lire cinquemila.

Art. 1196. (Inosservanza delle norme sull'abbandono della nave e sull'obbligo di consultazione dell'equipaggio).

Il comandante, che in caso di abbandono della nave o dell'aeromobile in pericolo non osserva le norme stabilite dal presente codice, è punito, qualora il fatto non costituisca un più grave reato, con l'arresto fino a tre mesi ovvero con l'ammenda fino a lire cinquemila.*((59))*

((La stessa sanzione)) si applica al comandante, che omette di sentire il parere dei componenti dell'equipaggio, nei casi in cui tale parere è richiesto.

AGGIORNAMENTO (59)

Il D.Lgs. 30 dicembre 1999, n. 507, ha disposto (con l'art. 14, comma 3, lettera a)) che "nel primo comma le parole "qualora il fatto non costituisca un più grave reato, con l'arresto fino a tre mesi ovvero con l'ammenda fino a lire un milione" sono sostituite dalle seguenti: "se il fatto non costituisce reato, con la sanzione amministrativa del pagamento di una somma da lire due milioni a lire dodici milioni"."

Art. 1197. (Rifiuto di cooperare al ricupero).

Il componente dell'equipaggio, che in caso di naufragio della nave o del galleggiante *((. . .))*, essendone richiesto dal comandante o dall'autorità competente, rifiuta di prestare la propria opera per il ricupero dei relitti, è punito, qualora il fatto non costituisca un più grave reato, con l'ammenda fino a lire duemila.

Art. 1198. (Omissione di dichiarazioni in caso di urto).

Il comandante della nave, del galleggiante o dell'aeromobile, che in caso di urto non osserva le disposizioni del secondo comma dell'articolo 485, è punito con l'arresto fino a tre mesi ovvero con l'ammenda fino a lire duemila.*((59))*

AGGIORNAMENTO (59)

Il D.Lgs. 30 dicembre 1999, n. 507, ha disposto (con l'art. 14, comma 4) che " Nell'articolo 1198 del codice della navigazione le parole "con l'arresto fino a tre mesi ovvero con l'ammenda fino a lire quattrocentomila" sono sostituite dalle seguenti: "con la sanzione amministrativa del pagamento di una somma da lire due milioni a lire dodici milioni."."

Art. 1199. (Imbarco abusivo o clandestino di armi o esplosivi).

Il comandante, che imbarca sulla nave o sull'aeromobile nazionali o stranieri armi e munizioni da guerra, gas tossici o merci pericolose, senza l'autorizzazione prescritta negli articoli 193, 816 è punito con l'arresto fino a sei mesi o con l'ammenda da lire cinquecento a diecimila.*((59))*

Chiunque imbarca clandestinamente su una nave o su un aeromobile nazionali o stranieri armi e munizioni da guerra, gas tossici, sostanze esplosive o infiammabili o altre materie nocive o pericolose per la nave, per l'aeromobile, per il carico o per le persone, è punito con l'arresto fino a tre mesi ovvero con l'ammenda da lire trecento a tremila. Se il fatto è commesso da un componente dell'equipaggio, la pena non è inferiore a un mese o a lire cinquecento.*((59))*

((Nei casi previsti dai commi precedenti non è ammesso il pagamento in misura ridotta ai sensi dell'articolo 16 della legge 24 novembre 1981, n. 689.

Le disposizioni di questo articolo non si applicano se il fatto è previsto come reato da altre disposizioni di legge.))

AGGIORNAMENTO (59)

Il D.Lgs. 30 dicembre 1999, n. 507, ha disposto (con l'art. 14, comma 5, lettere a) e b)) che:
"nel primo comma le parole "è punito con l'arresto fino a sei mesi e con l'ammenda da lire centomila a due milioni" sono sostituite dalle seguenti: "è punito con la sanzione amministrativa del pagamento di una somma da lire dieci milioni a lire sessanta milioni"."
"nel secondo comma le parole "è punito con l'arresto fino a tre mesi ovvero con l'ammenda da lire sessantamila a seicentomila. Se il fatto è commesso da un componente dell'equipaggio, la pena non è inferiore a un mese o a lire centomila" sono sostituite dalle seguenti: "è punito con la sanzione amministrativa del pagamento di una somma da lire cinque milioni a lire trenta milioni. Se il fatto è commesso da un componente dell'equipaggio si applica la sanzione amministrativa del pagamento di una somma da lire dieci milioni a lire sessanta milioni"."

Art. 1200.
(Abusivo trasporto o impiego di apparecchi fotografici o radiotrasmittenti).
Chiunque trasporta ed usa apparecchi radiotrasmittenti, senza l'autorizzazione prescritta, è punito con l'arresto fino a tre mesi
ovvero con l'ammenda da lire trecento a cinquemila.(59)
((COMMA ABROGATO DAL D.LGS. 9 MAGGIO 2005, N. 96)).
Se il fatto di cui al primo comma è commesso da un componente dell'equipaggio, si applica la sanzione amministrativa del pagamento di una somma da lire tre milioni a lire quindici milioni.

AGGIORNAMENTO (59)

Il D.Lgs. 30 dicembre 1999, n. 507, ha disposto (con l'art. 14, comma 6, lettera a)) che "nel primo comma le parole "con l'arresto fino a tre mesi ovvero con l'ammenda da lire sessantamila a un milione" sono sostituite dalle seguenti: "con la sanzione amministrativa del pagamento di una somma da lire due milioni a lire dodici milioni"."

Art. 1201. (Inosservanze relative alla partenza e all'approdo di aeromobile).

È punito con l'arresto fino a tre mesi ovvero con l'ammenda da lire cinquecento a cinquemila il comandante di un aeromobile

nazionale o straniero, che:(59)

1)   NUMERO ABROGATO DALLA L. 29 GENNAIO 1986, N. 32;

2)   parte o approda in località diversa da quelle previste

((nell'articolo 799));

3)   parte, se l'aeromobile è diretto all'estero, da un aeroporto

non doganale; 4) approda, se l'aeromobile proviene dall'estero, in una località diversa da un aeroporto doganale o sanitario.

AGGIORNAMENTO (59)

Il D.Lgs. 30 dicembre 1999, n. 507, ha disposto (con l'art. 14, comma 6, lettera a)) che "Nell'articolo 1201 del codice della navigazione le parole "con l'arresto fino a tre mesi ovvero con l'ammenda da lire centomila a un milione" sono sostituite dalle seguenti: "con la sanzione amministrativa del pagamento di una somma da lire due milioni a lire dodici milioni"."

Art. 1201-bis. (Inosservanza dell'ordine di approdo).

Il comandante di un aeromobile nazionale o straniero che, sorvolando il territorio dello Stato, non ottempera all'ordine di approdo previsto nell'articolo 803, o, avendo sorvolato una zona vietata, omette di approdare nel più vicino aeroporto è punito *((con la sanzione amministrativa del pagamento di una somma da lire due milioni a lire dodici milioni))*. Si applica *((la sanzione amministrativa del pagamento di una somma da lire dieci milioni a lire sessanta milioni))* quando si tratti di aeromobile adibito al trasporto di persone.

((Con le stesse sanzioni è punito)) il comandante di un aeromobile nazionale il quale, sorvolando il territorio di uno Stato estero, non ottempera all'ordine di approdo impartito dalle competenti autorità dello Stato il cui territorio è sorvolato.

Ai fini di cui al comma precedente sono equiparati agli aeromobili nazionali gli aeromobili immatricolati all'estero., quando sono utilizzati da persona che abbia la residenza permanente ovvero la sede principale degli affari nel territorio dello Stato.

((Nei casi previsti dal primo e dal secondo comma non è ammesso il pagamento in misura ridotta ai sensi dell'articolo 16 della legge 24 novembre 1981, n. 689.))

Art. 1202. *((ARTICOLO ABROGATO DAL D.LGS. 9 MAGGIO 2005, N. 96))*

Art. 1203. (Atterramento in *((aeroporto))* privato).

Il comandante di un aeromobile nazionale o straniero, che, fuori del caso di necessità, approda in un *((aeroporto))* privato, senza il consenso di chi lo esercita, è punito con l'ammenda fino a lire duemila.

Art. 1204. *(((Sorvolo di aeromobili stranieri)))*

Il comandante di un aeromobile straniero, che, al di fuori dei casi previsti nell'articolo 794, sorvola il territorio del Regno, è punito con l'arresto fino a un anno ovvero con l'ammenda fino a lire cinquemila.(59)

((COMMA ABROGATO DAL D.LGS. 9 MAGGIO 2005, N. 96)).

_((. . .))_ non è ammesso il pagamento in misura ridotta ai sensi dell'articolo 16 della legge 24 novembre 1981, n. 689.

AGGIORNAMENTO (59)

Il D.Lgs. 30 dicembre 1999, n. 507, ha disposto (con l'art. 14, comma 9, lettera a)) che "nel primo comma le parole "con l'arresto fino a un anno ovvero con l'ammenda fino a lire un milione" sono sostituite dalle seguenti: "con la sanzione amministrativa del pagamento di una somma da lire cinque milioni a lire trenta milioni"."

Art. 1205. (Inosservanza di norme sugli atti di stato civile e sulla custodia di beni di persone morte).

Il comandante della nave o dell'aeromobile, che non osserva le disposizioni degli articoli 195; 204 a 208; *((818, 834, 835))*, è punito, qualora il fatto non costituisca un più grave reato, con l'ammenda da lire cinquecento a cinquemila.

Art. 1206. (Impedimento alla presentazione di reclami).

Il comandante della nave o dell'aeromobile, che, senza giustificato motivo, impedisce a un componente dell'equipaggio o ad un passeggero di recarsi a terra per presentare reclami all'autorità, è punito, qualora il fatto non costituisce un più grave reato, con l'ammenda da lire cento a cinquemila.

Art. 1207. (Scarico di merci prima della verifica della relazione).

Il comandante, che, fuori dei casi di urgenza, scarica le merci prima che sia stata verificata la relazione di eventi straordinari, è punito con l'arresto fino a sei mesi ovvero con l'ammenda fino a lire cinquemila.*((59))*

AGGIORNAMENTO (59)

Il D.Lgs. 30 dicembre 1999, n. 507, ha disposto (con l'art. 14, comma 10) che "Nell'articolo 1207 del codice della navigazione le parole "con l'arresto fino a sei mesi ovvero con l'ammenda fino a lire un milione" sono sostituite dalle seguenti: "con la sanzione amministrativa del pagamento di una somma da lire tre milioni a lire dodici milioni"."

Art. 1208. (Richiesta di protezione ad autorità straniera).

Il componente dell'equipaggio di una nave o di un aeromobile, che in paese estero, potendo ricorrere alle autorità consolari, invoca la protezione delle autorità straniere, è punito con l'ammenda fino a lire mille.*((59))*

Se il fatto è commesso dal comandante, la pena è dell'arresto fino a un anno ovvero dell'ammenda fino a lire duemila.*((59))*

AGGIORNAMENTO (59) Il D.Lgs. 30 dicembre 1999, n. 507, ha disposto:
(con l'art. 14, comma 11, lettera a)) che "nel primo comma le parole "con l'ammenda fino a lire duecentomila" sono sostituite dalle seguenti: "con la sanzione amministrativa del pagamento di una somma da lire cinquecentomila a lire tre milioni"."
(con l'art. 14, comma 11, lettera b)) che "nel secondo comma le parole "la pena è dell'arresto fino ad un anno ovvero dell'ammenda fino a lire quattrocentomila" sono sostituite dalle seguenti: "si applica la sanzione amministrativa del pagamento di una somma da lire cinque milioni a lire trenta milioni"."

Art. 1209. (Rifiuto di trasportare condannati, imputati e corpi di reato).

Il comandante di nave o aeromobile, diretto a un porto del Regno, che, a richiesta dell'autorità consolare, si rifiuta senza giustificato motivo di trasportare, nei limiti prescritti dalla legge, condannati, imputati, corpi di reato o altri oggetti, atti e documenti riguardanti procedimenti penali, è punito con l'arresto fino a sei mesi ovvero con l'ammenda fino a lire cinquemila.*((59))*

AGGIORNAMENTO (59)
Il <u>D.Lgs. 30 dicembre 1999, n. 507</u>, ha disposto (con l'art. 14, comma 12) che "Nell'<u>articolo 1209 del codice della navigazione</u> le parole "con l'arresto fino a sei mesi ovvero con l'ammenda fino a lire un milione" sono sostituite dalle seguenti: "se il fatto non costituisce reato, con la sanzione amministrativa del pagamento di una somma da lire tre milioni a lire diciotto milioni".".

Art. 1210. (Inosservanza del divieto di asilo).

Il comandante della nave nazionale che in paese estero concede asilo a bordo a persone, anche se cittadini o sudditi italiani, ricercate dalla competente autorità per aver commesso un reato comune, è punito con l'ammenda fino a lire cinquemila.

Art. 1211. (Rifiuto di obbedienza a nave da guerra di potenza amica).

Il comandante della nave, che non osserva le prescrizioni dell'articolo 201, è punito con l'arresto fino a sei mesi ovvero con l'ammenda fino a lire cinquemila.*((59))*

AGGIORNAMENTO (59)
Il <u>D.Lgs. 30 dicembre 1999, n. 507</u>, ha disposto (con l'art. 14, comma 13) che "Nell'<u>articolo 1211 del codice della navigazione</u> le parole "con l'arresto fino a sei mesi ovvero con l'ammenda fino a lire un milione" sono sostituite dalle seguenti: "con la sanzione amministrativa del pagamento di una somma da lire tre milioni a lire diciotto milioni".".

Art. 1212.

((ARTICOLO ABROGATO DAL <u>D.LGS. 18 LUGLIO 2005, N. 171</u>))

Art. 1213. (Inosservanza di norme di polizia di bordo).

Chiunque non osserva una disposizione di legge o di regolamento ovvero un provvedimento legalmente dato dall'autorità competente in materia di polizia di bordo è punito, se il fatto non costituisce un più grave reato, con l'arresto fino a tre mesi, ovvero con l'ammenda fino a lire duemila.*((59))*

AGGIORNAMENTO (59)
Il <u>D.Lgs. 30 dicembre 1999, n. 507</u>, ha disposto (con l'art. 14, comma 14) che " Nell'<u>articolo 1213 del codice della navigazione</u> le parole "se il fatto non costituisce un più grave reato, con l'arresto fino a tre mesi ovvero con l'ammenda fino a lire quattrocentomila" sono sostituite dalle seguenti: "se il fatto con costituisce reato, con la sanzione amministrativa del pagamento di
una somma da lire due milioni a lire dodici milioni".".

Art. 1214. (Sanzioni amministrative accessorie).

La violazione degli articoli 1193, 1198, 1199, *((. . .))* 1207 e 1209 comporta l'applicazione della sanzione amministrativa accessoria della sospensione dai titoli o dalla professione.

CAPO VI - Delle contravvenzioni concernenti le disposizioni sulla sicurezza della navigazione

Art. 1215. (Partenza di nave o di aeromobile in cattivo stato di navigabilità).

L'armatore marittimo o l'esercente, che fa partire una nave o un aeromobile nazionali o stranieri che non si trovano in stato di navigabilità, o a cui manca taluno degli arredi, apparecchi, strumenti o taluna delle dotazioni prescritte, è punito con l'arresto da un mese a un anno ovvero con l'ammenda da lire cinquecento a diecimila.

L'armatore della navigazione interna che fa partire una nave nazionale o straniera che non si trovi in stato di navigabilità è punito con l'ammenda da lire mille a cinquemila.

L'armatore o il comandante che impiega un galleggiante marittimo o della navigazione interna nelle condizioni indicate nei comma precedenti soggiace alla pena stabilita rispettivamente nel primo e nel secondo comma.

Il comandante della nave o dell'aeromobile nazionali o stranieri, che, fuori dei casi di necessità sopravvenute in corso di navigazione, naviga con una nave o con un aeromobile nelle condizioni indicate nel primo comma, è punito con l'arresto fino a sei mesi ovvero con l'ammenda da lire cinquecento a cinquemila.

Art. 1216. (Navigazione senza abilitazione).

L'armatore, che impiega una nave o un galleggiante non abilitati alla navigazione ovvero senza che siano stati rilasciati i documenti comprovanti l'esistenza dei requisiti di navigabilità, è punito con l'arresto fino a un anno ovvero con l'ammenda fino a lire diecimila.

Alla stessa pena soggiace l'esercente, che impiega un aeromobile non abilitato alla navigazione ovvero con certificato di navigabilità *((. . .))* che non sia in vigore.

La stessa disposizione si applica al comandante della nave o dell'aeromobile, ma la pena è diminuita in misura non eccedente un terzo.

Art. 1217. (Inosservanza di norme sulla linea di massimo carico).

((Il comandante che naviga con la nave carica oltre la linea di massimo carico è punito con l'ammenda non inferiore a lire 5.000 per tonnellata in sovraccarico.

Fuori dei casi di concorso, l'armatore, il quale omette di esercitare il dovuto controllo per impedire l'infrazione della presente norma, è punito, a titolo di colpa, con l'ammenda non inferiore a lire 50.000.

Le norme dei commi precedenti si applicano anche all'armatore o al comandante di nave straniera la quale ai sensi dell'articolo 185 sia soggetta alle norme del titolo VI, capo I, libro I, parte I del presente Codice)).

((11))

AGGIORNAMENTO (11)
   La L. 5 giugno 1962, n. 616, ha disposto (con l'art. 36, comma 1) che "Le disposizioni della presente legge che richiedono, per la loro applicazione, l'emanazione di particolari norme regolamentari, non entrano in vigore fino a quando dette norme non sono emanate."

Art. 1218. (Inosservanza di norme sulle segnalazioni).

Il comandante della nave e del galleggiante marittimi o dell'aeromobile, nazionali o stranieri, che non osserva le norme sulle segnalazioni relative alla circolazione marittima o aerea, è punito con l'arresto fino a sei mesi ovvero con l'ammenda da lire cinquecento a diecimila.

Se il fatto è commesso dal comandante della nave adibita alla navigazione interna la pena è dell'ammenda da lire cento a duemila.

Art. 1218-bis.

((Il comandante che non fa eseguire, salvo casi eccezionali giustificati, le esercitazioni prescritte in ordine alla sicurezza della navigazione, è punito con l'arresto fino a 3 mesi ovvero con l'ammenda fino a lire 16.000.

In caso di recidiva la condanna importa la sospensione del titoli ovvero dalla professione da uno a sei mesi)).
((11))

AGGIORNAMENTO (11)
La L. 5 giugno 1962, n. 616, ha disposto (con l'art. 36, comma 1) che "Le disposizioni della presente legge che richiedono, per la loro applicazione, l'emanazione di particolari norme regolamentari, non entrano in vigore fino a quando dette norme non sono emanate."

Art. 1219. (Introduzione abusiva di modificazioni nella struttura della nave o dell'aeromobile).
Chiunque, senza l'autorizzazione prescritta, apporta modificazioni alla struttura dello scafo, all'apparato motore o a qualsiasi installazione di bordo, è punito con l'ammenda da lire cinquecento a cinquemila.

Alla stessa pena soggiace chiunque, senza averne fatto denunzia, introduce nella struttura di un aeromobile modificazioni che ne alterano le caratteristiche tecniche risultanti dal certificato di navigabilità *((. . .))*.

Art. 1220. (Comando di nave o di aeromobile oltre i limiti dell'abilitazione).
Chi assume o ritiene il comando di una nave o di un aeromobile oltre i limiti della sua abilitazione al comando è punito con l'ammenda da lire duemila a cinquemila.

Se la navigazione marittima ha luogo oltre gli stretti o il volo fuori del territorio nazionale, la pena è aumentata fino a un terzo.

Art. 1221. (Inosservanza di norme sulla composizione e forza minima dell'equipaggio).
L'armatore o il comandante della nave, che non osserva le norme del regolamento e le disposizioni dell'autorità competente sulla composizione e forza minima dell'equipaggio, è punito con l'ammenda da lire trecento a tremila.

Alla stessa pena soggiace l'esercente o il comandante di aeromobile che non osserva le norme sulla composizione dell'equipaggio.

Art. 1222. (Mancata direzione personale della nave).
Il comandante della nave, che non dirige personalmente la manovra nei casi in cui ne ha l'obbligo, è punito con l'arresto fino a un anno ovvero con l'ammenda fino a cinquemila.

Art. 1223. (Assegnazione indebita di funzioni).
L'armatore, l'esercente o il comandante della nave, del galleggiante o dell'aeromobile, che, senza giustificato motivo, assegna a bordo determinate funzioni a persone che non hanno i requisiti prescritti per esercitarle, è punito, qualora il fatto non costituisca un più grave reato, con l'ammenda da lire cinquecento a cinquemila.

Art. 1224. (Imbarco eccessivo di passeggeri).

Il vettore o il comandante della nave marittima o dell'aeromobile, che non osserva le disposizioni sul numero massimo dei passeggeri, è punito con l'ammenda di lire cinquecento per ogni passeggero imbarcato in eccedenza, se si tratta di viaggio entro il Mediterraneo, di lire mille, se si tratta di viaggio fuori del Mediterraneo.

Se il fatto è commesso dal vettore o dal comandante di nave adibita alla navigazione interna la pena è dell'ammenda fino a lire duemila, qualunque sia il numero dei passeggeri imbarcati in eccedenza.

Art. 1225. (Omissione di provvedimenti profilattici).

Il comandante della nave, che non prende i provvedimenti necessari per tutelare la salute dell'equipaggio e dei passeggeri negli approdi dichiarati infetti, è punito con l'arresto fino a un anno ovvero con l'ammenda da lire cinquecento a cinquemila.

Alla stessa pena soggiace il comandante dell'aeromobile, che non osserva le disposizioni sulla polizia sanitaria della navigazione aerea.

Art. 1226. (Imbarco di passeggeri infermi).

Il vettore o il comandante, che, senza l'autorizzazione dell'autorità competente o senza l'osservanza delle cautele da questa prescritte, imbarca sulla nave un passeggero manifestamente affetto da malattia grave o comunque pericolosa per la sicurezza della navigazione o per l'incolumità delle persone a bordo, ovvero una persona della quale per ragioni sanitarie sia stato vietato l'imbarco dalla competente autorità, è punito con l'arresto fino a sei mesi ovvero con l'ammenda da lire cinquecento a mille.

Alla stessa pena soggiace il vettore o il comandante dell'aeromobile che non osserva le disposizioni dei regolamenti speciali sull'imbarco dei passeggeri infermi.

Art. 1227. (Omessa denuncia di rinvenimento di relitti).

Chiunque, avendo rinvenuto un relitto di mare ovvero un aeromobile abbandonato o un relitto di aeromobile, omette di farne immediata denuncia all'autorità indicata negli articoli 510, 993, è punito con l'ammenda fino a lire mille.

Art. 1228. (Sorvolo di centri abitati e getto da aeromobili in volo).

È punito con l'arresto fino a sei mesi ovvero con l'ammenda fino a lire cinquemila:

1)   il comandante di un aeromobile, che sorvola centri abitati, assembramenti di persone o aeroporti, senza osservare le prescrizioni
del regolamento o gli ordini dell'autorità competente;

2)   chiunque, fuori dei casi previsti nell'articolo 819, getta dall'aeromobile in volo oggetti o materie che non siano zavorra regolamentare.

Art. 1229. (Inosservanza di ordini sul collocamento di segnali e abbattimento di ostacoli).

Chiunque non osserva gli ordini previsti negli articoli 712 e 714 è punito con la sanzione amministrativa fino a duecentosei euro.*((76))*

AGGIORNAMENTO (76)

Il D.Lgs. 15 marzo 2006, n. 151, ha disposto (con l'art. 19, comma 13) che "Nell'articolo 1229 del codice della navigazione, le parole:
«articoli 713 e 715» sono sostituite dalle seguenti: «articoli 712 e 714».".

Art. 1230. ((*ARTICOLO ABROGATO DAL D.LGS. 9 MAGGIO 2005, N. 96*))

Art. 1231. (Inosservanza di norme sulla sicurezza della navigazione).

Chiunque non osserva una disposizione di legge o di regolamento ovvero un provvedimento legalmente dato dall'autorità competente in materia di sicurezza della navigazione è punito, se il fatto non costituisce un più grave reato, con l'arresto fino a tre mesi ovvero con l'ammenda fino a lire duemila.

Art. 1232. (Pene accessorie e misura di sicurezza).

La condanna per le contravvenzioni previste negli articoli 1215 a 1218; 1222, 1228 importa la sospensione dai titoli ovvero dalla professione.

Nel caso di condanna per la contravvenzione prevista dal secondo comma dell'articolo 1216, può essere ordinata la confisca dell'aeromobile.

CAPO VII - *Delle contravvenzioni concernenti le disposizioni sulle assicurazioni aeronautiche*

Art. 1233. (Omessa assicurazione di dipendenti).
L'esercente dell'aeromobile, che omette di contrarre a favore dei propri dipendenti l'assicurazione prevista nell'articolo 935 o che non mantiene in vigore il relativo contratto, è punito, qualora il fatto non costituisca un più grave reato, con l'ammenda fino a lire diecimila.
Art. 1234. *((Omessa assicurazione obbligatoria))*

((Al vettore o all'esercente che fa circolare l'aeromobile in violazione dell'articolo 798 è irrogata la sanzione amministrativa da cinquantamila euro a centomila euro.))

TITOLO QUARTO DISPOSIZIONI PROCESSUALI

Art. 1235. (Ufficiali ed agenti di polizia giudiziaria).
Agli effetti dell'<u>articolo 221 del Codice di procedura penale</u> sono ufficiali di polizia giudiziaria:
1)   i comandanti gli ufficiali del Corpo delle capitanerie di porto, gli ufficiali del Corpo equipaggi militari marittimi appartenenti al ruolo servizi portuali, i sottufficiali del Corpo equipaggi militari marittimi appartenenti alla categoria servizi portuali, i direttori e i delegati di aeroporto, i delegati di campo di fortuna, riguardo ai reati previsti dal presente Codice, nonchè riguardo ai reati comuni commessi nel porto o nell'*((aeroporto))*, se in tali luoghi mancano uffici di pubblica sicurezza. Negli *((aeroporti))* in cui non ha sede un ENAC o non risiede alcun delegato, le funzioni di ufficiale di polizia giudiziaria: sono attribuite al ENAC nella cui circoscrizione l'*((aeroporto))* è compreso;
2)   i comandanti delle navi o degli aeromobili, riguardo ai reati commessi a bordo in corso di navigazione, nonchè riguardo agli atti di polizia giudiziaria ordinati e alle delegazioni disposte dall'autorità giudiziaria;
3)   i consoli, riguardo ai reati previsti da questo Codice commessi all'estero, oltre che negli altri casi contemplati dalla legge
consolare;
4)   i comandanti delle navi da guerra nazionali per gli atti che compiono su richiesta dell'autorità consolare o, in caso di urgenza di propria iniziativa. I comandanti stessi vigilano sia in alto mare sia nelle acque territoriali di altro Stato sulla polizia giudiziaria esercitata dai comandanti delle navi nazionali.

Sono agenti di polizia giudiziaria, riguardo ai reati previsti dal presente Codice, nonchè riguardo ai reati comuni commessi nel porto, se in tale luogo mancano uffici di pubblica sicurezza, i sottocapi e comuni del Corpo equipaggi militari marittimi appartenenti alla categoria, servizi portuali.

Assumono le funzioni di agenti di polizia giudiziaria i sottocapi e comuni di altre categorie del Corpo equipaggi militari marittimi destinati presso le capitanerie di porto e uffici marittimi minori, i funzionari e gli agenti dell'Amministrazione della navigazione interna, i funzionari e gli agenti degli ((aeroporti)) statali o privati, in seguito alla richiesta di cooperazione da parte degli ufficiali di polizia giudiziaria.

Sono inoltre agenti di polizia giudiziaria gli agenti degli uffici di porto ovvero di ((aeroporto)) statale o privato in servizio di ronda.

Art. 1236. (((*Obbligo di denuncia e di relazione*).))
((I funzionari e gli agenti delle capitanerie di porto, dell'amministrazione della navigazione interna, dell'ENAC e le persone dell'equipaggio hanno l'obbligo di denunciare agli ufficiali di polizia giudiziaria, appena ne abbiano notizia, i reati per i quali si debba procedere d'ufficio, commessi nel porto, nell'aeroporto od a bordo, anche durante la navigazione.
I comandanti delle navi e quelli degli aeromobili hanno l'obbligo di fare relazione di ciò che riguarda le loro funzioni di polizia giudiziaria al comandante del porto o al preposto dell'ENAC nell'aeroporto di primo approdo)).

Art. 1237. (Reati in corso di navigazione).
Quando è stato commesso un reato in corso di navigazione, il comandante della nave o dell'aeromobile, prima della partenza dal luogo di primo approdo e comunque entro ventiquattro ore da tale approdo, consegna le persone che siano in istato di arresto o di fermo, le denuncie, le querele, i rapporti, gli altri atti compilati, i referti e i corpi di reato all'autorità marittima o a quella preposta alla navigazione interna o all'autorità aeronautica locale del Regno; ovvero, all'estero, all'autorità consolare o, in mancanza, ai comandanti delle navi da guerra che si trovino nel luogo.

Dell'eseguita consegna le dette autorità redigono processo verbale, che trasmettono immediatamente, insieme con gli atti e i corpi di reato, al competente procuratore del Re Imperatore. Le autorità medesime inoltre, dispongono che le persone in istato di arresto o di fermo siano custodite nelle carceri giudiziarie.

Il comandante di nave da guerra nazionale, che ha in consegna persone imputate o indiziate di reati ovvero atti processuali o corpi di reato, al primo approdo in un porto del Regno è tenuto a consegnarli all'ufficiale di polizia giudiziaria. Se approda in un paese estero, provvede d'accordo con l'autorità consolare.

Art. 1238. (Competenza per le contravvenzioni).
Salvo i casi in cui appartiene all'autorità consolare, la cognizione delle contravvenzioni previste dal presente codice in materia di navigazione marittima appartiene ai comandanti di porto capi di circondario.

Per il relativo procedimento si applicano le disposizioni del codice di procedura penale relative al procedimento di competenza del pretore, esclusa l'assistenza del pubblico ministero nel giudizio.

L'appello contro le sentenze di tale autorità, nei casi in cui è ammesso dal codice di procedura penale, è portato a cognizione del tribunale. Esso va proposto nei termini e secondo le forme stabiliti nel codice predetto.

Contro le sentenze di tale autorità, nei casi in cui non è ammesso l'appello, può proporsi ricorso per cassazione ai sensi del codice di procedura penale.

AGGIORNAMENTO (19) La Corte Costituzionale con sentenza 24 giugno - 9 luglio 1970 n.
121 (in G.U. 1a s.s. 15/7/1970, n. 177) ha dichiarato
"l'illegittimità costituzionale degli artt. 1238, 1242, 1243, 1246 e 1247 del codice della navigazione approvato
con R.D. 30 marzo 1942, n. 327."

Art. 1239. (Oblazione nelle contravvenzioni marittime).

Nelle contravvenzioni, per le quali il presente codice stabilisce la sola pena dell'ammenda, il contravventore può, prima dell'apertura del dibattimento ovvero prima del decreto di condanna, presentare domanda di oblazione al comandante di porto competente.

Il comandante di porto determina, discrezionalmente ed entro i limiti dell'ammenda stabilita dalla legge, la somma che l'istante deve pagare per l'oblazione e per le spese e stabilisce il termine entro il quale il pagamento deve essere eseguito sotto pena di decadenza dal beneficio dell'oblazione.

Il provvedimento del comandante di porto è notificato o comunicato verbalmente all'interessato. Nel caso di comunicazione verbale l'ufficiale di porto che vi ha proceduto ne fa attestazione sull'originale del provvedimento.

Il pagamento della somma stabilita per l'oblazione e per le relative spese, eseguito nel termine prescritto, estingue il reato.

Nei casi di competenza dell'autorità consolare, la domanda di oblazione è diretta a tale autorità, la quale provvede a norma dei comma precedenti.

Art. 1240. (Competenza per territorio).

La competenza territoriale per i reati, previsti dal presente codice, commessi all'estero ovvero fuori del mare o dello spazio aereo territoriale appartiene al giudice del luogo in cui, dopo che è stato commesso il reato, avviene nel Regno il primo approdo della nave o dell'aeromobile, su cui era imbarcato l'imputato al momento del commesso reato.

Se, prima dell'approdo nel Regno, ha avuto luogo la presentazione del rapporto, della denuncia o della querela alle autorità consolari o ai comandanti di navi da guerra, ovvero se tali autorità hanno espletato funzioni di polizia giudiziaria, ovvero se la competenza non può essere determinata nel modo indicato nel comma precedente, la competenza appartiene al giudice del luogo d'iscrizione della nave *((. . .))*, su cui era imbarcato l'imputato al momento del commesso reato.

Nei casi di competenza dell'autorità consolare, se, al momento della partenza della nave o dell'aeromobile dal luogo nel quale risiede tale autorità non è stata ancora pronunciata la sentenza di merito, la competenza passa al giudice competente per territorio a norma dei comma precedenti. Gli atti istruttori compiuti dall'autorità consolare conservano pieno valore anche avanti il giudice competente.

Art. 1241. (Conclusioni dell'inchiesta formale sui sinistri).

Se la commissione per l'inchiesta formale sui sinistri marittimi esprime il parere che il fatto è avvenuto per dolo o per colpa, il verbale d'inchiesta è inviato al procuratore del Re Imperatore. Il verbale d'inchiesta ha valore di rapporto.

Art. 1242. (Decreto di condanna).

Nei casi previsti nell'articolo 506 del codice di procedura penale il comandante di porto può pronunciare la condanna con decreto senza procedere al dibattimento. Si osservano gli articoli 506 a 510 del codice di procedura penale.

Sull'opposizione decide il comandante di porto. La sentenza che decide sull'opposizione è impugnabile nei casi, coi mezzi e con le forme previsti dal codice di procedura penale.

L'appello, nei casi in cui è ammesso, viene portato a cognizione del tribunale.
((19))

AGGIORNAMENTO (19) La Corte Costituzionale con sentenza 24 giugno - 9 luglio 1970 n. 121 (in G.U. 1a s.s. 15/7/1970, n. 177) ha dichiarato "l'illegittimità costituzionale degli artt. 1238, 1242, 1243, 1246 e 1247 del codice della navigazione approvato con R.D. 30 marzo 1942, n. 327."

Art. 1243. (Dichiarazione di opposizione e d' impugnazione).
Le dichiarazioni di opposizione e di impugnazione nei procedimenti di competenza dei comandanti di porto sono ricevute dal cancelliere dell'ufficio di porto che ha emesso il provvedimento impugnato.
Le parti private, quando hanno diritto alla notificazione, possono, dopo avvenuta la notificazione, fare la dichiarazione nella forma e nei termini stabiliti dal codice di procedura penale, anche davanti il cancelliere dell'ufficio di porto o del pretore del luogo in cui si trovano, se tale luogo è diverso da quello in cui fu emesso il provvedimento; ovvero avanti l'autorità consolare all'estero. L'ufficiale che riceve l'atto lo trasmette immediatamente al cancelliere dell'ufficio di porto che ha emesso il provvedimento impugnato.
((19))

AGGIORNAMENTO (19) La Corte Costituzionale con sentenza 24 giugno - 9 luglio 1970 n. 121 (in G.U. 1a s.s. 15/7/1970, n. 177) ha dichiarato "l'illegittimità costituzionale degli artt. 1238, 1242, 1243, 1246 e 1247 del codice della navigazione approvato con R.D. 30 marzo 1942, n. 327."

Art. 1244. (Computo speciale di termini).
Nei procedimenti per reati previsti dal presente codice a carico di persone che si trovano in navigazione marittima o aerea, non si computa, agli effetti della decorrenza dei termini perentori, il tempo che va dal giorno dell'imbarco a quello del primo approdo della nave o dell'aeromobile in un porto o in un *((aeroporto))* del Regno ovvero di località estera ove si trovi un'autorità consolare.

Art. 1245. (Letture permesse di deposizioni testimoniali).
Oltre i casi indicati nell'articolo 462 del codice di procedura penale, nei giudizi relativi ai reati previsti dal presente codice può essere data lettura, anche senza il consenso delle parti, delle deposizioni testimoniali ricevute, quando i testimoni non comparsi sono in navigazione, purchè siano indicati nelle liste.

Art. 1246. (Esercizio dell'azione civile).
Nei procedimenti di competenza dell'autorità marittima è ammessa la costituzione di parte civile nei casi e secondo le forme e i termini stabiliti dal codice di procedura penale.

Tale autorità decide sulla liquidazione dei danni, se questa non supera le lire diecimila; in caso contrario, o se ritiene di non poter decidere allo stato degli atti, rimette le parti davanti il giudice indicato nel secondo comma dell'articolo 489 del codice di procedura penale.

In ogni caso, l'autorità predetta deve, anche in mancanza della costituzione di parte civile, procedere agli opportuni accertamenti istruttori sull'ammontare del danno prodotto dai reati di sua competenza.

Art. 1247. (Conversione delle pene pecuniarie).
Alla conversione delle pene pecuniarie inflitte dal comandante di porto provvede, a norma dell'articolo 586 del codice di procedura penale, il pretore della circoscrizione, nella quale ha sede l'ufficio portuale che ha emesso la condanna.
((19))

AGGIORNAMENTO (19) La Corte Costituzionale con sentenza 24 giugno - 9 luglio 1970 n. 121 (in G.U. 1a s.s. 15/7/1970, n. 177) ha dichiarato "l'illegittimità costituzionale degli artt. 1238, 1242, 1243, 1246 e 1247 del codice della navigazione approvato con R.D. 30 marzo 1942, n. 327."

Art. 1248. (Notificazioni ai passeggeri ed alle persone dell'equipaggio).
Ai fini delle notificazioni, per i passeggeri e per le persone dell'equipaggio la nave è considerata come casa di abitazione dal momento dell'imbarco a quello dello sbarco.

Le notificazioni all'imputato, ai testimoni e alle persone offese dal reato che siano componenti dell'equipaggio o passeggeri sono fatte, quando la consegna personale non è possibile, mediante consegna della copia al comandante.

LIBRO SECONDO - DISPOSIZIONI DISCIPLINARI

TITOLO PRIMO - INFRAZIONI E PENE DISCIPLINARI

Art. 1249. (Potere disciplinare nella navigazione marittima e interna).
In materia di navigazione marittima o interna il potere disciplinare è esercitato:
1)   dal comandante della nave sui componenti dell'equipaggio e sui
passeggeri, ancorchè non siano cittadini italiani;
2)   dai comandanti di porto marittimo sugli appartenenti al personale marittimo e sulle persone indicate nell'articolo 68;
3)   dai comandanti di porto della navigazione interna sugli
appartenenti al personale della navigazione interna;
4)   dall'autorità preposta alla disciplina del lavoro portuale sulle imprese, sui datori di lavoro nei porti e sui lavoratori
portuali;
5)   dalle autorità consolari all'estero sui componenti
dell'equipaggio;
6)   dai comandanti delle navi da guerra nazionali sui componenti dell'equipaggio quando la nave, su cui sono imbarcati, è in corso di navigazione o in un paese estero nel quale non risiede un'autorità consolare.

Art. 1250. (Potere disciplinare aeronautico).
In materia di navigazione aerea il potere disciplinare è esercitato:

1) dal direttore dell' ENAC, sulla *((personale aeronautico))*; 2) dalle autorità consolari all'estero sui componenti dell'equipaggio.

Art. 1251. (Infrazioni disciplinari).

Oltre i casi previsti da disposizioni di leggi o regolamenti speciali, costituiscono infrazioni disciplinari per gli appartenenti al personale marittimo o della navigazione interna, per le persone indicate nell'articolo 68, per le imprese e i datori di lavoro nei porti e per gli appartenenti alla *((personale aeronautico))*, quando non siano puniti come reati a norma del presente codice:

1) il rifiuto o il ritardo di obbedienza ad un ordine del comandante o di altro superiore e l'inosservanza di disposizioni del

regolamento di bordo;

2) l'inosservanza delle disposizioni che disciplinano l'esercizio

dell'attività dei porti;

3) la negligenza nell'adempimento delle proprie mansioni;

4) l'assenza da bordo senza autorizzazione;

5) l'abbandono della nave o dell'aeromobile;

6) la mancanza di rispetto verso superiori ovvero verso ufficiali e funzionari delle capitanerie di porto o funzionari della navigazione interna o degli *((aeroporti))*, ovvero verso comandanti di navi da guerra, autorità consolari e altre autorità dello Stato all'estero;

7) i disordini a bordo;

8) ogni comportamento tale da turbare l'ordine o la disciplina della nave o dell'aeromobile, ovvero comunque non rispondente alle

esigenze dell'ordine o della disciplina; 9) la cattiva condotta, ogni altra mancanza ai propri doveri e ogni atto incompatibile con la dignità della bandiera nazionale.

Art. 1252.

(Pene disciplinari per l'equipaggio della navigazione marittima o interna).

Le pene disciplinari per i componenti dell'equipaggio marittimo sono:

1) la consegna a bordo da uno a cinque giorni;

2) l'arresto di rigore per un tempo non superiore a dieci giorni;

3) la ritenuta del salario da uno a trenta giorni o di una quota di

utili da venti a trecento lire;

4) la inibizione dall'esercizio della professione marittima per un

tempo non inferiore a un mese e non superiore a due anni; 5) la cancellazione dalle matricole o dai registri della gente di mare.

Le pene disciplinari per i componenti dell'equipaggio della navigazione interna sono quelle indicate nei numeri 3, 4 e 5.

Le pene indicate nei nn. 1 e 2 sono applicate dal comandante della nave o dal comandante del porto, nonchè dalle autorità consolari e dai comandanti delle navi da guerra, nei casi previsti nell'articolo 1248, nn. 5 e 6.

La pena indicata nel n. 3 è applicata dal comandante del porto. Le pene indicate nei nn. 4 e 5 sono applicate dal ministro per le comunicazioni.

Art. 1253. (Pene disciplinari per l'equipaggio dell'aeromobile).

Le pene disciplinari per i componenti dell'equipaggio dell'aeromobile sono:

1) la censura;

2) la ritenuta dello stipendio da uno a trenta giorni;

3) l'inibizione dall'esercizio della professione aeronautica per un

tempo non inferiore a un mese e non superiore a due anni; 4) la cancellazione dagli albi e dal registro del personale di volo.

Le dette pene sono applicate dal direttore dell'*((ENAC))*.

Art. 1254. (Pene disciplinari per gli altri appartenenti al personale marittimo, al personale della navigazione interna e alla *((personale aeronautico))*).

Le pene disciplinari per gli altri appartenenti al personale marittimo e al personale della navigazione interna sono:

1) la ritenuta di una quota di salario da venti a trecento lire;

2) l'inibizione dall'esercizio della professione fino a tre mesi; 3) la cancellazione dai registri professionali.

Le pene indicate nei nn. 1 e 2 sono applicate dal comandante del porto e, per i lavoratori portuali, dall'autorità preposta alla disciplina del lavoro portuale. La pena indicata nel n. 3 è applicata dal ministro per le comunicazioni.

Le pene disciplinari per gli altri appartenenti alla *((personale aeronautico))* sono:

1) l'inibizione dall'esercizio della professione fino a tre mesi; 2) la cancellazione dai registri professionali.

Dette pene sono applicate dal direttorio dell'ENAC.

Art. 1255. (Pene disciplinari per le persone che esercitano un'attività professionale nell'interno dei porti).

Alle persone che esercitano un'attività prevista nell'articolo 68 può essere inibito dal comandante del porto, per infrazioni disciplinari, l'esercizio dell'attività nell'interno dei porti o nel litorale marittimo ovvero nell'ambito delle zone portuali della navigazione interna fino a un anno.

Nei casi più gravi, il comandante del porto, se si tratta di persone iscritte nei registri previsti nel secondo comma del detto articolo, può ordinare la cancellazione dai medesimi.

Ai datori di lavoro nei porti ed alle imprese portuali può essere inflitta una pena disciplinare pecuniaria da lire cinquanta a diecimila dall'autorità preposta alla disciplina del lavoro portuale.

Art. 1256. (Infrazioni disciplinari dei passeggeri).

Oltre i casi previsti da disposizioni di leggi o regolamenti speciali, costituiscono infrazioni disciplinari per i passeggeri:

1) la mancanza di rispetto verso il comandante, gli ufficiali o i sottufficiali della nave ovvero verso il comandante o i graduati

dell'aeromobile;

2) il recare molestia agli altri passeggeri o allo equipaggio;

3) il turbare in qualsiasi modo il buon ordine della nave o

dell'aeromobile; 4) l'inosservanza di disposizioni del regolamento di bordo.

Art. 1257. (Pene disciplinari per i passeggeri).

Le pene disciplinari per i passeggeri sono:

1) l'ammonimento semplice;
2) l'ammonimento pubblico;
3) l'esclusione dalla tavola comune da uno a cinque giorni;
4) la proibizione, per i passeggeri delle navi, di stare in coperta oltre due ore al giorno per un periodo non superiore a cinque giorni; 5) lo sbarco per i passeggeri della navigazione interna al prossimo porto di approdo in territorio nazionale.

Tali pene sono applicate dal comandante della nave o dell'aeromobile.

Art. 1258. (Pene disciplinari per reati non previsti dal presente codice).

Alle persone iscritte nelle matricole o nei registri del personale marittimo o del personale della navigazione interna ovvero negli albi o nel registro della ***((personale aeronautico))*** è inflitta la pena disciplinare della cancellazione se riportano una condanna che determina l'incapacità all' iscrizione nelle matricole, negli albi o nel registro. La riabilitazione importa la cessazione della pena disciplinare.(49)

Alle medesime persone può essere inflitta, rispettivamente dal ministro per le comunicazioni e dal direttorio dell'ENAC, la inibizione dell'esercizio della professione fino a due anni in seguito a condanna per alcuno dei reati indicati nel regolamento o in leggi speciali.

AGGIORNAMENTO (49) La Corte Costituzionale con sentenza 29 maggio - 1 giugno 1995, n. 220 (in G.U. 1a s.s. 7/6/1995, n. 24) ha dichiarato "l'illegittimità costituzionale dell'<u>art. 1258, primo comma, del codice della navigazione</u> nella parte in cui prevede la pena disciplinare della cancellazione come effetto automatico di una condanna che determini la incapacità all'iscrizione, anzichè sulla base di una valutazione da parte dell'amministrazione competente".

Art. 1259. ***(((Potere disciplinare in caso di perdita della nave).))***

((Nel caso di perdita della nave coloro che ne componevano l'equipaggio restano soggetti alle norme disciplinari fino a quando sono alle dipendenze del comandante, per le operazioni di ricupero)).

Art. 1260. (Divieto di cumulo delle pene disciplinari).

Le pene disciplinari non possono essere applicate cumulativamente.

In caso di concorso si applica solo la più grave.

Art. 1261. (Destinazione delle somme ritenute).

Le somme ritenute, a titolo di pene disciplinari, sui salari o sulle quote di utili degli appartenenti al personale marittimo o a quello della navigazione interna o alla ***((personale aeronautico))*** sono devolute rispettivamente alla cassa nazionale per la previdenza marittima, alle casse di soccorso per il personale della navigazione interna o alla cassa nazionale di previdenza per la ***((personale aeronautico)).***

I proventi delle pene pecuniarie inflitte ai lavoratori portuali, ai datori di lavoro ed alle imprese sono devoluti al fondo per l'assistenza ai lavoratori portuali.

Art. 1262.

(Sospensione in pendenza di processo penale. Procedimento disciplinare in caso di proscioglimento).

Nel caso di apertura dell'istruzione formale o sommaria per un delitto a carico di persona appartenente al personale marittimo o della navigazione interna ovvero alla ***((personale aeronautico))***, l'imputato può essere, con provvedimento preso rispettivamente dal ministro per le comunicazioni o dal direttorio dell'ENAC, sospeso dall'esercizio della professione fino all'esito del processo penale, salva l'applicazione provvisoria delle pene accessorie.

Il proscioglimento dell'imputato, salvo il caso che non sia pronunciato perchè il fatto non sussiste o perchè l'imputato non lo ha commesso, non impedisce l'inizio o la prosecuzione del procedimento disciplinare.

TITOLO SECONDO - DISPOSIZIONI PROCESSUALI

Art. 1263 (Contestazione degli addebiti).

I provvedimenti d'inibizione dall'esercizio della professione e di cancellazione dalle matricole, dagli albi o dai registri devono essere preceduti, a pena di nullità, dalla contestazione degli addebiti.

Il provvedimento di cancellazione dalle matricole della gente del mare o del personale navigante della navigazione interna deve essere preceduto, a pena di nullità, dal parere delle associazioni sindacali interessate.

Art. 1264

(Provvedimenti disciplinari per il personale addetto ai servizi pubblici della navigazione interna).

Le disposizioni per l'applicazione delle pene disciplinari al personale della navigazione interna addetto ai servizi pubblici di linea o di rimorchio sono stabilite con leggi e regolamenti speciali.

Art. 1265 (Ricorso degli appartenenti alla *((personale aeronautico))*).

Contro i provvedimenti disciplinari che applicano alla *((personale aeronautico))* le pene previste nei numeri 2 e 3 dell'articolo 1253 e nel terzo comma dell'articolo 1254, è ammesso ricorso ad una commissione dei reclami.

La composizione ed il funzionamento di tale commissione, nonchè le forme e i termini del ricorso, sono stabiliti dal regolamento.

PARTE QUARTA - DISPOSIZIONI TRANSITORIE E COMPLEMENTARI

CAPO I - - - *Organi di attività amministrativa della navigazione*

Art. 1266 (Enti portuali).

Restano in vigore, in quanto compatibili con le disposizioni del codice, le disposizioni relative alla costituzione e all'ordinamento del Consorzio autonomo del porto di Genova, del Provveditorato al porto di Venezia, dell'Ente autonomo del porto di Napoli, delle Aziende dei magazzini generali di Trieste e di Fiume.

Art. 1267 (Ordinamento della direzione del Lazio e navigazione sul Tevere).

La navigazione sul Tevere tra Roma e il mare continua a essere regolata dalla legge 6 maggio 1906, n. 200.

((COMMA ABROGATO DAL D.LGS. LUOGOTENENZIALE 24 MAGGIO 1945, N. 336)).

Art. 1268 (Delega provvisoria ai comuni).

Nelle località non collegate per via navigabile con località ove siano uffici di porto della navigazione interna, le attribuzioni spettanti a tali uffici sono esercitate dai comuni fino a quando non sia diversamente stabilito dal ministro per le comunicazioni.

Art. 1269 (Magistrato alle acque).

La competenza del magistrato alle acque continua a essere regolata dalla legge 5 maggio 1907, n. 257, dal R. decreto-legge 18 giugno 1936-XIV, n. 1853 convertito nella legge 7 gennaio 1937-XV, n. 191 e dalle altre leggi relative.

AGGIORNAMENTO (16)
La L. 5 marzo 1963, n. 366, ha disposto (con l'art. 31, comma 2) che "Le norme della presente legge sostituiscono quelle della legge sopra, indicata, nelle citazioni che figurano nel Codice della navigazione (articolo 1269) e nel relativo regolamento per la navigazione marittima (articolo 515)."
Art. *1270 (Servizi di navigazione lagunare di Venezia).*
Rimangono attribuiti alla competenza dell'ispettorato generale della motorizzazione civile e dei trasporti in concessione i servizi pubblici di navigazione comunali e provinciali di Venezia.

Art. 1271 (Ufficio del lavoro portuale di Ferrara).
A decorrere dal 21 aprile 1942-XX l'ufficio del lavoro portuale di Ferrara viene inquadrato nell'amministrazione della navigazione interna.

Art. 1272 (Comitato superiore della navigazione interna).
Presso il ministero per le comunicazioni è istituito un comitato superiore della navigazione interna, quale organo consultivo per le materie relative alla navigazione stessa, per le quali non sia richiesto dalle disposizioni vigenti il parere di altro organo consultivo.
La composizione e la competenza del comitato superiore sono stabilite con decreto reale.

Art. 1273 **((ARTICOLO ABROGATO DAL D.LGS. 15 MARZO 2006, N. 151))**

Art. 1274 (Occupazione di zone portuali).
Coloro, che al momento della delimitazione delle zone portuali della navigazione interna occupano senza concessione beni pubblici situati in tali zone, devono presentare domanda di concessione entro il termine fissato dal decreto di delimitazione.

Art. 1275 (Soppressione della Cassa depositi della gente di mare).
Con l'entrata in vigore del codice è soppressa la Cassa depositi della gente di mare.

Il ministro per le comunicazioni, di concerto con quello per le finanze, stabilisce le norme per la liquidazione della Cassa.

CAPO II - Polizia e servizi dei porti

Art. 1276. (Rimozione di cose sommerse).
Le disposizioni sulla rimozione di materiali, navi e aeromobili di cui agli articoli 72, 73, 729 si applicano anche nel caso in cui la sommersione o la caduta sia avvenuta in data anteriore all'entrata in vigore del codice.

Art. 1277. (Regolamenti locali di pilotaggio e di rimorchio).
Fino all'emanazione dei regolamenti locali di pilotaggio e di rimorchio, previsti nell'articolo 95, secondo comma, e nell'articolo 100, continuano ad applicarsi le norme dei regolamenti attualmente in vigore in quanto compatibili.

Art. 1278. (Contributi dello Stato per il pilotaggio).
Nel caso di pilotaggio obbligatorio, quando i proventi non siano sufficienti al mantenimento di una corporazione di piloti, il ministro per le comunicazioni può concedere un assegno annuo a carico del bilancio del suo ministero.

Art. 1279. *((ARTICOLO ABROGATO DALLA L. 28 GENNAIO 1994, N. 84 COME MODIFICATA DAL D.L. 21 OTTOBRE 1996, N. 535, CONVERTITO CON MODIFICAZIONI DALLA L. 23 DICEMBRE 1996, N. 647))*

CAPO III - Personale della navigazione marittima, interna ed aerea

Art. 1280. (Iscrizione del personale della navigazione interna).

Coloro che esercitano la professione della navigazione interna devono presentare all'ispettorato di porto, entro sei mesi dall'entrata in vigore del codice, domanda di iscrizione nelle matricole, corredata dai documenti stabiliti dal regolamento, nonchè da una dichiarazione dell'armatore, nella quale sia attestato da quanto tempo il richiedente esercita alle sue dipendenze la professione anzidetta e con quali mansioni. Il richiedente stesso può altresì presentare analoghe dichiarazioni relative al servizio precedentemente prestato presso altri armatori.

L'ispettorato di porto rilascia al richiedente un certificato provvisorio che lo abilita all'esercizio della navigazione interna. Il periodo di validità di tale certificato è stabilito dal ministro per le comunicazioni.

Art. 1281. (Personale delle costruzioni aeronautiche).

Il personale tecnico-direttivo delle costruzioni aeronautiche deve, entro tre mesi dall'entrata in vigore del codice, presentare domanda per l'iscrizione nell'albo nazionale previsto nell'articolo 735.

Art. 1282. (Titoli professionali marittimi).

Le modalità per il cambiamento delle patenti e degli altri documenti relativi ai titoli professionali, rilasciati in base alle disposizioni anteriormente vigenti, con le patenti e gli altri documenti relativi ai titoli previsti dal codice sono stabilite dal ministro per le comunicazioni.

I marittimi in possesso delle patenti di grado, delle qualifiche o abilitazioni conseguite in base alle disposizioni anteriormente vigenti possono continuare ad esercitare le attività alle quali erano abilitati in base alle disposizioni stesse.

Con decreto reale, su proposta del ministro per le comunicazioni, è stabilito con quali titoli e abilitazioni rilasciate secondo le disposizioni anteriormente vigenti e con quali requisiti sia ammesso il conseguimento del titolo di meccanico navale previsto nell'articolo 123 del presente codice.

Art. 1283. (Norme fiscali relative all'immatricolazione del personale).

Le domande, i documenti e tutti gli atti relativi alla iscrizione del personale marittimo, del personale della navigazione interna e della *((personale aeronautico))* sono esenti da qualsiasi tassa.

CAPO IV - Regime amministrativo delle navi e degli aeromobili

Art. 1284. (Società proprietarie di navi e navi in comproprietà).

Le società che anteriormente all'entrata in vigore del codice abbiano in proprietà navi italiane debbono entro il 31 dicembre 1942-XXI presentare domanda al ministero per le comunicazioni per ottenere l'autorizzazione prevista negli articoli 143 e 144.

Per le comproprietà navali, che all'entrata in vigore del codice si trovino nelle condizioni previste nell'articolo 158, il termine per la cessione delle quote in detto articolo fissato decorre dal 1° gennaio 1943.

Per le comproprietà che all'entrata in vigore del codice si trovino nelle condizioni previste nell'articolo 159, l'autorizzazione a dismettere la bandiera a norma del predetto articolo viene promossa a datare dal 1° gennaio 1943.

Art. 1285. (Società proprietarie di aeromobili).

Le società proprietarie di aeromobili iscritti nel registro aeronautico nazionale o nel matricolare della Reale unione nazionale aeronautica, che alla data dell'entrata in vigore del codice non si trovino nelle condizioni stabilite nell'articolo 751, sono tenute a conformarsi alle disposizioni ivi contenute entro sei mesi dalla data predetta.

Art. 1286. (Iscrizione di navi e galleggianti della navigazione interna).

I proprietari di navi o galleggianti della navigazione interna devono presentare all'ispettorato di porto, entro un anno dall'entrata in vigore del codice, domanda di iscrizione nei registri delle navi e dei galleggianti, corredata dei documenti prescritti dal regolamento.

L'ispettorato di porto rilascia al richiedente un certificato provvisorio che abilita la nave o il galleggiante alla navigazione. Il periodo di validità di tale certificato è stabilito dal ministro per le comunicazioni.

Art. 1287. (Licenza delle navi minori).

La licenza di cui sono munite le navi minori ai sensi dell'articolo 153, è equiparata alle carte di bordo delle navi maggiori anche agli effetti delle leggi per le assicurazioni sociali e per la previdenza, quando si tratti di navi di stazza lorda superiore alle dieci tonnellate ovvero di navi con apparato motore superiore ai venticinque cavalli asse o trenta cavalli indicati, anche se costituisca mezzo di propulsione ausiliario.

Art. 1288. (Annotazioni sul certificato di collaudo agli alianti libratori).

Il proprietario di aliante libratore ammesso alla navigazione a norma del regolamento abrogato ai sensi dell'articolo 1329 deve, entro tre mesi dall'entrata in vigore del codice, chiedere l'annotazione sul certificato di collaudo prevista nell'articolo 755, secondo comma.

Art. 1289. (Navigabilità della nave e libri di bordo nella navigazione interna).

Con decreto del ministro per le comunicazioni sono stabiliti i termini entro i quali le navi della navigazione interna costruite prima dell'entrata in vigore del codice devono essere sottoposte a prima visita per l'accertamento delle condizioni di navigabilità, ed essere provviste delle dotazioni di bordo e dei certificati di navigabilità.

Con decreto del ministro per le comunicazioni sono altresì stabiliti i termini entro i quali le navi anzidette devono essere provviste dei libri di bordo stabiliti dal codice.

Art. 1290. (Perdita presunta).

Per le navi e gli aeromobili, dei quali le ultime notizie risalgono ad un momento anteriore alla data dell'entrata in vigore del codice, il termine per la presunzione di perdita, previsto negli articoli 162 e 761, decorre dalla data stessa, a meno che a tale data il termine che rimane ancora a decorrere,secondo le disposizioni delle leggi anteriori, sia più breve.

CAPO V - Navigazione da diporto, pesca, esercizio della navigazione interna

Art. 1291. *((ARTICOLO ABROGATO DAL D.LGS. 18 LUGLIO 2005, N. 171))*

Art. 1292. (Antiche concessioni di pesca).
I titolari di antiche concessioni di diritti esclusivi di pesca, che ne abbiano ottenuto o ne ottengano il riconoscimento definitivo a norma delle leggi speciali, continuano ad esercitarle nei modi e nei limiti di tale riconoscimento. Dette concessioni, per motivi di pubblico interesse, possono in ogni tempo essere revocate, con pagamento di una indennità.

I provvedimenti che riconoscono o revocano le concessioni di cui al comma precedente ovvero ne dichiarano l'estinzione o la decadenza sono presi con decreto del ministro per le comunicazioni.

Le disposizioni dei comma precedenti non si applicano ai diritti esclusivi di pesca attualmente spettanti ad amministrazioni dello Stato.

Art. 1293. (Servizi soggetti a concessione).
Coloro che esercitano servizi pubblici di linea o di rimorchio ovvero di traino con mezzi meccanici in navigazione interna, se non sono già concessionari, devono presentare al ministero per le comunicazioni entro un anno dall'entrata in vigore del codice domanda di concessione, corredata dei documenti stabiliti dal regolamento.

Il ministro per le comunicazioni può rilasciare al richiedente un'autorizzazione provvisoria alla prosecuzione del pubblico servizio.

Art. 1294. (Servizi soggetti ad autorizzazione).
Coloro che esercitano servizi di trasporto o di rimorchio per conto di terzi ovvero servizi di traino con mezzi non meccanici in navigazione interna devono presentare all'ispettorato compartimentale, entro un anno dall'entrata in vigore del codice, domanda di autorizzazione corredata dei documenti stabiliti dal regolamento.

L'ispettorato compartimentale può rilasciare al richiedente un' autorizzazione provvisoria per la prosecuzione del servizio.

Art. 1295. (Trasporto per conto proprio).
La nave provvista del certificato provvisorio di cui all'articolo 1286 può essere adibita al trasporto o al rimorchio per conto proprio con annotazione apposta dall'ispettorato di porto sul certificato medesimo.

Art. 1296. (Validità dei documenti provvisori).
La durata delle autorizzazioni provvisorie di cui agli articoli 1293, 1294 è stabilita dal ministro per le comunicazioni.

CAPO VI - Proprietà e armamento delle navi e degli aeromobili

Art. 1297. (Responsabilità del costruttore).
Le disposizioni degli articoli 240, 855 si applicano anche ai contratti anteriori all'entrata in vigore del codice se l'opera o singole parti di essa siano compiute o comunque alla loro consegna si addivenga dopo l'entrata in vigore del codice. Quando la consegna sia stata effettuata anteriormente a tale epoca, la prescrizione prevista nelle norme predette decorre dalla data di entrata in vigore del codice, a meno che,

secondo le disposizioni della legge anteriore, l'azione sia già prescritta a tale data o il termine ancora utile sia più breve di due anni.

Art. 1298. (Pubblicità).

Le disposizioni degli articoli 257, 571, 871, 1034 si applicano anche per le trascrizioni e annotazioni eseguite anteriormente all'entrata in vigore del codice, salvi i diritti acquisiti dai terzi in base alle leggi anteriori.

Art. 1299. (Pubblicità degli atti relativi alla proprietà dell'aeromobile).

Le disposizioni di questo codice e del codice civile relative alla pubblicità si applicano anche agli atti costitutivi, traslativi o estintivi della proprietà e degli altri diritti reali sull'aeromobile di data anteriore a quella dell'entrata in vigore del presente codice e non resi pubblici anteriormente alla data stessa.

Art. 1300. (Dichiarazione di esercente).

Chi ha assunto l'esercizio di aeromobili anteriormente alla data dell'entrata in vigore delle norme del codice è tenuto a fare la dichiarazione prescritta nell'articolo 874 entro sei mesi dalla data stessa.

Art. 1301. (Limitazione del debito dell'armatore).

Se, anteriormente all'entrata in vigore del codice l'armatore ha dichiarato di volersi valere della limitazione, si applicano le disposizioni della legge 25 maggio 1939, n. 868.

Art. 1302. (Obbligo di assicurazione per danni a terzi sulla superficie).

La disposizione dell'articolo 772 entra in vigore il 1° gennaio 1943-XXI. Quando anteriormente a questa data, l'aeromobile non sia stato assicurato per danni a terzi sulla superficie, la responsabilità per tali danni è regolata a norma delle disposizioni fin'ora vigenti.

Art. 1303. (Arruolamento a tempo indeterminato).

Le disposizioni dell'articolo 326 si applicano anche ai contratti di arruolamento stipulati anteriormente all'entrata in vigore del codice, quando l'arruolato abbia continuato a prestare ininterrottamente servizio, ai sensi delle disposizioni stesse, successivamente a tale epoca.

Art. 1304. (Norme applicabili al personale arruolato).

Nei confronti del personale arruolato su navi rimane in vigore l'articolo 1 del R. decreto-legge 6 febbraio 1936-XIV, n. 337.

Art. 1305. (Risoluzione dei contratti di arruolamento e di lavoro).

Le disposizioni degli articoli 343, 914 si applicano anche ai contratti di arruolamento e di lavoro stipulati anteriormente all'entrata in vigore del codice, quando successivamente a tale epoca sia avvenuto il fatto che ha determinato la risoluzione del contratto.

Art. 1306. (Beneficiari dell'assicurazione contro i rischi di volo).

Le disposizioni dell'articolo 936 si applicano anche quando il contratto di assicurazione sia stato concluso anteriormente alla data dell'entrata in vigore del codice, sempre che la morte dell'assicurato sia avvenuta successivamente a tale data.

Art. 1307. (Norme fiscali relative al contratto di lavoro).

I contratti di arruolamento della gente di mare e quelli di lavoro del personale navigante della navigazione interna e del personale di volo, nonchè tutti gli atti ad essi relativi, sono esenti dalle tasse di bollo e di registro.

CAPO VII - Obbligazioni relative all'esercizio della navigazione

Art. 1308. (Clausole di esonero da responsabilità).

Le clausole di esonero da responsabilità e quelle limitative che fossero invalide secondo le disposizioni delle leggi anteriori, ma valide secondo le disposizioni del codice, sono soggette alle norme di quest'ultimo se il fatto a cui si ricollega la responsabilità si è avverato posteriormente alla entrata in vigore del codice stesso.

Art. 1309. (Riconsegna delle merci trasportate).

Le disposizioni del secondo comma dell'articolo 435 si osservano anche se il contratto di trasporto per acqua o per aria sia anteriore all'entrata in vigore del codice.

Art. 1310. (Contribuzione alle avarie comuni).

Le disposizioni degli articoli 469 a 480 non si applicano quando i contratti di noleggio o di trasporto relativi al viaggio contributivo siano stati conclusi anteriormente all'entrata in vigore del codice.

Art. 1311. (Assistenza e salvataggio).

Le disposizioni degli articoli 494, 499, 986, 991 si applicano anche ai fatti di assistenza o salvataggio avvenuti anteriormente all'entrata in vigore del codice quando, per gli articoli 499, 991 la determinazione del compenso sia fatta successivamente a tale epoca.

Le disposizioni degli articoli 497, 989 si applicano anche ai fatti di assistenza o di salvataggio anteriori all'entrata in vigore del codice quando la ripartizione della spesa sia compiuta in epoca posteriore.

Art. 1312. (Contratto di assicurazione).

La disposizione del secondo comma dell'articolo 534 si applica anche ai contratti di assicurazione in corso all'entrata in vigore del codice per i sinistri verificatisi posteriormente.

Art. 1313. (Privilegi).

Le disposizioni del codice relative ai diritti dei creditori privilegiati, all'ordine dei privilegi e all'efficacia di questi rispetto al pegno, alla ipoteca e agli altri diritti reali si osservano anche per i privilegi sorti anteriormente all'entrata in vigore del codice medesimo.

Art. 1314. (Prescrizione).

Quando il codice stabilisce un termine di prescrizione più breve di quello stabilito dalle leggi anteriori, la prescrizione si compie nel termine più breve, il quale decorre dall'entrata in vigore del codice, salvo che per il compimento della prescrizione, secondo le disposizioni delle leggi anteriori, rimanga a decorrere un termine minore.

CAPO VIII Disposizioni processuali

Art. 1315. (Inchiesta formale).

Alle inchieste formali in corso presso le commissioni costituite prima dell'entrata in vigore delle norme del codice, si applica il R. decreto-legge 17 settembre 1925, n. 1819.

Nei casi in cui prima dell'entrata in vigore delle norme del codice, sia stata disposta la inchiesta formale, ma non siano state ancora iniziate le operazioni di inchiesta, si applicano gli articoli 581 a 583.

Art. 1316. (Procedimento avanti i comandanti di porto).

Ai giudizi avanti i comandanti di porto, nei quali, all'entrata in vigore delle norme del codice, non si sia costituita almeno una delle parti, si applicano gli articoli 591 a 609.

Ai giudizi avanti i comandanti di porto, nei quali, all'entrata in vigore delle norme del codice non sia stata pronunciata ordinanza istruttoria o sentenza interlocutoria, si applicano gli articoli 595, quarto e quinto comma; 596 a 598; 604 a 609.

Ai giudizi avanti i comandanti di porto, nei quali, all'entrata in vigore delle norme del codice sia stata pronunciata ordinanza istruttoria o sentenza interlocutoria, si applicano gli articoli 5, 6, primo a quarto comma della legge 31 dicembre 1928, n. 3119.

I comandanti di porto debbono, nel termine di sei mesi dall'entrata in vigore delle norme del codice, disporre la comunicazione alle parti, con lettera raccomandata con avviso di ricevimento, del dispositivo delle sentenze interlocutorie o definitive, non ancora passate in giudicato alla data dell'entrata in vigore delle norme del codice. Il soccombente, al quale non sia stata notificata la sentenza a istanza di parte, dopo la entrata in vigore delle norme del codice, può, a seconda dei casi, formulare riserva di appello ovvero proporre appello o regolamento di competenza entro quindici giorni dalla data di consegna della lettera raccomandata.

Art. 1317. (Controversie di competenza degli enti portuali).

L'esercizio delle funzioni giurisdizionali conferite al Presidente del Consorzio del Porto di Genova dal T.U. 16 gennaio 1936-XIV, n. 801 è regolato dalle disposizioni del presente codice, anche per quanto concerne l'impugnazione delle sentenze.

((21))

AGGIORNAMENTO (21)

La Corte Costituzionale con sentenza 3-15 maggio 1974, n. 128 (in G.U. 1a s.s. 22/5/1974, n. 133) ha dichiarato l'illegittimità costituzionale dell'art. 1317 del codice della navigazione, nella parte in cui consente che il presidente del consorzio autonomo del porto di Genova decida sulla legittimità di provvedimenti amministrativi adottati dall'ente di cui lo stesso presidente è a capo.

Art. 1318. (Liquidazione delle avarie comuni).

Alle operazioni peritali in corso all'entrata in vigore delle norme del codice si applica l'articolo 568 secondo comma del codice di commercio.

I chirografi stipulati anteriormente all'entrata in vigore delle norme del codice conservano piena efficacia secondo le disposizioni anteriori.

Art. 1319. (Espropriazione non ancora iniziata di nave e di aeromobile).

Se prima dell'entrata in vigore delle norme del codice sia stato soltanto notificato il precetto e questo non sia ancora divenuto inefficace, il creditore deve, a pena di inefficacia del precetto stesso, dare inizio alla espropriazione secondo le norme del codice, entro novanta giorni dall'entrata in vigore delle norme predette.

Art. 1320. (Espropriazione iniziata di nave).

Se prima dell'entrata in vigore delle norme del codice sia stato eseguito il pignoramento ma non si trovi iscritta a ruolo la causa di autorizzazione alla vendita, il creditore deve, a pena di estinzione del processo esecutivo, procedere alla trascrizione e all'annotazione del verbale di pignoramento entro trenta giorni dall'entrata in vigore delle norme predette.

L'espropriazione forzata segue secondo le norme del codice.

Art. 1321. (Espropriazione iniziata di aeromobile).

Se prima dell'entrata in vigore delle norme del codice sia stato eseguito il pignoramento, ma non sia stata ancora proposta istanza per l'autorizzazione alla vendita, il creditore deve, a pena di estinzione del processo esecutivo, procedere alla trascrizione e all'annotazione del verbale di pignoramento entro trenta giorni dall'entrata in vigore delle norme predette. L'espropriazione forzata segue secondo le norme del codice.

Art. 1322. (Cause di autorizzazione alla vendita di nave).

Se all'entrata in vigore delle norme del codice la causa di autorizzazione alla vendita sia iscritta a ruolo, ma non si trovi in decisione, il creditore deve, a pena di estinzione del processo esecutivo, fare domanda per la nomina del giudice dell'esecuzione entro trenta giorni dall'entrata in vigore delle norme predette.

Se a quell'epoca la causa di autorizzazione alla vendita si trova in decisione, il giudice adito deve nominare il giudice dell'esecuzione, e rimettere avanti ad esso le parti. L'espropriazione forzata prosegue secondo le norme del codice.

Art. 1323. (Sentenze di autorizzazione alla vendita di nave).
Se all'entrata in vigore delle norme del codice il giudice adito ha pronunciato la sentenza di autorizzazione alla vendita, la espropriazione forzata prosegue secondo le norme delle leggi precedenti.

Art. 1324. (Istanza di vendita di aeromobile).
Se prima dell'entrata in vigore delle norme del codice è stata già proposta istanza per l'autorizzazione alla vendita, il processo prosegue secondo le disposizioni della legge precedente.

Art. 1325. (Autorizzazione per l'esercizio provvisorio della nave pignorata).
Se all'entrata in vigore delle norme del codice la sentenza, che ai sensi dell'articolo 882 del codice di commercio autorizza l'esercizio provvisorio della nave pignorata, non sia stata trascritta ed annotata, si applica il disposto dell'articolo medesimo.

Art. 1326. (Spese per l'inchiesta formale).
Le spese per l'inchiesta formale, di cui agli articoli 579 a 583; 827 a 829 quando l'inchiesta è stata disposta di ufficio, ovvero ad istanza delle associazioni sindacali o delle persone indicate nel secondo comma dell'articolo 583, restano a carico dell'erario.

CAPO IX Disposizioni finali

Art. 1327. (Laghi internazionali).
Fino a quando la convenzione e il regolamento internazionali approvati con R. decreto 26 settembre 1925, n. 2074, convertito nella legge 18 marzo 1926, n. 562, non siano modificati in relazione alle norme del codice, continuano ad applicarsi, per il lago Maggiore e per il lago di Lugano, le disposizioni della convenzione e del regolamento anzidetti.

Art. 1328. (Applicazione delle norme del codice).
Le disposizioni del codice che richiedono per la loro applicazione l'emanazione di particolari norme regolamentari non entrano in vigore sino a quando dette norme non sono emanate.

Art. 1329. (Abrogazione delle norme contrarie e incompatibili).
Con l'entrata in vigore delle norme del codice sono abrogate le disposizioni del codice per la marina mercantile, approvato con R. decreto 24 ottobre 1877, numero 4146, del regolamento per la marina mercantile approvato con R. decreto 20 novembre 1879, n. 5166, del libro secondo del codice di commercio approvato con R. decreto 31 ottobre 1882, n. 1062, del R. decreto-legge 20 agosto 1923, n. 2207, convertito in legge 31 gennaio 1926-IV, n. 753 del regolamento per la navigazione aerea approvato con R. decreto 11 gennaio 1925, n. 356, nonchè le altre disposizioni concernenti le materie disciplinate dal codice della navigazione, contrarie o incompatibili col codice stesso.

Art. 1330. (Delega legislativa).

Il governo del Re è autorizzato ad emanare entro il 21 aprile 1945-XXIII norme aventi forza di legge in materia di navigazione interna, in quanto non sia provveduto dal presente codice e dal relativo regolamento per le parti relative alle zone portuali, all'ordinamento dei porti e approdi, alla organizzazione amministrativa, alla previdenza e all'assistenza del personale, al regime amministrativo delle navi e alle modalità di intervento dello Stato nella costruzione di esse, alle concessioni e autorizzazioni relative a servizi di trasporto, di rimorchio e di traino, alla polizia della navigazione, coordinando tali norme con la legislazione vigente per le materie affini.

Al riguardo sarà provveduto con decreti reali, sentito il parere di una commissione consultiva composta di rappresentanti dei ministeri di grazia e giustizia, dei lavori pubblici, delle comunicazioni e delle corporazioni, nonchè di esperti in materia di legislazione e di usi della navigazione interna.

La commissione di cui al precedente comma è nominata con decreto reale su proposta del ministro per le comunicazioni di concerto con gli altri ministri interessati.

Art. 1331. (Disposizioni per l'esecuzione del codice).

Oltre alle speciali norme di cui è autorizzata l'emanazione da disposizioni del presente codice, con decreto reale, previa deliberazione del consiglio dei ministri, sentito il consiglio di Stato, sono emanate le disposizioni necessarie per il completamento e l'esecuzione del codice stesso.

Roma, addì 30 marzo 1942-XX

VITTORIO EMANUELE
GRANDI